Italien im 2. Jahrhundert v. Chr.

Charlotte Schubert

DER TOD DER TRIBUNE

Abbildung 1: Die Büste der Gracchen von Eugène Guillaume (1822–1905)

Charlotte Schubert

DER TOD DER TRIBUNE

Leben und Sterben des Tiberius und Caius Gracchus

C.H.Beck

Mit 15 Abbildungen und 6 Karten

www.chbeck.de
Umschlaggestaltung: Rothfos & Gabler, Hamburg
Umschlagabbildung: © plainpicture/Millennium/Jeff Cottenden
Satz: Janß GmbH, Pfungstadt
Druck und Bindung: Pustet, Regensburg
Gedruckt auf säurefreiem und alterungsbeständigem Papier
Printed in Germany
ISBN 978 3 406 81372 6

myclimate

verantwortungsbewusst produziert
www.chbeck.de/nachhaltig

INHALT

Anhang

VORWORT

Das Leben des Brüderpaares Tiberius und Caius Gracchus war kurz, ihr Nachleben lang. Obwohl von Geburt, Herkommen und Erziehung für eine großartige Karriere bestimmt, fanden sie beide einen frühen und tragischen Tod. Ihr Schicksal bedeutete den Anfang vom Ende der römischen Republik. Wie ihre Politik, ihre großen Reformvorhaben und ihr früher Tod zusammenhängen, ist das Thema dieses Buches.

Da das Buch für einen breiten Leserkreis gedacht ist, sind alle griechischen und lateinischen Quellenzitate übersetzt und der Anmerkungsapparat knapp gehalten. Das Literaturverzeichnis und ein ausführliches Glossar ermöglichen weitere Informationen.

Unterstützung habe ich von verschiedenen Seiten erfahren: Sylvia Kurowsky danke ich für wertvolle Korrekturen und die Anfertigung des Registers, Susanne Muth dafür, dass sie zusammen mit ihrem Team Abbildungen eigens für das vorliegende Buch aus dem Kontext ihres Projektes zum Digitalen Forum Romanum angefertigt hat, Andrea Morgan für eine ausgezeichnete Betreuung, Cornelia Horn für eine gelungene Buchgestaltung und Stefan von der Lahr für ein Lektorat, das seinesgleichen sucht. Anregende Gespräche und Diskussionen habe ich mit Brigitte Beyer und Michael Sommer führen können, auch ihnen sei hier gedankt. Schließlich noch der Hinweis, dass selbstverständlich alle Fehler, Provokationen und Mängel in meiner Verantwortung liegen!

Leipzig, im Dezember 2023 Charlotte Schubert

Abbildung 2: Italien und der Mittelmeerraum

see
Bastarnen
Sarmaten
Daker
Donau
Schwarzes Meer
Thraker
Sinope
Heraklea
PONTUS
ARMENIEN
Byzantion
BITHYNIEN
MACEDONIA
Pydna
Thessalonike
EPIRUS
Kynoskephalae
MYSIEN
Pergamon
Magnesia
ASIA
PHRYGIEN
Galater
Halys
KAPPADOKIEN
Tigranokerta
Tigris
Nisibis
ÄTOLIEN
Thermopylae
Ephesos
Athenae
Korinth
ACHAIA
Sparta
Milet
PISIDIEN
LYKIEN
Tarsos
Antiochia
Euphrat
SELEUKIDENREICH
Rhodos
Zypern
Kreta
Damaskos
Tyros
MITTELMEER
PALÄSTINA
Jerusalem
Cyrene
Alexandria
ÄGYPTEN
Nil

I

DAS ENDE

1. Tod auf dem Kapitol

Etwas noch nie Dagewesenes ereignete sich:[1] Ehrwürdige Senatoren stürmten durch Rom, aufgepeitscht durch die flammende Rede eines der ihren – Untergang der Respublica, drohende Tyrannenherrschaft, Aufruhr des Volkstribunen – so schallte es durch die Reihen. «Der Konsul verrät die Stadt» und «Der Tyrann muss gestürzt werden!» schrie Scipio Nasica und wie ein wilder Mob folgten ihm seine Standesgenossen. Zwar hatte der Konsul versucht zu beruhigen, hatte in der ihm eigenen Art eines hochgebildeten Juristen erklärt, dass Gewalt keine Lösung sei, dass er gar nicht daran denken würde, gegen einen römischen Bürger ohne Anklage und Prozess vorzugehen. Selbstverständlich jedoch würde er handeln, sollte der Tribun etwas gegen das Gesetz veranlassen: Ungesetzliche Beschlüsse würde er natürlich nicht anerkennen. Doch seine Worte verhallten ungehört in dem allgemeinen Geschrei. Die aufgeputschten Senatoren stießen alles beiseite, was sich ihnen in den Weg stellte. Bänke und Stühle wurden zerschlagen, Holzstücke wurden zu Knütteln und Prügeln, Anwesende, Gaffer, Passanten, Bürger zur Seite gestoßen. Erschrocken und in Panik floh die Menge, während die wutschnaubende Elite Roms auf das Kapitol stürmte.

Das Opfer erwartete sie bereits: Der Volkstribun Tiberius Sempronius Gracchus war schon am Morgen gewarnt worden, als er zu der von ihm einberufenen Volksversammlung auf dem Kapitol aufbrach. An dem Tag wollte er seine Wiederwahl sichern. Doch ein schlechtes Omen ließ bereits heraufziehendes Unheil erahnen: Die heiligen Hühner, deren Orakel vor jeder politischen Entscheidung zu befragen war, wollten nicht fressen. Sie waren partout nicht dazu zu bewegen, sich ihren Körnern zuzuwenden! Der antike Biograph Plutarch (um 45 bis um 125 n. Chr.) beschreibt die Szene:[2] Nur ein Hühnchen zeigte sich, wollte aber auch nicht fressen, vielmehr hob es den linken Flügel, streckte ein Bein aus – und lief zurück in den Käfig. Tiberius, als Augur ein professioneller Zeichendeuter, war ratlos. Er ahnte wohl das Verhängnis, erinnerte sich sogar an Schlangen, die einmal in seinem Helm gebrütet hatten, und stieß sich prompt den Zeh an seiner Türschwelle blutig. Auf dem Weg zum Kapitol fiel ihm dann auch noch ein Stein vor die Füße, der sich beim Kampf zweier Raben von einem Dach gelöst hatte. Für einen besonnenen, gottesfürchtigen Römer sollten das eigentlich genügend Omina gewesen sein, wieder umzukehren! Doch ein Tiberius Gracchus – Sohn des Konsuls und Zensors Tiberius Gracchus, Enkel des großen Scipio Africanus und Anführer der römischen Plebs – ließ sich doch nicht von einem Raben einschüchtern! Würde er sich andernfalls nicht lächerlich machen? Oder seinen Gegnern erst recht Munition liefern? Seine Freunde und Berater überzeugten ihn, die bösen Omina zu ignorieren, und so schritt er mutig einem freudigen Empfang der begeisterten Menge auf dem Kapitol entgegen. Doch scheint ihm der Anblick seiner jubelnden Anhänger zu Kopf gestiegen zu sein und damit nahm die verhängnisvolle Volksversammlung ihren Lauf. Geplant war, dass er sich zur Wiederwahl stellen würde – es wurde seine letzte Volksversammlung. Denn den Gegnern des Tiberius schien es, als habe er, begleitet von stürmischen Anhängern, das Kapitol *besetzt* – jenen Hügel, der das heilige Zentrum der Stadt Rom symbolisierte.

In der aufgeregten Menge war eine ordentliche Abstimmung unmöglich, so dass der Konsul Mucius die Versammlung abbrechen musste.[3] Gegner und Anhänger des Gracchus rempelten einander an und heizten die Stimmung weiter auf. Es war bekannt, dass die Gegner schon eine bewaffnete Bande in Stellung gebracht hatten, so dass Gracchus und seine Freunde um ihr Leben fürchteten. Was aber würde im Senat passieren? Würden sich die Gegner wirklich nicht scheuen gewalttätig zu werden?

Ein menschlicher Schutzwall bildete sich um Gracchus; die Stäbe der Liktoren, Zeichen der magistratischen Amtsgewalt, wurden zerbrochen, um gegen den befürchteten Angriff wenigstens etwas in der Hand zu haben. Tiberius geriet offenbar in Panik, gestikulierend zeigte er auf seinen Kopf und wollte so seinen Anhängern die ihm drohende Gefahr für Leib und Leben bedeuten. Da tönte es von seinen Gegnern: «Jetzt hat er die

Maske fallen gelassen, jetzt will er die Königskrone!» – Dass sich Tiberius Gracchus tatsächlich ein Königsdiadem aufs Haupt setzen wollte, ist indes wenig wahrscheinlich – war er doch ein urrömischer Aristokrat und Volkstribun. Zwar mag die Geste zweideutig geschienen haben. Doch die Lächerlichkeit dieses Vorwurfs scheint in der aufgeladenen, von Lärm, Geschrei und Wut angeheizten Situation niemandem – bis auf den gelassen bleibenden Konsul Mucius – bewusst geworden zu sein.

Und so nahm – wie es die Hühner angezeigt hatten – das Unheil seinen Lauf: Der senatorische Mob erschlug die Männer, die sich schützend um Tiberius Gracchus versammelt hatten. Der Volkstribun selbst versuchte zu fliehen, wurde festgehalten, verlor die Toga und floh in seiner Tunica, vorbei an all den Leichen, bis er selbst zu Boden stürzte. Nun führte den ersten Schlag – mit einem Stuhlbein, wie es bei Plutarch heißt – einer seiner Kollegen im Amt der Tribunen, ein Mann namens Publius Satureus, den zweiten ein gewisser Lucius Rufus. Man hat sich wohl eine Zeit lang solch zweifelhafter Heldentaten gerühmt, so dass uns die Namen derjenigen überliefert sind, die den sakrosankten – durch einen Schwurbund der Plebs als heilig und unverletzlich erklärten – Volkstribunen zu Tode geprügelt haben. Doch wenn nun ein Volkstribun den anderen erschlagen hätte, sollte das heißen, dass ein Unverletzlicher den anderen Unverletzlichen verletzen durfte? Der Historiker Diodor verstieg sich sogar zu der Behauptung, dass der Senator Nasica den Tiberius eigenhändig erschlagen habe![4] Mit Tiberius Gracchus starben 300 seiner Anhänger in diesem Blutbad, alle mit Knüppeln und Steinen erschlagen.[5]

Doch Wut und Hass waren mit Mord und Totschlag noch nicht Genüge getan: Als der jüngere Bruder Caius Gracchus um die Herausgabe des Leichnams des Volkstribunen bat, um ihn begraben zu dürfen, verweigerte man ihm dies. Stattdessen warf man den toten Volkstribunen und die anderen Erschlagenen in den Tiber.[6] Eine schlimmere Schändung des Toten und seiner Reputation ist kaum vorstellbar – war doch gerade das Begräbnis eines römischen Aristokraten für Familie und Klienten ein zentraler Bestandteil ihres symbolischen Kapitals. Bei diesen Gelegenheiten führten die großen Familien die historischen Verdienste ihres Geschlechts noch einmal dem ganzen versammelten römischen Volk vor Augen, indem sie die Totenmasken der bedeutendsten Vertreter ihres Hauses durch die Stadt trugen. Zwar mag Caius selbst wohl kaum solch ein öffentliches

Begräbnis mit der Präsentation des Toten in einem Leichenzug, mit Reden und Zurschaustellung der Ahnenmasken im Sinn gehabt haben. Das hätte man ihm in der Situation schwerlich gestattet. Aber selbst die einfachen Bestattungsrituale wie Waschung, Salbung, Aufbahrung und Kremierung zu verweigern, bedeutete für seine Familie eine schier unerträgliche Schmach.

Es scheint, als habe damals für einen Moment in Rom der Ausnahmezustand geherrscht: Einen Volkstribunen und zahlreiche seiner Anhänger, gewiss ebenfalls römische Bürger, zu erschlagen war nicht nur ein unerhörtes Sakrileg. Dies war der größte denkbare Verstoß gegen das Recht eines jeden römischen Bürgers auf ein ordentliches Gerichtsverfahren. Darauf hatte der Konsul Mucius im Senat hingewiesen. In höchstem Maß erstaunlich ist, dass dieser Frevel in der konkreten Situation selbst und auch noch danach so völlig ohne rechtliche Konsequenzen geblieben ist. Es gibt keine plausible Erklärung dafür – außer man geht eben davon aus, dass ein zwar nicht förmlich erklärter, wohl aber kollektiv wahrgenommener Ausnahmezustand eingetreten war.

Eigentlich gab es in Rom für Ausnahmezustände feste Regeln. In solch einer Situation konnte ein Diktator mit unbeschränkten Vollmachten für sechs Monate ernannt werden. Man erwartete, dass er nach Ablauf dieser Zeit sein Amt niederlegte – ein halbes Jahr galt den Römern als ausreichend, um Krisen aller Art im Inneren wie im Äußeren bewältigen zu können. Während dieser Zeit hatte ein Diktator – und nur ein Diktator – das Recht, einen römischen Bürger ohne Gerichtsverhandlung zum Tode zu verurteilen. Doch selbst der Inhaber solch eines Ausnahmeamtes hätte keinen Volkstribunen angreifen dürfen! Übrigens hat sich der griechisch-römische Historiker Appian (etwa 90 bis um 160 n. Chr.), der uns in seiner *Geschichte der römischen Bürgerkriege* eine knappe Schilderung der Ereignisse überliefert, darüber gewundert, dass man seinerzeit nicht diese *ultima ratio* wählte und einen Diktator ernannte.[7] Dafür hätte allerdings der Konsul mitspielen müssen. Denn nur der Konsul konnte auf Vorschlag des Senates einen Diktator ernennen und das tat Mucius ganz offensichtlich nicht – gut nachvollziehbar, schließlich war Mucius einer der wichtigsten Ratgeber des Tiberius für das umstrittene Gesetz gewesen, mit dem Tiberius die Politik in Rom durcheinandergewirbelt hatte.[8] Den Dingen ihren Lauf zu lassen und sich darauf zurückzuziehen, dass der

Jurist im Konsulat die richtigen Entscheidungen treffen würde, war aber auch keine Option. Wut, ja blindwütiger Hass ließen die Wellen der Empörung gegen den vermeintlichen Tyrannen Tiberius Gracchus im Senat so hochschlagen, dass jede Regelverletzung gerechtfertigt schien. Und die Ermordung eines Volkstribunen unter Verletzung des althergebrachten Provokationsrechtes, das jedem römischen Bürger zumindest einen ordentlichen Prozess vor der etwaigen Verurteilung garantierte, war eine ganz extreme Regelverletzung.

Nasica und die ihm folgenden Senatoren scheinen allerdings angenommen zu haben, dass die Umstände alles rechtfertigten. Sie fühlten sich im Recht, auch wenn es formal nicht so war. Als Nasica zum Sturm auf das Kapitol aufrief, bediente er sich der bei einer Opferhandlung üblichen Zeremonie: Er schürzte die Toga und zog sich den Saum über den Kopf, bevor er aus dem Senat stürmte.[9] Möglicherweise wollte er so, da er gleichzeitig Pontifex Maximus – der ranghöchste Priester – in Rom war, seiner Handlung den Schein religiöser Legitimation verleihen. Mit dem Akt des Verhüllens mochte er wohl den Anschein einer *Consecratio* erwecken – damit bedeutete er der Öffentlichkeit, dass er seinen Gegner den Göttern der Unterwelt übergab, so dass man ihn straflos töten konnte. Doch das war gegenüber einem Volkstribunen, dessen Körper sakrosankt seit alters war, trotzdem ein Frevel. Man hat das Nasica so auch nicht abgenommen. Selbst ein Pontifex Maximus wie er konnte nicht einfach die Unverletzlichkeit eines Volkstribunen aufheben. Schließlich hatte der Konsul, auch wenn man das geflissentlich ignorierte, sehr klar gesagt, was rechtens war und was nicht!

Der Furor war – wie Plutarch kommentiert – mit der Mordtat an dem Volkstribunen noch nicht an sein Ende gelangt; bewegten sich doch auch die weiteren Aktionen gegen die Anhänger des Tiberius Gracchus nicht wieder in den üblichen Bahnen. Die Glücklicheren unter den Überlebenden konnten in die Verbannung gehen, andere wurden ins Gefängnis geworfen oder sogar hingerichtet. Eine besonders schauerliche Strafe wurde einem gewissen Caius Villius zuteil: Er wurde zu Tode gefoltert in einem Käfig, in den man Nattern und Schlangen hineingeworfen hatte.

Andererseits wissen wir von Verhören, die die Konsuln des folgenden Jahres durchführen sollten, um die Umstände aufzuklären. Dies führte – zumindest in dem einen uns bekannten Fall des Blossius von Cumae

(S. 39 f.), einem der wichtigsten Berater aus dem Kreis des Tiberius – zu einem Freispruch, und Blossius konnte Rom unbehelligt verlassen. Die Durchführung der Verhandlung vor dem Tribunal der Konsuln und der Freispruch des Blossius sind so zu verstehen, dass zumindest die Konsuln des Jahres 132 v. Chr. nach den Ereignissen des Vorjahres versucht haben, zu ordentlichen Verfahren zurückzukehren, und sich um eine Art Aufklärung bemühten, wer für die Exzesse verantwortlich war.[10] Eigenartigerweise war in dem Verfahren gegen Blossius der Anführer des mörderischen Mobs – Scipio Nasica – der Ankläger.[11] Blossius ließ sich nicht einschüchtern und stand nach wie vor zu Tiberius Gracchus. Plutarch berichtet, dass Blossius sich dazu bekannte, alles getan zu haben, was Tiberius ihm aufgetragen hatte. Nasica provozierte ihn sogleich mit der Frage: ‹Und wenn er dir befohlen hätte, das Kapitol anzuzünden?› ‹Das hätte Tiberius nie befohlen› – so versuchte Blossius seinen Kopf aus der Schlinge zu ziehen. Nasica und die anderen, die ihn befragten, ließen jedoch nicht locker, und schließlich soll Blossius geantwortet haben: ‹Wenn Tiberius dies befohlen hätte, wäre es meine Pflicht gewesen, dies zu tun, denn er hätte einen solchen Auftrag nie gegeben, wenn es nicht zum Wohl des römischen Volkes gewesen wäre!›[12]

Ein Angriff auf das Kapitol, das Zentrum der Respublica, den heiligsten Ort? Dann also doch Hochverrat? Aber trotz dieses Bekenntnisses zur erklärten Bereitschaft, das Schlimmste aller denkbaren Verbrechen gegen die Respublica zu begehen, ist Blossius freigesprochen worden und konnte Rom verlassen. Entweder hat diese, nicht allein bei Plutarch erhaltene,[13] Szene so nie stattgefunden und ist erst in einer späteren Phase der Gracchen-Rezeption hinzugedichtet worden, oder sie verweist darauf, dass das Bedürfnis nach Aussöhnung oder zumindest Beruhigung der aufgewühlten Stimmung in Rom stärker war als alle Aufklärungs- und Bestrafungsabsicht.

Cicero (106–43 v. Chr.) unterstellt, dass einige der Freunde und Unterstützer des Tiberius nach der Eskalation die Seiten gewechselt haben – offensichtlich, ohne dass sie irgendwelche Konsequenzen zu fürchten hatten. So nennt Cicero auch Quintus Aelius Tubero, den Neffen des Scipio Aemilianus, unter denjenigen, die mit Tiberius zusammengearbeitet haben, sich dann jedoch abwandten und ihm die Freundschaft aufkündigten. Nun stellt Cicero Tuberos Unterstützung und Distanzierung ausschließlich im Kontext von Freundschaft dar, wobei sich die Wendehälse – wenn sie eben ‹nur› Freunde gewesen waren und keine Mitstreiter – damit anscheinend rechtzeitig einer Strafverfolgung entziehen konnten.

Andere Akteure aus dem Kreis des Tiberius Gracchus wie Appius Claudius, Mucius Scaevola, Licinius Crassus Mucianus, Fulvius Flaccus und schließlich Caius Gracchus selbst (der Bruder des ermordeten Volkstribunen), die nach wie vor zu der Sache des Tribunen standen, blieben völlig unbehelligt. Tatsächlich war die gracchische Bewegung nach wie vor stark und waren ihre Protagonisten offenbar nicht angreifbar. Appius Claudius war und blieb bis zu seinem Tod 130 v. Chr. Princeps Senatus, Mucius Scaevola war und blieb 133 v. Chr. Konsul, sein Bruder Licinius Crassus Mucianus wurde 132 v. Chr. als Nachfolger des Nasica zum Pontifex Maximus gewählt und in diesem Jahr auch zum Konsul für 131 v. Chr.[14] Vielleicht gingen die Verantwortlichen für die blutigen Ausschreitungen sogar ein wenig auf die Gegner zu. Scipio Nasica wurde auf eine Mission in den Osten geschickt. Mucius scheint diese Entfernung des Nasica aus Rom und seine Entsendung nach Asien mit einer gewissen Camouflage gemildert zu haben. Zumindest sagt Cicero etwas in der Art, dass Mucius das Handeln des Nasica entschuldigt habe.[15] Es ist kaum vorstellbar, dass der Jurist, der kurz zuvor noch die Notwendigkeit der Gesetzestreue betont hatte, im Folgenden das Gegenteil vertreten hätte – wahrscheinlich kommt in diesem Zusammenhang eher Ciceros Wunschdenken in eigener Sache zum Ausdruck. Schließlich stand bei ihm stets im Hintergrund der Versuch, seine eigene Rechtsbeugung – die von ihm ohne Anklage und Gerichtsverhandlung veranlasste Hinrichtung der Catilinarier – zu legitimieren. Mit diesem Akt sollte er selbst, gute 70 Jahre später, sich in die heillose Tradition der Untaten des Scipio Nasica und einiger seiner Weggefährten stellen. Aber immerhin gibt Cicero zu, dass Mucius in den Jahren nach dem Tod des Tiberius einer der Führer der Bewegung blieb, gegen die Nasica mit seiner Lynchjustiz angetreten war.[16] Indes bleibt festzuhalten, dass die prominentesten Mitstreiter des ermordeten Volkstribunen ganz unbehelligt weiter in ihren Ämtern blieben und ihre Karrieren fortsetzen konnten.

Auch das Herzstück der gracchischen Gesetzgebung, die Bodenreformkommission, die auf der Grundlage des Gesetzes arbeitete, mit dem Tiberius Land in Italien zu verteilen beabsichtigt hatte, konnte ihre Tätigkeit fortführen. Ihre Mitglieder waren Caius Gracchus, der Bruder des Tiberius, Appius Claudius, Tiberius' Schwiegervater, sowie Licinius Crassus Mucianus, designierter Konsul, neuer Pontifex Maximus und bald darauf auch Schwiegervater des Caius Gracchus![17] War das, was geschehen war, nur der Ausdruck eines chaotischen Ausnahmezustands, hervorgerufen durch einen irrationalen Augenblick des Furors – beispiellos und singulär? Oder war es der Beginn eines neuen Kapitels in der Geschichte der römischen Republik – der Anfang vom Ende, das mit dem Prinzipat des Augustus in die Kaiserzeit münden würde? Diese Dichotomie ist zu schlicht. Das Jahr 133 v. Chr. war nicht einfach nur ein Jahr des Aufruhrs, in dem etwas geschah, was es in dieser Art vorher noch nie in Rom gegeben hatte. War es doch vor allem ein Jahr, in dem eines der grundstürzenden Gesetze in der Geschichte der römischen Republik in Kraft trat: ein Bodenreformgesetz, das seinem Umfang nach zum damaligen Zeitpunkt seinesgleichen suchte. Auch stand dahinter nicht ein einzelner Mann mit einer Schar namenloser Anhänger, der in diesem Jahr zufällig Volkstribun war. Vielmehr war es eine Gruppe von Politikern ganz unterschiedlicher Couleur, die mit ihm zusammengearbeitet hatten. Sie bildeten freilich keinen Verbund, der es erlaubte, in ihnen so etwas wie eine Partei mit einem klar umrissenen Anliegen zu sehen. Doch immerhin ein gemeinsames Ziel hatten sie durchaus, und dieses Ziel haben sie auch nach dem Tod ihres Protagonisten weiterverfolgt. Das Bodenreformgesetz war darauf angelegt, Land in Rom und Italien neu zu verteilen; es ist allerdings nur der markanteste Ausdruck der Politik, für die viele eintraten: an der Spitze der Volkstribun Tiberius Gracchus, neben ihm der Princeps Senatus Appius Claudius, die Juristen, seine anderen Unterstützer und vor allem sein jüngerer Bruder Caius Gracchus, der zehn Jahre nach seinem älteren Bruder die politische Bühne in Rom betreten sollte. Ihnen allen ging es um eine andere Vorstellung vom Wohl der römischen Respublica. Die Werte, für die sie eintraten und die die Gesetze, die Reformen sowie die Rechtsprechung aller dieser Personen prägten,[18] waren solche eines Gemeinwohls, das den Anspruch des moralisch guten Handelns im Sinne der Allgemeinheit in den Vordergrund rückte und deren Vorkämpfer darin den Nutzen für die ganze Respublica erkannten.[19]

2. Wie konnte es so weit kommen?

Formal hatte man in Rom die Krise des Jahres 133 v. Chr. durch die Wahlen der neuen Magistrate und die gerichtlichen Anhörungen bewältigt. Der ganze Zeitablauf ist allerdings nicht genau zu rekonstruieren, da viele Einzelheiten unbekannt sind oder von späteren Anekdoten und Umformungen der Historiker bzw. durch interessengeleitete Darstellungen überlagert werden. So anschaulich die Schilderungen Plutarchs sind – und die hier präsentierte Todesszenerie beruht im Wesentlichen auf seinem Lebensbild des Tiberius Gracchus –, so bleibt dennoch vieles unklar. Wie war es zum Beispiel möglich, dass Caius die Herausgabe des Leichnams für eine Bestattung verlangen konnte, wenn er eigentlich als Militärtribun im Heer des Scipio Aemilianus vor Numantia im weit entfernten Spanien diente?[1] Natürlich gelangten die Nachrichten auch nach Spanien, aber – selbst wenn man einmal annimmt, Caius habe die Erlaubnis zur Rückkehr nach Rom erhalten – die erforderliche Reisezeit und die Aufbahrung eines Leichnams in der sommerlichen Hitze Italiens passen einfach nicht zusammen. Und wieso musste Scipio Nasica, nachdem er bei den Verhören und Anhörungen 132 v. Chr. noch das große Wort führte, sich im gleichen Jahr aus Rom absetzen und nach Asien aufbrechen? Hatte er nicht gerade die Republik gerettet? War ihm nicht eine sicher beträchtliche Zahl der Senatoren bereitwillig auf das Kapitol gefolgt und hatte sich an der Schlächterei beteiligt? Und schließlich war er Pontifex Maximus, also Oberpriester der Republik und qua Amt zur Präsenz in Rom und Italien verpflichtet. Als solcher hatte er die Aufsicht über alle sakralen Handlungen der Republik und ihren regulären Vollzug sicherzustellen; zudem kontrollierte er die Vestalinnen, amtierte in der altehrwürdigen Regia auf dem Forum und sollte seinen Einfluss auf vielfältige Weise geltend machen. So war er Herr des römischen Kalenders und hatte die Termine für sakrale und weltliche, insbesondere für die politisch bedeutenden Tage (etwa Wahltermine) zu steuern. Wieso schickte man so einen wichtigen Amtsträger weg, nahm ihn gleichsam aus der Schusslinie? Und wie konnte es sein, dass man kurze Zeit später, als Nasica im Osten den Tod gefunden hatte, mit Licinius Crassus Mucianus einen der engsten Weggefährten des ermordeten Tribunen zum Nachfolger des Nasica als Pontifex Maximus wählte?

Allen in Rom war bewusst, wie tief die Krise reichte, wie nah unter der Oberfläche der Furor noch lauerte und dass die mörderische Tat der Senatoren einen Gesetzesbruch darstellte. Selbst Cicero, der immer wieder versucht hat, die Ermordung des Tribunen als gerechtfertigt darzustellen, war sich des Sakrilegs bewusst. In einer seiner Reden gegen den korrupten sizilianischen Praetor Verres behauptet er, dass man nach der Bluttat die Sibyllinischen Bücher zurate gezogen habe, um nach einer Reinigungszeremonie zu suchen.[2] Dort habe man gefunden, dass man zur Entsühnung der Stadt die älteste Ceres in Sizilien zufriedenstellen müsse. Das ist eine reine Erfindung Ciceros, denn wie sollte eine unter Ausschluss der Öffentlichkeit im entfernten Sizilien durchgeführte Reinigungs- oder Opferzeremonie das Geschehen in Rom selbst irgendwie beeinflussen? Auch wenn sich der Senat dies als Geste dem Volk gegenüber ausgedacht hätte, wäre es reichlich sinnlos gewesen. Aber zu Zeiten Ciceros, mehr als ein halbes Jahrhundert später, nahm man es nicht mehr so genau mit dem Ablauf der Ereignisse.

In der stadtrömischen Öffentlichkeit hieß es nach dem Tod des Tiberius, Nasica sei der Tyrann gewesen, da er die dem Volk heilige Unverletzlichkeit des Volkstribunen missachtet habe. Also musste nun der Oberpriester die Stadt verlassen, vorgeblich, um an einer Kommission mitzuwirken, die die Provinz Asia neu ordnen sollte.[3] Das erzwungene Exil – und nichts anderes war es, wenn man bedenkt, dass der Oberpriester in Rom eigentlich unabkömmlich war – muss Nasica hart angekommen sein. Er starb noch im gleichen Jahr in Pergamon.[4]

Trotzdem war die Plebs in Rom nach wie vor aufgebracht, und selbst der eigentlich unantastbare Scipio Aemilianus, der Sieger über Karthago, wurde Opfer der plebeischen Agitation. Er hatte den Fehler gemacht, sich anscheinend schon während der Belagerung von Numantia im spanischen Feldzug abfällig über seinen tribunizischen Vetter Tiberius zu äußern. Er soll, als die Nachricht von den Ereignissen eintraf, Homer zitiert haben: «So verderbe ein jeder, der solche Taten verübt hat.»[5] In Rom ließen sich die Anhänger des Tiberius die Gelegenheit nicht entgehen, Scipio in die Enge zu treiben und zu demütigen. Sie stellten den erfolgreichen Feldherrn – der immerhin für seine Siege in Spanien und dafür, dass er das widerständige Numantia dem Erdboden gleichgemacht hatte, gerade einen überwältigenden Triumph gefeiert hatte – derart bloß (S. 52), dass seine Popularität drastisch sank. Wir wissen nicht, ob er verweigert hatte, sich zu den Anliegen der Plebs zu bekennen, oder ob man ihn zu einer Kritik an dem Gemetzel auf dem Kapitol herausforderte. Jedenfalls muss seine Antwort undeutlich, vielleicht auch provozierend ausgefallen sein. In der Folge stieß Scipio Aemilianus – obwohl nicht nur als Africanus, sondern gerade ebenso als Numantinus geehrt – auf Ablehnung im Volk. Wie man sich das im Detail vorzustellen hat, ist aufgrund der fragmentarischen Überlieferung schwer auszumachen. In Rom waren Schmähungen übelster Art, durchaus auch sexuell aufgeladen, Teil der täglichen Auseinandersetzungen. So etwas wie ‹*peni deditos* (*esse*)› (‹dem Schwanz ergeben sein›) gehörte zu dieser Zeit wohl nicht zu den ärgsten Beschimpfungen.[6] Aber wenn Verunglimpfungen dieser Art gegen den Sieger über Karthago und Numantia im Umlauf gewesen sein sollten, ist es nachvollziehbar, dass der stolze Mann sich vom Volk gekränkt fühlte.

Plutarch selbst urteilt vernichtend über Scipio Aemilianus: Anders als etwa der Feldherr Lucullus (117–56 v. Chr.) habe er den Moment des rechtzeitigen Rückzugs verpasst, um in Ehre und Frieden seinen Ruhm zu genießen.[7] Plutarch war sich bewusst, dass er mit einer zeitlichen Distanz von mehr als 200 Jahren über die Ereignisse berichtete – und so äußert er immer wieder, dass er viele Quellen (vermutlich zeitgenössische oder zeitnahe zum Geschehen) zurate gezogen habe; auch stellt er durchaus Vergleiche an und betont in der Regel bei Widersprüchen, dass er sich ‹den meisten› angeschlossen habe.[8] Aber immerhin berichtet auch Appian, dass Scipio das Wohlwollen des römischen Volks verloren habe, weil er sich nicht für das Bodenreformgesetz einsetzen wollte.[9]

Legitimationsversuche

Tiberius' Gracchus jüngerer Bruder Caius hat nach dem Tod des Älteren eine Sammlung von dessen Reden herausgebracht – ein Werk, das noch bis in die Kaiserzeit verfügbar war und ganz sicher wesentlich zur Formung der Überlieferung beigetragen hat, und zwar gewiss aus der Sicht des Nachfolgers auf den verehrten Ermordeten.[10] Die reichen Werke anderer Zeitzeugen sind uns nicht erhalten.[11] Aber interessanterweise hat Lucius Calpurnius Piso Frugi, der zusammen mit Mucius Scaevola im Krisenjahr 133 v. Chr. Konsul war, ein Geschichtswerk verfasst. Ob er in

Rom während der Ermordung des Tiberius zugegen war, ist nicht bekannt – vermutlich wohl eher nicht, da er einen Sklavenaufstand in Sizilien niederzuschlagen hatte. Andererseits war er Konsul in dem Jahr des Ereignisses, also viel näher am Geschehen als alle anderen unserer Gewährsmänner. Ein Jahrzehnt nach 133 v. Chr. nennt ihn Caius Gracchus seinen *inimicus*[12] – also seinen Feind. Piso Frugi bekämpfte die Getreidegesetze des Caius – ein ureigenstes Vorhaben des Caius zur Sicherstellung der täglichen Versorgung der Plebs –, war zu dieser Zeit also ganz sicher ein Gegner der gracchischen Politik.

Aus den spärlichen Fragmenten seines Geschichtswerks lässt sich nun eine Deutung der Ereignisse rekonstruieren, die in ihrer Rückspiegelung auf die Vergangenheit eine klare Aussage präsentiert.[13] Dionysios von Halikarnass, dem wir eine in augusteischer Zeit geschriebene Römische Geschichte verdanken, berichtet, dass Piso Frugi die legendenumrankte Ermordung des Spurius Maelius durch C. Servilius Ahala im Gegensatz zur sonstigen Überlieferung als eine Tyrannentötung ohne Prozess und Urteil beschrieben habe:[14] Spurius Maelius, ein reicher Plebeier, hatte sich durch die Ausgabe von verbilligtem Getreide während einer Notsituation im Rom des Jahres 439 v. Chr. beim Volk Beliebtheit und Anhängerschaft erworben. Er soll begierig nach der Königskrone gewesen sein, woraufhin – folgt man der *communis opinio* der römischen Überlieferung – der Senat einen Diktator ernannte. Dessen Magister Equitum Servilius Ahala, eine Art Reiteroberst, habe den Tyrannisaspiranten dann getötet, nachdem jener sich weigerte, einer Vorladung des Senates zu folgen. Anders hört sich die Geschichte bei Lucius Calpurnius Piso Frugi an: Weder gibt es bei ihm einen Diktator noch einen Magister Equitum, vielmehr hat sich der Senat schlicht einen kräftigen jungen Mann gesucht, der den aufrührerischen Emporkömmling beseitigen sollte, und so geschah es. Im Unterschied zu dem Tumult und dem Sturm des senatorischen Schlägertrupps 133 v. Chr. soll im 5. Jahrhundert v. Chr. der Senat wegen Spurius Maelius in aller Ruhe diskutiert haben, wie man das Provokationsrecht (das Recht jedes römischen Bürgers, bei drohender Kapitalstrafe das Volk zur Entscheidung über seine Sache anzurufen) übergehen könne; das scheint freilich kaum glaubhaft, aber immerhin ein plausibler Versuch, durch Setzung eines historischen Vorbildes, eines guten Beispiels (*exemplum bonum*), den Gewaltexzess im Notstand zu legitimieren. Vor allem der Aspekt der «ruhigen Beratung» ist interessant: keine Hektik, keine Aufregung, kein senatorischer Flashmob, sondern eine gemessene, würdige Szene des souveränen Senats! Auf diese Weise wird dem Leser suggeriert, dass sich der Senat von der Gefahr nicht hat irritieren lassen, sondern planvoll und zielgerichtet vorging. Das Exemplum bei Calpurnius Piso Frugi bezieht sich jedoch nicht auf einen Volkstribunen, sondern auf einen arroganten Emporkömmling ohne Amt. Mithin kann Tiberius Gracchus gar nicht als «Folie» für diesen Vergleich gedient haben. Der Verweis auf die Abgabe von verbilligtem Getreide zeigt vielmehr, dass dessen Bruder, Caius Gracchus, gemeint gewesen sein muss: Ist doch von ihm bekannt, dass er genau dies veranlasst hat – ein Gesetz zur Abgabe von verbilligtem Getreide an Bürger der Stadt Rom. Piso war ein erklärter Gegner dieses Gesetzes (S. 165). Und Caius Gracchus war zum Zeitpunkt seiner Ermordung 121 v. Chr. (wie der notorische Maelius 300 Jahre zuvor) ohne Amt. Jedoch ist auch Caius nicht durch eine geplante und zielgerichtete Aktion des ehrwürdigen Ratsgremiums zu Tode gekommen, sondern aufgrund eines Senatsbeschlusses, den der amtierende Konsul für ein blutiges Massaker in der Stadt Rom nutzte. Selbstverständlich blieb das Vorgehen des Konsuls 121 v. Chr. ein Gewaltakt – Senatsbeschluss hin oder her –, und würdevoll, ruhig oder gemessen war nichts an diesen Ereignissen. So ist die Absicht des Historikers Piso Frugi, ein unerträgliches Geschehen seiner eigenen Zeit durch eine legitimierende Tradition der Vorfahren halbwegs akzeptabel erscheinen zu lassen, unübersehbar.

Ganz anders findet sich die Geschichte von Spurius Maelius und Servilius Ahala bei Livius: Der Senat ist 439 v. Chr. eher ratlos; es heißt, man brauche einen Mann, der «frei und losgelöst von den Fesseln der Gesetze» handeln würde.[15] Dann ernennt man einen Diktator. In diesem Fall erscheint die Diktatur als Instrument, im innenpolitischen Kampf eine gewalttätige Auseinandersetzung zu führen. Tatsächlich war das aber eine Entwicklung, die erst durch den Diktator Sulla im 1. Jahrhundert v. Chr. einsetzte.

Es ist interessant zu beobachten, wie sich der Umgang mit dem Notstand in der Folge der Ereignisse von 133 und 121 v. Chr. entwickelt hat. Denn das Provokationsrecht, das einen römischen Bürger vor solchen Gewaltakten schützen sollte, galt seit dem Zwölftafelgesetz aus dem 5. Jahrhundert v. Chr. als fester Bestandteil der römischen Rechtstradition «über das Haupt eines Bürgers sollen sie keinen Vorschlag als durch die höchste Volksversammlung» beschließen – so überliefert Cicero die Bestimmung auf der neunten Tafel, die er entsprechend kommentiert: «Dann sind zwei ganz ausgezeichnete Gesetze aus den Zwölftafeln überliefert, ... das andere verbietet, dass über das Haupt eines Bürgers ein Vorschlag eingebracht wird außer in der höchsten Volksversammlung.»[16] Das heißt, es war grundsätzlich in Rom nicht erlaubt, einen römischen Bürger ohne Beschluss der Volksversammlung, d. h. ohne Prozess, zu töten.

Piso hat in seiner Version der Ereignisse von 439 v. Chr. Verschiedenes zusammengemischt: Das eine Element ist die Tötung unter Verstoß gegen das Provokationsgesetz durch einen Privatmann – das ist die Geschichte von Scipio Nasica, der 133 v. Chr. den Furor entfesselt hatte, der zur Ermordung des *Tiberius* Gracchus geführt hat. Das andere Element ist der Auslöser der Ereignisse, und zwar die Abgabe verbilligten Getreides – das ist die Geschichte von *Caius* Gracchus, der als Tribun 123 v. Chr. dieses Gesetz auf den Weg gebracht hat. Als drittes Element kommt schließlich die Legitimierung der blutigen Aktionen durch einen Senatsbeschluss hinzu; diesen steuerte in Rom 121 v. Chr. gegen den Privatmann Caius Gracchus ein amtierender Konsul.

Noch ein anderer römischer Historiker, Cincius Alimentus, hatte die außergesetzliche Tötung des Spurius Maelius wohl schon behauptet;[17] er schrieb allerdings eine Generation vor Piso Frugi – mithin konnte er kaum die Ermordung des Tiberius durch die senatorische Bande des Scipio Nasica im Jahre 133 v. Chr. oder den Tod des Caius Gracchus während des Aufruhrs von 121 v. Chr. vor Augen gehabt haben.

Lucius Calpurnius Piso Frugi hat also versucht, über eine historiographische Konstruktion eine legitimierende Legende für die Aktionen des Senates im Jahr 121 v. Chr. zu stricken. Die Tötungen der Gracchen wurden in ein Vorgehen des Senates eingeordnet, das seine Legitimität aus der Tradition der römischen Geschichte beziehen sollte.

Es sollte nicht bei diesem einen Versuch bleiben. Jahrzehnte später wählte Cicero die gleiche Strategie, als er in seinem eigenen Interesse die Hinrichtung der Catilinarier zu rechtfertigen hatte, die gleichfalls ohne Prozess getötet worden waren. Sein schriftstellerisches Husarenstück gipfelt darin, dass er eine Zustimmung des Konsuls Mucius zu dem Aufruf Nasicas im Senat nicht nur implizierte, sondern sogar behauptete, der Konsul habe das Vorgehen Nasicas als *optimo iure* vollzogen bezeichnet![18] Damit wollte er insinuieren, dass der Anführer der Ermordung des Tiberius, Scipio Nasica, sich nicht nur auf dem Boden des Gesetzes befand, sondern sogar *mit vollem, bestem Recht* handelte. Das aber dürfte mit Sicherheit eine spätere Zutat gewesen sein, da der Konsul Mucius bekanntlich ein enger Mitstreiter des Tiberius Gracchus war.

Dieser Bogen von Piso Frugi bis zu Cicero und Livius – gewissermaßen von der Historiographie zur juristischen Fiktion – hat in Rom ein schönes Etikett bekommen. Nachdem sich nach dem Tribunat des jüngeren Caius Gracchus 121 v. Chr. die Ereignisse von 133 v. Chr. zu wiederholen drohten, formalisierte man im Senat den Ablauf und nannte das Verfahren *Senatus Consultum Ultimum* (die Verkündung des Staatsnotstands). Der Schlüsselsatz hieß von nun an:[19] *ut … consul videret, ne quid res publica detrimenti caperet* – dass der Konsul zusehen möge, dass die Respublica keinen Schaden nehme! Dies als Antrag im Senat gestellt, sollte die Konsuln ermächtigen, gegen Aktionen und Akteure vorzugehen, wenn ein ordentliches Verfahren unter Beachtung der Provokationsgesetze nicht möglich schien. Wie die weiteren Ereignisse zeigen sollten, war und blieb das *Senatus Consultum Ultimum* umstritten, gewann jedenfalls nie den Rang der angestrebten rechtlichen Legitimation (S. 190 ff.). Alle, die im Lauf der folgenden 70 Jahre unter dem Schutz eines *Senatus Consultum Ultimum* gegen Gegner vorgingen, mussten sich im Nachhinein einem Prozess stellen – und einige von ihnen wurden verurteilt: So wurde der Konsular Opimius 120 v. Chr. wegen Ermordung des Caius Gracchus angeklagt, allerdings freigesprochen, während Cicero wegen der Hinrichtung der Catilinarier verurteilt wurde.[20] Der Freispruch half Opimius wenig, denn kurze Zeit danach wurde er wegen Korruption verurteilt. Mindestens 14mal machte man noch bis zum Ende der Republik von dem *Senatus Consultum Ultimum* Gebrauch[21] – dennoch blieb es immer umstritten. Es ist seinen Vorkämpfern also nicht gelungen, damit ein wirklich tragfähiges legitimierendes Verfahren zu begründen. Vielmehr blieb es ein reines Machtinstrument der herrschenden Elite im Senat.

Doch wie hatte es überhaupt so weit kommen können? Wie wurde aus Tiberius Gracchus, Spross einer der angesehensten Familien Roms, der am Beginn einer glanzvollen Karriere stand, ein Mann, den man brutal erschlagen und dann voll Hass und Verachtung in den Tiber geworfen hat?

Wie kam es, dass man wider alles Recht einen sakrosankten Volkstribunen ermordete? Und welche Verstrickungen führten dazu, dass dem jüngeren Bruder des Toten zehn Jahre später das gleiche Schicksal widerfuhr?

Nicht zuletzt stellt sich die Frage, ob die Ereignisse von 133 v. Chr., die gleichsam den Anfang vom Ende der römischen Republik markierten, Symptome oder Ursache des fatalen Prozesses waren? Waren sie Symptome, so gilt es eine größere, schon länger andauernde Entwicklung offenzulegen. Waren sie Ursache, dann hat die Eskalation dieses Jahres einen solch tiefen Riss in der Bürgerschaft verursacht, dass dieser nicht mehr geheilt oder überdeckt werden konnte. Für beide Deutungen lassen sich Argumente finden, Kontexte beschreiben und historische Plausibilisierungen herausarbeiten.

Fasst man Tiberius Gracchus ins Auge, dann zeigt sich ein Kreis von Personen, die in unterschiedlicher Intensität agierten und mit ganz unterschiedlichen Profilen aus der Überlieferung heraustreten; doch eine Gemeinsamkeit ist klar erkennbar: Sie alle waren – in je unterschiedlichem Maße und auf verschiedene Art und Weise – beeinflusst von einem durch und durch griechischen Konzept des Gemeinwohls. Welche Brisanz dieses Konzept in der römischen Republik entfaltete, offenbart sich auf den ersten Blick durch die Ereignisse, welche die Tribunatsjahre der Brüder Gracchus, 133 und 123/22 v. Chr., begleiteten, und natürlich nicht zuletzt an ihrem brutalen Ende. Es ist nicht müßig, darüber zu spekulieren, ob den Akteuren die Tragweite ihrer Absichten und Handlungen bewusst gewesen ist. Spätere – Politiker wie Cicero, Historiker wie Dionysios von Halikarnass und Livius – haben das Tribunatsjahr des Tiberius Gracchus als Einschnitt wahrgenommen. Aber schon der Zeitgenosse Calpurnius Piso Frugi hat mit seiner Version gezeigt, dass ihm die grundstürzende Bedeutung des Konfliktes sehr wohl bewusst war. Er entwirft nicht von ungefähr ein Bild, in dem er das ruhige und überlegte Handeln des Senates dem eines aufrührerischen jungen Mannes gegenüberstellt.[22] Im Ergebnis wird die Gefahr für die innere Ordnung durch die Staatsmacht beseitigt, der verdächtige Einzelne von den funktionierenden Institutionen eliminiert.[23] Die Fiktion ist sowohl eine historiographische (durch Schaffung einer historischen Tradition) wie auch eine juristisch-institutionelle (durch Schaffung des Senatsbeschlusses).[24] Zumindest seit 121 v. Chr., als erstmals der Senatsbeschluss als *Senatus Consultum Ultimum* gefasst wird, ist deutlich, dass man keine Ad-hoc-Reaktion beabsichtigte, sondern eine grundsätzliche und langfristige Entwicklung zur Stärkung des Senats und seiner Kompetenzen beabsichtigte. Doch der Versuch, die Rolle des Senats institutionell zu stärken, ihm das entscheidende Gewicht zu geben, blieb auf Dauer erfolglos; es fehlte die Überzeugungskraft, um in der Öffentlichkeit der Stadt Rom dieser Position ein stabiles Fundament zu legen. Ebenso wenig war der anderen Seite, ihren Protagonisten in Gestalt der Gracchen und ihren auf eine gemeinwohlorientierte Politik ausgerichteten Gesetzen dauerhafter Erfolg beschieden.

Die Respublica wurde nicht stabilisiert, sondern im Gegenteil, sie geriet ins Schlingern.

3. Familie und Erziehung

Taten und Ruhm des Vaters werden für Tiberius und seinen Bruder Caius nach traditionellen römischen Vorstellungen prägend, seine Persönlichkeit das große Vorbild gewesen sein, dem sie nachzueifern hatten. Dem Vater Tiberius Sempronius Gracchus war in der Tat eine ganz außerordentliche Karriere gelungen: erfolgreiche Feldzüge in Makedonien, Spanien und Sardinien, ein Triumph, Konsulat, Zensur und ein zweites Konsulat. Zudem führte er mehrere Gesandtschaften in den Osten in die Reiche Pergamon, Kappadokien und Syrien, in deren Verlauf er so viel an Kontakten und Klientelbeziehungen knüpfen konnte, dass er zweifellos als einer der einflussreichsten römischen Politiker gelten konnte.[1]

Wie stark dieser – in damaliger Sicht – wahrhaft global agierende Politiker praktisch in die Erziehung seiner Söhne eingebunden war, ist schwer zu sagen, zumal vor dem Hintergrund seiner Abwesenheit aus Rom über viele Jahre hinweg. Wir können folglich davon ausgehen, dass die Erziehung eher in der Hand der Mutter Cornelia lag. Für die römische Nobilität war der Wettbewerb um Ehre und Reputation, deren Ausdruck die Ämter und Positionen waren, zentral: Nicht nur die Familientradition wurde so konstituiert, sondern der gesamte politische Prozess basierte auf diesem agonalen Prinzip. Höchste Ämter waren eine begehrte Ressource für Macht und Ansehen; und so wetteiferten die Eliten um den Zugang und stritten darum, sie zu erlangen – ein Wettstreit, der bis um den Preis der Existenz geführt wurde. Diese Ressource bildete gleichzeitig das Räderwerk der Respublica, seine Ausprägung erfuhr gerade während der Karriere des Tiberius Sempronius Gracchus eine strukturelle Formalisierung. Man legte Abfolge und Hierarchie fest, wie man für die senatorischen Ämter kandidieren konnte: Seit der *Lex Villia Annalis* von 180 v. Chr. waren Mindestalter, Voraussetzungen wie der zehnjährige Militärdienst, ein bestimmter Abstand zwischen den Kandidaturen und vor allem die Ämtersukzession definiert.[2] Erst seit damals gab es die feste Reihenfolge von den niederen (Quaestur, Aedilität/Volkstribunat) zu den hohen Magistraturen (Praetur, Konsulat). Zugleich schloss sich damals der Kreis jener Familien, die überhaupt noch einen legitimierten Anspruch auf das Konsulat erheben konnten – legitimiert durch Herkommen und Leistung ihrer Vorfahren. Die Konkurrenz wurde dadurch jedoch nicht etwa gemildert, sondern weiter verschärft, da, von einigen Ausnahmen abgesehen, praktisch nur noch Kandidaten für das Konsulat infrage kamen, deren Vorfahren in nicht allzu ferner Vergangenheit ebenfalls schon Konsuln gewesen waren.[3]

Mag diese Entwicklung die überwiegende Mehrheit der vielversprechenden, jungen Römer aus besseren Familien ausgeschlossen haben, so galt das nicht für den jungen Tiberius Sempronius Gracchus, der 133 v. Chr. Volkstribun wurde. Sein Anspruch war ihm durch die Karriere seines Vaters in die Wiege gelegt – Reichtum, Freunde, Klientelbeziehungen inbegriffen.

Der Vater Tiberius Gracchus

Interessant für die Einschätzung dieses familiären Hintergrundes sind vor allem die Beziehungen des Vaters – im Weiteren: des älteren Tiberius Gracchus – zu den Scipionen, seine erfolgreich geführten Kriege in Spanien, seine Verbindungen nach Griechenland und in den Osten sowie die Tatsache, dass er 169 v. Chr. das Amt des Zensors innehatte. Während sein Verhältnis zu den Scipionen eine ambivalente Beziehung gewesen zu sein scheint, die in ihren Höhen und Tiefen unmittelbar näher zu betrachten sich lohnt, sollten seine Unternehmungen in Spanien, Griechenland und dem griechischen Osten im Kontext der biographischen Stationen seines Sohnes gesehen werden und daher einer späteren Betrachtung vorbehalten bleiben.

Die ersten militärischen Sporen hat sich der Vater Tiberius Sempronius Gracchus 190 v. Chr. in Makedonien verdient.[4] In beeindruckender Schnelligkeit hat er für die Scipionen die Zuverlässigkeit Philipps von Makedonien überprüft. Gleichwohl schreibt Livius anlässlich des darauf folgenden Volkstribunates des Tiberius 187 v. Chr., dass dieser sich in *inimicitia* – also erklärter Gegnerschaft – zu dem berühmten Scipio Africanus maior, dem Sieger von Zama und dem Bezwinger Hannibals, befunden habe. Wir wissen leider nicht, was der Grund dieser Feindschaft gewesen ist, Tiberius scheint sich ihrer aber recht schnell entledigt zu haben. Denn als im Verlauf der sogenannten Scipionenprozesse, in denen es um Betrugsvorwürfe gegen Lucius Scipio ging, sogar Scipio Africanus maior in den Strudel hineingezogen wurde, lässt Livius den Vater Gracchus eine leidenschaftliche Rede für den Africanus halten. Deren Wortlaut spiegelt die Koordinaten von Verdienst, Ehre und Ansehen im Selbstverständnis der römischen Elite – von Feindschaft ist hier nichts mehr zu spüren:

«Wird Scipio, jener Eroberer Afrikas, zu euren Füßen stehen, ihr Tribunen? Besiegte er deswegen in Spanien vier sehr berühmte Anführer der Punier und vernichtete und vertrieb vier Armeen, nahm Syphax gefangen, besiegte Hannibal, machte Karthago tributpflichtig für uns, drängte Antiochus – denn sein Bruder Lucius Scipio teilte als sein Partner die Ehre mit ihm – über die Taurushöhen zurück, um den beiden Petilliern zu unterliegen? Wollt ihr etwa den Siegeskranz von Africanus zurückfordern? Werden diese berühmten Männer aufgrund ihrer Verdienste und der ihnen erwiesenen Ehrungen jemals in ein sicheres und unantastbares Bollwerk gelangen, in dem, wenn nicht verehrenswertes, zumindest unversehrtes Alter möglich sein wird?»[5]

Damit hat der ältere Tiberius offensichtlich das Volk für den Helden eingenommen; die Versammlung wurde aufgelöst, und im Senat war man unendlich dankbar dafür, dass er Scipio Africanus vor einem demütigenden Prozess und einem möglichen Exil gerettet hatte.[6] Gleichwohl schreibt Livius, dass sich der Africanus aus Rom zurückzog und sogar bestimmte, dass er in der undankbaren Vaterstadt nicht begraben werden wollte![7] Doch nach dem Tod des Africanus wurde der Streit mit unverminderter Heftigkeit fortgesetzt, diesmal mitbefeuert von Marcus Porcius Cato, später ‹der Zensor› genannt. In den Augen des Livius war das ganz unerhört, denn für ihn war Catos Verhalten schiere Kläfferei gegenüber jedweder Großartigkeit, während die Gegner den Scipionen ein *regnum* – Streben nach Königsherrschaft – vorwarfen.[8] Dieser Vorwurf – selbst wenn man ihn im aufgehetzten Alltag der römischen Innenpolitik vielleicht nicht unbedingt mit Substanz verband –, war doch nicht ungefährlich und sollte später, wie wir bereits gesehen haben, für den Sohn des Tiberius Sempronius Gracchus mit dem Tod enden. Der Vater hingegen hatte sich in dieser gefährlichen Konfrontation klar positioniert und trat, so jedenfalls die bei Livius referierte Überlieferung, auch nach dem Tod des Africanus zugunsten der Scipionen auf.

In dem Prozess gegen Lucius Scipio, den Bruder des großen Africanus – der tatsächlich angeklagt wurde, vom seleukidischen König für einen milden Friedensschluss Geld genommen zu haben, und zu einer Geldbuße verurteilt wurde –, soll der ältere Tiberius als Tribun gegen das gesamte restliche Tribunenkollegium auf eine Art Kompromiss gedrungen haben. Ihm sei es zu verdanken gewesen, dass Lucius Scipio nicht ins Gefängnis abgeführt wurde und dort zwischen Räubern und Dieben sein weiteres Dasein hätte fristen müssen.[9]

Die Autorität des Vaters Tiberius Sempronius Gracchus war so groß, dass der Vorschlag angenommen wurde, nur die Gelder einzuziehen, die Lucius (möglicherweise zu Unrecht) angenommen hatte, und ihn ansonsten unbehelligt zu lassen. Livius findet das erstaunlich: «Sein Beschluss wurde mit so viel Zustimmung aufgenommen, so glücklich waren die Leute, als sie sahen, dass Scipio entlassen wurde, dass das Urteil kaum aus derselben Bürgerschaft gekommen zu sein schien.»[10] Dem älteren Tiberius war es mithin gelungen, gegen sämtliche seiner Kollegen, gegen die Ankläger und vor allem gegen die zuerst feindselige Atmosphäre in der Volksversammlung die Stimmung komplett zu drehen. Es beharrte niemand aus der nicht ganz kleinen Schar der Gegner, die die Prozesse angestrengt hatten, auf der persönlichen Verurteilung des Lucius, sondern vielmehr passierte genau das Gegenteil: Alle waren offenbar erleichtert, dass der ganz große Eklat hatte vermieden werden können.

Tiberius' ausgewogener und ruhiger, aber nichtsdestoweniger nachdrücklicher Auftritt wird von Livius in klaren Gegensatz zu einer Aktion des Africanus gesetzt, der mit körperlicher Gewalt gegen einen Tribunen vorging, um seinen Bruder aus der Gefahrenzone zu retten: «Als er sich direkt vom Tor zum Forum begab, wo es hieß, sein Bruder würde ins Gefängnis gebracht werden, stieß er den Amtsdiener vom Körper des Bruders weg und setzte sich gegen den Tribunen durch, indem er mit mehr Liebe zu seinem Bruder als ziviler Achtung Gewalt anwandte.»[11]

Dagegen steht die Charakterisierung des Vaters Gracchus: würdig, angemessen, ausgleichend mit dem Ziel, Ehre und Ansehen der berühmten Familie nicht zu beschädigen, um damit nicht deren Leistungen für die Respublica nachträglich zu zerstören – ein so vorbildlicher Mann wie jene, die Cicero zufolge die Respublica aufgebaut haben.[12]

Es ist natürlich nicht ausgeschlossen, dass wir in dieser Darstellung eine spätere Stilisierung vor uns haben, die aus dem Gegensatz der Vorgehensweise von Vater und Sohn entwickelt und vor dem Hintergrund der Eskalation im Volkstribunat des jüngeren Tiberius ausgestaltet worden ist. Zu auffällig sind die Kontraste, die nachgerade holzschnittartig präsentiert werden: Hier der gewalttätige Angriff des Konsulars Scipio auf den Volkstribunen, dort der ruhige und würdige Auftritt des Gracchus senior als Volkstribun. Und die weitere Entwicklung, die die Karriere des älteren Tiberius Gracchus nimmt, zeigt, wie lohnend sein Auftreten gewesen ist: Die Heirat mit Cornelia, der jüngeren Tochter des Scipio Africanus, folgte bald nach dem Tribunat – sei es noch zu Lebzeiten des Africanus oder nach dessen Tod. Diese Wendung vom *inimicus* zum Schwiegersohn ist schon bemerkenswert. Nicht nur erhielt er so eine beträchtliche Mitgift, sondern zugleich Zugang zu einer der ältesten und einflussreichsten Familien Roms. Seiner weiteren Karriere hat dies sicher nicht geschadet.

So sieht man ihn in den folgenden Jahrzehnten in den wichtigsten Funktionen des römischen Staates: als Praetor in Spanien, als Konsul in Sardinien (es folgt ein Triumph in Rom) und schließlich auch als Zensor. Während seiner Zeit in diesem Amt – dem höchsten überhaupt und Krönung einer jeden römischen Ämterlaufbahn – spielt sich dann eine skandalöse Auseinandersetzung ab, die fast wie eine Wiederholung der Feindseligkeiten aus seiner eigenen Tribunenzeit anmutet und, wenn man Livius glauben darf, die Flamme des Hasses hell auflodern ließ:

Ein gewisser Rutilius, einer der zehn Volkstribune, klagte 169 v. Chr. beide Zensoren, Tiberius Sempronius Gracchus und Caius Claudius Pulcher, wegen *perduellio* an – also wegen Hochverrats. Der Streit hatte seinen Ausgang wieder einmal in Gelddingen genommen. Die Zensoren hatten für die Verpachtungsverträge diejenigen ausgeschlossen, die bereits zuvor an solchen Pachtverträgen beteiligt gewesen waren. Um der Wut der Ausgeschlossenen, für die es um sehr, sehr viel Geld ging, den Rechtsweg zu bahnen, ließ sich ein Volkstribun finden, der gegen die Entscheidung vorging. Nachdem die Zensoren in der Volksversammlung gesprochen hatten,[13] endete sie im Tumult. Der Tribun Rutilius erhob Anklage, weil man ihm die Leitung der Versammlung entzogen hatte – etwas, was man in Rom unter keinen Umständen tun durfte –, erklärte in der Folge beide Zensoren des Hochverrates für schuldig und forderte von dem Stadtpraetor Sulpicius einen Termin für eine Volksversammlung. Die Zensoren zahlten mit gleicher Münze zurück: Sie gingen zum Tempel der Libertas, versiegelten ihre Listen (auf denen sie die Zuweisung von Bürgern in den Ritter- bzw. den Senatorenstand verzeichneten), schlossen das Archiv, entließen die öffentlichen Sklaven und sagten, sie würden kein Amtsgeschäft mehr ausüben, bis der Prozess vor dem Volk entschieden sei. Die Volksversammlung fand statt, und nach den ersten Abstimmungen – die angesichts der abstimmungsberechtigten 193 Zenturien, aus denen die römische Volksversammlung sich damals zusammensetzte, grundsätzlich recht lange dauern konnte –, zeigte sich schon, dass tatsächlich eine Verurteilung des Zensors Claudius drohte: Von den zwölf Zenturien der Ritter, die als Erste zur Abstimmung aufgerufen wurden, stimmten acht für eine Verurteilung des Zensors! Sollte tatsächlich der höchste Magistrat der römischen Republik verurteilt werden? Man zog die Reißleine: Die führenden Männer der Respublica legten symbolträchtig vor den Augen der Volksversammlung ihre goldenen Ringe ab und zogen Trauerkleidung an. Dann gingen sie bittend in der Volksversammlung umher, um die drohende Verurteilung ihres Zensors abzuwenden. Aber erst Tiberius Gracchus vermochte es, den entscheidenden Umschwung herbeizuführen, weil er öffentlich und feierlich schwor, wenn Claudius verurteilt werde, so werde er sofort mit ihm Rom verlassen und das Exil mit ihm teilen. Das wirkte, wenn auch nur knapp: Am Ende fehlten nur acht Zenturien zur Verurteilung. Immerhin war Claudius durch dieses Ergebnis freigesprochen, und damit wurde die Anklage gegen Gracchus zurückgezogen.

Danach haben die beiden Zensoren mit eiserner Faust durchgegriffen. Nicht nur, dass sie für die *Lectio senatus* – die Auswahl derer, die für den Senat zugelassen wurden – viele aussortierten, sondern sie gingen noch drastischer vor. Für das Ende der Zensur berichtet Livius von einer Initiative des Tiberius Gracchus zur Entrechtung der Freigelassenen. Die Praxis der Freilassung von Sklaven wurde in Rom sehr großzügig gehandhabt, da man durch das wechselseitige Verpflichtungsverhältnis zwischen vormaligem Herrn und seinem Sklaven nach der Freilassung sehr gute Geschäfte machen konnte. Traditionell wurden diese Freigelassenen in die vier städtischen Tribus eingeschrieben. Damit hatten sie, da in Rom nicht nach Köpfen, sondern nach Tribus – Stimmkörperschaften – abgestimmt wurde, zumindest ein Minimum an bürgerlichen Mitbestimmungsrechten in der Tribusversammlung und in der Plebsversammlung, dem *Concilium plebis*. Seit 179 v. Chr. konnten sie sich mit entsprechendem Vermögen in eine Landtribus einschreiben lassen, und da diese bei weitem nicht so überfüllt waren wie die Tribus in der Großstadt Rom, erhielten ihre Stimmen durchaus Gewicht: Eine Tribus hatte eine Stimme, die nach der Abstimmungsmehrheit *innerhalb* der Tribus bestimmt wurde. Doch eine einzelne Stimme konnte wegen der Praxis der Volksversammlungen sehr unterschiedliches Gewicht haben: In den städtischen Tribus war es sehr gering, da in diesen Bezirken sehr viele Bürger eingeschrieben waren und zugleich ein relativ hoher Anteil tatsächlich an den Wahlen und Abstimmungen teilnahm; demgegenüber umfassten die Landtribus weniger Bürger, die überdies seltener an den Versammlungen teilnahmen, weil der Weg nach Rom sehr weit sein konnte.

Nach dem Willen des Zensors Tiberius Gracchus sollte dies alles rückgängig gemacht werden und die Freigelassenen fortan überhaupt nicht mehr in eine Tribus eingeschrieben werden. Dadurch hätten sie ihr Wahl- und Stimmrecht komplett verloren. Damit kam er jedoch nicht durch, und interessanterweise scheint sich sogar sein Kollege, der Zensor Claudius, dem widersetzt zu haben.[14] Livius lässt diesen Claudier folgendermaßen argumentieren: Das Stimmrecht könne ein Zensor ohne Volksbeschluss keinem Menschen entziehen, erst recht nicht einem ganzen Stand! Man einigte sich so, dass einerseits der bestehende Zustand eingefroren wurde für alle diejenigen, die schon eingeschrieben waren. Aber für alle neuen Freilassungen sollte gelten, dass sie in nur eine einzige der vier städtischen Tribus eingeschrieben werden durften – damit blieb ihr Stimmrecht zwar noch erhalten, war aber praktisch wertlos.[15] Diese Regelung ist dann allerdings in der Amtsperiode der nächstfolgenden Zensoren wieder aufgehoben worden – sie schien selbst den konservativsten Römern zu streng.

Jedenfalls dankte man im Senat dem Tiberius Gracchus für seine Konsequenz und Claudius dafür, dass er seinen Widerstand gegen die neue strenge Regel nicht aufrechterhalten habe. Die Belohnung für den älteren Tiberius folgte schnell: eine Gesandtschaft zu den Königen nach Kleinasien, ein zweites Konsulat und eine weitere Gesandtschaft in den Osten, die er sicher tatkräftig nutzte, um seine auswärtigen Beziehungen zu festigen.

Das Bild, das uns die Quellen von dieser außerordentlichen Karriere präsentieren, ist eindeutig: ein sich seines Standes und seiner diesbezüglichen Verpflichtungen zur Mehrung von Ehre, Ansehen und Wohlstand durch erfolgreiche Politik in Krieg und Frieden sehr sicherer Mann. Sein politischer und gesellschaftlicher Erfolg ließ sich in einen materiellen Erfolg ummünzen: Beute, Verkäufe von Gefangenen als Sklaven, Zuwendungen dankbarer Potentaten im Osten – alle Möglichkeiten, die der römische Imperialismus bot, dürfte er ausgeschöpft haben. Sein Verhältnis zum römischen Volk war geprägt von Autorität und paternalistischem Entscheidungsanspruch. Das Volk erwies ihm Respekt und ließ sich von Vorhaben abbringen, die er missbilligte. Allerdings musste er wohl auch alle Register ziehen – sogar mit dem eigenen Exil drohen, also praktisch mit einer Art politischen Selbstmordes. Selbstmorddrohungen sind eine scharfe Waffe, sie gehören nicht in das reguläre Arsenal der politischen Auseinandersetzung. Den Exitus gibt es nur einmal, und das dürfte auch Tiberius bewusst gewesen sein. Insofern hat er damals alles auf eine Karte gesetzt. Dies jedoch sicher nicht als Hasardeur, der die eigene Karriere aufs Spiel setzen wollte um eines Gewinns an Reputation willen (den er durchaus erfuhr), sondern weil es seiner Überzeugung entsprach.

Wurde diese Haltung zum Exemplum für seinen ältesten Sohn Tiberius? Cicero hat diese Frage unmissverständlich verneint: Tiberius Gracchus der Ältere habe, so Cicero später, den Bestand der Respublica gerettet, seine Söhne sie zertrümmert.[16] Wie es so weit hat kommen können, erschließt sich also schwerlich über die in Rom traditionell übliche Orientierung des Sohnes an seinem Vater.

Die Mutter Cornelia

Cornelia war die Tochter des berühmtesten aller Römer, des Publius Cornelius Scipio Africanus maior, des Siegers über Karthago und Hannibal. Über sie sind legendenumrankte Geschichten in die Überlieferung eingegangen. Insbesondere das Verhältnis der Mutter zu ihren Söhnen ist immer wieder ausgestaltet worden. Es heißt, sie soll eine campanische Frau in Schranken gewiesen haben, als diese mit ihren Juwelen protzte, indem Cornelia auf ihre Kinder zeigte und sagte: «Das sind meine Juwelen.» Es dürfte sich dabei um eine gut erfundene Anekdote handeln – ein Wandermotiv, wie es sich mit kleinen Abwandlungen beispielsweise auch in der Geschichte einer Spartanerin und der Frau eines griechischen Feldherrn erhalten hat.[17] Dennoch spiegelt sich darin das familiäre Selbstverständnis einer römischen Aristokratin. Eine Sage ist natürlich auch die Geschichte vom Auftauchen zweier Schlangen in Cornelias Wohnräumen. Tiberius Sempronius Gracchus senior soll sie eingefangen und zu einem Haruspex, einem Opferbeschauer, gebracht haben. Dessen Untersuchung ergab, dass es sich um eine männliche und eine weibliche Schlange handelte (was bei Schlangen keine größeren anatomischen Kenntnisse erfordert, da die Geschlechtsbestimmung durch die Inspektion des Schwanzendes recht leicht ist). Der Haruspex erklärte, die Schlangen stünden für das Leben von Cornelia und Tiberius, und gab Tiberius die Botschaft mit, dass seine Frau vor ihm stürbe, wenn die weibliche Schlange zuerst sterben würde; wenn die männliche sterben würde, dürfte der Tod ihn vor ihr ereilen. Diese Interpretation ist nicht so weit hergeholt, da Schlangen auf Bildern von römischen Hausheiligtümern zu sehen sind und mit dem Genius des römischen Familienoberhauptes (des *Pater familias*) in Verbindung gebracht werden. Heroisch entschied Tiberius in Anbetracht der Jugend seiner Frau, die männliche Schlange zu töten. Tatsächlich soll der Tod des Tiberius kurze Zeit später erfolgt sein, und damit begann die ein halbes Jahrhundert währende Witwenschaft der Cornelia. Sie blieb Witwe, auch wenn es anscheinend einen attraktiven Freier gab: Der ägyptische König Ptolemaios soll um ihre Hand angehalten haben. Historisch oder nicht, die Geschichte zeigt immerhin, in welchen Kreisen sie sich bewegte (S. 212 und Abb. 18).[18]

Cicero berichtet diese Schlangengeschichte im Kontext seiner Abhandlung *Über die Weissagung* und nennt Cornelias Sohn Caius Gracchus als Quelle. Vielleicht hat Caius sie tatsächlich von Cornelia gehört? Cicero jedenfalls ist durchaus kritisch und stellt anhand dieser Sache die Annahme von übernatürlichen Ereignissen infrage.[19] Schlangen wurden in der Antike oft und gern mit Göttern oder Halbgöttern, jedenfalls mit Helden aller Art in Verbindung gebracht – und die beiden Exemplare, die der Volkstribun Tiberius an seinem Todestag gefunden hat, passen schön in dieses Muster.

Ganz anders etwa trat Aemilia auf, die Ehefrau des Scipio Africanus maior und Adoptivgroßmutter des jüngeren Scipio (zur Unterscheidung vom Großvater und zur Markierung der Herkunftsfamilie in der Forschung Scipio Aemilianus genannt). In der Öffentlichkeit bewegte sich diese Aemilia nur mit großem Gefolge, üppig angetan mit Schmuck und umgeben von Luxusgegenständen, die vor ihr hergetragen wurden. Insofern dürften die beiden Corneliae, die Töchter des großen Scipio Africanus maior, nicht sehr erfreut darüber gewesen sein, dass der Schmuck und die gesamte Ausstattung ihrer Mutter Aemilia zunächst an Papiria, die Mutter des jüngeren Scipio, den von den Corneliern adoptierten Scipio Aemilianus und dann an dessen Schwestern vererbt wurden, während die blutsverwandten Töchter leer ausgingen. Andererseits passt es gut zu der im Hinblick auf Luxus und Zurschaustellung zurückhaltenden Mutter der Gracchen, dass Schmuck und Ausstattungsluxus eben gerade nicht bei ihr landeten.

Insofern lassen diese Anekdoten bereits erkennen, in welcher Weise die öffentliche bzw. veröffentlichte Meinung die Bedeutung der Gracchen und ihrer Mutter Cornelia überhöht hat. Für sie hat der Ehemann das höchste Opfer dargebracht – dies passt zu der Haltung, radikale Konsequenzen zu ziehen, die gleichermaßen den Söhnen Tiberius und Caius eigen war und mit der sie auch ihre politischen Karrieren geprägt haben.

Eine etwas weniger spektakuläre Erklärung der Umstände könnte in dem großen Altersunterschied der Eheleute liegen. Denn immerhin hat Tiberius Sempronius Gracchus senior seine lange Karriere schon während des Zweiten Punischen Krieges (218–202 v. Chr.) begonnen, während Cornelia zum Zeitpunkt der Verbindung mit ihm in den 80er Jahren des 2. Jahrhunderts v. Chr. wohl erst im Teenageralter gewesen ist.

Abgesehen von den politischen Konnotationen dieser Verbindung, hat der ältere Tiberius mit dieser Heirat sicher sein Familienvermögen beträchtlich gemehrt, denn Cornelia – auch wenn sie keine Juwelen präsentieren wollte und später keine geerbt hat – war eine äußerst wohlhabende Frau, deren Reichtum und exklusives Leben später fast schon sprichwörtlich wurden. Ihre Mitgift, wie die ihrer Schwester, muss enorm gewesen sein. Polybios, Zeitgenosse und engstens verbunden mit dem jüngeren Scipio Africanus, dem Adoptivneffen der Cornelia, berichtet uns darüber einiges. So hat dieser jüngere Scipio Aemilianus nach dem Tod seiner Adoptivgroßmutter die Auszahlung der Mitgift für Cornelia an Tiberius Gracchus senior direkt nach dem Tod von deren Mutter Aemilia im Jahr 162 v. Chr. übernommen: 50 Talente für Cornelia und ebenso viel für ihre ältere Schwester, die mit einem Scipio Nasica verheiratet war. Die Entscheidung des jüngeren Scipio, beide Mitgiften als einmalige Pauschalsumme zu zahlen, ist für Polybius ein Beispiel für die Großzügigkeit seines Freundes. Rechnet man ein Talent zu 20 Kilogramm Silber, kann man sich leicht vorstellen, warum die Höhe der Mitgift, die der ältere Africanus seinen Töchtern zugesprochen hat, als ungewöhnlich hoch galt und warum Polybios den jüngeren Scipio derart lobt.[20] Aber man fragt sich, wie viel Vermögen bei dem jüngeren Scipio noch verblieben sein mag, nachdem er 100 Talente ausbezahlt hatte.

Cornelia sollte dann mit Umsicht und größter Sorgfalt die Erziehung und Bildung ihrer Kinder prägen.[21] Zwei Namen werden in der Überlieferung erwähnt, die höchst aufschlussreich sind: Diophanes von Mytilene und Blossius von Cumae. Diophanes aus Mytilene gehörte für Cicero zu den größten Rhetoren seiner Zeit. Cornelia habe ihn als einen der besten griechischen Lehrer für die Ausbildung ihres Sohnes Tiberius ausgewählt![22] Da Cicero die Reden des Tiberius Gracchus vorlagen und er sich auch auf sie bezieht,[23] darf man dieses Zeugnis Ciceros ernst nehmen. Blossius wiederum kam aus Kyme in Unteritalien, war ein Schüler des Stoikers Antipatros von Tarsos (2. Jahrhundert v. Chr.), der ihm seine Wertschätzung durch die Widmung philosophischer Schriften zum Ausdruck brachte.[24] So trafen in diesen beiden Lehrern zwei Bereiche zusammen, die bei Cicero komplementär anmuten: Waren die Stoiker scharfsinnig in der philosophischen Argumentation, im Bauen von Sätzen, so waren sie doch gleichzeitig ganz schlechte Rhetoriker, wenn es um die freie Rede ging. Knapp, dicht und gedrängt sollen sie gesprochen haben und keineswegs so, dass sie damit die Ohren des Volkes erfreut hätten.[25] Die geschliffene Rhetorik des Diophanes dürfte dieses Manko in der Ausbildung des Tiberius und Caius Gracchus ausgeglichen haben. Plutarch schreibt dann explizit, dass beide, Philosoph und Rhetoriker, entscheidenden Einfluss auf das Programm genommen haben, das Tiberius in seinem Volkstribunat vertrat.[26] Diese Meinung Plutarchs ist nicht allein die Sicht eines Späteren. Denn im 2. Jahrhundert v. Chr. stieg in Roms Elite das Interesse an griechischer Philosophie und Rhetorik sprunghaft an. Im Jahre 156 v. Chr. kam eine griechische Philosophengesandtschaft nach Rom, die so viel Zulauf und Begeisterung unter der römischen Jugend hervorrief, dass der alte Cato alles daransetzte, dass man diese Philosophen so schnell wie möglich aus Rom wegschickte! In diese Jahre gehört auch das Engagement der Lehrer, die Cornelia für ihre Söhne aussuchte.

Die Kombination dieser beiden Lehrer, die Cornelia wählte, zeigt auch, wie wichtig ihr glänzende Rhetorik und philosophische Prägung waren. Es gab zahlreiche philosophische Schulen und großartige Vertreter dieser Richtungen in den griechischen Städten. Oft wurden sie von Römern in Griechenland und Kleinasien aufgesucht. Dass Cornelia nun aber mit Blossius einen Vertreter der Stoa aus einer italischen Stadt für die Erziehung ihrer Söhne wählte, dürfte daher kein Zufall gewesen sein. Ob sie selbst von der Philosophie der Stoa beeinflusst war, wissen wir nicht. Jedoch beschreibt Plutarch ihre unerschütterliche Haltung angesichts des Verlustes beider Söhne in einer Weise, die Stärke und Ruhe zeigt und vielleicht entsprechende Rückschlüsse erlaubt. Plutarch lobt Cornelia als Beispiel für die Kraft eines herausragenden Geistes, der von Natur aus hoch veranlagt und durch Studium kultiviert wurde, sich über die üblichen Verhaltensnormen zu erheben und noch die schlimmsten Bedrängnisse des Schicksals zu ertragen.[27] Vielleicht war diese berühmte Unerschütterlichkeit nicht bloßer Ausdruck ihrer wesensmäßigen Geisteshaltung, sondern in ihrem Leben auch durch eine Bildungstradition angelegt; immerhin waren in den verschwägerten Familien der Scipionen, der Aemilier und Sempronier (Stammtafel S. 247) die prominenten Griechen Polybios und Panaitios von Rhodos, der stoische Philosoph, präsent.[28] Aber letztlich können wir tatsächlich nur Mutmaßungen darüber anstellen, dass diese außerordentliche Frau die Erziehung ihrer Söhne nicht wegen einer zeitgenössischen Mode so ausrichtete, sondern eine philosophisch-rhetorische Prägung als beste Voraussetzung für eine standesgemäße Karriere betrachtete.

Gleichzeitig war jedoch die traditionelle militärische Schulung für einen jungen, römischen Aristokraten unabdingbar. Und unter wessen Ägide war sie wohl am besten zu gewährleisten? Natürlich in Verbindung mit dem älteren Vetter Scipio Aemilianus, der bereits 147 v. Chr. zum Konsul im dritten Krieg gegen Karthago gewählt worden war und dies, ohne das Mindestalter für das Konsulat erreicht zu haben. Er hatte sich schon 168 v. Chr. bei Pydna als 17-Jähriger an der Seite seines Vater Aemilius Paullus bewährt und erfolgreich in Spanien gekämpft; ihm traute man in Rom zu, den lang ersehnten finalen Schlag gegen das widerständige Karthago zu führen. Publius Cornelius Scipio – der Sohn des großen Africanus – adoptierte den jungen Mann, der fortan als Publius Cornelius Scipio Aemilianus die doppelte Bürde familiärer Erwartung an Karriere und Erfolg zu tragen hatte.

Im Alter von 17 oder 18 durfte Tiberius Gracchus ihn also begleiten. In diesen Kreis gehörten auch Caius Laelius, Scipios rechte Hand, Freund, Ratgeber und Vertrauter – er sollte später ein Bodenreformgesetz vorschlagen, das dem des Tiberius um einige Jahre vorausging –, und Caius Fannius, der im Jahr 122 v. Chr. Konsul und zeitweise enger Mitstreiter des jüngeren Bruders Caius werden sollte, bevor er diesen verriet und im Weiteren bekämpfte. Von Fannius, der an der Seite des Tiberius kämpfte, lag den antiken Autoren eine Art Augenzeugenbericht über den Mut und die Tapferkeit des jungen Tiberius Gracchus vor (S. 43).[29] Da diese vier Männer – seinerzeit vermutlich freundschaftlich verbunden – in den nächsten beiden Jahrzehnten maßgeblich die Geschicke Roms prägen sollten, läge die Vermutung nahe, dass sie als ehemalige Weg- und Kampfgefährten auch einen gemeinsamen politischen Weg einschlagen würden. Doch das Gegenteil trat ein.

4. Tiberius Gracchus und Scipio Aemilianus

Vom Schützling zum Gegner

Scipio Aemilianus, der zwischenzeitlich die Schwester des Tiberius, Sempronia geheiratet hatte, erwies ihm die Ehre, mit ihm das Zelt im Feldzug gegen Karthago zu teilen. Der junge Tiberius wurde gar zu einer Art Schützling seines deutlich älteren Vetters. Scipio war – entgegen der festgelegten Ämterfolge – 147 v. Chr. vorzeitig zum Konsul gewählt worden, da er sich, anders als die beiden Amtsvorgänger, bereits als einfacher Militärtribun in diesem dritten Krieg gegen Karthago mehrfach ausgezeichnet hatte. Ihm allein war es zu verdanken, dass der römische Feldzug unter den Konsuln Manilius, Mancinus und Piso nicht in einer Katastrophe endete. Die Versuche, das Heer des Karthagers Hasdrubal zu schlagen, waren ebenso gescheitert wie der, Karthago durch eine Belagerung zur Aufgabe zu zwingen.

Die naturräumliche Lage Karthagos machte eine Belagerung schwierig, denn in die Stadt gelangte man nur über eine schmale Landenge. Darüber hinaus sicherte ein dreifacher Mauerring mit Türmen in regelmäßigem Abstand Karthago. Der Kriegshafen für die Flotte, der Kothon, lag hinter dem Handelshafen – eine beeindruckende runde Anlage mit Bootshäusern, die für über 200 Schiffe ausgelegt war. Zweimal mussten die Konsuln den Sturm auf die Stadt abbrechen. Dann brach auch noch eine Seuche aus, und zudem führten ständige Angriffe der karthagischen Reiter zu erheblichen Verlusten im römischen Heer.[1] 147 v. Chr. begann der Konsul Scipio Aemilianus, die Karthager auszuhungern, bevor er im Frühjahr 146 v. Chr. die Erstürmung einleitete. Während dieser Aktion vollbrachte Tiberius Gracchus eine erste große Heldentat:[2] Im Frühjahr 146 v. Chr. belagerte Scipio zuerst die Byrsa (die durch Mauern geschützte Festung über dem Hafen von Karthago) sowie den Handelshafen und den dahinter liegenden runden Kriegshafen. Hasdrubal steckte den vorderen Teil des Hafens – den Handelshafen, der eine viereckige Form hatte – in Brand. In dieser Situation gelang es Laelius, Scipios engstem Freund und Begleiter, am hinteren Teil des Kothon in die Stadt einzudringen. Daraufhin brach unter den Karthagern Panik aus, und es gelang den Römern, auf

Abbildung 3: Scipio zerstört Karthago, zu seinen Füßen der Karthager Hasdrubal, Kreidelithographie, R. Weibezahl, 1832

allen Seiten vorzurücken. Sie setzten Balken, Maschinen und Gerüste ein und hatten den Vorteil, dass ihnen die Wachen nur schwachen Widerstand entgegensetzen konnten, da sie vom Hunger geschwächt waren. Nach der Einnahme der Mauern um den Kothon brachte Scipio auch das benachbarte Forum unter seine Kontrolle. Am nächsten Tagesanbruch führte er frische Truppen heran, insgesamt 4000 Mann. Die von dem Historiographen Appian ausführlich und plastisch geschilderte Einnahme der Mauern des karthagischen Kriegshafens bedeutete den Durchbruch: Dort, an vorderster Front also, kämpfte der junge Tiberius Gracchus, und er war der Erste, der die Mauer erklomm. Für diese Heldentat[3] wurde er mit der Mauerkrone (*corona muralis*) ausgezeichnet. Dieser Ausweis militärischer Tapferkeit war eine der wenigen herausragenden militärischen Ehrungen, die im Feld verliehen wurden. Die Auszeichnung selbst nahm sein Vetter Scipio Aemilianus persönlich vor. Damals begann sich die glänzende Karriere eines vielversprechenden jungen Mannes abzuzeichnen!

Scipio Aemilianus selbst hatte sich seinerzeit gleichfalls seine ersten Sporen im Krieg verdient. In den spanischen Feldzügen des Lucullus hatte er sich mehrfach ausgezeichnet, und auch ihm war es gelungen, bei der Belagerung von Intercatia die Mauerkrone zu erringen.[4]

Scipio Aemilianus und Tiberius Gracchus – ein Vergleich

Eine Gegenüberstellung dieser beiden jungen Männer in ihren Karriereanfängen ist aufschlussreich: Auch über Aemilianus heißt es, dass seine Erziehung eine gründliche Unterweisung durch griechische Lehrer umfasst habe. Plutarch berichtet in der Biographie des Vaters, Aemilius Paullus, wie dieser seine Söhne erzog: einerseits in der traditionellen Art römischer Erziehung, wie sie ihm selbst zuteilgeworden war, und zwar ebenfalls durch den eigenen Vater. Aber andererseits sorgte Aemilius Paullus darüber hinaus dafür, dass auch seine Söhne von den fähigsten griechischen Lehrern, Gelehrten und Rhetorikern umgeben waren und ebenso von griechischen Bildhauern, Malern, Aufsehern von Pferden und Hunden und Ausbildern für die Jagd![5]

In der späteren Überlieferung wird vor allem Scipio Aemilianus eine enge Verbindung zu dem stoischen Philosophen Panaitios zugeschrieben; jener lebte eine Zeit lang mit ihm in Rom und begleitete ihn zwischen 140 und 138 v. Chr. auf einer Gesandtschaft in den griechischen Osten.[6] So wird Polybios' Beschreibung der Persönlichkeit seines Freundes Scipio mit einem gewissen stoischen Einfluss in Verbindung gebracht: Scipios Ehrgeiz war es, ein edles Leben zu führen, den Ruf der Mäßigkeit zu erreichen und darin alle seine Altersgenossen zu übertreffen. Dies soll, so Polybios, zu dieser Zeit in Rom aufgrund des moralischen Verfalls der meisten jungen Leute leicht zu erreichen gewesen sein. Denn einige hatten sich der Knabenliebe hingegeben, andere den Prostituierten und viele den musikalischen Vergnügungen und ausschweifenden Gelagen. Scipio jedoch habe einen gegenteiligen Kurs bevorzugt, alle seine Begierden bekämpft und sein Leben in jeder Hinsicht privat und öffentlich integer gestaltet.

Abbildung 4: Scipio Aemilianus
(oder ein hellenistischer Prinz/Herrscher)

Innerhalb von fünf Jahren erreichte er so in der ganzen Stadt einen Ruf für Selbstdisziplin und Mäßigung.[7]

Doch schon früh muss ihn ein anderer, brennender Ehrgeiz erfüllt haben:[8] Während andere junge Römer sich mit juristischen Fällen beschäftigten, auf dem Forum herumgingen und sich bekannt machten, wohl auch um schon künftige Wähler für sich zu gewinnen, widmete sich Scipio offenbar der Jagd; ihm schien es sinnvoller, auf diesem Feld Beeindruckendes zu leisten, und tatsächlich soll er auf diese Weise ein höheres Ansehen als andere junge Männer erlangt haben. Bei den Prozessen und Gerichtsverfahren ging es rau zu: Beleidigungen und Schmutz wurden reichlich ausgeteilt. Folglich machte man sich nicht nur Freunde bei solchen Gelegenheiten, sondern ebenso jede Menge Feinde. Scipio aber konnte, ohne jemanden zu verärgern oder zu beleidigen, Mut und Tapferkeit zeigen. Daher soll er in kürzester Zeit in seiner Generation einen entsprechenden Ruf erlangt haben, obwohl er einen ganz anderen Weg eingeschlagen hatte als üblich. Er setzte mithin gezielt ein bestimmtes Distinktionsverhalten ein.

Doch weiß die Überlieferung auch, dass Scipio konsequent gesetzlich verankerte, institutionelle Grenzen übertrat.[9] In den Quellen heißt es, das Volk wollte ihn für 147 v. Chr. als Konsul und Oberbefehlshaber im Krieg gegen Karthago haben, obwohl er, wie schon erwähnt, mit 38 Jahren dafür weder alt genug war (er hätte 43 sein müssen) noch bereits die Praetur absolviert hatte – jenes Amt, das üblicherweise vor dem Konsulat wahrgenommen wurde.[10] Daher habe allein das Volk durchgesetzt, dass Scipio Aemilianus auf die Kandidatenliste für die Wahl zum Konsulat kam. Nun konnte «das Volk» im Rahmen der Wahlprozeduren nicht einfach einen Kandidaten verlangen und die Kompetenzen der wahlleitenden Magistrate übergehen; auch wenn sich der Volkswille deutlich und laut in Rom artikulierte, gab es durch Herkommen und Gesetz definierte Regeln. Der Wahlleiter musste eine solche Kandidatur zurückweisen, für Scipio abgegebene Stimmen wären per se ungültig gewesen.

Der sich damals in aller Deutlichkeit abzeichnende Konflikt war allerdings nicht neu – auch der große ältere Africanus war auf irreguläre Weise, durch Außerkraftsetzung der Regeln, zu seinen Kommanden gegen Hannibal gekommen! Das lag im Jahr 148 v. Chr. freilich schon mehr als ein halbes Jahrhundert zurück, kann aber gleichsam als familiärer Sonderweg der Scipionen angesehen werden. So scheint sich Scipio Aemilianus ganz bewusst in diese Tradition gestellt zu haben und hatte sicher durch seine Anhänger und Freunde die Stimmung in Rom entsprechend anheizen lassen. Dass diese Forderungen im Hinblick auf Scipio alle außerhalb der Regeln lagen, zeigt sich bereits an der Ablehnung seiner Kandidatur durch den wahlleitenden Konsul. Mit Hilfe der Volkstribunen gelang es dennoch, Scipios Wahl durchzusetzen, wenn auch nur auf die Weise, dass die Volkstribunen offen damit drohten, alle Wahlen für das kommende Jahr per Veto zu verbieten und damit sämtliche politischen und militärischen Aktivitäten Roms mitten im Krieg gegen den Erzfeind Karthago zu unterbinden! Der Kompromiss, den Senat und Volkstribunen aushandelten, bestand darin, dass man die Vorschriften über das Wahlalter und die Ämterfolge für dieses Jahr aussetzte. Aber damit noch nicht genug: Auch für die Zuweisung der Provinz, für die die neuen Konsuln zuständig sein sollten und die eigentlich im Losverfahren unter ihnen ermittelt wurde, griffen die Volkstribunen zu der außergewöhnlichen Maßnahme, dies per Volksabstimmung im Sinne Scipios zu regeln.[11]

Scipio Aemilianus hatte also zweimal eine Ausnahme für seine Person erreicht und seine Ambition durchgedrückt, indem er Volkstribunen dafür in Stellung gebracht hatte. Die bei Appian überlieferte Begründung liest sich wie ein Muster, das 15 Jahre später im Volkstribunat des Tiberius Gracchus wiederum eine entscheidende Rolle in der politischen Auseinandersetzung spielen sollte. Das Argument lautete: Seit den aus der Königszeit des Romulus und Servius Tullius stammenden Gepflogenheiten sei das Volk der Herr über die zu wählenden Magistrate und die entsprechenden Gesetze könne das Volk bestätigen oder aufheben! Diese Argumentation zur Rolle des Volkes und seinen Rechten, Gesetze auszusetzen und Regeln aufzuheben, ist formal richtig, da die Volksversammlung für die Verabschiedung der Gesetze zuständig war. Jedoch zeigt der Ablauf, dass nach der Drohung der Volkstribunen, alle Wahlen auszusetzen, eine intensive Suche nach dem Kompromiss begann, die schließlich zu einem handhabbaren Ergebnis führte. Formale Geltung, praktische Handhabung und das Verständnis dafür, wie weit man einen Konflikt treiben kann, sind unterschiedliche Ebenen solcher Prozesse. Die Wahl Scipios zeigt, dass alle beteiligten Akteure damit offenbar noch umgehen konnten.

Der entscheidende Unterschied zwischen diesen Ereignissen im Kontext der Wahl Scipios zum Konsul und Befehlshaber im Krieg gegen Karthago und den Ereignissen während des Tribunats des Tiberius ist allerdings offensichtlich. Der spätere Konflikt entzündete sich an dem von ihm eingebrachten Bodenreformgesetz. Betroffen waren breite Schichten der römischen Bevölkerung und sicher ebenso der latinischen sowie italischen Bundesgenossen. Dieses Bodenreformgesetz stand in einem konkreten Kontext und sollte gravierende Probleme wirtschaftlicher und sozialer Art lösen. Letztlich basierte es auf einer zwar nicht neuen, aber doch anderen Vorstellung davon, welche Rolle eine auf das Gemeinwohl ausgerichtete Politik in Rom spielen sollte.

Vergleicht man dies mit den Ereignissen, die zu der irregulären Wahl von Scipio Aemilianus zum Konsul für 147 v. Chr. geführt haben, erkennt man in Scipio Aemilianus die Bereitschaft, für den eigenen Ehrgeiz und

Ruhm skrupellos alle Mittel einzusetzen. Diese Seite seines Verhaltens wird in den Quellen auch nicht verschwiegen. Ebenso wie sein Hang zu Härte und Grausamkeit betont wird, die sich beispielsweise in seiner Genugtuung über die endgültige Zerstörung Karthagos (146 v. Chr.), aber ebenso in der unbarmherzigen, ja brutalen Behandlung Numantias zeigte (133 v. Chr.). Zur Feier seines Sieges in Karthago veranstaltete er Spiele, in denen er Deserteure aus den Reihen der Verbündeten Roms wilden Tieren zum Fraß vorwarf – keineswegs ein übliches Verhalten römischer Sieger. Während des Feldzuges in Spanien wiederum zögerte er in Lutia nicht, vierhundert jungen Männern die Hände abzuhacken. Dieser brutale Akt sollte zwar zunächst einmal potentielle Rebellen abschrecken, traf aber mit ziemlicher Sicherheit neben den Schuldigen ebenso auch Unschuldige.[12]

Als es um das Kommando für den Krieg in Spanien ging und Scipio sich wiederum gegen die Regel diesen Oberbefehl verschaffen wollte, wiederholte er das bekannte Muster, das er nur zehn Jahre vorher für den Oberbefehl im Krieg gegen Karthago eingesetzt hatte. Ob er dafür zuerst seinen Vetter Tiberius ausmanövriert hat, indem er mithalf, ihn und dessen befehlshabenden Konsul Mancinus zu diskreditieren, ist nicht ganz klar. Jedenfalls hatten die beiden, Tiberius und Mancinus, einen Vertrag mit den spanischen Numantinern ausgehandelt; der war vielleicht nicht der allergünstigste für Rom, bot aber immerhin eine gewisse Perspektive, diesen in der römischen Bevölkerung zunehmend abgelehnten Krieg zumindest teilweise zu beenden (S. 61 ff.). Der Vertrag wurde allerdings in Rom verworfen und der Konsul an die Numantiner ausgeliefert. Jedoch verweigerten die Numantiner, diese Auslieferung anzunehmen, und der Krieg ging weiter. Da die Numantiner genügend Erfahrung mit römischen Vertragsbrüchen gesammelt hatten, ist dies durchaus nachzuvollziehen. Aber in Rom scheint Scipio, der sich bei den Verhandlungen mit den Numantinern nicht als Wortführer zeigt, doch hinter den Kulissen agiert zu haben: Sein Freund L. Furius Philus,[13] der 137 v. Chr., als der Mancinus-Vertrag geschlossen wurde, zum Konsul für das folgende Jahr 136 v. Chr. gewählt wurde, führte dann in seinem Konsulat die Verhandlungen in Rom, die zur Ablehnung des Vertrags führten. Schon im folgenden Jahr 135 v. Chr. wurde Scipio Aemilianus in sein zweites Konsulat gewählt,[14] das er 134 v. Chr. mit dem Oberbefehl in Spanien und 133 v. Chr. mit der Zerstörung von Numantia krönte. Auch dieses zweite Konsulat war gegen jede Regel zustande gekommen: Seit 151 v. Chr. gab es in Rom das Verbot einer zweiten Amtsübernahme als Konsul. Doch wiederum wollte «das Volk» Scipio als Oberbefehlshaber, und wieder griff man zu der Kompromisslösung von 147 v. Chr., indem für ein Jahr das Verbot einer zweiten Amtsübernahme für Scipio ausgesetzt wurde.[15]

Diesmal aber hatte Scipio es nicht so leicht wie im Krieg gegen die Karthager. Man bewilligte ihm weder Geld für die Kriegsführung noch für die Aushebung und Ausrüstung neuer Truppen in Italien. Immerhin konnte er erreichen, dass ihm eine größere Zahl Freiwilliger in den Spanienfeldzug folgte. Es gelang ihm, ca. 4000 Mann und eine persönliche Leibwache von 500 Mann aufzustellen. Doch für die Finanzierung musste er seine eigenen Mittel, wahrscheinlich einen großen Teil seines Privatvermögens, und die seiner Freunde aufwenden. Die numidischen Hilfstruppen, die Scipio ebenfalls rekrutierte, standen unter dem Kommando ihres Prinzen Jugurtha. Vor Numantia traf dieser auf seinen späteren Gegner und Bezwinger, Caius Marius, der damals seinen ersten Kriegsdienst leistete. Überhaupt hatte Scipio eine illustre Gesellschaft um sich versammelt. Einer seiner Militärtribunen war Caius Sempronius Gracchus, aber auch sein Freund Laelius und Polybius, mittlerweile ebenfalls ein guter Freund, waren unter seinen Begleitern.

Im Herbst 134 v. Chr. legte Scipio vor Numantia zwei Lager an und den Belagerungsring um die Stadt; er bestand aus Graben, Mauer, Türmen und Kastellen und ist bis heute archäologisch nachweisbar. Der doppelte Belagerungsring, den er um die Stadt herum errichten ließ, war mit erheblichem Ressourcenaufwand verbunden, wie er in der antiken Kriegsführung selten betrieben wurde.

Diese Belagerung dauerte bis zum Sommer 133 v. Chr., dann erst gaben die letzten Numantiner auf. Die meisten waren schon vorher verhungert oder hatten Selbstmord begangen; die letzten Überlebenden wurden in die Sklaverei verkauft. Auf Scipios Befehl hin wurde die Stadt – wie seinerzeit Karthago – dem Erdboden gleichgemacht! 132 v. Chr. wurde ihm dafür sein zweiter Triumph bewilligt, und vermutlich hat er danach zusätzlich den Beinamen Numantinus angenommen. Allerdings war das Ganze bei weitem nicht so glanzvoll wie der Sieg über Karthago. Die Beute aus Numantia war bescheiden, die Zahl der Gefangenen klein, und – für das Volk

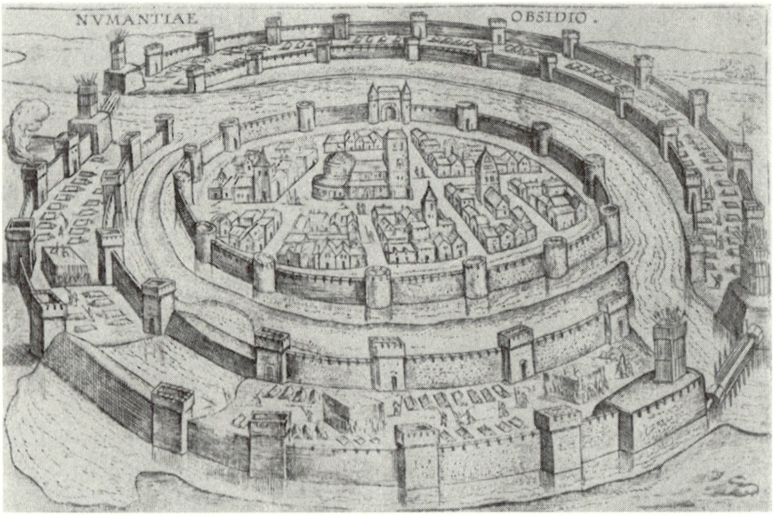

Abbildung 5: Der doppelte Belagerungsring, den Scipio um Numantia anlegen ließ; aus: Iustus Lipsius, De Militia Romana, libri quinque: comentarius ad Polybium. Lugdunum, 1603, t. II. Abb. 22

am wichtigsten – die Beute war kläglich: Je Soldat wurden gerade einmal sieben Denare verteilt.

So zeigt sich im Vergleich der Karrieren von Scipio Aemilianus und Tiberius Gracchus, dass diese durchaus Parallelen aufweisen. Man kann sogar erkennen, dass die Argumente, die 133 v. Chr. so heftig und mit dem Ergebnis einer brutalen Eskalation eingesetzt wurden, in der politischen Aktivität beider begegnen: der Wille des Volkes und die Legitimierung von Regelbrüchen im Namen dieses Volkswillens.

Es fällt auf, dass die zweite Ausnahme für Scipio nicht nur wiederum nach dem Muster der ersten verlief, sondern – so zumindest in den Quellen – wiederum der Regelbruch mit dem Volkswillen begründet wurde. Der Senat stimmte zu, und die anderen Volkstribunen scheinen gewillt gewesen zu sein, den erneuten Regelbruch mitzutragen. Eine zweite Amtszeit gegen die Regel – im Fall des zweiten Konsulats Scipios sogar gegen ein reguläres Gesetz – führt in dem einen Fall zu einem Kompromiss und der ungehinderten Amtsübernahme. In dem anderen Fall, bei Tiberius Gracchus, führt der Regelbruch, das Verlangen nach einer zweiten Amtszeit als Volkstribun, zu Mord und Totschlag.

Dieser Unterschied war den politischen Akteuren seinerzeit durchaus bewusst. So wissen wir für das Jahr 131 v. Chr., dass unter die Volkstribunen unter anderem C. Papirius Carbo gewählt wurde, der nicht nur einer der fähigsten, gewandtesten und eindrucksvollsten Redner seiner Zeit war, sondern ebenso eine Gesetzesvorlage eingebracht hat, die die Wiederwahl für das Volkstribunat auf eine gesetzlich geregelte Grundlage stellen sollte.[16] Natürlich gehörten zu den Unterstützern dieses Vorhabens auch Tiberius' Bruder Caius Gracchus und Fulvius Flaccus, während die Gegner von Caius Laelius und Scipio Aemilianus angeführt wurden. Scipio Aemilianus hat eine sehr strikte Rede gegen den Antrag des Carbo gehalten – Cicero, dem sie noch vorlag, war begeistert.[17] So wie Cicero es darstellt, gab die Rede des Aemilianus den Ausschlag für die Ablehnung des Gesetzesvorhabens. Es ist klar, dass man fürchtete, eine beliebig oft mögliche Wiederwahl der Volkstribunen würde zu einer gewaltigen Machtverschiebung im Institutionengefüge der Republik führen – und genau das sollte dann Jahre später durch den jüngeren Bruder des Tiberius, Caius Gracchus, versucht werden!

Für Scipio sind nicht nur über die Regelbrüche, die seinem eigenen Ehrgeiz dienten, sondern gleichermaßen aus anderen Bereichen Nachrichten erhalten. Sie zeigen ihn als Politiker, der sich nicht scheute, Positionen gegen die Senatsmehrheit zu beziehen. Dies hat er beispielsweise im Hinblick auf die in Rom mehrfach geführte Diskussion über die Einführung des geheimen Wahlrechts unter Beweis gestellt: In dem Jahrzehnt zwischen 140 und 130 v. Chr. hatte es mehrere Anläufe gegeben, geheime Abstimmungen für die verschiedenen Wahl- und Abstimmungsprozesse in Rom einzuführen. Zuerst wurde durch den Volkstribunen Aulus Gabinius 139 v. Chr. ein Gesetz eingebracht, wonach die Stimmabgabe bei Wahlen schriftlich erfolgen sollte. 137 v. Chr. sollte die geheime Abstimmung für Verfahren vor dem Volksgericht etabliert werden – doch das ging dann dem Senat wohl zu weit. Ein Volkstribun konnte zwar durch sein Veto die Verabschiedung verhindern, aber erst Scipio Aemilianus gelang es, ihn dazu zu bewegen, sein Veto zurückzuziehen, so dass das zweite Gesetz über die Einführung der geheimen Abstimmung verabschiedet werden konnte.[18] Zwar gilt das geheime Wahlrecht heute als ein Eckstein in der Durchsetzungsmöglichkeit politischen Einflusses breiter Schichten, doch so kann man dies für Rom nicht unbedingt annehmen. Es gab jedenfalls nach der Einführung der geheimen Abstimmung bei Wahlen keine auffälligen Veränderungen in den Wahlergebnissen – der neue Modus führte nicht dazu, dass etwa mehr Personen gewählt wurden, die nicht aus dem Kreis der regierenden Elite kamen.[19]

Das dritte Gesetz über die geheime Abstimmung in der Volksversammlung wurde 131 v. Chr. von Papirius Carbo beantragt. Bei dieser Gelegenheit erreichte er, dass Scipio endlich in der Öffentlichkeit die Maske fallen ließ:[20] Was, so soll Carbo vor der Volksversammlung die Frage an Scipio gerichtet haben, sei denn Scipios Meinung zum Tod von Tiberius Gracchus? Anscheinend hatte Scipio es seit seiner Rückkehr aus Numantia vermieden, sich öffentlich zu diesem Thema zu äußern. Aber mit einer direkten Frage konfrontiert, musste er antworten. Er versuchte es mit einer gewundenen Antwort: ‹Wenn er die Absicht gehabt hätte, die Respublica an sich zu reißen, sei er zu Recht getötet worden.› Scipio soll tatsächlich ‹*iure caesum videri*› (dass die Tötung rechtmäßig erschien) gesagt haben und dann brach in der Volksversammlung ein Tumult aus.[21] Daraufhin schleuderte Scipio Aemilianus, der zweite Africanus und darüber hinaus seit kurzem auch Numantinus, der wütenden Menge entgegen: «Ich fürchte das Geschrei der feindlichen Heere nicht und werde euren Lärm nicht fürchten, da für euch Italien nur eine Stiefmutter ist!»[22] Ob er damit die Menge zum Schweigen brachte oder mit dem Verweis auf die Stiefmutter nur die Freigelassenen meinte, ist unklar. Aber mit dem *iure caesum videri* hatte Scipio seinen Gegnern die perfekte Handhabe geliefert, mit der sie ihn diskreditieren konnten. Mit seinem Ansehen beim Volk in Rom war es vorbei und die durch ihn bewirkte Ablehnung von Carbos Gesetzesentwurf über die geheime Abstimmung in der Volksversammlung erwies sich als Pyrrhussieg.

Die Stimmung in der römischen Öffentlichkeit scheint sich, trotz der Aura, die den Sieger von Karthago und Numantia umgab, komplett gegen ihn gewandt zu haben: Er hatte gehofft, man würde ihm die Leitung der Gesandtschaft in den Osten übertragen, die 131 v. Chr. wegen des Aristonikos-Aufstandes beschlossen worden war – versuchte doch Aristonikos, dem das pergamenische Reich zuvor testamentarisch vererbt worden war, mit diesem Aufstand sich unabhängig von Rom zu machen. Für diese Mission wäre Scipio prädestiniert gewesen. Aber in der Volksversammlung, die darüber zu beschließen hatte, erlitt er, der immerhin gerade seinen zweiten Triumph gefeiert hatte und *der* herausragende Heerführer Roms war, eine krachende Niederlage: Nur zwei der 35 Tribus stimmten für Scipio.[23] Rufe wie ‹Tötet den Tyrannen›[24] dürfte er – gerade in der Rückschau auf seinen Vetter Tiberius und dessen Schicksal 133 v. Chr. – als vernichtend empfunden haben.[25]

Die politische Niederlage bei der Abstimmung war demütigend und traf ihn mit voller Wucht. Er hatte dort gesiegt, wo so viele andere gescheitert waren – und nun das! Er war endgültig zerstört, als er sich dem feindseligen Volk gegenübersah und erkennen musste, dass sein Prestige auf annähernd null gesunken war. So zog er sich aufs Land zurück und starb, nicht sehr lange nach dem gewaltsamen Tod seines Vetters Tiberius (S. 138 ff.).

Die Entfremdung des Scipio Aemilianus und seines Schützlings Tiberius Gracchus

Ein entscheidender Wendepunkt in der Beziehung zwischen beiden muss die Heirat des jungen Tiberius Gracchus mit Claudia, der Tochter des Konsulars und Zensors Appius Claudius, gewesen sein. Appius Claudius war wie Scipio Aemilianus ein patrizischer Feldherr, aber hatte keine vergleichbaren Erfolge vorzuweisen. Doch Appius Claudius trug harte Bandagen im Konkurrenzkampf um republikanische Ämter. Er hatte keine Skrupel, sich gegen die herkömmlichen Regeln zu stellen und diese ganz offen zu ignorieren. In seinem Konsulat 143 v. Chr. hatte er einen Streit zwischen den Salassern im oberen Aostatal und ihren Nachbarn zu schlichten.[26] Trotz großer Anfangsverluste und Rückschläge griff er die Salasser weiter an, und am Ende gelang es ihm auch, diese zu besiegen. Dafür beanspruchte er einen Triumph, den der Senat jedoch nicht bewilligte – der Sieg war wahrscheinlich nicht besonders eindrucksvoll. Trotzdem führte Appius einen Triumphzug durch, nun eben finanziert aus eigenen Mitteln. Als der Senat diesen irregulären Triumphzug mit Hilfe eines Volkstribunenvetos zu verhindern suchte, setzte sich Appius darüber hinweg: Für Feldherren, denen der Senat einen Triumph verweigerte, weil die Siege nur unbedeutend oder manipuliert waren, gab es eine Ausweichmöglichkeit. Sie konnten diesen Triumphzug außerhalb Roms auf dem Albanerberg durchführen. Doch Appius gab sich damit nicht zufrieden, sondern bestand auf einem Zug quer durch Rom, als ob er ein regulärer Triumphator sei. Um sein Ziel zu erreichen, griff er zu einem extremen Mittel: Er ließ sich von seiner Tochter auf dem Triumphwagen begleiten. Diese Tochter war Priesterin der Vesta und so durch eine heilige Aura geschützt, die niemand verletzen durfte, wenn er sich nicht des schlimmsten Vergehens überhaupt schuldig machen wollte. Das musste der Volkstribun respektieren und konnte ihn nicht, wie angekündigt, vom Triumphwagen herunterziehen. Seine Vorgehensweise scheint der weiteren Karriere dieses Claudiers nicht geschadet zu haben, denn 136 v. Chr. wurde er Zensor und Princeps Senatus, also ranghöchster Senator. Auch Scipio Aemilianus wäre in diesem Jahr gern Princeps Senatus geworden. Dieser Rang war begehrt, denn wer ihn beanspruchen konnte, durfte bei Abstimmungen als Erster seine Stimme abgeben; zudem kam dessen Position nach römischer Auffassung der größte Einfluss zu. Wie heftig die Gegnerschaft zwischen den beiden gewesen sein muss, belegt eines der berühmten Bonmots Scipios, aus der Sammlung der *Dicta Scipionis*, die Plutarch zusammengestellt hat: So soll Appius Claudius einmal zu Scipio gesagt haben, dass er, Appius, alle Römer mit Namen begrüße, während Scipio kaum einen von ihnen kenne. Die Antwort Scipios soll gewesen sein: «Du hast ganz recht! Denn meine Sorge ist nicht, viele Bürger zu kennen, sondern von allen gekannt zu werden.»[27] Am Fall des Appius Claudius kann man ablesen, dass die Umgehung eines tribunizischen Vetos ebenso wenig negative Folgen haben musste wie der umgekehrte Fall bei Scipio Aemilianus, der das tribunizische Veto für sich einzusetzen wusste.

Appius Claudius und Scipio Aemilianus waren Konkurrenten und erbitterte Gegner. Und die Tochter ebendieses Feindes (*inimicus*) seines Vetters, Vorbilds und Mentors hat Tiberius geheiratet – warum, das wissen wir nicht. In jedem Fall kann man erkennen, wie von diesem Moment an die Pfade der beiden auseinanderstreben. Nur, wann war dieser Moment? Wenn es, wie viele Forscher annehmen,[28] um 143 v. Chr. war, dann gehört diese Heirat, oder zumindest die Verlobung, nicht in das zeitliche Umfeld der Konkurrenz zwischen Scipio Aemilianus und Appius Claudius um die Position des Princeps Senatus. Allerdings stellt sich die Frage, warum Tiberius Gracchus – bis dato im engsten familiären Umfeld des Aemilianus und von ihm gefördert – sich so dezidiert gegen seinen Gönner stellen sollte. Plutarch berichtet in diesem Zusammenhang,[29] dass seitens der Cornelier und des Aemilianus selbst eine Heirat zwischen Tiberius und einer Cornelia gewünscht gewesen war. Da der erste Hinweis auf Differenzen zwischen Tiberius und Scipio Aemilianus eng verknüpft ist mit der Numantia-Affäre und der Ablehnung des Mancinus-Vertrags – von denen wir im Folgenden hören werden –, sollte man nicht weiter spekulieren, sondern dies als den auslösenden Zeitpunkt sehen, an dem sich Tiberius Gracchus von seinem Vetter und Mentor Scipio Aemilianus gelöst hat. Aemilianus hatte trotz der Meinungsverschiedenheiten in der Affäre noch seine Hand über ihn gehalten, doch der Bruch zwischen ihnen war nicht mehr zu kitten. Dass Tiberius sich daraufhin allerdings sofort mit dem ärgsten Gegner seines Vetters zusammengetan hat, lässt nur den Schluss zu, dass die Differenzen eine tieferliegende Ursache hatten.

Die Karrieren der beiden Vettern haben einen vergleichbaren Ausgangspunkt genommen, soweit es ihren familiären Hintergrund, ihre Erziehung und die an sie gerichteten Erwartungen betrifft. Trotzdem haben sie einen völlig unterschiedlichen Verlauf genommen, und sie stehen für konträre Vorstellungen von Politik. Wie unterschiedlich diese waren und wie sich diese Gegensätze in konkreter Politik ausdrückten, das sollte sich für beide am Beispiel der Numantia-Affäre offenbaren.

II

DIE WENDE

1. Römische Kriege in Spanien

Im Jahr 137 v. Chr. begleitete Tiberius Gracchus als Quaestor den Konsul Mancinus nach Spanien. Seit dem Zweiten Punischen Krieg waren die spanischen Regionen ein ständiger Unruheherd gewesen. Nur dem Vater des Tiberius war es früher gelungen, für wenigstens eine Generation einen Frieden mit dem Stamm der Keltiberer auszuhandeln. Nicht nur soll er, 180 v. Chr. zum Praetor gewählt, dort als Promagistrat viele Städte und Orte erobert haben – nach Livius insgesamt 103 –, sondern auch seine Soldaten in vorbildlicher Weise ausgebildet und geführt haben.[1] Sein Imperium im diesseitigen Spanien (*Hispania citerior*) wurde daher bis 178 v. Chr. verlängert.[2] Livius berichtet, dass jener seine enormen Siege durch massive Verwüstungen erzwungen und dabei eine ungeheure Beute gemacht habe; sie bildete vermutlich die Grundlage seines Wohlstandes. Wie genau er den Friedensschluss, der ihm Jahrzehnte währenden Ruhm eintragen sollte, erreicht hat, ist nicht ganz klar. Für Livius bildeten die machtvollen Siege der Römer die Basis für den Friedensschluss; der Geschichtsschreiber Appian hingegen glaubt als Ursache eine ungewöhnliche Maßnahme des Vaters, Tiberius Gracchus senior, erkennen zu können: Dieser habe als Propraetor Land unter den Armen aufgeteilt und zur Besiedlung freigegeben. Weiterhin habe er mit allen Stämmen Verträge geschlossen und beeidet; in diesen Verträgen hätten die Besiegten Rom *Amicitia* – eine Verpflichtung zur Gefolgschaft und Hilfeleistung – gelobt. In Rom wurde dieses Abkommen akzeptiert und dem Vater des Tiberius dafür ein glänzender Triumph bewilligt.[3]

Für die Version Appians spricht, dass eine nach dem Praetor benannte

Ortschaft namens Gracchuris aus dieser Zeit stammt. Auch die Bestandsdauer dieses Vertrags spricht dafür, dass Appian nicht ganz falsch liegt. Jedenfalls berief sich der keltiberische Stamm der Belli noch 153 v. Chr. auf die Vereinbarung, die durch die Zustimmung des Senats legitimiert worden war. Da die Vereinbarung Tributzahlungen und die Stellung von militärischen Kontingenten einschloss, aber gleichermaßen große Beute für Rom einbrachte, wird sie sicher Bestandteile aufgewiesen haben, die für beide Seiten von Vorteil waren.[4]

Für Tiberius Gracchus zahlte sich der Prestigegewinn in der Wahl zum Konsulat im folgenden Jahr 177 v. Chr. ganz unmittelbar aus, und für dessen Sohn sollten der Ruhm und das Ansehen des Vaters in Spanien ebenfalls Früchte tragen – so jedenfalls scheint die Erwartung gewesen zu sein.

Warum diese Erwartung nicht aufging, zeigt ein kurzer Blick zurück. Denn seit Mitte der 50er Jahre des 2. Jahrhunderts v. Chr. war Spanien für Rom kein erfreuliches Gebiet mehr, wo man leicht zu Ruhm und Ehre gelangen und vor allem aber Beute machen konnte. Die Kette von Niederlagen, hohen Verlusten an Soldaten, Verrat und Betrug machten aus Spanien alles andere als ein Sprungbrett für den Start einer erfolgreichen Karriere oder gar den Ausgangspunkt für die Wahl ins nächste Amt in Rom. Dennoch wurden Jahr für Jahr Konsuln, Prokonsuln, Praetoren und Propraetoren nach Spanien entsandt und wurden Jahr für Jahr Heere ausgehoben – zum Teil gegen den erbitterten Widerstand der römischen Bürgerschaft. Appian beschreibt die Kriegszüge der Römer in den Jahren von etwa 154 bis 133 v. Chr. als eine unendliche Folge von Verlusten, gescheiterten Erstürmungen und gefallenen Befehlshabern: So sind in der Praetur des Fulvius Nobilior 6000 Römer erschlagen worden, während seines Konsulates 4000 Soldaten gefallen,[5] und für die Praeturen und Konsulate von Piso, Manilius, Lucullus, Mummius und Galba verzeichnet Appian erhebliche Verluste in vier- und fünfstelligen Größenordnungen, die mit entsprechenden Niederlagen einhergingen.[6]

Zwei in sich völlig verschiedene, aber in ihren Bedeutungen durchaus als Scheitelpunkte anzusehende Ereigniskomplexe ragen aus diesen unerfreulichen Zeiten heraus: zum einen mehrfach gescheiterte Friedens- und Vertragsverhandlungen, zum anderen hinterhältige Betrugsmanöver durch römische Feldherren. Die Versuche, durch Verhandlungen und Abkommen in Spanien zu einem Frieden zu gelangen, begannen mit dem Konsul

Marcus Claudius Marcellus 152 v. Chr.[7] und wurden fortgesetzt durch Quintus Fabius Maximus Servilianus, der tatsächlich 140 v. Chr. ein Friedensabkommen zustande brachte – das jedoch gerade mal ein Jahr hielt. Das von Tiberius Gracchus als Quaestor des Konsuls Mancinus 137 v. Chr. ausgehandelte Abkommen lässt sich in dieser Linie verorten. Dieses Abkommen war in militärisch bedrängter Lage von dem Römer geschlossen worden und entsprechend unvorteilhaft. In Rom wurde es abgelehnt, der ehemalige Konsul zur Strafe den Numantinern nackt und gefesselt ausgeliefert, weil er die ihnen gegenüber getroffenen Vereinbarungen nicht hatte halten können. Demgegenüber stehen die von Verrat, Betrug und brutaler Niederwerfung geprägten Aktionen von Lucullus,[8] Galba, Caepio, Q. Pompeius und schließlich Scipio Aemilianus, der am Ende mit Numantia das Zentrum des immer wieder aufflackernden spanischen Widerstands im Jahre 133 v. Chr. dem Erdboden gleichmachen sollte.

Unter dem Eindruck des brutalen Vorgehens und der Vertragsbrüche von Lucullus und Galba[9] entwickelte sich jedoch eine Unabhängigkeitsbewegung unter den Lusitanern, die unter ihrem Anführer Viriathus den Römern schwere Niederlagen beibrachten. Zwischen 147 und 142 v. Chr. gelang es Viriathus, den Römern erhebliche Verluste zuzufügen (wenngleich auch er Niederlagen hinnehmen musste) und den Prokonsul Quintus Fabius Maximus Servilianus, der 142 v. Chr. schon als Konsul in Spanien gekämpft hatte, mitsamt seinem Heer in die Enge zu treiben. Servilianus handelte daraufhin 140 v. Chr. einen Frieden mit Viriathus aus, der ihm freien Abzug sicherte. Viriathus wurde *Amicus populi Romani* und die Gebiete, die in seinem Einflussbereich lagen, wurden ihm und seinen Anhängern zugesprochen.[10]

Dieser Frieden hielt indes, wie schon gesagt, nur kurz, denn der Nachfolger im Kommando, Q. Servilius Caepio,[11] beschwerte sich über den Vertrag, da er für Rom unwürdig sei. Es sei dahingestellt, ob er das wirklich so sah oder nicht einfach nur dachte, dass er derjenige sein würde, der diesen unsäglichen Krieg endlich zu einem für ihn und Rom rühmlichen Ende bringen würde. So konnte er mit dem Einverständnis des Senats die Kriegshandlungen wieder aufnehmen. Unter der Vorspiegelung erneut in Verhandlungen eintreten zu wollen, zu denen Viriathus – so Appian – seine Vertrauten und Freunde entsandte, bestach Caepio die Unterhändler, Viriathus zu ermorden.[12] Danach gaben die Anhänger des

Viriathus zwar bald auf, aber in Numantia ging der Krieg unvermindert weiter.[13]

Der andere Konsul in Spanien, Q. Pompeius, führte nach Appian geheime Verhandlungen mit den Numantinern, da er mehrere Schlachten verloren hatte und sein Heer darüber hinaus durch Seuchen und Hunger geschwächt war. Die Numantiner scheinen kriegsmüde gewesen zu sein, und so forderte der Konsul sie zur *Deditio* auf, d. h. sich den Römern förmlich zu ergeben. Doch soll er den Numantinern gleichzeitig geheime Zusagen gegeben haben, die Appian zwar nicht nennt, die aber die Numantiner wohl zufriedengestellt haben müssen. Pompeius' Forderungen nach Geiseln, Gefangenen und Deserteuren sowie zusätzlich nach 30 Talenten Silber stimmten die Numantiner jedenfalls zu. Als allerdings Pompeius' Nachfolger, M. Popillius Laenas, in Spanien eintraf, distanzierte sich Pompeius von dem Abkommen und leugnete alles ab. Die Numantiner erhoben natürlich Einspruch, und da sie Zeugen hatten aus dem eigenen Stab des Pompeius sowie von der senatorischen Zehnerkommission, die ihn ins Winterquartier begleitet hatte, wurde es für Pompeius eng. Der Streit ging nach Rom und wurde vor dem Senat verhandelt. Numantiner und Pompeius widersprachen einander, doch am Ende beschloss der Senat die Fortsetzung des Krieges, und Pompeius kam mehr oder weniger ungeschoren davon.[14]

In dieses Wespennest aus Streit, Betrug und Niederlagen kam nun der junge Tiberius Gracchus und sollte seinerseits ein schweres Debakel in der so hoffnungsvoll gestarteten Karriere erleben.

2. Numantia

Der Konsul Mancinus war – nicht als Erster, wie die lange Geschichte römischer Niederlagen in Spanien zeigt – bei einem Versuch, nächtens mit seinem Heer abzuziehen, von den Numantinern umzingelt worden. Er sah keinen Ausweg mehr, als einen Waffenstillstand und einen Vertrag anzubieten.[1] Die Bedingungen sollten dem vorangegangenen, von Pompeius und dem Senat in Abrede gestellten Abkommen entsprechen.[2]

Cicero äußerte sich dezidiert zu dem Abkommen des Mancinus. Für Cicero,[3] der den Fall des Pompeius und seines Betrugs gut kannte, war das eine schändliche Angelegenheit gewesen, die er selbst sowohl mit dem Fall des Regulus, aber auch mit demjenigen des Mancinus bzw. Tiberius (dieser hatte die Bedingungen ausgehandelt) verglich.[4] Regulus, der als Konsul 255 v. Chr. im Ersten Punischen Krieg von den Karthagern gefangen genommen worden war, soll als Unterhändler für ein Abkommen mit Rom auf sein Wort hin von den Karthagern freigelassen worden sein. In Rom hingegen wurden Verhandlungen abgelehnt, und so sei er pflichtschuldigst nach Karthago zurückgekehrt und habe dort sein Schicksal besiegelt. Diese Geschichte ist allerdings erst im Nachhinein so ausgestaltet und Regulus zum Helden gemacht worden. Vermutlich ist Regulus in karthagischer Gefangenschaft gestorben, weil ein Gefangenenaustausch zwischen Rom und Karthago nicht zustande gekommen war. Seine Verwandten haben anscheinend ein entsprechendes Lösegeld verweigert.[5]

Der Fall von Mancinus und Tiberius Gracchus war komplizierter. Mancinus hatte sich auf Verhandlungen eingelassen, jedoch waren die Numantiner misstrauisch, da sie den Betrug des Pompeius, aber sicher ebenso den Mord an Viriathus durch die bestochenen Unterhändler noch frisch im Gedächtnis hatten. Daher erklärten sie, wie Plutarch dies in seinem Lebensbild des Tiberius Gracchus ausmalt, dass sie nur Tiberius Gracchus Vertrauen entgegenbrächten und nur er als römischer Verhandlungspartner akzeptiert werde. Die vom Vater des Tiberius ausgehandelten Bedingungen waren immerhin ein Vierteljahrhundert von beiden Seiten respektiert worden. Daher ist es durchaus plausibel, dass man eher dem jungen Quaestor vertrauen wollte als einem der römischen Konsuln, von denen man in den vorangegangenen Jahren nichts als brutale Kriegsführung und Verrat erfahren hatte. Tiberius hat diese Verhandlungen geführt und so zwanzigtausend Soldaten, in der Mehrzahl römischen Bürgern, das Leben gerettet – von den Sklaven und dem Tross ganz zu schweigen. Ob die Numantiner daraufhin förmlich eine *Deditio* erklärt haben, geht aus unseren Quellen nicht hervor – aber vermutlich nicht. Ebenso wenig ist bekannt, welche Bedingungen die Numantiner gestellt haben, denn immerhin waren sie in der stärkeren Position und wären wohl in der Lage gewesen, das ganze Heer des Mancinus zu vernichten. Doch wissen wir immerhin, dass sie das gesamte Inventar des Lagers als Beute reklamierten.

Dann aber kam es zu einer Szene, die immer wieder für Erstaunen gesorgt hat: Tiberius Gracchus hatte offenbar seine Unterlagen, die Abrechnungen und Berichte, für die er als Quaestor zuständig war, im Lager vergessen. Daher kehrte er, obwohl das Heer schon abmarschiert war, noch einmal zurück und bat die Numantiner um deren Herausgabe. Plutarch schreibt ihm eine interessante Begründung zu: Nur wenn er in Rom seine Berichte und Belege vorweisen könne, hätten seine Gegner nicht die Möglichkeit, ihn zu verleumden.[6] Das heißt, er rechnete mit einer Anklage und wollte auf jeden Fall genügend Beweismittel vorlegen können, um sich zu verteidigen. Umso mysteriöser ist es, wieso Tiberius die Berichtspflichten der Quaestur derart auf die leichte Schulter genommen haben soll, dass er seine Unterlagen nicht mitgenommen hat. Dies scheint umso verstörender, als es die ureigenste Aufgabe des Quaestors war, die Kriegskasse für den jeweiligen befehlshabenden Konsul zu verwalten, den Sold auszuzahlen, die Magazine zu beaufsichtigen und vor allem den Verkauf der Beute über eine öffentliche Auktion zu organisieren.[7] Daraus lässt sich eine Erklärung für das Verhalten des Tiberius entwickeln: Die Numantiner hatten ihn wahrscheinlich während und bis zum Abschluss der Verhandlungen nicht in das Heerlager zurückgelassen, ihn mithin als eine Art Unterpfand oder Geisel gegenüber dem Konsul betrachtet. Angesichts des wiederholten Betrugs römischer Feldherren wäre das durchaus plausibel. Nachdem das Heer abgezogen war, somit Vertrag und Soldaten in relativer Sicherheit waren, konnte Tiberius zurückkehren und die Herausgabe seiner Unterlagen von den Numantinern verlangen. Dazu musste er allerdings in demütigender Weise in die Stadt zurückkehren und sich zu einem gemeinsamen Mahl mit den Numantinern niederlassen. Erst dann übergab man ihm seine Unterlagen. Die nächste Demütigung war das Angebot der Numantiner, dass auch er selbst sich aus der Beute – d. h. den von den Numantinern erbeuteten römischen Waffen und Lagerbeständen – bedienen könne. Das lehnte er ab, nahm aber den Weihrauch mit, den er für die nach der Rückkehr in Rom übliche Zeremonie benötigte.[8] Vermutlich ist damit das *Armilustrium* gemeint, die Entsühnung der Waffen eines heimkehrenden Heeres.[9] Alles in allem hat sich Tiberius in diesem Zusammenhang völlig korrekt verhalten, indem er seine Rechenschaftspflicht und die religiösen Vorschriften minutiös beachtete. Außerdem hat er – obwohl nur Quaestor – seinen Konsul und ein Heer von ca. 20 000 Soldaten gerettet, wahrscheinlich sogar eher 30 000 Mann, wenn man den ganzen Tross mitrechnet.

Die Bedingungen dürften allerdings, wie die Szene mit der Beute zeigt, für Rom eher unangenehm bzw. peinlich gewesen sein: Weder der Rückzug eines entwaffneten Heeres noch die Gewährung eines *Foedus* – d. h. eines förmlichen Vertrags wie unter Gleichberechtigten mit eidlicher Bestätigung durch den Feldherrn[10] gegenüber den bislang so heftig bekämpften Numantinern – waren geeignet, in Rom für wohlwollende Aufnahme zu sorgen. Dies wäre allerdings die Voraussetzung für die Bestätigung und damit für die Ratifizierung eines *Foedus* durch den Senat gewesen.

3. Streit um den Mancinus-Vertrag

Die Auseinandersetzungen, die sich im folgenden Jahr 136 v. Chr. in Rom abgespielt haben, müssen heftig gewesen sein. Die Gesandten der Numantiner ließ man nicht in die Stadt hinein, um erst gar nicht auch nur den Eindruck aufkommen zu lassen, dass mit einer Zustimmung zu dem in Spanien geschlossenen Abkommen zu rechnen sei. Allerdings wollte man sie auch nicht verprellen, sondern verhandelte im Senat.[1] So brachten Mancinus und Tiberius ihre Argumente vor, vor allem verwiesen sie auf die Zahl der geretteten Soldaten und darauf, dass Rom die bisher eroberten Gebiete behalten würde. Die Numantiner hingegen erinnerten an den Vertrag mit dem Vater des Tiberius und den Betrug des Pompeius.[2] Im Ergebnis lehnte der Senat gleichwohl das Abkommen ab und beschloss, den ehemaligen Konsul Mancinus durch die Fetialen (Priester für die völkerrechtlichen Rituale) unter Leitung des Pater Patratus den Numantinern auszuliefern: Nackt und gefesselt wurde er vor das Stadttor von Numantia gebracht. Er hatte einen Eid geleistet, den der Senat nicht akzeptiert hatte, und daher musste die Respublica von diesem unrechtmäßigen Eid durch Auslieferung des Schuldigen befreit werden. Nur nahmen die Numantiner dies nicht an, sondern schickten Mancinus umgehend wieder nach Rom zurück!

Tiberius hingegen, obwohl der eigentliche Urheber dieses diskreditierten Abkommens, wurde nicht belangt. Man hat vermutet – so schon Plutarch –, dass Scipio Aemilianus sich für ihn eingesetzt hat.[3] Doch vielleicht ging es in Wirklichkeit darum, den Vertrag des Mancinus scheitern zu lassen, um auf diese Weise Scipio die Tür für ein eigenes Kommando aufzustoßen. In diesen Jahren war Scipio tatsächlich außerordentlich einflussreich – immerhin sind 137 v. Chr. zwei seiner Gefährten für das Konsulat von 136 v. Chr. gewählt worden, und einer von ihnen, sein Freund Furius Philus, hat damals die Untersuchung gegen Mancinus und Tiberius geführt.[4] Im übernächsten Jahr 135 v. Chr. wurde Scipio selbst zum Konsul für 134 v. Chr. gewählt – mit dem von ihm erklärten Ziel, dass er (und nur er!) die Krise um Numantia endgültig lösen würde. Diese Wahl erfolgte unter Aussetzung des Gesetzes von 151 v. Chr. (S. 46 f.), demzufolge es verboten war, das Amt des Konsuls zweimal wahrzunehmen; und dann erhielt Scipio das gewünschte Kommando in Spanien. Dort verbrachte er einen Großteil des Jahres damit, die Disziplin im Heer wiederherzustellen, unterwarf die Gebiete, die Numantia unterstützten, und begann mit der Belagerung der Stadt. Am Ende gelang es ihm, die Stadt einzunehmen – jedoch weniger durch Niederwerfung der Verteidiger. Appian beschreibt, in welch elendem und erbärmlichen Zustand jene, die die Belagerung überlebten, die Stadt verließen:

«Die übrigen versammelten sich am dritten Tag am vereinbarten Ort, ein seltsamer und schockierender Anblick. Ihre Körper waren schmutzig, ihre Haare und Nägel lang, und sie waren mit Schmutz beschmiert. Sie stanken fürchterlich, und die Kleidung, die sie trugen, war ebenfalls schmutzig und verströmte einen ebenso üblen Geruch. Aus diesen Gründen erschienen sie selbst ihren Feinden bedauernswert. Gleichzeitig hatte der Ausdruck ihrer Augen etwas Beängstigendes für die Betrachter – ein Ausdruck von Wut, Trauer, Mühsal und dem Bewusstsein, Menschenfleisch gegessen zu haben.» Und weiter: «Scipio behielt fünfzig von ihnen für seinen Triumph vor, verkaufte den Rest und machte die Stadt dem Erdboden gleich. So stürzte dieser römische Feldherr die beiden mächtigsten Städte – Karthago, auf Beschluss des Senats, wegen seiner Größe, seiner Macht und seiner Vorteile auf dem Land- und Seeweg; Numantia, klein und dünn besiedelt, da die Römer noch nichts von dem Vorgang wussten. Letzteres zerstörte er entweder, weil er glaubte, dass es den Römern zum Vorteil gereichen würde, oder weil er in heftiger Wut gegen die Gefangenen war, oder, wie manche meinen, um den Ruhm zweier Nachnamen aus zwei großen Unglücken zu erwerben. Jedenfalls nennen ihn die Römer bis heute Africanus und Numantinus, weil er diese beiden Orte ins Verderben gestürzt hat. Nachdem er das Gebiet der Numantiner unter ihren nächsten

Nachbarn aufgeteilt und in den anderen Städten bestimmte Geschäfte getätigt hatte, wobei er jeden, den er verdächtigte, bedrohte oder bestrafte, segelte er nach Hause.»[5]

Vordergründig betrachtet zeigt sich in dieser Geschichte ein für die römische Republik typischer Ablauf. Niederlagen und Verluste wurden in Rom nicht akzeptiert, sondern möglichst in Siege umgedeutet oder ignoriert oder einfach aus der öffentlichen Erinnerung verdrängt.[6] Natürlich ist die römische Geschichte keine der immerwährenden Siege gewesen: Niederlagen wie während des Galliereinfalls, bei dem diese immerhin fast das Kapitol in Rom erobert hatten (387 v. Chr.), oder die Niederlage bei Caudium, als die Samniten 312 v. Chr. ein besiegtes römisches Heer zum Durchgang unter das Joch zwangen, und schließlich die Katastrophe von Cannae im Zweiten Punischen Krieg, als die Römer 216 v. Chr. 50 000 Soldaten verloren, waren durchaus traumatisch gewesen. Solche Geschichten wurden im Nachhinein gern umgedeutet – Camillus tritt in Rom den Galliern entgegen, zerreißt den «Kapitulationsvertrag» und führt die Römer wieder auf die Siegesspur[7] – oder wie nach Cannae und dem Debakel in Spanien durch Distanzierung ausgeblendet.[8] Auch wenn Cicero explizit schreibt, dass Mancinus im Gegensatz zu Pompeius ein ehrenhafter und redlicher Mann gewesen sei,[9] so wurde Mancinus' Verhalten von den Zeitgenossen doch nicht akzeptiert. Die Straflosigkeit für Pompeius hingegen und seine weitere politische Tätigkeit zeigen, dass man sein Verhalten in Rom akzeptierte. Demnach war das Verhalten des Pompeius, die Vertragsschließung mit den Numantinern in Rom einfach abzuleugnen, offenbar in der römischen Rezeptionsästhetik im Umgang mit Niederlagen das richtige. Die Haltung des Tiberius, dem eine so große Zahl an Menschenleben – immerhin 20 000 römische Bürger – wichtiger waren als der mögliche Deutungsanspruch eines nie stattgefundenen Sieges, basierte demgegenüber auf einer gravierenden Fehleinschätzung. Cassius Dio – der allerdings im 3. Jahrhundert n. Chr. und damit in sehr weitem zeitlichen Abstand von den Ereignissen schrieb – berichtet sogar, dass sich Tiberius Hoffnungen auf einen Triumph gemacht haben solle.[10] Das würde insofern zu dem Bemühen um die Unterlagen passen, als für die Bewilligung eines Triumphes genaue Abrechnungen in Rom vorzulegen waren, d. h. es mussten ganz bürokratisch Listen mit der Zahl der getöteten Feinde vorgelegt werden.[11] Trotzdem ist diese Überlieferungsvariante eher unwahrscheinlich, denn wenn ein Triumph bewilligt worden wäre, hätte dieser eher dem Konsul Mancinus zugestanden.

Wie aus der noch spürbaren Empörung Ciceros über die Behandlung des anständigen, aufrechten Römers Mancinus und dem weiteren Verlauf des Geschehens zu ersehen ist, handelte es sich bei der Ablehnung des von Tiberius ausgehandelten und von Mancinus gebilligten Vertrages nicht nur um die Frage, ob es wichtiger ist, Menschenleben zu retten, oder ob Sieg, Erfolg im Feld und Beute mehr zählen. Vielmehr stand Scipio schon in den Startlöchern, um sich die nächsten militärischen Meriten zu verdienen. Die Wahlergebnisse von 136 und 135 v. Chr. sprechen eine deutliche Sprache: Damals haben sich militärischer Ehrgeiz und Reputationsgier des Scipio Aemilianus gegen eine ausgleichende und auf künftig einvernehmliche Beziehungen ausgerichtete Politikkonzeption durchgesetzt.

Plutarch betont ebenfalls, dass Tiberius einer Fehleinschätzung erlegen sei. Er sieht allerdings die Ursache in dessen falschem Ehrgeiz und in den Ratgebern des Tiberius – die er als Freunde und Sophisten bezeichnet und die ihn in seinen Plänen bestärkt hätten. Sicher ist an Tiberius' Verhalten erkennbar, dass er offenbar ganz unrömisch Menschenleben über politisches Kalkül stellte. Die Hervorhebung der Philosophen in seinem Umkreis dürfte demnach richtig sein. Gleichwohl scheint es schwierig, in der Verhandlung des Tiberius mit den Numantinern bereits Anzeichen eines politischen Programms erkennen zu wollen, wie er es unmittelbar nach seiner Rückkehr nach Rom zu vertreten begann. Die Kluft, die sich zwischen Scipio Aemilianus und ihm im Hinblick auf die Behandlung des Mancinus-Vertrages in Rom auftat, könnte jedoch kaum tiefer sein: Der Gegensatz zwischen einer Vereinbarung auf der Basis von Treu und Glauben einerseits und der Anwendung militärischer Gewalt im Streben nach Sieghaftigkeit andererseits war nicht zu überbrücken.

III

DER ANFANG

1. Stoisch-Sozialethische Politik in Rom

Cicero lässt zu Beginn seines Werkes über die römische Respublica Laelius, den engsten Freund des Scipio Aemilianus, zu diesem sagen, dass er oft beobachtet habe, wie Scipio Aemilianus sich in Gegenwart des Historikers Polybios mit dem Philosophen Panaitios unterhalten habe. Dabei sei es um den Status der römischen Republik gegangen.[1] Panaitios lebte längere Zeit in Rom, begleitete Scipio auf dessen Feldzügen sowie 140/39 v. Chr. in einer Gesandtschaft römischer Senatoren nach Ägypten, Zypern, Syrien, Kleinasien und Griechenland. Später war er lange Zeit das Haupt der stoischen Philosophenschule in Athen. Dass Cicero für seinen Helden Scipio Aemilianus eine so enge, freundschaftlich wie auch intellektuell wichtige Beziehung zur stoischen Philosophie beschreibt, passt auf den ersten Blick nicht zu dem Bild der politischen Prägung der römischen Republik. Doch es gehört für Cicero beides zusammen: die römische Politik und die griechische Philosophie. Nur so könne die Respublica geschützt werden! Und als Vertreter dieser philosophisch geprägten Haltung nennt Cicero auch Tiberius und Gaius Gracchus.[2]

Die Stoa war eine der führenden philosophischen Schulen Griechenlands und hatte seit dem Ende des 4. Jahrhunderts v. Chr. bedeutenden Einfluss erlangt. Wie sich dies in Rom allgemein und insbesondere auf die Vorstellungen römischer Politiker auswirkte, thematisiert Cicero in verschiedenen Werken. Er referiert Diskurse über grundsätzliche Fragen wie die nach der besten Staatsform, nach dem Guten oder dem Verhältnis zwischen Nutzen und Moral. Er lässt in seinen Werken nicht nur bekannte Stoiker – auch und vor allem römische Politiker – auftreten, sondern insbesondere die Elite Roms, die er als Hörer des Panaitios beschreibt: Laelius, Konsul des Jahres 140 v. Chr., Fannius, Konsul des Jahres 122 v. Chr., Mucius Scaevola, Konsul des Jahres 117 v. Chr., Rutilius Rufus, Konsul des Jahres 105 v. Chr., Q. Aelius Tubero, Neffe Scipios und Volkstribun des Jahres 130 v. Chr..[3]

Cicero hat sich in seinem Werk intensiv mit der Lehre des stoischen Philosophen Panaitios auseinandergesetzt. Bei den Stoikern Panaitios und dessen Vorgängern als Leiter der stoischen Schule in Athen, Diogenes von Babylon sowie Antipatros von Tarsos,[4] sah Cicero die ihn interessierenden Fragen behandelt. Wie soll der beste Staat aussehen, welche Institutionen und welche Gesetze charakterisieren ihn?[5] In seinem Werk *De officiis* (Über die Pflichten) beschreibt Cicero für seinen Sohn das ehrenhafte Verhalten (*honestum*) und das nützliche (*utile*), das seiner Ansicht nach bei Panaitios genauestens ausgeführt worden sei.[6] Darüber hinaus – und in diesem Kontext wird es im Hinblick auf die römischen Verhältnisse sowie auf die Beispiele, die Cicero nennt, richtig interessant – behandelt er die Konflikte zwischen dem Ehrenhaften und dem Nützlichen, was er so, wie er schreibt, bei Panaitios nicht gefunden habe.[7]

Eines der Beispiele, die er mehrfach in seinen Schriften im Kontext seiner Interpretation der stoischen Philosophie heranzieht, ist die Ermordung des Tiberius Gracchus durch Scipio Nasica. Für Cicero ist eines ganz klar: Scipio Nasica hat sich an einen Grundsatz der Stoiker gehalten, nachdem ein Weiser nie Privatmann sein könne.[8] Dahinter scheint unübersehbar die Streitfrage auf, ob die Ermordung des Tiberius durch den senatorischen Mob unter Führung des Scipio Nasica wie auch immer durch das übergeordnete öffentliche Interesse auch rechtlich legitimiert war oder nicht. Scipio rief die Senatoren auf, ihm zu folgen und auf das Kapitol zu stürmen, und er tat dies als Privatmann – weder hatte er ein Amt inne, das ihn zu diesem Aufruf berechtigt hätte, noch konnte er sich auf einen Senatsbeschluss stützen. Im Gegenteil! Hatte doch der amtierende Konsul, P. Mucius Scaevola ausdrücklich erklärt, dass er keinerlei Aktion gegen den Volkstribunen einleiten würde, sondern, falls dieser gesetzeswidrige Vorhaben beschließen lassen würde, er diese nicht anerkennen werde. Das läuft darauf hinaus, dass er also schlicht und einfach gesagt hatte, man solle Ruhe bewahren und abwarten – also durchaus auch eine stoische Haltung.[9] Scipio Nasica hat jedoch das Gegenteil getan, und genau das ist für Cicero ein Beispiel für die ehrenhafte und herausragende Gesinnung eines stoisch geprägten Römers! Cicero identifiziert in dieser Situation *honestum* und *utile*:[10] Nützlichkeit des Einzelnen im Politischen – also in Ciceros Sicht die Ermordung eines aufrührerischen Volkstribunen – und Nutzen der Gemeinschaft – Schutz der Respublica vor Aufruhr und Umsturz – sollen in der Tat des Scipio Nasica zusammenfallen, ja, sie werden identisch. Diese Darstellung stoischer Haltung im Politischen ist eine spezielle Sicht Ciceros und kann nicht überdecken, dass es sich dabei um *seine* Interpretation des stoischen Einflusses in Rom handelt. Denn die Konfliktlinien zwischen dem ehrenhaften und dem nützlichen Verhalten sind nicht nur im Verhalten der römischen Politiker Scipio Nasica und Mucius Scaevola zu erkennen, sondern offenbar ebenso innerhalb der stoischen Lehre: So fügt Cicero Beispiele aus den stoischen Lehren in seine Werke ein, die nicht nur die Gegensätze innerhalb der Stoa zeigen, sondern eine spezifisch römische Perspektive eröffnen.

Der öffentliche Nutzen und der Eigennutz

Cicero beschreibt, wie in einem ganz speziellen Bereich, nämlich dem des Verkehrsrechts, das *inter bonos bene agire* (unter Guten anständig handeln) seinen Ausdruck in einer bestimmten Formel gefunden hat. Es geht darum, dass es schwierig ist, Unehrlichkeit mit Rechtsvorschriften zu bekämpfen. Für einen Philosophen ist eindeutig, dass Unehrlichkeit ausgeschlossen werden muss. Im Rechtsverkehr soll dies durch die Anwendung des *vir-bonus*-Maßstabs geschehen, also durch den Maßstab des anständigen, guten Mannes. Die in Rom dafür üblich gewordene Formel lautete, dass eine Klage *ex fide bona* vorgebracht werden, das heißt *auf Treu und Glauben* basieren müsse.[11] Dass das nicht immer eindeutig – sowohl philosophisch wie rechtlich und politisch – sein kann, erläutert Cicero anhand verschiedener Diskussionen zwischen stoischen griechischen Philosophen, zudem zwischen römischen Juristen und Politikern.

Zwei für diese Entwicklung zentrale Persönlichkeiten sind der Konsul von 133 v. Chr., der Jurist Publius Mucius Scaevola, und sein Bruder, der Pontifex Maximus, Publius Licinius Crassus Dives Mucianus – beide Berater und Unterstützer des Tiberius Gracchus. Diese beiden rechtskundigen Politiker prägten nicht nur aufgrund ihres juristischen Sachverstandes die Republik, sondern gleichermaßen durch ihren politischen Einfluss, den sie als Inhaber höchster Staatsämter ausübten. Nach dem Tod des Tribunen Tiberius nahmen sie zusammen mit dem Princeps Senatus Appius Claudius die Dinge politisch in die Hand.[12] Zwei in der politischen Entwicklung der Republik entscheidende Themen haben die Brüder als Juristen bearbeitet: Dabei ging es zum einen um die grundsätzliche Frage, welche Bedeutung dem Privateigentum im Verhältnis zum Gemeinwesen zukommt – ein Thema, das die Auseinandersetzung um die gracchischen Bodenreformgesetze geprägt hat –, zum andern um die damit eng verbundene Frage, ob diese Positionen auf rechtsphilosophischen Grundsätzen beruhen und ob sie unmittelbare politische Auswirkungen haben.

Cicero berichtet in diesem Zusammenhang von einer Debatte zwischen den stoischen Philosophen Diogenes von Babylon und Antipatros von Tarsos.[13] Die Beispiele, anhand deren Cicero den Gegensatz erläutert, sind ein Getreideverkauf und der Verkauf eines Hauses: «Wenn zum Beispiel ein guter Mann eine große Menge Getreide von Alexandria nach Rhodos bringen würde, während es dort knapp wäre, extremer Hunger herrscht und die Lebenshaltungskosten hoch wären, und wenn derselbe Mann wüsste, dass mehrere Kaufleute aus Alexandria die Anker ihrer Schiffe gelichtet hätten und mit Weizen beladen nach Rhodos gesegelt wären, würde er die Rhodier davon in Kenntnis setzen oder würde er seinen eigenen Weizen in aller Stille zum höchstmöglichen Preis verkaufen?»[14]

Anhand dieses Beispiels will Cicero zeigen, wie unterschiedlich die Standpunkte innerhalb der Stoa waren im Hinblick auf den Konflikt zwischen der Gerechtigkeit und der Verfolgung der eigenen Interessen, also zwischen dem moralisch Richtigen und dem Nützlichen. Im Falle des Verkaufs von Gütern vertrat der Stoiker Diogenes den Standpunkt der Nützlichkeit: Es sei nicht ungerecht, wenn der Verkäufer die Mängel eines Hauses oder eines Sklaven dem Käufer verschweigt und damit sein eigenes Interesse verfolgt. Diogenes argumentiert, dass es eine Sache sei, etwas zu *verschweigen*, eine andere, zu *schweigen*. Schweigen wäre nur dann gleichbedeutend mit Verschweigen, wenn es *Aufgabe des Verkäufers* sei, dafür zu sorgen, dass der Käufer alles erfährt, was für ihn von Interesse sein könnte und die Kaufentscheidung entsprechend beeinflussen würde. Jedoch sei der *Käufer* frei in seinen Entscheidungen, und insofern liege die Verantwortung für seine Kaufentscheidung bei ihm. Das Interesse eines anderen bei einem Verkauf spielt dann nur insofern eine Rolle, dass man das Interesse des anderen nicht *vorsätzlich* verletzen dürfe. Gerechtigkeit und richtiges Handeln sind daher in gewisser Weise moralisch darauf beschränkt, den Käufer nicht *aktiv* zu belügen. Diogenes von Babylon hat die Ansicht vertreten, der Verkäufer müsse die Mängel nennen, soweit es gesetzlich vorgeschrieben ist, aber ansonsten nicht absichtlich arglistig handeln. Da der Verkäufer verkaufen wolle, dürfe er den Wunsch haben, möglichst günstig zu verkaufen. Cicero lässt Diogenes in dem Beispiel des Getreideverkaufs für den Verkäufer argumentieren: «Ich habe das Getreide mitgebracht, ich habe es gezeigt, und ich verkaufe es nicht teurer als andere, vielleicht sogar billiger; denn es gibt ein größeres Angebot; wem wird dadurch Unrecht getan?»[15]

Nach Ansicht des Stoikers Antipatros verlangt die Gerechtigkeit allerdings deutlich mehr als das. Er vertritt in dieser bei Cicero überlieferten Diskussion den Standpunkt des moralisch Richtigen und ist der Ansicht, dass ein Verkäufer alles offenlegen muss. Cicero lässt Antipatros dazu das Beispiel des Hausverkaufs erläutern:

«Nehmen wir an, ein guter Mensch verkauft ein Haus, von dem er weiß, dass es einige Mängel hat, von denen andere nichts wissen und dass es vielleicht gesundheitsschädlich ist oder Schlangen in jedem Zimmer hat, oder dass es schlecht gebaut und baufällig ist, aber niemand außer dem Eigentümer das weiß. Ich frage: Wenn der Verkäufer den Käufern diese Mängel verschweigt und das Haus für viel mehr, als er glaubt, dass er sonst bekommen würde, verkauft, hat er dann ungerecht oder unangemessen gehandelt?» «Gewiss hat er das», sagte Antipatros, «denn was ist es anderes, als dem verirrten Reisenden die Richtung vorzuenthalten? Und das wird in Athen mit einer öffentlichen Verfluchung sanktioniert. Wenn es nicht so ist, dann dem Käufer zu erlauben, aus Versehen Opfer eines großen Betrugs zu werden. Das ist sogar mehr als nur eine unterlassene Wegbeschreibung; denn es bedeutet, jemanden wissentlich in die Irre zu führen.»[16]

Antipatros ist daher der Ansicht, man habe für die Menschen zu sorgen und der menschlichen Gemeinschaft zu dienen. Mit dieser moralischen Verpflichtung sei der Mensch geboren und dies seien die Grundlagen seiner Vernunftnatur, denen er gehorchen müsse, damit der Eigennutz zum Nutzen der Allgemeinheit werde und der Nutzen der Allgemeinheit auch der Eigennutz. Daher darf man den Menschen grundsätzlich nichts verheimlichen, was ihnen zum Vorteil gereichen würde! Das Gegenargument des Diogenes ist die Frage, ob die Gemeinschaft der Menschen untereinander in der Allgemeinheit etwa so eng sei, dass niemandem etwas individuell gehöre. Denn wenn das so wäre, dann könne man nichts verkaufen, sondern nur noch verschenken.[17]

In dieser ciceronianischen Version soll der Konflikt zwischen den beiden Positionen dergestalt gelöst werden, dass es in Wirklichkeit gar keinen Konflikt zwischen Gerechtigkeit, also der moralischen Verpflichtung gegenüber der Allgemeinheit, und dem Eigeninteresse des Einzelnen gebe. Am Beispiel dieses Verkaufs eines mängelbehafteten Hauses heißt es dann: «Was könnte dümmer sein, als dass ein Verkäufer die Mängel der Sache, die er verkauft, aufzählt? Und was könnte absurder sein, als wenn der Ausrufer auf Veranlassung des Eigentümers ausrufen würde: ‹Ich verkaufe ein verseuchtes Haus?›»[18]

Das Problem, wie mit einem solchen realen oder scheinbaren Konflikt umzugehen ist, beschäftigte die stoische Schule noch lange. Wir wissen nicht, wie Panaitios das Rätsel gelöst hat.[19] Poseidonios, der Schüler des Panaitios, behauptete später, es sei das wichtigste Thema der gesamten Philosophie, hat aber anscheinend nichts Erhellendes dazu hinterlassen.[20]

Diese Debatten kreisten um die Frage der Legitimität des Privateigentums und dessen Verhältnis zu allgemeinem öffentlichen und individuellem privaten Interesse. Dieser Gegensatz sollte zu einem Kernpunkt des gracchischen Bodenreformgesetzes werden: In dem von Tiberius Gracchus und seinen Mitstreitern entworfenen Gesetz ging es darum, dass im Interesse der Allgemeinheit das Land, das viele Mitglieder der gesellschaftlichen Elite als ihren Privatbesitz betrachteten, eingezogen und neu verteilt werden sollte.

Cicero lässt Diogenes in seinem Beispiel sagen, dass die Gleichsetzung von allgemeinem und individuellem Interesse darin besteht, dass es nichts gibt, was eigentlich einer Person zusteht, es daher keinen individuellen Anspruch auf Privateigentum geben kann. Das wäre auf theoretisch-philosophischer Ebene eine sozialethische Rechtfertigung dafür, durch Gewohnheit und lange Zeit ersessenes, d. h. bebautes, bearbeitetes Land – also nach der Meinung der betroffenen Partei: in Privatbesitz übergegangenes Land – wieder der Allgemeinheit zuzuführen, oder um es klar zu sagen: es zu enteignen.

War diese Ansicht aber auch in das Denken römischer Juristen eingegangen, oder konkreter gefragt, in das Denken derjenigen Juristen, die zusammen mit Tiberius Gracchus das Bodenreformgesetz seines Tribunats ausgearbeitet haben und das schließlich zu der gewalttätigen Eskalation führen sollte? Auch dazu liefert uns Cicero wertvolle Hinweise: So war Publius Mucius Scaevola, der Konsul von 133 v. Chr. und Unterstützer des Tiberius, nicht nur ein herausragender Jurist seiner Zeit, sondern galt später noch als einer der Begründer des römischen Zivilrechts (*ius civile*).[21] Sein Haus war ein Juristenzentrum,[22] in dem einige der herausragendsten Rechtsgelehrten seiner und der nächsten Generation ihre Ausbildung erfahren haben, darunter sein Sohn Quintus Mucius Scaevola, der das erste, systematisch angelegte Handbuch des damaligen Zivilrechts verfasst hat.[23] Die Schriften des Konsuls Publius Mucius Scaevola sind für Cicero immer wieder eine Fundgrube gewesen, aus der er schöne Beispiele in seine Werke aufnehmen konnte.[24]

Cicero diskutiert einen Grundstückskauf, den Quintus Mucius Scaevola selbst durchgeführt hat, als Beispiel für dessen *vir-bonus*-Maßstab. Er habe Feilschen und Handeln über den Preis abgelehnt, vom Grundstückseigentümer einen Preis erbeten und, da er ihn als zu niedrig befand, noch 10 000 Sesterzen mehr bezahlt. Das kommentiert Cicero durchaus kritisch:[25] Das sei zwar wohl die Handlung eines guten Mannes gewesen (*vir bonus*), nicht aber weise. Im Hinblick auf diese Einstellung des Quintus Mucius Scaevola führt Cicero die entgegengesetzte Meinung eines anderen Stoikers an, und zwar des Panaitiosschülers Hekaton von Rhodos: «Denn er weigert sich absolut, irgendetwas um seines eigenen Nutzens willen zu tun, wenn es nicht erlaubt ist. Einem solchen Menschen gebührt kein großes Lob oder Dankbarkeit.»[26] Das ist zwar etwas verklausuliert ausgedrückt, jedoch eindeutig in der Sache: Nur das zu tun, was erlaubt ist, bedeutet in der Umkehrung, dass es durchaus erlaubt ist, etwas zu tun, wenn es nicht explizit verboten ist. Und immer nur das zu tun, was erlaubt ist und dementsprechend den Nutzen als moralisch gut zu bezeichnen, definiert moralisch gut lediglich auf der Basis der geltenden Gesetze. Dass dies nützlich ist, findet Cicero selbstverständlich und daher lobt er Hekaton auch nicht.

Cicero führt den Gedanken aber weiter und kommentiert: Wenn Vorspiegelung und Verheimlichen gleichbedeutend mit Täuschung seien, dann gäbe es nur wenige Situationen, in denen ein solches als Täuschung anzusehendes Verheimlichen nicht vorhanden sei. Denn Menschen haben eben doch immer ihr eigenes Interesse im Auge. Das wiederum heißt, wenn nur der ein anständiger Mensch ist, der *allen* nützlich ist und *niemandem* schadet, dann wird so ein guter Mensch wohl nur schwer zu finden sein. Natürlich ist es niemals nützlich, schlecht zu handeln, weil schlecht zu handeln immer schädlich ist. Weil es immer moralisch ist, ein guter Mensch zu sein, ist dies aber auch immer nützlich. Aus diesem Gedanken heraus, der seit Sokrates in der griechischen Philosophie gut etabliert war, bietet Cicero allerdings eine Art Gegenargumentation zur Position des Hekaton an. Cicero betont nämlich ausdrücklich, dass man Hekaton für seine Ansicht nicht loben müsse, weil eben das, was jener vertrete, selbstverständlich sei. Cicero weiß als römischer Realist, dass eine zwar nicht arglistige, aber implizite Täuschung recht oft vorkommen kann. Daher ist das sokratische Prinzip, dass man immer gut handeln solle, so schwer zu verwirklichen.

Hekatons Ansicht wird bei Cicero zum kompletten Gegenteil der Pflichtenlehre seines Vorvorgängers Antipatros von Tarsos als dem Oberhaupt der stoischen Schule. Der Grundsatz des Antipatros ist bei Hekaton praktisch umgekehrt worden, indem bei ihm der Nutzen die Moral definiert. Ein anderer Fall, den Cicero aus Hekatons Werk zitiert, um das Verhältnis von allgemeinem und individuellem Interesse im Hinblick auf das Eigentum zu erläutern, betrifft den Umgang mit Sklaven. Anhand dieses Beispiels wird gezeigt,[27] dass Nutzen für Hekaton der Maßstab für die Pflichterfüllung war – also keineswegs Menschlichkeit oder ein allgemeingültiges Moralgesetz. Das Beispiel dreht sich um eine Notlage auf hoher See: Gesetzt den Fall, man müsse Ballast über Bord werfen und habe zu entscheiden, ob man dann ein wertvolles Pferd oder einen billigen Sklaven über Bord werfen solle, welchen Maßstab solle man dann anlegen? Hekaton empfiehlt als Maßstab die Rücksicht auf das Vermögen anstelle des Respekts vor der Menschlichkeit; also solle der Sklave geopfert werden statt des wertvollen Pferdes. Die Frage «Wenn ein Dummer im Falle eines Schiffbruchs eine Planke ergreift, wird der Weise sie ihm dann wegnehmen, falls er es kann?»[28] soll Hekaton Cicero zufolge verneint haben, weil das Unrecht sei. Aber der Fall kann noch weitergeführt werden: Soll der Schiffseigentümer die Planke, die doch ihm gehört, wegnehmen? Auf keinen Fall, so

Hekaton. Genauso wenig, wie er einen Passagier auf hoher See von seinem Schiff stoßen darf, weil es ihm gehört. Bis man nämlich das Ziel erreicht hat, für das man das Schiff bestiegen habe, gehört es nicht seinem Eigentümer, sondern den Passagieren. Doch was ist, wenn nur *eine* Planke vorhanden, aber *zwei* Schiffbrüchige da sind, und zwar zwei Weise? Würden sie dann beide die Planke an sich reißen oder der eine dem anderen nachgeben? Darauf antwortete Hekaton, er würde tatsächlich dem Unterlegenen raten nachzugeben, denn für den anderen sei es von größerer Wichtigkeit, in seinem eigenen Interesse oder im Interesse des Staates am Leben zu bleiben! In diesem Beispiel ist wieder das Ineinanderfallen von Nützlichkeit und Moral zu erkennen. Vermögensinteresse und Mitmenschlichkeit verlangen etwas Unterschiedliches (*hic alio res familiaris, alio ducit humanitas*), aber im Konfliktfall darf der Eigennutz die Pflicht bestimmen.[29]

Politisch lassen sich diese divergierenden stoischen Positionen in dem Konflikt zwischen den Besitztiteln der *possessores* – jener, die sich auf ihr Gewohnheitsrecht aus schon länger erfolgter Inbesitznahme von öffentlichem Land (*Ager publicus*) berufen – und den Befürwortern des sozialen Programms des gracchischen Bodenreformgesetzes wiederfinden: Für die Parteigänger des Diogenes, Hekaton und wahrscheinlich auch des Poseidonios scheint es weise, zugunsten der *possessores* entscheiden. Für jene des Antipatros hingegen ist es ein Gebot der Mitmenschlichkeit, das Allgemeininteresse über das Eigeninteresse und dessen Ansprüche am *Ager publicus* zu stellen. In der Debatte um dieses zentrale Thema der römischen Politik, das im Tribunat des Tiberius zur Eskalation führte, haben die unterschiedlichen Rechtsvorstellungen ganz unmittelbar in den politischen Auseinandersetzungen dieser Jahre Ausdruck gefunden. Es ist kein Zufall gewesen, dass die führenden Juristen der damaligen Zeit hinter den Plänen des Tiberius Gracchus standen. Ihre Vorstellung vom Gemeinwohl, mit dem sie markant den Anspruch des moralisch guten Handelns im Sinne der Allgemeinheit in den Vordergrund rückten und darin den Nutzen für die ganze Respublica sahen, ist die juristische Grundlage des Bodenreformgesetzes von 133 v. Chr.

Und im Mittelpunkt dieses Kreises stand Publius Mucius Scaevola, in dessen Haus Blossius, ein Anhänger des Antipatros von Tarsos, als Gastfreund logierte. Die rechtsethische Konzeption dieses Kreises ist in die römische Rechtspraxis eingegangen und kann ohne die vorangegangene

Lehre des Antipatros von Tarsos nicht verstanden werden. Sie zeigt, welch immensen Einfluss diese Richtung der Stoa in Rom entfaltet hat.[30] Mit der Begründung der *bona fides*, dem Grundsatz von Treu und Glauben in dem Werk des Quintus Mucius Scaevola, der ein ebenso herausragender Jurist wie sein Vater werden sollte, hat diese Konzeption eine breite und lange Nachwirkung entfaltet.

2. Stoa in Sparta

Gab es für den Einfluss der Stoa auf die römische Politik und das römische Recht, der in den bei Cicero überlieferten Diskussionen für die Zeit von Tiberius und Caius Gracchus erkennbar wird, griechische Vorläufer?[1] Plutarch war dieser Ansicht, da er seiner Doppelbiographie der beiden Römer diejenige des Agis und des Kleomenes, zweier spartanischer Könige, vorangestellt hat. Während jedoch die beiden Römer für Plutarch Reformer waren, sieht er in den beiden Spartanern zwei Herrscher, die eine völlig neue Ordnung für ihr Land einführen wollten. Man könnte sie als Revolutionäre avant la lettre bezeichnen. Die beiden vertraten zwar, dass ihre Einrichtungen eine «Rückkehr» zur Ordnung des mythischen Königs und Gesetzgebers Lykurg darstellte, in Wirklichkeit jedoch kehrten sie die im 3. Jahrhundert v. Chr. bestehenden Verhältnisse in Sparta um und führten völlig neue Strukturen ein.

Der ältere der beiden Könige, Agis, betrieb eine Aufhebung aller Schulden und eine Neuverteilung des Landes – zwei in der Antike ganz und gar unerhörte und nie mit dieser Konsequenz durchgeführte Reformen. Der Plan, den er entwickelt hatte, sah vor, den zentralen Teil des spartanischen Landes gänzlich neu aufzuteilen: Er wollte 4500 Landparzellen schaffen, die an spartanische Bürger (Spartiaten) oder Neubürger vergeben werden sollten. Da die Vollbürgerschaft in Sparta an Landbesitz geknüpft war, hätten die Begünstigten durch den Erhalt des Landes diesen Status erworben.[2] Die entfernter liegenden Landstriche Spartas sollten in 15 000 Parzellen geteilt und an die sogenannten Periöken verteilt werden – Einwohner von Städten in den Randlagen des spartanischen Gebietes, die zwar kein spartanisches Bürgerrecht hatten, aber durch Bündnisse und Nachbarschaft eng mit Sparta verbunden waren. Agis regierte jedoch nur kurz, von 244 bis 241 v. Chr.; dann wurde er von seinen Gegnern ermordet. Folglich blieben seine Reformen unvollendet.

Wenn man sich vor Augen hält, dass sich das Kernland in Sparta zu diesem Zeitpunkt in den Händen von nur 700 Vollbürgern befand,[3] wird deutlich, wie dramatisch die Situation seinerzeit gewesen sein muss. Zum einen war der Kreis der Spartiaten auf ein solches Minimum geschrumpft, dass dieses weder politisch noch militärisch effizient war. Zum anderen hätte allerdings die angestrebte radikale Neuverteilung des Bodens eine komplette Enteignung der bis dato Besitzenden bedeutet. Doch, wie gesagt, die Ermordung des Agis ließ den ehrgeizigen Plan scheitern und rückte das Reformvorhaben in eine vorerst unbestimmte Zukunft.

Der Nachfolger des Agis im Königsamt, Kleomenes, richtete später, indem er den Plan wieder aufleben ließ, 4000 Landlose für neu zu kreierende Vollbürger ein.[4] Kleomenes' Ziel war es, die Gleichheit der Spartiaten untereinander herzustellen – dies aber war nur im Wege einer entsprechenden Bodenreform zu verwirklichen, wie sie Agis bereits vorgeschwebt hatte. Die Widerstände, auf die auch Kleomenes stieß, waren beträchtlich, und das traurige Schicksal seines Vorgängers stand ihm vor Augen. Insbesondere die Ephoren, die jährlich gewählten, höchsten Amtsträger in Sparta, bildeten offenbar einen Hort des Widerstandes. Kleomenes zog daraus die Konsequenz, dass er diese Widersacher entweder ermordete oder sie ins Exil trieb.[5] Darüber hinaus ließ er eine erhebliche Zahl weiterer Gegner aus dem Weg räumen.

Mag die Radikalität des Vorgehens auch verstörend wirken, so bleibt doch festzustellen, dass weder Agis noch Kleomenes das *gesamte* bebaubare Land hatten neu verteilen wollen. Es ging ihnen nicht darum, den Grund und Boden in Sparta neu und für alle zu gleichen Teilen zu übertragen. Vielmehr sollte durchaus die *alte* Hierarchie der spartanischen Gesellschaft mit den Vollbürgern an der Spitze wieder hergestellt bzw. erst einmal wieder auf einer tragfähigen Grundlage neu aufgebaut werden.[6]

Kleomenes definierte in seinem Reformvorhaben diese Elite als eine Gemeinschaft der *Homoioi*, der Gleichen; sie sollte eine Gruppe von 4000 Spartiaten umfassen. Die anderen Gruppen der spartanischen Gesellschaft – so auch die Periöken mit ihrem geringeren Rechtsstatus samt der Verpflichtung zur Heeresfolge und erheblichen wirtschaftlichen Belastungen – blieben erhalten. Das Ziel der angestrebten Umverteilung war mithin nicht vorrangig sozialrevolutionär, sondern diente in aller erster Linie der Wiederherstellung einer Ordnung, die Sparta wieder zu früherer militärischer Schlagkraft führen sollte.[7]

Dieses Ziel war jedoch in einen philosophisch-ethischen Kontext eingebunden, den uns Plutarch ausführlich berichtet. Da Plutarch der philosophischen Richtung der Stoa sehr skeptisch gegenüberstand, sind die historischen Kontexte, die er für Sparta beschreibt, durchaus von seiner philosophisch-ethischen Brille gefärbt und sicher auf das unglückliche Ende des spartanischen Königs Kleomenes zugerichtet. Das wird in seiner Charakterisierung des Kleomenes deutlich: «Es heißt, dass Kleomenes schon als ganz junger Mann auch mit der Philosophie in Berührung gekommen sei, als Sphairos von Borysthenes nach Lakedaimon kam und sich um die Bildung der jungen Leute und der Epheben eifrig bemühte. Sphairos hatte zu den ersten Schülern des Zenon von Kition gehört, und er scheint das Männliche im Charakter des Kleomenes hochgeschätzt und seinen Ehrgeiz angefeuert zu haben. Soll doch der alte Leonidas auf die Frage, was für ein Dichter ihm Tyrtaios gewesen zu sein scheine, die Antwort gegeben haben: ‹Tüchtig, die Seelen der Jünglinge zu entflammen.› Denn von Begeisterung erfüllt durch seine Gedichte, schonten sie sich nicht in den Schlachten.» Plutarch kommentiert diese Äußerung nachdenklich: «Und die stoische Lehre hat zwar für große und leidenschaftliche Naturen etwas Bedenkliches und zur Waghalsigkeit Verführendes; wirkt sie aber auf einen ruhigen und gesetzten Charakter, so führt sie am ehesten zur Erreichung des ihm wesenseigenen Zieles.»[8] Plutarch erschien demnach das Vorhaben des Kleomenes gesamtgesellschaftlich gesehen richtig und gerechtfertigt, solange ruhige Menschen durch die stoische Lehre in ihren Anlagen gekräftigt und stabilisiert würden. Aber für die ‹großen und leidenschaftlichen Naturen› – zu denen zählte er auch den König Kleomenes – war sie gefährlich.

Zu solch großen und leidenschaftlichen Naturen gehörten in gleicher Art Tiberius und Caius Gracchus. Insofern – bei aller Sympathie, die Plutarch für seine Helden aufbrachte – wird in dieser Passage deutlich, dass der Autor die stoische Prägung als Ursache einer fatalen Entwicklung sah. Wären Kleomenes und die beiden Gracchen nicht ihrem tragischen Schicksal erlegen, wenn sie nicht unter stoischem Einfluss gestanden hätten? Vermutlich war das die Meinung Plutarchs.

Kleomenes hatte den Stoiker Sphairos von Borysthenes damit beauftragt, Erziehung und Ausbildung der spartanischen Jugend neu zu konzipieren.[9] Sphairos hatte schon zwei Bücher über Sparta geschrieben, und Kleomenes soll als Jugendlicher dessen Vorlesungen über die Erziehung von Epheben und jungen Männern besucht haben.[10] Ein paar der altertümlichen Gruppeneinteilungen des spartanischen Erziehungssystems für Jungen hat er abgeschafft, und zwar die Einteilung für die jüngsten, die Kinder, und die ältesten ab dem 20. Lebensjahr. Die verbleibenden sieben Jahre (im Alter von 14 bis 20) hat Sphairos in jährliche Altersstufen aufgeteilt, wobei er in deren Benennungen traditionelle lakonische Altersbezeichnungen und aus anderen hellenistischen Ausbildungssystemen bekannte Konzepte kombinierte. Die Ausbildung, die er propagierte, bestand wahrscheinlich aus einem intensiven Unterricht in Athletik und Kampftechniken, der durch die Teilnahme an Chor- und Musikveranstaltungen bei religiösen Festen ergänzt wurde.

Das gesamte Erziehungssystem diente dem Ziel, Bürgerkrieger hervorzubringen. Die jungen Vollbürger sollten in traditionellen bürgerlichen Werten geschult und geformt werden. Darüber hinaus wurde ein altes Ritual umgestaltet, das die jungen Spartiaten am Altar der Artemis zu absolvieren hatten, indem sie Käse von dort stahlen: Die Jungen, die in die siebte Altersklasse aufrückten, wurden, während sie am Altar standen, öffentlich ausgepeitscht, bis nur noch ein letzter standhafter Jüngling übrig war. Ebenso neu wurde das Abhärtungstraining für die jungen Spartiaten: Barfußlaufen im Winter, Schlafen auf nacktem Boden, Ertragen von Schmerzen und Hunger. Offenbar hat man aus den jungen Spartiaten eine Art spezialisierten Spähtrupp für das spartanische Heer geformt.[11] Als Ergänzung zu dieser Ausbildung haben Kleomenes und Sphairos die Speisegemeinschaften wiederbelebt.[12] Diese Speisegemeinschaften erschöpften sich aber nicht einfach nur im täglichen gemeinsamen Verzehr der Mahlzeiten, sondern bildeten vielmehr echte Lebensgemeinschaften, in die man aufgenommen werden musste und die dann lebenslang Bestand hatten.

Speisegemeinschaften und Erziehung zeigen, dass es Sphairos und Kleomenes um mehr ging als nur um militärische Ertüchtigung. Ihnen schwebte ein neuer spartanischer Kosmos vor, der, aus den Grundsätzen stoischer Philosophie konzipiert, für Sparta ein neues Zeitalter begründen sollte. Allerdings sind die wenigen Nachrichten, die wir über Sphairos und seine Vorstellungen besitzen, stark durch Plutarchs Vergleich zwischen den beiden römischen Reformern und den spartanischen Königen geprägt.

Plutarch hat seine Abneigung gegenüber der Stoa an verschiedenen Stellen seines Werks deutlich gemacht; vor allem kritisiert er eine mangelnde Konsistenz ihres Systems. Besonders war ihm die politische Beratertätigkeit einiger Stoiker ein Dorn im Auge, und so moniert er: Sie schreiben zahllose Bücher über den Staat und den Dienst an der Gemeinschaft, sie beteiligen sich aber praktisch nicht am öffentlichen Leben, *oder wenn sie es tun*, geraten sie in Widerspruch zu ihrer Lehre! Denn sie müssten sich in diesen Fällen nach den konkreten Rahmenbedingungen richten, die sie aber in ihrer Philosophie als unverbindlich einstufen.[13] Konkret kritisiert Plutarch unter den berühmtesten Stoikern etwa Chrysipp. Der gebe offen zu, dass die Stoiker im öffentlichen Leben ihre philosophischen Grundsätze zurückstellen würden! Und im Hinblick auf Zenon äußert er, dass dieser den Götterkult zwar theoretisch verworfen, in der Praxis hingegen doch akzeptiert habe. So führt Plutarch noch weiter aus: Die meisten Stoiker hätten zwar theoretisch die Polis als Einrichtung und Ordnung gelobt, aber was hätten sie in der Praxis getan? Alle hätten sich durch Auswanderung dem Dienst an ihrer eigenen Polis entzogen.[14] Und jene Politiker, die von der stoischen Lehre beeinflusst waren wie der spartanische König Kleomenes und die beiden Gracchen, sieht Plutarch zielstrebig ihrem Untergang entgegeneilen!

3. Blossius, der Stoiker, und der Aufstand des Aristonikos

Ein anderer Stoiker, der eng mit politischen Aktivitäten verbunden war, war der aus Cumae stammende Blossius – ein Zeitgenosse der Gracchen. Da Antipatros von Tarsos, der zeitweilig das Oberhaupt der stoischen Schule in Athen war, ihm Schriften zugeeignet hat, ist Blossius' Zugehörigkeit oder zumindest Nähe zu den stoischen Philosophen unstrittig.[1] Obwohl er im Kontext der politischen Vorhaben des Tiberius Gracchus erwähnt wird und in den Untersuchungen verhört wurde, die auf dessen Ermordung folgten, ist strittig, ob und welchen Einfluss er auf Tiberius gehabt hat.[2] Cicero lässt in seinem Werk den engsten Freund des Scipio Aemilianus über die Verbindung zwischen Blossius und Tiberius sagen, dass Blossius nicht bloß ein gefügiges Werkzeug gewesen sei, sondern der Hauptbeteiligte bei den angestrebten Veränderungen. In den Augen Ciceros war Blossius also offenbar nicht nur Freund oder Unterstützer des Tiberius Gracchus, sondern ein intellektueller Anführer und als Ideengeber mitverantwortlich für die Ereignisse.[3]

Trotzdem konnte Blossius im Unterschied zu vielen anderen Beteiligten und Gefährten des Tiberius nach dessen Ermordung unbehelligt nach Asien gehen. Der Schutz des Mucius Scaevola reichte also, ihn vor einer Verurteilung durch den Konsul Popillius Laenas zu bewahren.[4] Nachdem Blossius Rom verlassen hatte, schloss er sich in Asien dem Aristonikos an, einem Sohn des verstorbenen pergamenischen Königs Attalos III. Dieser hatte, wie bereits erwähnt, sein Königreich testamentarisch Rom vermacht, und Tiberius Gracchus hatte die Gelegenheit genutzt, dieses Erbe für die Finanzierung seines Bodenreformgesetzes zu instrumentalisieren (S. 126). Gleichzeitig erhob in Asien Aristonikos den Anspruch auf die Nachfolge im pergamenischen Königreich und begann als Eumenes III. mit Unterstützung vieler griechischer Städte seinen Herrschaftsbereich aufzubauen. So kam es zum Krieg gegen Rom, und es gelang Aristonikos über einige Jahre hinweg sich zu behaupten. Im Zuge dessen besiegte er immerhin mit Publius Licinius Crassus Mucianus einen der Protagonisten der gracchischen Bewegung, den er 130 v. Chr. sogar gefangen nehmen konnte.[5] Der römische Feldherr entzog sich dieser Demütigung dadurch, dass er dem Thraker, der ihn ergriffen hatte, mit der Reitgerte ein Auge ausschlug, woraufhin dieser ihn erstach. Den Kopf des Römers brachte man Aristonikos. Erst der Konsul Marcus Perperna konnte 129 v. Chr. Aristonikos besiegen und festsetzen. Aristonikos starb im selben Jahr in Gefangenschaft. Blossius hingegen – sein Gefolgsmann – tötete sich selbst, als er sah, dass die Sache des Aristonikos verloren war.[6]

Philosophisch-politische Hintergründe des Aristonikos-Aufstands?

Aristonikos hatte sich, nachdem er eine große Seeschlacht bei Ephesos verloren hatte, ins Landesinnere zurückgezogen, wo er eine große Zahl an Anhängern aus Besitzlosen und Sklaven um sich sammelte. Da zur gleichen Zeit in Sizilien ein Sklavenaufstand ausgebrochen war und es – wenngleich spärliche – Hinweise auf Sklavenansiedlungen durch Aristonikos gibt,[7] ist eine Verbindung zwischen dem Krieg in Asien und dem Aufstand in Sizilien vermutet worden. Allerdings scheint man in Rom eine solche Verbindung nicht gesehen zu haben: Als Aristonikos sich zum König ausrief, reagierte man in Rom eher zurückhaltend. Der eine der beiden Konsuln, Publius Rupilius, wurde zur Niederschlagung des Sklavenaufstands nach Sizilien gesandt, während der andere Konsul, Publius Popillius Laenas, für den Straßenbau in Italien sorgen sollte – also herrschte in Rom alles andere als Panik wegen einer scheinbar überregionalen Sklavenerhebung. Nach Asien sandte man 132 v. Chr. vielmehr eine Gesandtschaft von fünf Senatoren (unter ihnen der inkriminierte Scipio Nasica). Man wollte also ganz geschäftsmäßig zuerst sondieren, ob man mit Aristonikos vielleicht ohne militärisches Eingreifen zu einer Einigung kommen könnte. Jedenfalls wurde die Situation in Rom nicht als besonders dramatisch angesehen.

Die Heranziehung von Sklaven in kriegerischen Auseinandersetzungen war in der Antike nicht ungewöhnlich. Insofern ist diese Begebenheit nicht unbedingt ein Beleg dafür, dass Aristonikos tatsächlich der Führer eines Sklavenaufstandes war und Blossius ihm dafür eine – wie auch immer geartete – philosophisch-stoische Legitimation geliefert hätte. Aristonikos soll seine Anhänger *Heliopolitai* – Sonnenbürger – genannt haben.[8] Ob dies unter dem Einfluss von Blossius und der Idee einer stoischen Staatsutopie geschah, ist indes umstritten.[9] Die Erklärungen für die Heliopoliten reichen von dem Bezug auf religiöse Vorstellungen, die sich auf einen Sonnenkult beziehen,[10] bis zu Gerechtigkeitsvorstellungen, die mit Ideen von Freiheit und Gleichheit verbunden werden.[11] Utopische Polismodelle erklären aber wohl nicht die Verbindung zwischen dem stoischen Philosophen und dem Aufstand des Aristonikos, der sich vor allem als Sohn und Nachfolger des verstorbenen pergamenischen Königs Attalos etablieren wollte.

Die Hinwendung des Blossius zuerst zu der Gruppe um Tiberius Gracchus und die Mucii Scaevolae, sodann zu Aristonikos lassen jedoch dessen intensives Engagement für politisch brisante Vorhaben erkennen. Wie schon oben beschrieben, setzt sich Plutarch in seiner Schrift *Gegen die Stoiker* mit dem Verhältnis dieser Philosophen zur Politik kritisch auseinander. Er weist darauf hin, dass der Philosoph Antipatros von Tarsos in seinen Schriften über den Unterschied zwischen den Stoikern Kleanthes und Chrysipp berichtet habe. Zenon und Kleanthes wollten nicht zu Bürgern Athens gemacht werden, damit es nicht den Anschein habe, dass sie ihren eigenen Ländern schadeten. Das ist sehr indirekt und wie immer bei Plutarch sehr höflich formuliert. Eigentlich meint Plutarch, dass die stoischen Philosophen sich durch ihre Schriften dauernd in staatliche Angelegenheiten einmischen würden – in ihren Werken würden sie nämlich regieren, richten, beraten, Gesetze erlassen, strafen und ehren, als ob sie wirklich in Städten tätig wären und sich an deren Regierung beteiligen würden.[12] Über Chrysipp wiederum äußert Plutarch, dass ein Weiser doch gern ein Königreich auf sich nehme und daraus Nutzen ziehen wolle; und wenn er nicht selbst regieren könne, dann würde er bei einem König wohnen und mit einem solchen in den Krieg ziehen![13] Plutarch mochte die Stoiker wirklich nicht; auf seine zurückhaltende Art macht er sehr deutlich, dass er sie für politisch völlig verantwortungslos hielt.

In diesem Kontext *keine* Verbindung zu Blossius zu ziehen, fällt schwer – jedoch ist es eine andere als diejenige über ein utopisches Polismodell oder gar eine abstrakte Idee von Freiheit und Gleichheit. Vielmehr bestand offenbar ein sehr konkretes Interesse an politischer Tätigkeit und praktischer Einflussnahme, das Blossius angetrieben hat – also existierte in seinem Falle genau die Neigung zur politischen Tätigkeit, in der Plutarch den Stoikern ihre Insuffizienz attestierte. Nun stand Blossius in diesem Krieg des Aristonikos einem prominenten Mitglied der politischen Gruppe gegenüber, mit der er in Rom verbunden gewesen war und die ihre schützende Hand über ihn gehalten hatte, so dass er Rom hatte unversehrt verlassen können. Ob und wie es mit seiner stoischen Einstellung zur Ehrenhaftigkeit des Weisen zu vereinbaren war, dass und wie Licinius Crassus Mucianus zu Tode gekommen ist, wissen wir nicht.

Vielleicht muss man sich mit der Kritik Plutarchs an den Widersprüchlichkeiten sowohl in der Lehre der Stoiker wie auch ihrem individuellen Verhalten zufriedengeben. Diese waren nach Plutarch noch größer als jene, die man in den Werken der Dichter findet: «Wer am Morgen der Schlechteste war, kann bei den Stoikern am Abend der Beste sein. Wer als Dummer, Unwissender, Ungerechter, Verdorbener, sogar als Sklave, als Armer, als Bettler eingeschlafen ist, steht am Morgen als König, als Reicher, als Glücklicher, als keusch, gerecht, standhaft und von allem Wahnsinn gelöst auf.»[14]

IV

ERFOLG UND SCHEITERN

1. Das Programm

Tiberius ist in seinem Volkstribunat im Jahr 133 v. Chr. mit einem Bodenreformprogramm angetreten; einzelne Punkte darin waren nicht völlig neu. Trotzdem führten sie in der römischen Politik zu gewaltigen Turbulenzen – und sie markierten nach weitverbreiteter Meinung in ihrer Gesamtheit den Anfang vom Ende der römischen Republik. Daher ist sowohl in der Antike wie in der modernen Forschung immer wieder die Frage einerseits nach der Motivation des Tiberius und andererseits nach dem Ziel seines Programms gestellt worden.[1]

Bodenreformen gab es in allen historischen Epochen und auf allen Kontinenten. Insofern lassen sich einige Grundzüge herausarbeiten. Wenn das Verfügungsrecht über Land und Boden zu einer Schlüsselfrage der gesellschaftlichen Machtverteilung wird, stehen dahinter Vorstellungen von Grundeigentum als Basis von wirtschaftlicher und militärischer Macht, von sozialem Status, politischem Einfluss und entsprechenden politischen Rechten. Bodenreformen tragen daher das Potential in sich, politische Umwälzungen bestehender Machtverhältnisse herbeizuführen. Sie bewirken entweder große Veränderungen oder verlangsamen bzw. verhindern sie: je nachdem, ob sie im Zuge eines größeren gesellschaftlichen Umbruchs eingeführt oder präventiv eingesetzt werden, um einem solchen zuvorzukommen. Sie können von oben oder von unten initiiert sein und antworten meist auf dringende Wünsche, Nöte, Unruhen und auf Druck der ländlichen Bevölkerung. Sollten sie von der gesellschaftlich-politischen Elite initiiert werden, geht es ihr in der Regel darum, den bedrängten Bevölkerungsteil politisch zu gewinnen. Je nachdem, wie groß der aufgestaute

Bedarf an Reformen ist, erzwingt die Situation regelmäßig radikalere, mitunter revolutionär erscheinende Maßnahmen.

Mit den Mitteln der Landumverteilung – also der Schaffung neuer Besitzrechte – und Pachtkontrolle wird bei den meisten Bodenreformen versucht, durch eine Verbesserung des Status der Bauern bzw. allgemein der Landbevölkerung die soziale und politische Lage zu stabilisieren. Landumverteilung kann jedoch Verschiedenes bedeuten: Enteignung von Privatbesitz, Um- oder Neuverteilung von Gemeindeland durch Einzug oder durch Begrenzung der Nutzungsmöglichkeiten. Je nach Art des Eingriffs fallen die Konsequenzen unterschiedlich aus.

Das Bodenreformgesetz des Tiberius Gracchus betraf vermutlich ausschließlich Gemeindeland – den *Ager publicus* in der römischen Terminologie. Jedoch galten für dieses Gemeindeland diverse Gewohnheitsrechte und Nutzungsansprüche – die sogenannte Okkupation –, die anscheinend nicht leicht zu regulieren waren und zu erheblichem Widerstand führten.

Sowohl Plutarch als auch Appian, unsere wichtigsten Gewährsmänner für die von Tiberius Gracchus angestoßene Bodenreform, versuchen, die Umstände und die Zielrichtung des von Tiberius initiierten Bodenreformgesetzes zu erklären. Plutarch hat sich für seine Biographie des Tiberius intensiv mit dieser Frage beschäftigt. Er bietet seinen Lesern vier verschiedene Versionen als Erklärung und Hintergrund an.[2] Die erste Version – nach Plutarch diejenige, die die meisten Fürsprecher in den ihm vorliegenden Quellen hatte – nennt Diophanes von Mytilene und Blossius von Cumae als Triebkräfte, die Tiberius, nachdem er zum Volkstribun gewählt worden war, drängten und ermutigten, sein Vorhaben zu verwirklichen. Damit ist noch nichts ausgesagt über die konkreten Vorbereitungen oder über weitere, durchaus namhafte Unterstützer des Tiberius (die wir noch kennenlernen werden); es wird jedoch deutlich, dass eine hochentwickelte Rhetorik und philosophische Prägung durch die Stoa (S. 39 ff.) in der Antike als wirkmächtige Faktoren im politischen Geschehen angesehen wurden.[3] Da Plutarch selbst den Stoikern, wie bereits erwähnt, skeptisch gegenüberstand, ihre politische Effizienz für wenig gehaltvoll und ihre Positionen für schwankend hielt, gewinnt sein Hinweis auf gerade diese Version, die von ihm persönlich wahrscheinlich eher kritisch gesehen wurde, besonderes Gewicht.

Der zweiten Variante zufolge, die Plutarch referiert, war die Mutter des

Tiberius, Cornelia, eine treibende Kraft. Sie soll ihren beiden Söhnen Vorhaltungen gemacht haben, weil sie in der römischen Öffentlichkeit zwar ‹Schwiegermutter des Scipio›, aber noch nicht ‹Mutter der Gracchen› genannt worden sei – ihre Söhne mit anderen Worten noch nichts Herausragendes geleistet hatten.

Eine dritte Version führt das Programm des Tiberius auf dessen persönliche Konkurrenz zu einem gewissen Spurius Postumius zurück, von dem wir im Übrigen aber nichts wissen. Beide seien Altersgenossen gewesen und wollten sich als Anwälte mit besonderen rhetorischen Leistungen hervortun, die zu dem klassischen Berufsbild gehörten. Nachdem Tiberius aus Spanien zurückgekehrt war, musste er vor allem das Debakel des Mancinus-Vertrages (ausgehandelt von ihm, Tiberius!) in der Öffentlichkeit vergessen machen. Offenbar hatte ihn Spurius an Ansehen und Einfluss weit überholt, während Tiberius mit dem Reputationsverlust zurechtkommen musste. Daher soll er den Plan gefasst haben, seinen Konkurrenten Spurius auszustechen. Der politisch anscheinend verwegene Plan, ein Bodenreformgesetz einzubringen, sei ihm da gerade recht gekommen.

Doch mit dieser argumentativ allzu simplen Variante hält sich Plutarch nicht lange auf. Viel ausführlicher berichtet er hingegen eine vierte Version, die viel grundsätzlicher ist und die reformerische Richtung schärfer konturiert: Tiberius' Bruder Caius, der die Reden des Älteren wie auch seine eigenen publizierte, hat möglicherweise noch mehr über jenen geschrieben und ein Schlüsselerlebnis des großen Bruders festgehalten. Auf dem Weg zu dem spanischen Feldzug bei Numantia sei Tiberius durch Etrurien gereist. Dort sei er angesichts des verödeten Landes schockiert gewesen. Zugleich aber habe er Sklaven in großer Zahl gesehen, die Felder bestellten und das Vieh der reichen Landbesitzer weideten. Unter diesem Eindruck sei bei ihm erstmals der Wille entstanden, die erbärmliche Situation der Landbevölkerung zu ändern und eine Politik zu betreiben, die eine wirtschaftliche und soziale Neukonzeption initiieren sollte. Das kommentiert Plutarch durchaus kritisch: Diese Politik sollte den beiden Brüdern größtes Leid bringen! Das römische Volk habe ihn jedoch in seinem leidenschaftlichen Ehrgeiz bestärkt; so seien Graffiti und Inschriften an öffentlichen Hallen, an Wänden und Denkmälern aufgetaucht, durch die dazu aufgerufen wurde, den Armen ihr Gemeindeland zurückzugeben.

Ob diese Charakteristik der Landwirtschaft in Etrurien zur damaligen

Zeit (also in den 130er Jahren des 2. Jahrhunderts v. Chr.) einen realen Hintergrund hat oder ob es sich um ein literarisch und demagogisch ausgestaltetes Bild handelt, womit eine politische Stimmung in der Bevölkerung aufgegriffen und zum Ausdruck gebracht wurde, ist nicht leicht zu klären. Die siedlungsarchäologischen Befunde sprechen gegen eine großflächig verödete, nur von Sklaven bewirtschaftete Landschaft. Nun können Stimmung und Realität auseinanderfallen. Aber angesichts der dramatischen Entwicklung der Ereignisse und angesichts der heftigen Auseinandersetzungen in der Tribunatszeit des Tiberius ist es jedoch nicht von der Hand zu weisen, dass Tiberius auf einer Welle der Empörung ritt und bei seinen Bemühungen viel Unterstützung erfahren hat.

So wissen wir sicher, dass er nicht allein auftrat, sondern, neben den beiden schon genannten Philosophen, tüchtige und angesehene Ratgeber aus dem Kreis der römischen Elite hatte – Männer, von denen wir schon verschiedentlich gehört haben: Publius Licinius Crassus Dives Mucianus (ein Mucier, der in die Familie der Licinier adoptiert worden war), Konsul 131 v. Chr. und seit 132 v. Chr. Pontifex Maximus bis zu seinem Tod zwei Jahre später; den Juristen Publius Mucius Scaevola, der 133 v. Chr. Konsul war sowie seit 130 v. Chr. bis zu seinem Tod um 115 v. Chr. als Nachfolger seines Bruders Licinius Crassus Mucianus Pontifex Maximus; ebenso seinen Schwiegervater Appius Claudius, Konsul im Jahr 143 v. Chr., Zensor 136 v. Chr. und seither Princeps Senatus. Von den jüngeren, die später seinen Bruder Caius unterstützen sollten, sind hier zu nennen Marcus Fulvius Flaccus, Konsul 125 v. Chr., Caius Papirius Carbo, Konsul 120 v. Chr., Caius Porcius Cato, Enkel des Cato Censorius und Konsul 114 v. Chr. Nicht alle der Genannten sind der Sache des Tiberius und seines Bruders treu geblieben; so hat Carbo später ganz sicher die Seiten gewechselt. Aber insgesamt zeigt diese illustre Gruppe, die vor und nach dem Tod des Tiberius durchgehend höchste Ämter der Republik innehatte, dass Tiberius Gracchus, ebenso wie später sein Bruder Caius, nicht nur bestens vernetzt war (das ist angesichts seines familiären Hintergrundes wenig überraschend), sondern dass seine Politik durchaus keine rein persönliche oder individuell motivierte Angelegenheit war. Er fand damit vielmehr breiten Rückhalt in der politischen Elite und – wie der Gang der Ereignisse zeigen sollte – selbstredend auch im Volk.

Was nun das Kernstück seines Reformvorhabens, das Bodenreformgesetz, betrifft, so überliefert Plutarch, dass es zwei Fassungen dieses Gesetzes gegeben habe: Eine erste Fassung, die er ‹mild und schonend› nennt und die so formuliert war, dass sie möglichst wenig Widerstand hervorrufen würde, aber doch geeignet war, auf diesem Wege Land an Bedürftige zu verteilen. Tiberius brachte, wie es heißt, ein Gesetz in der ersten Fassung ein, wonach niemand mehr als 500 Morgen (ca. 125 ha) Land besitzen dürfe.[4] Diese Bestimmung sei nichts weiter gewesen als eine Bestätigung eines alten Gesetzes aus dem 4. Jahrhundert. Dabei handelte es sich um die sogenannten sextisch-licinischen Gesetze, in denen damals schon eine Obergrenze für Landbesitz festgelegt worden war. Ob diese Bestimmung den Privatbesitz an Land grundsätzlich auf dieses Maß beschränkte oder nur die Möglichkeit, von *erobertem Land in Italien*, das in den allgemeinen Besitz des römischen Volkes übergegangen war – also dem *Ager publicus* – nur bis zu dieser Obergrenze eine Nutzung zu beanspruchen, ist in der Forschung strittig.[5] Aber sicher lässt sich sagen, dass sich mit dem Gesetz des Tiberius die Erwartung verband, Land für eine Verteilung an römische Bürger zu gewinnen. Sich auf ein altes Gesetz zu beziehen, selbst wenn sich in der Praxis niemand daran hielt, war geschickt, denn dieses Vorgehen verlieh dem Gesetzesvorhaben des Tiberius Dignität. Das auf diese Weise freigewordene Land sollte dann eine Kommission aus drei gewählten Männern – ein jährlich neu zu besetzendes Kollegium – unter die Armen verteilen. Gerade diese Bestimmung zur Verteilung durch eine regulär eingesetzte und kontinuierlich arbeitende Kommission rief Widerstand hervor; sie war im Gegensatz zu der alten Obergrenzenbestimmung, die niemanden wirklich interessiert hatte, etwas ganz Neues. Sie bedeutete Aufsicht, Kontrolle und Transparenz – genau das, was bisher ganz offensichtlich nie oder kaum praktiziert worden war. Eine Kontrolle über die Einhaltung von bestimmten Grenzen an Landbesitz fehlte bis 133 v. Chr. vollständig, und eine Übersicht bzw. Kenntnis – gewissermaßen ein Kataster – der tatsächlichen Bestände an öffentlichem Land ebenso. Auf moderne Verhältnisse übertragen, könnte man die Situation mit der eines Staates vergleichen, der nicht weiß, wie viele Bürger steuerpflichtig sind und der sich auch nie dafür interessiert hat, die steuererhebungsrelevanten Grundlagen festzustellen. Einen solchen Missstand in Rom zu beheben, hätte fortan verhindern können, dass man die Obergrenzenbestimmungen ignorierte. Und eine weitere Regelung hat Tiberius eingeführt, zumindest wenn man Appian glauben darf: Das neuverteilte Land sollte nämlich unverkäuflich sein – gerade das hätte in Zukunft eine Verschiebung oder Veränderung der Besitzverhältnisse verhindert.[6] Unverkäuflichkeit von zugewiesenem Land war in der Antike nicht unüblich; von dieser Praxis hören wir auch im Zuge der Neugründungen von Kolonien.

Mild und schonend – wie es bei Plutarch heißt – sei also dieser Entwurf gewesen, weil er keine Sanktionen für die Übertretung des Gesetzes festlegte. Diejenigen, die mehr Land als bis zur festgelegten Obergrenze an sich gebracht hatten, sollten mithin nicht bestraft werden und auch kein Bußgeld zahlen. Stattdessen sah dieser Gesetzesentwurf sogar vor, dass all jene, die eben mehr als die 500 Morgen an öffentlichem Land – wohlgemerkt widerrechtlich – in ihrem Besitz hatten, eine Entschädigung erhalten sollten.

Appian stellt die Umstände anders als alle weiteren Quellen dar: Ihm zufolge ging es in dem Gesetz des Tiberius nur um öffentliches Land, das bis zur festgelegten Höchstgrenze in Anspruch genommen – also okkupiert – werden konnte. Dieses sollte in Zukunft abgabenfrei bleiben[7] – das wäre im Vergleich zu der bis dato geltenden Regelung einem Verzicht auf die zumindest nominell geltenden öffentlichen Einkünfte aus dem *Ager publicus* gleichgekommen. Allerdings ist in diesem Zusammenhang zu bedenken, dass es zwar detaillierte Vorschriften über die Pflicht zur Abgabe eines Zehnten vom Getreide bzw. eines Fünften der Früchte von Parzellen des *Ager publicus* gab, aber niemand kontrollierte oder realisierte die Erhebung dieser Abgaben – zumindest jedenfalls nicht konsequent oder umfassend.[8]

Immerhin – und in diesem Punkte sind sich unsere Quellen ganz und gar einig – sollte Land eingezogen und an bedürftige römische Bürger verteilt werden.[9] Auch was die zusätzliche Bestimmung betrifft, der zufolge für jedes Kind noch einmal je 250 Morgen zusätzlich zu den 500 Morgen angerechnet werden sollten, stimmen die meisten antiken Quellen überein.[10] Insgesamt sollten bis zu 1000 Morgen (also ca. 250 ha) Land in den bestehenden Besitzverhältnissen verbleiben und durch das Gesetz anscheinend zu Eigentum werden. Aber alles, was darüber hinausging, sollte entzogen, oder in einer etwas drastischeren Formulierung, konfisziert werden.

Plutarch kann diese Art des Vorgehens im Hinblick auf die – aber nur von ihm berichtete – erste Gesetzesversion, die eine Entschädigung vorsah, gar nicht genug loben: Dieses Gesetz sei vernünftig, hielte sich in angemessenen Grenzen, und auch das Volk sei zufrieden gewesen. Im Volk habe fortan die Ansicht geherrscht, man könne nun das Vergangene ruhen lassen; die Freude überwog, dass in Zukunft bisher geübtes Unrecht ein Ende haben würde.

Doch der Widerstand im Senat wurde immer heftiger. Als harte Reaktion darauf hat Tiberius dann offenbar das Angebot der Entschädigung aus dem Gesetzesentwurf herausgenommen und den Einzug der zu konfiszierenden Gebiete entschädigungslos beschließen lassen.[11] Damit beschwor er das dräuende Unheil herauf: Einige Zeitgenossen sahen darin den Versuch der Besitzenden, aus Habgier, Zorn, Eifersucht und Hass das Volk umzustimmen. Andere führten schwerste Vorwürfe gegen Tiberius ins Feld – die Verteilung des Landes sei für Tiberius doch nur ein Vorwand, die öffentliche Ordnung zu zerrütten und einen Umsturz herbeizuführen! Doch Tiberius, so Plutarch, fühlte sich moralisch im Recht. Er stand für eine gute Sache, die dem Volk nützen sollte! Sein Rednertalent war ‹gewaltig und unüberwindlich›, und wenn er auf der Rednerbühne stand und vor dem Volk sprach, dann malte er melodramatisch das Leid der Armen und besitzlosen Landbevölkerung aus. Zeitlos berühmt sind einige aus einer seiner damaligen Reden erhaltenen Zitate:

«Die wilden Tiere, welche in Italien hausen, haben ihre Höhle, jedes weiß, wo es sich hinlegen, wo es sich verkriechen kann – die Männer aber, die für Italien kämpfen und sterben, sie haben nichts außer Luft und Licht. Heimatlos, gehetzt irren sie mit Weib und Kind durch das Land. Die Feldherren lügen, wenn sie in der Schlacht die Soldaten aufrufen, für ihre Gräber und Heiligtümer sich zu wehren gegen den Feind, denn von all diesen Römern besitzt keiner einen Altar, den er vom Vater ererbt, keiner ein Grab, in dem seine Vorfahren ruhen, vielmehr kämpfen und sterben sie für anderer Wohlleben und Reichtum. Herren der Welt werden sie genannt und haben nicht eine Scholle Landes zu eigen.»[12]

Die Gegenseite jammerte in gleicher Weise: Einige sagten, sie hätten das Land von ihren Nachbarn gekauft und regulär bezahlt. Sollten sie nun das Geld mit dem Land verlieren? Andere wiederum klagten, dass sich die Gräber ihrer Vorfahren auf dem Boden befänden, der ihnen bei der Aufteilung der Ländereien über die Erbschaften ihrer Väter gegeben worden war. Wieder andere behaupteten, die Mitgift ihrer Frauen sei über die

Grundstücke besichert worden, oder sogar dass das Land den Töchtern als Mitgift gegeben worden sei. Schließlich traten Geldverleiher auf, die Darlehensbelege vorweisen konnten, nach denen das betreffende öffentliche Land sogar als Sicherheit eingesetzt worden war. Jede Art von Klage, Argument und Empörung wurde gegen das Gesetz vorgetragen. Im Volk klagten hingegen die Armen, dass sie vom Wohlstand in die äußerste Armut und weiter in die Kinderlosigkeit getrieben würden, weil sie nicht in der Lage waren, ihre Nachkommen aufzuziehen.[13]

Die Stimmung war aufgeheizt. Jede Seite unterstellte der anderen Unrecht und Gier. Vor allem aber stand das Schreckgespenst einer die politischen Verhältnisse umstürzenden Neuerung im Raum. Zwar waren für die zu schaffende Bodenreformkommission weitreichende Kompetenzen geplant, doch wenn das Bodenreformgesetz des Tiberius nach Ausweis unserer Quellen keinen neuen Tatbestand einführte, dann fragt man sich, warum weder ein Unrechtsbewusstsein noch ein Bewusstsein für die soziale Problemlage auf Seiten der Landbesitzenden vorhanden war. Doch nach dem Widerstand zu urteilen, den der Gesetzesentwurf des Tiberius hervorrief, muss die Gefahr des Eingriffs in die Besitzverhältnisse der Landbesitzer als dermaßen groß angesehen worden sein, dass alle anderen Perspektiven ignoriert wurden.

Grundbesitzverhältnisse in der römischen Republik

Um die eigentlichen Konfliktlinien besser erkennen zu können, werfen wir einen Blick auf die Arten der Grundbesitzverhältnisse und vor allem auf die Kontroverse, die sich in unseren Quellen zeigt. Die Ausführungen des Plutarch sind eher allgemein gehalten, so dass aus seinem Bericht nicht eindeutig zu erkennen ist, auf welche Art von Land Tiberius sein Gesetz bezogen hat. Appian hingegen beschreibt einen längeren Prozess und bezieht sich nur auf den *Ager publicus*, also öffentliches Land, und erwähnt keinen Eingriff in privaten Landbesitz. Was wiederum der Historiker Livius darüber geschrieben haben mag, liegt uns leider nur in einer späteren Zusammenfassung vor und nicht im originalen Wortlaut, so dass seine Angaben mit einer gewissen Vorsicht zu verwenden sind.

Plutarch bietet einen knappen Abriss der Entwicklung, wie sich die Besitzverhältnisse im Kontext der römischen Eroberung Italiens entwickelt hatten: Im Zuge von Eroberungen wurde von den Besiegten Land konfisziert, das teils verkauft, teils als Land in öffentlichen Besitz (*Ager publicus*) der Respublica überführt wurde. Dieses Land konnte von Bürgern oder solchen ohne eigenen Boden gegen eine geringe Abgabe an die Staatskasse, das sogenannte *vectigal*, genutzt werden.[14] So entstanden unterschiedliche Kategorien von Landbesitz wie etwa Land in Privatbesitz (*Ager privatus*), Land in öffentlichem Besitz oder wiederum innerhalb dieses öffentlichen Landes Weideland und nicht vermessene Randgebiete in Hügeln, Bergen etc.

Wie genau das Gesetz des Tiberius den Umgang mit diesen unterschiedlichen Kategorien regelte, wird in der Forschung nach wie vor kontrovers diskutiert. Denn es ist nicht klar, ob die Latiner und Bundesgenossen ebenso in den Genuss des zu verteilenden Landes kommen sollten (so bei Appian) oder ob sich das Gesetz nur auf römische Bürger bezog (so bei Cicero und Plutarch).[15]

Die gesellschaftliche Entwicklung im Zuge der römischen Eroberungen in Italien stellen Plutarch und Appian als einen zunehmenden Verelendungsprozess dar: Reiche Landbesitzer erhoben Pachtzins und verdrängten die Kleinbauern von ihren Schollen. Bereits im 4. Jahrhundert sollte das Gesetz über die Besitzobergrenze von 500 Morgen diesem Prozess Einhalt gebieten. Doch der Erfolg war nicht nachhaltig: «Für kurze Zeit tat diese Vorschrift der Habgier Einhalt und half den Armen, welche auf den gepachteten Höfen blieben und den Anteil des staatlichen Bodens bewirtschafteten, den sie von jeher besessen hatten. Später aber brachten die reichen Nachbarn durch vorgeschobene Mittelsmänner die Pachtverträge in ihre Hände und verwalteten schließlich das meiste ganz offen als eigenen Besitz. Aus ihren Heimwesen gejagt, taten die Armen ihre Soldatenpflicht nur noch mit Widerwillen und zeigten auch keine Lust mehr, Kinder großzuziehen, so daß ganz Italien binnen kurzem die freie Bevölkerung zurückgehen sah, während das Land sich mit den Kasernen ausländischer Sklaven bedeckte, welche nunmehr die Ländereien bestellten, aus denen die Reichen ihre Mitbürger vertrieben hatten.»[16]

Um die Widersprüche zu entwirren, scheint es angebracht, der Reihe nach durchzugehen, was die einzelnen Autoren schreiben, und ihre Angaben zu sortieren:[17]

In der Biographie des Tiberius heißt es bei Plutarch über die vorgracchische Rechtslage, dass ‹ein Gesetz erlassen wurde, das jedem verbot, mehr als fünfhundert *iugera* (Joch/Morgen) Land zu besitzen.›[18] In seinem Bericht fehlt vor dem griechischen Wort für «Land» ein bestimmter Artikel oder eine andere Art der Einschränkung. Zusammen mit der Kürze seiner Darstellung bleibt damit offen, ob er die 500 Morgen (125 ha) für die Obergrenze des Landbesitzes hielt, den ein Römer insgesamt besitzen durfte. Aber ein Hinweis aus einer anderen seiner zahlreichen Römerbiographien gibt uns ein Indiz. In der Lebensbeschreibung des Camillus, einem der berühmten Feldherren aus der römischen Frühgeschichte, dem vor allem im 4. Jahrhundert v. Chr. große Eroberungen für Rom gelangen, erwähnt Plutarch das Obergrenzengesetz ganz kurz.[19] Er schreibt, dass ‹niemand mehr Land als 500 *iugera* besitzen sollte› – somit scheint es sich um den *Gesamtbesitz* an Land zu handeln.

Appian setzt demgegenüber ganz anders an, da er nicht beabsichtigt, eine Biographie des Tiberius zu schreiben, sondern vielmehr eine generelle Übersicht zu den Konflikten geben will, die zu den römischen Bürgerkriegen nach 133 v. Chr. geführt haben. In diesem Kontext ist die Landfrage für ihn ein ausschlaggebender Faktor. Neben der Entwicklung, die zu der Begrenzung des Landbesitzes auf 500 Morgen führte, berichtet er von zwei weiteren Bestimmungen des früheren Obergrenzengesetzes: Das Weiderecht auf dem *Ager publicus* wurde auf 100 größere und 500 kleinere Tiere beschränkt. Die Einhaltung des Gesetzes soll sogar beeidet worden sein.[20]

Die Diskussion über das Bodenreformgesetz des Tiberius stellt Appian so dar, dass sich das Volk in Rom darüber beschwert habe, dass ihm sein Anteil am Gemeingut (*ta koina*) vorenthalten würde.[21] Seitens des Volkes sei gefordert worden, dass das Gemeingut für die Allgemeinheit aufgeteilt werden sollte.[22] Appian verstand also den Streit über die Obergrenze in den vorgracchischen Zeit und ebenso in dem gracchischen Bodenreformgesetz so, dass sie sich *ausschließlich auf den Besitz von öffentlichem Grund und Boden* bezog.

In anderen Quellen über die die vorgracchische Obergrenze heißt es immer ganz allgemein, dass das Land, das ein Mann ‹haben› (*habere*) oder ‹besetzen› (*possidere*) durfte, auf 500 Morgen (*iugera*) beschränkt war. Angaben darüber, ob das nur für eine bestimmte Kategorie von Land galt, fehlen. So stellen Cato,[23] Tiro, Varro, Livius – also alles Autoren, die noch in republikanischer Zeit geschrieben oder diese zumindest noch erlebt haben – und gleichermaßen zahlreiche spätere Autoren die vorgracchische Obergrenze lediglich als eine Beschränkung der Menge an Land dar, die ein Mann ‹haben› oder ‹besetzen› konnte. Moralisierende Bemerkungen über die beabsichtigte Zügelung von Habgier runden das Bild ab:[24] «Wie die Krankheiten vor deren Heilmitteln bekannt sein müssen, so sind die Begierden entstanden, bevor es Gesetze gab, die sie begrenzen würden. Was hat das Licinische Gesetz über die 500 Morgen hervorgerufen außer dem starken Wunsch nach der Vergrößerung des Besitzes an Ackerland?»[25]

Livius spricht in jenen Büchern seiner römischen Geschichte, die uns vollständig erhalten geblieben sind, durchgängig von der Obergrenze als einer *allgemeinen* Beschränkung von Landbesitz.[26] Darüber hinaus stellt er sowohl selbst als auch mit Bezug auf Cato die Grenze wiederholt als eine Beschränkung der Habgier dar:[27] «Wenn jemand jenes tun möchte, soll er tausend Sesterzen, weniger die Hälfte seines Vermögens, als Geldstrafe zahlen, wenn jemand mehr als fünfhundert Morgen Land haben möchte, soll er eine ebenso große Strafe erhalten; wenn jemand mehr Vieh besitzen möchte, soll er ebenso viel verlieren.»[28] Auch das lässt sich so verstehen, dass er die Obergrenzenbestimmung für den Landbesitz eines Römers als Begrenzung des Besitzes *aller Arten von Grund und Boden* angesehen hat. Denn eine Grenze, die nur für eine Kategorie von Grund und Boden gilt, wäre kaum eine wirksame Kontrolle der Habgier, wenn der private Grundbesitz von ihrer Wirkung ausgeschlossen wäre.

Es spricht also sehr viel dafür, dass die alte und fortbestehende, aber wohl durchgängig missachtete Regelung der Obergrenze festlegte, dass ein Römer insgesamt nicht mehr als 500 Morgen Land besitzen sollte. Auf diese Regelung hat sich Tiberius bezogen. Aber was hat er in seinem Gesetz vorgeschlagen?

Cicero berichtet, dass Tiberius und Caius Gracchus die Plebs auf öffentlichem Land – also *Ager publicus* – ansiedelten, das zuvor von Privatleuten genutzt wurde.[29] Cicero überliefert uns also unmissverständlich, dass Tiberius, als er die Grenze durchsetzen wollte, ihre Anwendung *nur auf öffentliches Land* beschränkte! Daraus folgt, dass Livius' Angabe, der die Obergrenze des alten Gesetzes aus dem 4. Jh. v. Chr. nicht als solche für den *Ager publicus*, sondern als Obergrenze für den gesamten Landbesitz darstellte, auch für Gracchus' Vorhaben galt. Insofern hat Appian anscheinend den Zusammenhang falsch verstanden, wenn er schreibt, dass Gracchus das bestehende Recht wieder anwenden wollte und dies sich nur auf den *Ager publicus* bezogen hätte.

Darüber hinaus kommt – abgesehen von der Frage, wie die Landwirtschaft zur Zeit des Tiberius Gracchus in Italien wirklich ausgesehen hat – ein weiterer bedeutender Aspekt ins Spiel: die römische Wehrkraft. Überblickt man die Zeit der langwierigen spanischen Kriege, so waren Streitereien um die Aushebungen, Abgaben, die Bestrafungen von Deserteuren und Angriffe auf Kommandeure wegen Feigheit und Ineffizienz sowie vergebliche und betrügerische Verträge an der Tagesordnung. Der Einsatz von Rekruten anstelle von ausgebildeten Soldaten in diesen Kriegen spiegelt nicht zuletzt die Schwierigkeiten bei den Aushebungen neuer Truppen.

Scipios Bruder Q. Fabius Maximus Aemilianus (ein Aemilier, der in die Familie der Fabier adoptiert worden war), der Konsul des Jahres 145 v. Chr., stellte beispielsweise sein Heer bewusst aus jungen Männern zusammen, um jene Männer, die bereits in Karthago und Korinth gedient hatten, nicht in Anspruch nehmen zu müssen.[30] Ein anderer römischer Feldherr in den spanischen Kriegen – Q. Pompeius, der Konsul von 141 v. Chr. (S. 60) –, war gezwungen, seine Legionen mit völlig unerfahrenen Männern aufzufüllen, weil man die erfahrenen Soldaten nach sechs Jahren Dienst nach Hause entlassen musste.[31] Im Zusammenhang mit den Aushebungsschwierigkeiten wurde im Jahr 140 v. Chr. versucht, die Abreise eines Konsuls nach Spanien zu verhindern, und im Jahr 138 v. Chr. haben zwei Tribunen (einer von ihnen Cicero zufolge ‹der niedrigste und übelste aller Menschen›),[32] die Konsuln fesseln und ins Gefängnis werfen lassen. Allerdings ließen sie sie auf Bitten des Volkes schließlich wieder frei. Insgesamt zeigt sich in diesen Beispielen ein tiefgehender Konflikt – so tiefgreifend, dass die Volkstribunen sogar zu äußersten Mitteln griffen. Genau auf diese Situation beziehen sich Plutarch und Appian: «Die Armen, die von ihrem Land vertrieben worden waren, zeigten keinen Eifer mehr für den Kriegsdienst und vernachlässigten die Kindererziehung, so dass sich bald ganz Italien eines Mangels an freien Männern bewusst wurde.»[33]

Ein weiteres Indiz für eine gravierende Veränderung bieten die römischen Zensuszahlen: Zum Wehrdienst wurden ausschließlich zensusfähige Bürger einberufen, also Bürger, die aufgrund ihres Landbesitzes zumindest ein Minimum an Ertrag erwirtschafteten, so dass sie überhaupt dem Zensus unterlagen. Sanken die Zahlen derjenigen, die Land besaßen, so sanken auch die Zensuszahlen und damit das Reservoir der Bürger, auf die man für Einberufungen zugreifen konnte. Die genannten Beispiele lassen mithin auf zunehmenden Widerwillen des römischen Volkes schließen, an den Kriegen, die sich oft lange hinzogen, als Soldaten teilzunehmen. Das Absinken der Zensuszahlen in der zweiten Hälfte des 2. Jahrhunderts v. Chr. (von ca. 328 000 in 164/3 v. Chr. auf ca. 317 000 in 134/3 v. Chr.) deutet darauf hin, dass die Zahl der wehrdienstfähigen Bürger abnahm. Allerdings ist nicht ganz klar, ob immer nach demselben Maßstab gezählt wurde, ob immer alle – auch in entfernten Kolonien – wirklich gezählt wurden und ob immer dieselben unteren Mindestgrenzen für den Zensus angelegt wurden. Angesichts dieser offenen Fragen ist es gewagt, den Rückgang der Zensuszahlen als eindeutigen oder gar einzigen Beleg für eine Abnahme der Bürgerzahlen anzusehen.

Es bleibt allerdings unbestreitbar, dass es extreme Konflikte um Einberufungen gab und dass die Verluste in den spanischen Feldzügen zur enormen Belastung für weite Teile der einfachen Bevölkerung geführt haben. Im Hinblick auf die Zusammensetzung des römischen Heeres gilt es, einen weiteren Aspekt zu berücksichtigen: Das römische Heer bestand traditionell nicht nur aus den römischen Legionen, sondern zu einem größeren Teil aus den durch Verträge zur Stellung von Heereskontingenten verpflichteten Latinern und Bundesgenossen – die römischen Legionen machten tatsächlich nur eine Minderheit der römischen Truppen aus.[34] Diese Minderheitenrolle der Römer im römischen Heer war zur Zeit des Tiberius nichts Neues, wurde aber möglicherweise als zunehmend problematisch empfunden. Wir wissen nicht viel über Oppositionsbewegungen unter den römischen Bundesgenossen im Italien des 2. Jahrhunderts v. Chr. Aber kurz nach den Ereignissen von 133 v. Chr. kam es 125 v. Chr. in Fregellae, einer der bedeutendsten Städte der Latiner, zu einem Aufstand gegen Rom, der sich an der Frage des Bürgerrechts entzündete (S. 180). Fregellae wurde daraufhin von einem römischen Heer unter dem Praetor Lucius Opimius dem Erdboden gleichgemacht – vergleichbar mit der Zerstörung von Korinth durch Mummius oder Karthago durch Scipio im Jahre 146 v. Chr. und Numantia 133 v. Chr. Im Unterschied zu diesen Städten lag Fregellae jedoch mitten in Italien – im Herzen des römischen Kernlandes! Das alles spricht nicht dafür, dass das Verhältnis zwischen Rom und seinen Bundesgenossen – sowohl den Latinern als auch den Italikern – in den letzten Jahrzehnten des 2. Jahrhunderts v. Chr. entspannt war. Auch das kann möglicherweise Bedenken hinsichtlich des römischen Anteils an der Armee ausgelöst haben und erklärt, warum die Initiativen zur Verstärkung der römischen Streitkräfte gerade zu diesem Zeitpunkt in den Vordergrund rückten.

Betrachtet man den Inhalt des Bodenreformgesetzes, wie er von Tiberius Gracchus und seinen Mitstreitern konzipiert wurde, in diesem Rahmen, so kann er für die Zeitgenossen weder unklar noch überraschend gewesen sein. Haben sich doch das Problem der Einberufungen, die diversen Konflikte um die Entsendung immer weiterer Legionen nach Spanien und das angespannte Verhältnis zu den Bundesgenossen über lange Zeit hinweg entwickelt. Ebenso dürften die regionalen Unterschiede, was die Lage der Bauern bzw. die Bewirtschaftungs- und Ertragsmöglichkeiten im Hinblick auf den *Ager publicus* betraf, bekannt gewesen sein. Dass bereits in den 140er Jahren Laelius, der engste Gefährte Scipios, ein Bodenreformgesetz zur Diskussion gestellt, es dann aber bald zurückgezogen hatte,[35] zeigt, dass die Sache auf der Tagesordnung stand. Auch wenn wir nichts über den Inhalt des von Laelius vorgeschlagenen Bodenreformgesetzes wissen, so lässt sich doch zumindest daraus schließen, dass Handlungsbedarf auf diesem Feld gesehen wurde. Wir können darüber hinaus festhalten, dass die Protagonisten der Gruppe, die den Volkstribunen Tiberius unterstützt und beraten hat, für eine sozialethisch gebundene Haltung zum Gemeinwesen stand. Das erlaubt die Schlussfolgerung, dass es sich bei der Konzipierung des Bodenreformgesetzes von 133 v. Chr. weder um die Einzelaktion eines um seine Karriere fürchtenden jungen Mannes handelte noch um eine singulär auf die Aushebungsschwierigkeiten ausgerichtete Maßnahme. Die Konzeption reichte viel weiter und war keineswegs ad hoc entwickelt worden.

Gleichwohl ist es überraschend, wie drastisch in der literarischen Überlieferung bei Plutarch und Appian das Bild eines revolutionären Umsturzes gemalt wird, verursacht durch einen – im besten Fall – irregeleiteten Idealisten oder – im schlechtesten Fall – einen naiven Karrieristen. Dass die antiken Autoren des 1. und 2. Jahrhunderts n. Chr. die wirtschaftliche Situation der römischen Landwirtschaft in der zweiten Hälfte des 2. Jahrhunderts v. Chr. offenbar verkannt oder viel zu sehr aus ihrer zeitgenössischen Perspektive beschrieben haben, ist mittlerweile bekannt. Dass sie die rechtsethischen Grundsätze eines Mucius Scaevola nicht erfasst haben, mag man ihnen als juristischen Laien nachsehen. Derjenige unserer antiken Autoren, der sowohl die rechtsethischen Positionen genauestens kannte wie auch zeitlich näher an der Entwicklung des 2. Jahrhunderts stand, nämlich Cicero (106–43 v. Chr.), hat die Richtung vorgegeben: Für Cicero ist das Bodenreformgesetz der Anfang einer fatalen Entwicklung, und Tiberius Gracchus erscheint ihm als ein irregeleiteter Tor, den Nasica und sein Gefolge völlig zu Recht erschlagen haben. Allerdings argumentiert Cicero merklich in eigenem Interesse, weil er, der die Hinrichtung der Catilinarier ohne Prozess und Urteil (63 v. Chr.) veranlasst hatte, selbst keine reine Weste hatte. Wie Nasica hatte er die Konsequenzen zu tragen, und dieses persönliche Schicksal dürfte seinem Urteil über das Bodenreformgesetz und Tiberius Gracchus zugrunde liegen. Es diente ihm gewissermaßen als willkommene Blaupause für sein eigenes Vorgehen und sollte zeigen, dass gegen außerordentliche notstandsartige Situationen auch außerordentliche Vorgehensweisen gerechtfertigt waren, die nicht Recht und Gesetz entsprachen.

2. Bodenreform

Heute wie in der Antike werden die Bodenreform von 133 v. Chr. und das Tribunat des Tiberius Gracchus als Wendepunkt in der Geschichte der römischen Republik betrachtet. Der Konflikt jenes Jahres und das Gesetz über die Bodenreform[1] haben demzufolge zu einer politischen Krise geführt, die schließlich in den Untergang der Republik mündete.[2] Die Gewalttaten – die Ermordung des Volkstribunen und vieler seiner Anhänger – haben sich in den folgenden Jahrzehnten immer weiter bis in blutigste Bürgerkriege gesteigert, die erst Octavian, der nachmalige Augustus (ab 27 v. Chr.) mit eiserner Hand beendet hat. Zwar steht das Bodenreformgesetz am Anfang dieser letzten Phase der Republik, aber, wie im vorangegangenen Kapitel gezeigt, war es kein Solitär im politischen Raum; es war vielmehr Teil eines größeren Zusammenhangs von Entwicklungen der Kultur, Politik und Wirtschaft in Italien.[3] Die antiken Quellen fügen drei Krisen zu einem Problemkreis zusammen, eine demographische und wirtschaftliche sowie eine solche der Wehrkraft. Heute stellt sich das Bild dieser Krisen jedoch anders dar.

Die Annahme einer demographischen Krise, die auf der Grundlage des Rückgangs der Zensuszahlen angenommen wird, ist kaum zu verifizieren, weil wir die Zensuszahlen nicht überprüfen können. Was die Annahme der wirtschaftlichen Krise betrifft, so basiert sie darauf, dass es im Gefolge des Zweiten Punischen Krieges und der durch den Hannibal-Zug in Italien entstandenen Zerstörungen zu einer Krise des kleinen und mittleren Bauerntums gekommen ist.[4] Die Konzentration des Landbesitzes in den Händen einiger weniger und reicher Großgrundbesitzer ging damit Hand in Hand.

Charakter und Entwicklung dieser wirtschaftlichen Krise seien hier kurz skizziert: Wachsender Reichtum konzentrierte sich in dem kleinen Kreis der Oberschicht, die damit in großem Stil Sklaven und Land in Italien in ihren Besitz brachte. Die hohen Verluste in den Kriegen des 2. und 1. Jahrhunderts v. Chr. sollen vor allem die römischen und italischen Bauern betroffen haben; die Überlebenden seien in ein von Krieg und Vernachlässigung zerstörtes Land zurückgekehrt. Gedrückt von der Last ihrer Schulden wurden ihre Höfe von Senatoren und Rittern aufgekauft. So sei der römische Bauernstand einerseits durch die Belastungen des Heeresdienstes, andererseits durch die Expansion größerer und großer Güter auf dem Land nachhaltig geschwächt worden, während jene, die auf dem Land kein Auskommen mehr fanden, das Proletariat in Rom wachsen ließen.[5] In Italien entstanden die sogenannten Latifundien, die von einer großen Zahl an Sklaven bewirtschaftet wurden, aber es entwickelte sich auch die gewinnorientierte Villenwirtschaft, wie sie Cato in seiner Schrift *De agricultura* um 150 v. Chr. beschrieben hat. Auf den großen Gütern, die durch Okkupation entstanden sein sollen, sei, so die älteren Ansichten, hauptsächlich Weidewirtschaft betrieben worden; im Zuge dessen seien die landwirtschaftlichen Anbauflächen immer weiter zurückgedrängt worden.[6] Ein Ergebnis dieses Prozesses sei die Schwächung des Rückgrats des römischen Heeres gewesen, das als Milizheer auf das Potential an Wehrdienstfähigen in der Bauernschaft angewiesen war; so soll es zu einer Krise der Wehrkraft gekommen sein.[7]

Dieses Bild kann auf der Basis der heutigen Forschungen als überholt gelten. Um die neue Sichtweise besser zu verstehen, müssen wir uns auf zwei Fragenkomplexe konzentrieren:

1. Stimmt das Bild der notleidenden Bauern in der mittleren und späten

Republik? In diesem Zusammenhang sind die Ergebnisse der Archäologie und vor allem Siedlungsarchäologie von besonderem Interesse.

2. Wie viel und welches Land wurde verteilt? Von wem wurde es konfisziert, welche Probleme waren damit verbunden, und betraf das Gesetz von 133 v. Chr. tatsächlich nur den *Ager publicus* oder wurde auch Land im Privatbesitz eingezogen? Und wie haben die Betroffenen reagiert?

Notleidende Bauern?

Das traditionelle Bild der wirtschaftlichen Entwicklung Italiens in der mittleren und späten Republik ist vor allem durch die Ergebnisse der archäologischen Forschung ins Wanken geraten.[8] Für den vermuteten Bevölkerungsrückgang im ländlichen Raum und die damit verbundene Annahme eines Niedergangs des kleinen Bauerntums gibt es keine belastbaren materiellen Anhaltspunkte. Zwischen 218 und 169 v. Chr. sind insgesamt ca. 40 000 römische Kolonisten in neue oder bereits bestehende Kolonien entsandt worden.[9] Ein demographischer Niedergang lässt sich jedenfalls nicht erkennen.

Durch die Forschungen zur Siedlungsgeschichte und zur Landaufteilung hat sich das Bild des ländlichen Raumes in der republikanischen und kaiserzeitlichen Epoche stark verändert. Das auf diesem Wege gewonnene Wissen über regionale Zusammenhänge, über die agrarische Struktur der verschiedenen Regionen, über ländliche Wirtschafts- und Produktionsformen hat das Augenmerk besonders auf die Unterschiede im wirtschaftlichen Aufschwung bzw. Niedergang in den verschiedenen Regionen Italiens gelenkt. Aussagen über die Dominanz einer bestimmten Siedlungs- oder Wirtschaftsform müssen die Ergebnisse der zahlreichen Surveys (Geländeerkundungen in der Siedlungsarchäologie), der Ausgrabungen und der immer komplexeren Auswertung der Luftaufnahmen gleichermaßen berücksichtigen.

Die landwirtschaftlichen Strukturen und die Bautätigkeit lassen große regionale Unterschiede erkennen: In vielen kleinen und mittleren Städten des mittleren Südens ist gerade im 2. und zu Beginn des 1. Jahrhunderts v. Chr. eine ganze Reihe großer öffentlicher Bauwerke errichtet worden. In den wohlhabenden Städten Campaniens wie Pompeji, Sarno, Teanum und Capua wurden neue Theater gebaut. In den inneren Regionen Italiens zeugen darüber hinaus viele lokale Heiligtümer von wachsendem Wohlstand – so etwa das Theater des samnitischen Heiligtums von Pietrabbondante, das dazu diente, große Besuchermengen aus der Landbevölkerung aufzunehmen, die die religiösen und öffentlichen Feiern des dortigen Heiligtums besuchten.[10]

Andererseits lässt sich durchaus zeigen, dass nicht *alle* Gegenden Italiens in dieser Zeit einen Aufschwung erlebten. In Südetrurien beispielsweise zeigt sich ein wirtschaftlicher Niedergang: Volsinii verarmt im 2. Jahrhundert v. Chr., Caere wurde damals möglicherweise vollständig verlassen, und gegen Ende des 2. Jahrhunderts v. Chr. scheinen viele der etruskischen Nekropolen an der Küste nicht mehr in Gebrauch gewesen zu sein. In Nordetrurien wiederum florierten die Zentren offensichtlich. Die Untersuchungen zur Struktur des ländlichen Raumes zeigen für die wirtschaftliche Entwicklung dieser Zeit vor allem eine außerordentliche Vielfalt, aber keinesfalls einen Trend zur Konzentration größerer Landflächen oder starker Entvölkerung.[11]

Die berühmt-berüchtigten Latifundien – jene legendären Großgüter, die von Sklaven bewirtschaftet wurden und deren Bild seit Jahrhunderten in der Forschung stellvertretend für die grundbesitzende Ausbeutungswirtschaft steht – nennt Plinius als den Grund für den Ruin Italiens.[12] Der Großgrundbesitz wird gleichgesetzt mit *Luxuria* (Verschwendungssucht), Gier, moralischem Niedergang der römischen Oberschicht und dem Aussterben des römischen Soldatenbauern, der doch gleichsam die Basis für den Aufstieg Roms symbolisierte und dessen Krise das Ende der Republik einleitete. Aber seit wann existierten in Italien Latifundien? Im 2. Jahrhundert v. Chr. jedenfalls noch nicht.[13] Das krisenhafte Bild der Entwicklung, das uns die literarische Überlieferung bei Plutarch und Appian suggeriert, ist falsch. Historikerinnen und Historiker unserer Tage, die sich daran orientieren, wenn sie von der wirtschaftlichen Situation Roms im 2. Jahrhundert v. Chr. sprechen, lassen sich mithin von einer starken Überzeichnung der sozialen und wirtschaftlichen Spannungen verführen. Das eindrücklichste Beispiel für diese in der heutigen Forschung immer noch sehr verbreitete Fehlinterpretation ist der Bezug auf die Rede, die Tiberius Gracchus Plutarch zufolge vor dem römischen Volk zur Begründung seines Bodenreformgesetzes 133 v. Chr. gehalten haben soll: Wir haben bereits gehört, dass Tiberius auf seinem Weg nach Numantia, wo er als Quaestor

Abbildung 6: Ager Cosanus (nach Gliozzo, 2013, Abb. 1)

den Konsul Mancinus begleiten sollte, durch Etrurien gereist ist und dabei jene Beobachtungen gemacht haben soll, die sein Bruder Caius überliefert hat. Sie seien die Grundlage seiner dramatischen Schilderungen in der Rede vor dem Volk gewesen, um für sein Gesetz zu werben (S. 91).[14]

Der Weg, den Tiberius Gracchus durch Etrurien nach Numantia genommen hat, und die dabei gemachten Erfahrungen zur wirtschaftlichen Struktur des ländlichen Raumes beziehen sich auf die Strecke entlang der *Via Aurelia*. Das dabei zu durchquerende Gebiet des *Ager Cosanus* liefert ein gutes Beispiel, um das Verhältnis von literarischer Überlieferung und Ergebnissen archäologischer Untersuchungen zu erhellen, besonders da die Überreste großer Villen wie etwa Le Colonne und Settefinestre von der Straße aus gut zu sehen sind – sie also würden zu den Indizien für die großen Güter gehören.[15]

Aber gerade in Südetrurien sind aus dem 2. Jahrhundert v. Chr. auch Reste kleinerer und bescheidenerer, für die Entwicklung dieser Epoche jedoch typischer Höfe gefunden worden – mithin Beispiele, die im Gegensatz zu den großen Gütern stehen und gerade für die kleine und mittlere Bauernschaft sprechen.[16] Es liegen dort also archäologische Ergebnisse vor, die zeigen, dass im späten 2. und frühen 1. Jahrhundert v. Chr. in dieser Gegend eine relativ hohe Bevölkerungsdichte und eine große Zahl an Siedlungsstätten existierten. Diese können auch Tiberius Gracchus von der *Via Aurelia* aus nicht verborgen geblieben sein! Also reiste er *keineswegs* durch verlassene, verarmte Gebiete. Vielmehr dürfte die Bevölkerungsdichte auf diesem Territorium so hoch gewesen sein, dass es dort bestimmt keine Großgüter gegeben hat.[17] Die Größenverteilung der besiedelten Stätten auf dem *Ager Cosanus* zeigt, dass es sich um eine Mischung größerer, mittlerer und kleiner Güter und Höfe gehandelt haben muss.[18] Die größeren zentrieren sich in der Gegend um Cosa, wobei sich drei davon in einer Entfernung von zwei Kilometern zueinander befinden und nur ein Gut von einer großen, nicht besiedelten Landfläche umgeben ist. Dies waren jedoch keine Latifundien, sondern vielmehr sogenannte *Villae maritimae*, Residenzen an der Küste.[19] Solche Residenzen waren für den längeren Aufenthalt im Sommer bei Römern sehr beliebt, vor allem, wenn eine solche Villa direkt am Meer stand.

Demgegenüber bietet das sogenannte Villa-System, das sich im 2. Jahrhundert v. Chr. herausbildet, anfangs eine eher bescheidene Gebäudeform – ohne Luxus, meist mit einer Ölpresse, ein oder zwei Ölbecken, Vorratsräumen für Weinfässer, eventuell mit drei bis vier Räumen für Sklaven. Mit einem gewissen, regional und topographisch bedingten Zeitversatz lässt sich die Entwicklung dieser Siedlungs- und Bewirtschaftungsform in die Periode von 150 bis ca. 120 v. Chr. datieren, ihre große Blüte hingegen in die Jahrzehnte zwischen 80 und 30 v. Chr.[20]

Der ländliche Raum Italiens zeigt ein vielfältig gegliedertes ökonomisches Muster von der Villa bis zum einfachen Hof, näher oder ferner an Dörfern oder Städten orientiert und geprägt von ganz unterschiedlichen Faktoren wie Kolonisation, Enteignung, topographisch und ökonomisch bedingten Bewirtschaftungs- und Weideformen.

Für Etrurien ergibt sich aus der Zusammenstellung der Fundorte nach Siedlungsformen das Bild einer kontinuierlichen Besiedlung von der etruskischen bis zur römischen Zeit, wobei die Besiedlung vom 2. bis zum 1. Jahrhundert besonders intensiv gewesen sein muss. Die großen Landgüter erreichen in keiner Phase mehr als einen Anteil von zehn Prozent; die typische Siedlungsform hingegen sind kleine Höfe. Als problematisch erweist sich bei dieser Betrachtung eine chronologisch allzu lineare Interpretation, die in den außerordentlich konträren Bewertungen des Befundes Ausdruck gefunden hat. Die Übersicht der Besiedlung des *Ager Cosanus* zeigt für die etruskische Zeit wenig ländliche Besiedlung, im 2. Jahrhundert v. Chr. jedoch zahlreiche kleine Höfe zusammen mit großen Gütern, denen 70 Prozent des Territoriums zugeordnet werden.[21] An der Peripherie der großen Güter mit ihren Sklaven, Pächtern und ihrer spezifischen Weidewirtschaft lagen oft kleine Höfe mit wenigen oder gar keinen Sklaven oder kleine Siedlungszentren, die sich um eine größere Werkstatt gruppierten. Gerade diese komplexe und heterogene Agrarstruktur lässt sich in der Gegend des *Ager Cosanus* nachweisen:[22] In der unmittelbaren Nähe der großen Villen sind jeweils zwei bis drei kleinere Gehöfte zu finden. Hinzu kommt, dass gerade für Etrurien eine Diskrepanz der Entwicklung von Küste und Landesinnerem nachzuweisen ist.[23] Im Landesinneren floriert der Typus des kleinen Gutes von bescheidener Grundfläche (ca. 0,28 ha). Auf solchen Einheiten lebten im 2. Jahrhundert v. Chr. Kleineigentümer und Pächter, die diese für sich und ihre Familie bewirtschafteten (Subsistenzwirtschaft). An der Küste um Cosa und Castrum Novum ist hingegen eine ausgeprägte Villenwirtschaft nachweisbar, die auf den städtischen Markt hin produzierte.

Die Siedlungsstruktur in Latium – etwa in den Gebieten des *Ager Praenestinus*, denjenigen um Anagnia, Cora und Tivoli – zeigt eine ebensolche Vielfalt wie Etrurien, die in dieser Region aber den unterschiedlichen topographischen Lagen entspricht. In den höheren Lagen wurde Selbstversorgung betrieben, in den Ebenen wurde für den Markt produziert, insbesondere für jenen in Rom. Hinzu kommen in diesem Bereich Küstenvillen, die nicht völlig ohne landwirtschaftliches Umland sind, jedoch als reine Luxus- und Erholungsstätten konzipiert waren.[24]

Campanien wiederum, das im 4. und 3. Jahrhundert dicht besiedelt war, zeigt am Ende des 2. und zu Beginn des 1. Jahrhunderts eine bemerkenswerte Konzentration an Villen und Nekropolen, und zwar vor allem in dem Gebiet von Cumae, Atella und Capua.[25] Lassen sich für das 3. Jahrhundert v. Chr. noch überwiegend gemischte Wirtschaftsformen erkennen, so breitet sich im 2. Jahrhundert v. Chr. die Villenwirtschaft aus: Es handelt sich dabei um Güter von bescheidener Größe mit weniger als 2500 qm Fläche (0,25 ha), mit Olivenölproduktion und möglicherweise Sklavenunterkünften, jedoch ohne Hinweise auf luxuriöse Ausstattung. Ein grundlegender Wandel der agrarischen Struktur Campaniens zeigt sich erst im Übergang vom 2. zum 1. Jahrhundert v. Chr.[26] Villen und Fora dehnen sich vor allem im Bereich von Sinuessa, Forum Popili und Cales aus. Damit geht eine zunehmende Spezialisierung in Mono- und Bikulturen von Wein und Öl einher, doch wird auch Weinbau teilweise mit Getreideanbau oder Ölproduktion mit Getreideanbau kombiniert. Die stärker werdende Spezialisierung bedeutet ein Zurückdrängen der Vielfältigkeit und geht einher mit immer höher werdenden Investitionen in hochwertige Güter handwerklicher Produktion, die den Begriff ‹Luxus› rechtfertigen.[27] Die Villenwirtschaft dominiert und ein Rückgang der Hangbesiedlung sowie die Aufgabe kleiner Höfe sind zu beobachten.

Insgesamt lässt sich aber in Etrurien, Campanien und Latium der Aufstieg einer *mittleren* Schicht von Bauern im Zuge einer längeren Entwicklung mit ähnlichen Formen der Bewirtschaftung beobachten. Damit gehen eine stetige Zunahme der Besiedlung und eine Verdichtung der ländlichen Struktur einher.[28] Jedoch sind weder ausgedehnte Weidewirtschaft noch extensive Landwirtschaft zu erkennen, sondern die Herausbildung einer Vielfalt von mittlerem und großem Besitz ohne signifikante Hierarchien.[29]

Dieser Situation im zentralen Bereich stehen die Gebiete im Norden und Süden als jene der Peripherie gegenüber. Typisch für das Gebiet im Norden (Ligurien, Aemilia, Venetien) ist die Kontinuität der Besiedlung in Zentren, die für die juristische, administrative ebenso wie die soziale und wirtschaftliche Organisation des Territoriums von großer Bedeutung wurde.[30] Einzeluntersuchungen etwa zu Verona, Ravenna oder Bologna zeigen,[31] dass der große Aufschwung dieser Gebiete durch die Villenwirtschaft erst in der Kaiserzeit begann. Da die Gründung der Siedlungszentren jedoch in die erste Hälfte des 2. Jahrhunderts v. Chr. datiert, wird deutlich, dass sich dort der Aufschwung zeitversetzt gegenüber Etrurien, Latium und Campanien vollzog, und zwar um ca. 150 Jahre. Auch entlang der Via Aemilia, die von Ariminum (Rimini) nach Placentia (Piacenza) führt, lässt sich die Vielfalt und Differenziertheit der verschiedenen Siedlungs- und Bewirtschaftungsformen von Villa und Dorf, Hof und Stadt erkennen.

Für den Süden Italiens – für Apulien, Lukanien und Calabrien – sind die Thesen über die Agrarstruktur außerordentlich widersprüchlich. Während einerseits das System der Transhumanz (Wanderweidewirtschaft, bei der je nach Jahreszeit die Herden in andere Gegenden getrieben werden) mit seinen Auswirkungen auf die ländliche Struktur sehr stark im Vordergrund steht,[32] zeigen andere Untersuchungen, vor allem auf der Basis von Surveys, dass sich in Lukanien und Apulien die Weidewirtschaft nicht in dem Maße ausgedehnt hat, dass sie die intensive Landwirtschaft und – damit verbunden – die dichte Besiedlung zurückgedrängt hätte.[33]

Die Ausgrabungen in Tarent, in Botromagno und in Gravina di Puglia belegen, dass im 2. Jahrhundert v. Chr. als Folge des hannibalischen Krieges (218–202 v. Chr.) ein langsamer Niedergang einsetzte, der sich bis zum Ende der republikanischen Zeit fortsetzte, wenngleich wohl nicht überall.[34] Für den Süden Italiens lassen sich also die Spuren einer zumindest bis zum Ende der Republik noch nachweisbaren, nach Größe und Produktionsschwerpunkten differenzierten Landwirtschaft finden, wenngleich eine eher dichotome Struktur von Weidewirtschaft und kleineren Höfen vorherrschend gewesen zu sein scheint.[35]

In auffälligem Gegensatz zu den beschriebenen archäologischen Forschungsergebnissen stellen die antiken Autoren – insbesondere Cicero, Diodor und Livius – die agrarische Situation des Südens dar: Wollte man ihnen glauben, so waren diese Regionen charakterisiert durch extensive Weidewirtschaft – die auch eine der Ursachen für die dortigen Sklavenaufstände bildete –, welche sie der agrarischen Struktur des übrigen Italiens entgegensetzen. Dieselbe Einseitigkeit zeigt sich in der Beurteilung Siziliens, das sich etwa bei den von Cicero in den Reden gegen Verres beschriebenen Campi Leontini durch Fruchtbarkeit und kleinteilige Eigentumsverhältnisse auszeichnete.

Die Sichtung des agrar-archäologischen Befundes zu den italischen Siedlungsverhältnissen in der mittel- und spätrepublikanischen Zeit liefert jedenfalls keinen Grund dafür, einen Niedergang des Bauerntums im Italien der mittleren und späten Republik anzunehmen. Im Gegenteil, man könnte eher – nach dem wirtschaftlichen Aufschwung und der dichten Besiedlung der meisten Gebiete zu urteilen – von einer soliden Entwicklung des Bauerntums sprechen. Die verfügbare Ackerfläche in Italien scheint jedenfalls groß genug gewesen zu sein, so dass man nicht von einer Verknappung des Bodens ausgehen kann. Insgesamt war die Bevölkerung Italiens im 2. Jahrhundert einfach noch nicht so zahlreich, und für sie stand vermutlich noch viel Land für die Bewirtschaftung zur Verfügung.[36]

Wie lässt sich also die in den Schriftquellen beschriebene Vertreibung der Armen vom Land erklären? Man könnte annehmen, dass sich die späteren Autoren von einer der gracchischen Bodenreform feindlichen Propaganda und Ideologie so stark beeinflussen, ja sogar täuschen ließen, dass ihnen weder die Widersprüche deutlich wurden, noch sie über den Willen oder die Methoden verfügten, um die historischen Kontexte zu rekonstruieren. Andererseits liegt die Rede des Tiberius, die bei Plutarch erhalten ist, zwar nicht im originalen Wortlaut vor (immerhin ist sie uns auf Griechisch überliefert und Tiberius hat vor dem Volk von Rom sicher nicht griechisch gesprochen), aber ihr Inhalt muss im Wesentlichen historisch sein. Da sie von Caius Gracchus spätestens vor dem Antritt seines eigenen Tribunats veröffentlicht wurde, stellt sie ein sehr starkes Indiz dafür dar, dass die Klage über die Situation der Landbevölkerung in der beschriebenen Weise von Tiberius erhoben wurde. Die Adressaten dieser Rede waren jene römischen Bürger, die in Rom oder den umliegenden Landstrichen lebten – also diejenigen, denen es überhaupt nur möglich war, nach Rom zu kommen. Vermutlich lebte die Mehrheit der römischen Bürger im 2. Jahrhundert in Mittelitalien, und es waren gerade diese römischen Bürger, die sich im politischen Prozess zu Wort melden konnten. Sie waren es, die in den Volksversammlungen abstimmen und sich in Rom durch Proteste, Stimmungsmache und Lautstärke bemerkbar machen konnten. Vermutlich waren dies die römischen Bürger, die unzufrieden waren oder ihr Land verloren hatten und daher in der Stadt Rom für Unruhe sorgten. Für sie mochte es durchaus ein Problem gewesen sein, sich selbst zu ernähren. Sie waren auf Landzuweisungen und Nahrungsmittelausgaben angewiesen. Wenn Tiberius also mit seiner berühmten Rede das hauptstädtische Volk adressierte, dann macht die Rede Sinn und muss nicht unbedingt das Resultat einer Fiktion oder einer völligen Verkennung der Realität gewesen sein. Jedenfalls hat es schon im 2. Jahrhundert v. Chr. in Rom eine *Plebs urbana* (städtische Unterschicht) gegeben, die, auch wenn sie nicht mit einem hauptstädtischen Proletariat gleichgesetzt werden darf, doch sicher für politische Propaganda zugänglich war und auf dieser Ebene angesprochen werden konnte!

Landverteilung

Tiberius hatte mit seinem Vorhaben der Bodenreform wahrscheinlich nur den *Ager publicus* im Blick, für den er eine Obergrenze der Inbesitznahme festlegte; alles Land über diese Obergrenze hinaus sollte von der neuen Bodenreformkommission verteilt werden. Die Tätigkeit dieser Kommission ist sowohl archäologisch durch noch erhaltene Grenzsteine erkennbar; sie ist zudem durch die großangelegten Untersuchungen des kartographischen Materials in ein neues Licht gerückt worden.[37] Mit Hilfe einer Methode der Filtertechnik, die von einer Forschergruppe in Besançon entwickelt wurde, ist es möglich, bisher nicht erkannte Vermessungskomplexe zu erkennen. In Rom hatte man eine sehr spezifische Art der Landaufteilung entwickelt, die mit dem Begriff *Zenturiation* bezeichnet wird (s. Abb. 7).

Die typisch römische Aufgliederung eines Territoriums waren zwei rechtwinklig angeordnete Hauptachsen (*Cardo* und *Decumanus*); sie bildeten eine Art Wegekreuz, das durch ein Gelände nach den Himmelsrichtungen ausgelegt wurde. Parallel zu den Hauptachsen wurde das Territorium schachbrettmusterartig in sogenannte *Zenturien* aufgeteilt. Jedes Schachbrettquadrat (Zenturie) hatte eine feste Seitenlänge von ca. 700 bis 710 Metern. Die Fläche einer Zenturie zählt in der klassischen Form 200 Morgen (ca. 50 ha) und bildet die Grundeinheit der römischen Fluraufteilung. An jedem Eckpunkt der Zenturie wurde ein Grenzstein errichtet, meist in zylindrischer Form, auf dessen Kopfseite die Koordinaten seines Aufstellungspunktes und oft die Namen der für die Aufstellung bzw. Zuweisung

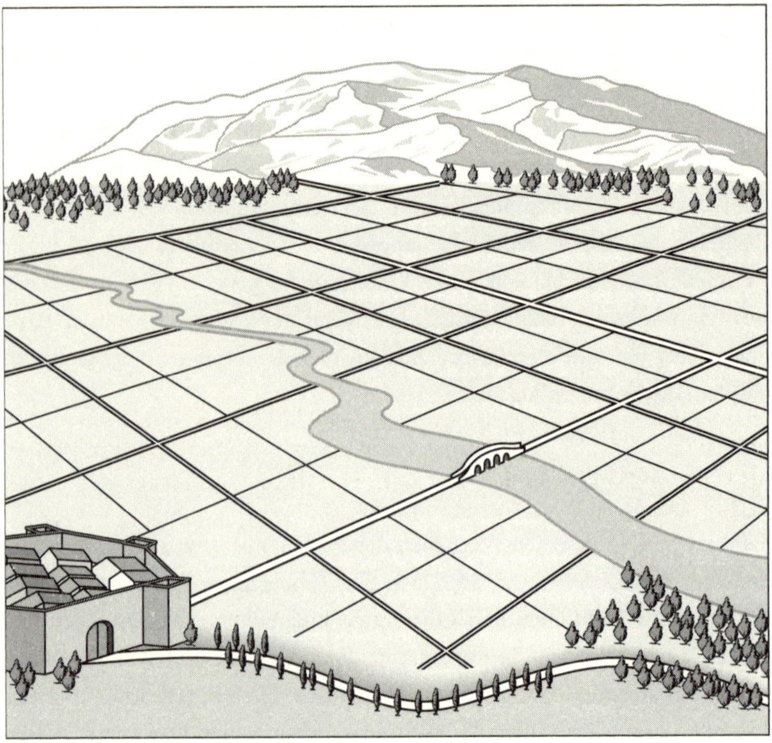

Abbildung 7: Prägung der Landschaft durch Zenturiation
(nach C. Smith [Hg.], Encyclopedia of Global Archaeology, 2014, S. 2045, Abb. 1, Zeichnung Giancarlo Moscana)

Verantwortlichen eingraviert waren. Diese Art der Zuweisung von Land über die Zenturiation als Vermessung und Abgrenzung war die Grundvoraussetzung für die Bestätigung der Gültigkeit von Privateigentum am Boden, wie es nach römischer Rechtsvorstellung nur ein römischer Bürger erlangen konnte.[38] Die Zenturiation war nicht nur eine Technik der Vermessung, sondern hatte zudem eine ideelle Konnotation. Sie galt als im Ursprung sakral, womit ihr eine besondere rechtliche Legitimation verliehen wurde: «Unter allen Ausführungen von Vermessungen soll die Festlegung der Grenzlinien die wichtigste sein. Sie ist nämlich himmlischen Ursprungs und dauerhaften Zusammenhangs» schreibt später ein römischer Landvermesser.[39]

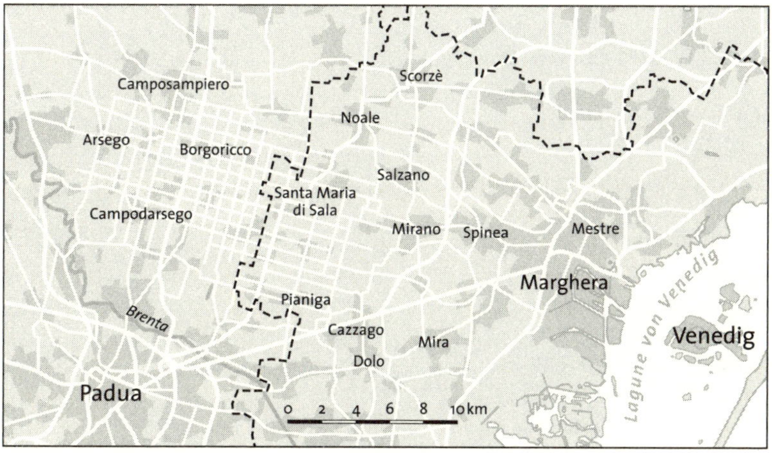

Abbildung 8: Zenturiation im heutigen Raum zwischen Venedig und Padua (nach einer Luftaufnahme von Google Earth)

Diese die römischen Territorien prägende Vermessung und Landaufteilung ist in Italien und vielen der ehemaligen Provinzen des römischen Reichs noch bis heute erkennbar (s. Abb. 8). So lassen sich mit Hilfe von Luftaufnahmen, Messungen, erhaltenen Grenzsteinen und später in den Büchern der römischen Landvermesser angelegten Verzeichnissen viele der Zenturiationen rekonstruieren. Durch die exakte Analyse der Module, ihrer Ausrichtung und den Vergleich mit den Angaben der römischen Landvermesser ist es möglich, für die Gebiete Mittelitaliens genauere Aussagen über das Ausmaß der Tätigkeit der gracchischen Bodenreformkommission zu machen.[40] Danach lassen sich in Latium und Campanien zahlreiche und umfängliche Zenturiationen auf die gracchische Bodenreformkommission zurückführen.[41] Aus den Untersuchungen ergibt sich, dass die gracchische Bodenreformkommission ca. 14 000 bis 17 000 Siedlerstellen in Mittelitalien bei einer Assignationsgröße (Zuweisungsgröße) von je 20 Morgen (5 ha) bzw. 18 000 bis 22 000 Bauernstellen mit einer Größe von je 15 Morgen (3,75 ha) pro Hof geschaffen haben muss. Da dies nur einen Teil der Tätigkeitsfelder der betreffenden Kommission beschreibt – sowohl in der *Gallia Cisalpina* wie ebenso im Süden Italiens sind Grenzsteine der gracchischen Bodenreformkommission gefunden worden –, könnte die Zahl der nach dem gracchischen Bodenreformgesetz

Abbildung 9: Landanweisungen der Bodenreformkommission (nach den Fundorten der gracchischen Grenzsteine und den Angaben des *Liber coloniarum*)

von 133 v. Chr. geschaffenen Bauernstellen wohl auch das Doppelte der genannten Zahlen umfassen (s. Abb. 9 mit der Position der Grenzsteine und den Angaben aus den Verzeichnissen der Landvermesser zu den gracchischen Landanweisungen).[42]

Die Tätigkeit der gracchischen Bodenreformkommission war also keineswegs auf Mittelitalien beschränkt; sie war mithin sicher kein begrenztes, unbedeutendes Ansiedlungsprogramm! Diese Tätigkeit lässt Rückschlüsse auf die Arbeit der Kommission zu: Sie hatte nicht nur Judikationsgewalt (Rechtsprechungsgewalt), wie sie für die Tätigkeit dieser Kommission unabdingbar war, sondern ihr Aktionsradius umfasste offenbar ganz Italien. Judikationsgewalt ist im Hinblick auf Grenzfestlegungen entscheidend: Welche Grenzbestimmung und entsprechende Grenzstreitigkeiten könnten ohne richterliche Verfügung durchgeführt werden? Wir wissen nicht, ob die Kommission Streitigkeiten vor Ort entschieden hat oder die Parteien nach Rom kommen mussten, um eine Entscheidung zu erwirken. Jedenfalls war die Tätigkeit der Kommission weitreichend definiert: Eine Verteilung oder Zuweisung war nicht möglich, ohne vorher die exakten vorliegenden Besitzverhältnisse festzustellen. Dies bildete die Voraussetzung dafür, dass darüber entschieden werden konnte, wo welches Land eingezogen und neu zugeteilt werden sollte.

Darin unterschied sich diese Kommission von allen vorangegangenen Kommissionen für Ansiedlungen oder Koloniegründungen, die jeweils lediglich die Organisation einer bestimmten Kolonie oder eines bestimmten Territoriums zur Aufgabe hatten. In ihrer territorial unbeschränkten Befugnis lässt sich ein grundsätzlicher Zug des Bodenreformgesetzes von 133 v. Chr. erkennen, das eben nicht nur auf Landverteilungen abzielte, sondern über eine Feststellung der Eigentumsverhältnisse in Italien auf die Stabilisierung der römischen Bürgerschaft.

Im Ergebnis wäre damit eine Grundlage geschaffen worden, um Verteilungskonflikte auf eine rationale, gerechte und faire Weise regeln zu können. Die Konzeption, die Nutzung des *Ager publicus* im Interesse einer größeren Gruppe der Bürger auf der Basis einer gesetzlichen Festlegung durch Zuweisung zu ermöglichen, zeigt, wie tief das geplante Gesetz von 133 v. Chr. wirtschaftlich, sozial und politisch durchgreifen sollte. Nach den Quellen sah das gracchische Gesetz jedoch nicht vor, den Inhabern der neu zu schaffenden Bauernstellen ein volles Eigentumsrecht zu verleihen. Es sollte nach wie vor eine Abgabe an die Respublica geleistet werden; auch zeigt die Unverkäuflichkeit dieser Landstücke, dass noch ein letzter Eigentumsvorbehalt der Respublica fortbestehen sollte. Das bisherige Ausmaß der Nutzung von öffentlichem Land – bzw. die offenbar großen Flächen, die dafür zur Verfügung standen – hatte bis dato zu einer Art rechtsfreiem Raum geführt. Durch das Gesetz des Tiberius Gracchus sollte dieser Raum eingegrenzt werden: zuerst, indem man eine Obergrenze für die Nutzung von Land festsetzte, sodann, indem man dieses Land in den Besitz von landlosen Bauern überführte und somit die Möglichkeiten zur Bewirtschaftung durch Dritte auf dem vorhandenen *Ager publicus* drastisch beschnitt.

Die Rolle, die die Technik der Zenturiation dabei gespielt hat, war – im Gegensatz zu der Frage der Verfügungsgewalt über den *Ager publicus* – nie Gegenstand der politischen Diskussion. Nichtsdestoweniger kommt ihr in dieser Entwicklung eine bedeutende Rolle zu: Wie Land innerhalb Italiens in Besitz genommen wurde, welche Strukturen dem Land auferlegt und welche durch die geographischen Bedingungen des Landes selbst erforderlich wurden, zeigt sich an der besonderen Art, wie von Rom aus solches Land aufgeteilt wurde.

Die Praxis der Zenturiationen hatte eine konkrete und sichtbare Auswirkung auf das Land, weil sie das Territorium physisch prägte (s. Abb. 7 und 8). Vor allem aber führte die Zenturiation in höherem Maß als andere Techniken der Landverteilung zu einer Teilungsgerechtigkeit, indem sie klare, übersichtliche Besitzverhältnisse schuf. Die Ausdehnung dieser Struktur im italischen Raum, ihre Verfestigung und Konkretisierung in Verwaltung und Organisation von Territorien, die für die Erfordernisse der geschaffenen und sich herausbildenden Siedlungseinheiten eingerichtet wurden, sollten stabilisierend auf die römische Respublica wirken. In der *Lex agraria* von 111 v. Chr. ist dieser Prozess dann zu einem Abschluss gekommen. Dieses auf einer Inschrift weitestgehend erhaltene Gesetz legte fest, dass *Ager publicus*, der während des Konsulats von P. Mucius und L. Calpurnius dem römischen Volk gehörte – also in dem Jahr des Bodenreformgesetzes von 133 v. Chr. –, *optuma lege privatus esto*, also besten Rechts *privat* sein sollte.[43] Damit wurde aller Streit, aller Zwist und Konflikt um das gracchische Gesetz beendet und der Besitz der zugeteilten Landstücke rechtstechnisch endgültig zu bestem römischen Eigentum. Kurz: Der *Populus Romanus* zog sein Verfügungsrecht am *Ager publicus* komplett zurück zugunsten des Privatbesitzes! Diese Privatisierung des *Ager publicus* ist als eine Dekonzentration des öffentlichen Eigentums aus der Hand des *Populus Romanus* in diejenige vieler, kleinerer und größerer, aber vor allem *privater* Eigentümer zu verstehen. Die Integrationsleistung dieses Prozesses, der sich immerhin über 22 Jahre, von 133 bis 111 v. Chr., hingezogen hat, kann in seiner Auswirkung erst dann eingeschätzt werden, wenn er im Zusammenhang der anderen, mit der Problematik der Verteilung des Bodens verbundenen Entwicklungen betrachtet wird.

Diese Privatisierung von *Ager publicus* machte aus einem im Laufe der Zeit rechtsfrei gewordenen öffentlichen Raum ein Land im Besitz kleinerer, privater Eigentümer, die solcherart begünstigt zu Landbesitzern aufstiegen und das Reservoir der römischen Bürgerschaft verstärkten. Ebenso wie in der *bona-fides*-Rechtsprechung (der Rechtsprechung nach dem Grundsatz von Treu und Glauben) zeigt sich dabei als normative Grundlage die Vorstellung, dass Besitz und Eigentum am Gemeinwohl zu orientieren sind und dass die Regulierung der öffentlichen Angelegenheiten im Dienst der Gemeinschaft und durch die Gemeinschaft erfolgen muss.

Diese Orientierung am Gemeinwohl war keineswegs eine bloße Rhetorik, die sich philosophisch inspirierter Begriffe bediente, sondern sie war ein Bezugsraster, das, wie das Gesetz von 133 v. Chr. zeigte, seine Brisanz in der Konsequenz politischen Handelns entfaltete. Denn gerade dieses Gesetz hat nicht nur zu einem heftigen Konflikt im Inneren geführt, der letztlich den Volkstribunen das Leben kostete, er hat auch das Verhältnis zu den Bundesgenossen belastet.

Es scheint, als ob sie – abgesehen von der Gewährung eines sicheren Besitzes, der ihnen die Nutzung von 500 Morgen am *Ager publicus* einbrachte – keine weiteren greifbaren Vorteile aus dem Gesetz erhielten. Offensichtlich fühlten sich die italischen Bundesgenossen, die römischen *Ager publicus* besaßen, durch das Bodenreformgesetz des Tiberius Gracchus schlechter gestellt als römische Bürger, die sich *Ager publicus* angeeignet hatten. Obwohl die Bestimmungen der Bodenreform theoretisch für alle hätten gelten können, da *Ager publicus* sowohl von Römern wie Latinern und Italikern in Besitz genommen worden war, hat Tiberius ganz offensichtlich mit seinem Gesetz nur die Römer im Blick gehabt. Nicht-Römer kamen nicht in den Genuss von Neuverteilungen, mussten hingegen sogar Land abgeben. Zudem waren sie im Hinblick auf die Finanzierung der Kriege stärker belastet als die römischen Bürger, die seit 167 v. Chr. von den direkten Steuern zur Finanzierung der Kriege ausgenommen worden waren.[44] Auch die Möglichkeiten der Steuerpacht, über deren Erträgnisse die öffentlichen Bauausschreibungen und andere Aufgaben in Rom finanziert wurden, schlossen die Bundesgenossen aus.

Alle sozialen und wirtschaftlichen Reformgesetze und -vorhaben des Tiberius zielten – im Unterschied zu den nachmaligen seines Bruders Caius, der vielleicht aus den Fehlern seines Bruders etwas gelernt hatte – zuerst und ausschließlich auf römische Bürger. Erst durch einen im Jahr 91 v. Chr. ausgebrochenen, blutig geführten Krieg in Italien – also auf urrömischem Gebiet – sollte es den Bundesgenossen gelingen, sich die Zugehörigkeit zur römischen Bürgerschaft zu erkämpfen und damit den potentiellen Zugang zu römischem Land und Einkünften.

3. Die Absetzung des Octavius

Der Widerstand gegen das Gesetz war zu erwarten gewesen. Immerhin hatte man sich bereits dem Versuch des Laelius, der vielleicht einen ähnlichen Gesetzesvorschlag eingebracht hatte, widersetzt. Aber die Ermordung eines Volkstribunen? Das hatte eine andere Qualität, und so muss noch anderes hinzugekommen sein. Auseinandersetzungen unter Einsatz physischer Gewalt waren zwar in der römischen Innenpolitik nicht ganz ungewöhnlich, doch verliefen sie in Formen, die das Institutionengefüge nicht ins Wanken brachten. Volkstribunen konnten Konsuln ins Gefängnis werfen,[1] um Aushebungen zu verhindern;[2] lautes Geschrei und viel Wut konnten einzelne Vorhaben verhindern – ja, wir wissen auch von Schlägereien zwischen Befürwortern und Gegnern einzelner Anträge.[3] Um auf die Öffentlichkeit Eindruck zu machen, wurden gern Tränen vergossen und flehentliche Bitten von hohen Herren an das Volk vorgebracht, gerichtet an Wähler und Anhänger.[4] Manchmal legten die hohen Herrn des Senats Trauerkleidung an und mischten sich bittend unter die Bürger, um sie für ein Vorhaben zu gewinnen oder dagegen aufzubringen. Die Atmosphäre politischer Auseinandersetzungen in Rom war mithin sogar von Leidenschaft, Lautstärke und manchmal auch Gewalt geprägt. Im Gegensatz zu den modernen Vorstellungen von gepflegtem Diskurs in Ruhe und Würde war die Streitkultur in Rom geräuschvoll, wenig vornehm – und man kam sich körperlich durchaus einmal nahe. Allerdings ist auch auf den Schwundstufen heutiger Demokratien immer häufiger ein Rückfall in vormoderne Auseinandersetzungsformen zu beobachten.

Die Ablehnung, die den Widerstand gegen das Bodenreformgesetz prägte, erhellt das Spektrum von Verhaltensweisen im politischen Streit in der römischen Republik. Die Auseinandersetzungen um die Einführung der geheimen Abstimmung und um die Aushebungen in den vorangegangenen Jahren bis hin zur ‹Verhaftung› der Konsuln durch Volkstribunen lassen die turbulente, fast schon hysterische Stimmung erahnen. In dieser Atmosphäre brachte Tiberius seine Bodenreform vor die Volksversammlung, ohne vorher die Zustimmung des Senats eingeholt zu haben: Angesichts der durch das Gesetz drohenden Konfiskationen von Land ist es nachvollziehbar, dass der Widerstand im Senat zu groß wurde und Tiberius' Kompromissangebote scheiterten. Gleichwohl: Ungesetzlich war das Vorgehen des Tiberius jedenfalls nicht; mit dem Juristen Mucius Scaevola im Hintergrund wäre eine ungesetzliche Handlung auch nicht machbar gewesen. Mit an Sicherheit grenzender Wahrscheinlichkeit war es aber gegen das Herkommen, ein Gesetz unter Umgehung des Senats direkt vor das Volk zu bringen – auch wenn die Aktion gewiss weniger dramatisch war als jene der Tribunen, welche die beiden Konsuln von 138 v. Chr. ins Gefängnis werfen ließen.

Wie auch immer: Die senatorischen Gegenspieler des Tiberius konnten einen der anderen Volkstribunen dafür gewinnen, sein Veto gegen das Gesetz über die Bodenreform einzulegen.[5] Da dieser Tribun, ein gewisser Octavius, sich nicht umstimmen ließ, war Tiberius gezwungen, seinen Gesetzesantrag zurückzuziehen. Ein tribunizisches Veto verhinderte jede Abstimmung und ermöglichte keine Kompromisse, denn es ließ sich nicht überstimmen. So kommentiert Plutarch: «Gereizt zog Tiberius das milde Gesetz zurück und legte einen Antrag vor, der mehr dem Geschmack der Menge entsprach und die unrechtmäßigen Grundbesitzer härter traf: Er verfügte, daß sie unverzüglich das Land, das sie sich entgegen den früheren gesetzlichen Bestimmungen angeeignet hatten, abtreten sollten.»[6]

Wir können uns dank der Quellen die brisante Situation gut vorstellen: Tiberius versucht, das Volk in Rom aufzustacheln. Er hält auf dem Forum leidenschaftliche Kampfreden gegen den Tribunenkollegen Octavius (wenngleich Plutarch meint, dass es dabei noch gesittet zuging). Er bietet dem Octavius gar an, ihm dessen von dem Gesetz betroffene Ländereien auf *Ager publicus* abzukaufen, und will dies aus eigenen Mitteln finanzieren. Aber alles vergeblich: Octavius bleibt bei seiner Ablehnung und verhindert weiterhin die Abstimmung über das Gesetz. Jetzt greift Tiberius zu einer Maßnahme, die schon andere Tribunen vor ihm angewandt haben: Er erlässt ein Edikt, das sämtliche Amtshandlungen in Rom verbietet, bevor das Gesetz zur Abstimmung gebracht worden ist. Dabei handelt es sich um den Rechtsstillstand, das sogenannte *Iustitium* – auf dieser Grundlage konnten Tribunen die öffentliche Kasse, die sich im Tempel des Saturn befand, versiegeln. Danach war es den Quaestoren verboten, Finanzmittel zu entnehmen; auch durften sie keine Auktionen mehr durchführen, so dass keinerlei öffentliche Ausgaben vorgenommen werden konnten. Ebenso droht Tiberius den Praetoren eine Bestrafung an, falls sie irgendeine Amtshandlung wie z. B. Prozesse oder andere rechtliche Verfügungen durchführen. Senatssitzungen dürfen nicht mehr stattfinden, jede Art von öffentlichem Amtsgeschäft ist untersagt. Wir sehen: Das *Iustitium* war eine extreme Maßnahme, aber auch sie war nicht ohne Vorbild in Rom.[7]

Nun antworten die Gegner mit symbolischen Handlungen: Sie ziehen Trauerkleider an und gehen klagend und mit niedergedrückter Miene auf dem Forum herum. Doch belassen sie es nicht dabei – hinter den Kulissen beginnen sie bereits mit den Vorbereitungen für einen Mordanschlag auf Tiberius. Etwas sickert durch, und Tiberius bewaffnet sich vorsichtshalber.

Als er das nächste Mal eine Abstimmung über das Gesetz ansetzt, sind die Abstimmungsurnen verschwunden. Die Empörung unter den Bürgern steigt weiter an. In aller Öffentlichkeit wenden sich in dieser Situation zwei ehemalige Konsuln an ihn und bitten ihn unter Tränen, doch nachzugeben und mit dem Senat Verhandlungen aufzunehmen.[8] Tatsächlich geht Tiberius darauf ein!

Nach allem, was den damaligen Gepflogenheiten entsprach, wäre in dieser Situation zu erwarten gewesen, dass man eine Art Einigung gefunden hätte. Die üblichen Mittel wie Geschrei, Tumult, Drohungen, Tränen und Trauerjammern waren zum Einsatz gekommen. Nun hätte eine Seite einlenken müssen.[9] Diesmal aber blieb die Verständigung aus. Es war nicht das erste Mal, dass ein Gesetz ohne die Zustimmung des Senates vor die Volksversammlung gebracht worden war – und vor allem war es nicht das erste Mal, dass ein Gesetz über Zuweisung und Verteilung von Land ohne Senatszustimmung dem Volk zur Beschlussfassung vorgelegt wurde: Niemand hatte ein Veto gegen die Gesetze des Flaminius zur Verteilung des *Ager Picenus* (232 v. Chr.) oder des Claudius über das Verbot für die Senatoren, größere Schiffe für den Handel mit Gütern einzusetzen (218 v. Chr.) eingelegt. Wir wissen über beide Gesetze, dass sie heftig von der Senatsmehrheit bekämpft und abgelehnt worden waren; trotzdem konnten sie vor die Volksversammlung gebracht und verabschiedet werden. Niemand hat im Nachhinein ihre Geltung bestritten oder ihre Durchführung unterbunden.

Doch im Falle des Tiberius gab der Senat nicht nach. Er bestärkte vielmehr den Octavius in seinem Widerstand, und Tiberius griff in dieser Situation zu einem Mittel, das völlig unüblich war: Im Gegensatz zu den gewalttätigen, lauten, aggressiv-leidenschaftlichen Aktionen wollte er einen institutionellen Weg bahnen, um den Konflikt zu lösen. Er beabsichtigte, Octavius als Tribun abzusetzen, weil es keinen anderen Weg mehr gab, um das Gesetz zur Abstimmung zu bringen. Andernfalls hätte er das Gesetz zurückziehen müssen! Zuvor jedoch wandte er sich öffentlich an seinen Gegner, nahm dessen Hände und bat ihn demütig, er möge im Interesse des Volkes nachgeben: Das Verlangen des Volkes sei doch gerecht, und die Forderung gering im Vergleich zu dem, was das Volk schon an Elend erlitten und an Gefahren ertragen habe. Octavius aber blieb hart; die Bitten des Tiberius beeindruckten ihn nicht. Damit handelte es sich um einen Konflikt zwischen zwei Tribunen – beide mit denselben Rechten und Kompetenzen ausgestattet. Also gab es nur eine Lösung: Einer von ihnen musste aufgeben. Daher schlug Tiberius vor, dass das Volk zuerst über ihn, Tiberius, abstimmen solle – er würde sofort das Tribunat niederlegen, wenn dies der Wille des Volkes sein sollte. Auch das lehnte Octavius ab. In dieser Lage sah Tiberius nur noch die Möglichkeit, über die Absetzung des Octavius in der Volksversammlung abstimmen zu lassen. Er löste also die Versammlung auf und berief eine weitere für den nächsten Tag ein. Immer noch lehnte Octavius eine Einigung oder einen Kompromiss ab und blieb bei seiner Zurückweisung des Bodenreformgesetzes. Angesichts dieser unauflöslichen Konfliktlage schritt Tiberius zur Tat und legte einen Gesetzesantrag vor, dessen Ziel es war, dem Octavius das Tribunenamt zu entziehen. Die Abstimmung verlief erwartungsgemäß – und dennoch bot Tiberius seinem Kontrahenten noch eine letzte Chance: Als bereits 17 der 35 Tribus für die Absetzung gestimmt hatten und mit der Zustimmung nur einer weiteren Tribus die Absetzung des Tribunen Octavius beschlossene Sache gewesen wäre, bot er Octavius zum letzten Mal eine Einigung an. Glaubt man Plutarch, so bat Tiberius den Octavius, umarmte und küsste ihn, flehte ihn an – alles vor dem versammelten Volk. Octavius war, so Plutarch, nun doch gerührt, weinte und stand lange Zeit einfach nur schweigend da. Aber auch die Standesgenossen waren zugegen. Vor ihnen wollte sich Octavius keine Blöße geben, und so forderte er Tiberius auf, zu tun, was er nicht lassen könne. Die Absetzung des Octavius wurde per Volksentscheid beschlossen, und Tiberius ließ einen seiner Freigelassenen Octavius abführen.

Jämmerlich, gedemütigt, noch vom Volk bedroht, mussten ihn seine Standesgenossen unter den *Nobiles* schützen – ihn mit den eigenen Händen decken, so schreibt Plutarch –, und nur mit Mühe und Not gelang es, den erregten Mob in Schach zu halten. Ein Sklave, der sich schützend vor Octavius gestellt hatte, verlor in der Schlägerei sein Augenlicht. Tiberius gelang es, die aufgehetzte Menge zu beruhigen. Dann wurde das Bodenreformgesetz angenommen. Für die Feststellung der Besitzverhältnisse und zur Verteilung des zu konfiszierenden Landes wählte man eine Dreierkommission, die aus Tiberius, seinem Schwiegervater Appius Claudius und seinem Bruder Caius bestand.[10]

Plutarch beschreibt die Auseinandersetzung wie einen dramatischen Zweikampf auf der Bühne vor dem Volk. Zwei Protagonisten treten gegeneinander an, die johlende Masse feuert ihren jeweiligen Favoriten an, Wut, Tränen und Handgreiflichkeiten werden eingesetzt – und am Ende stimmt das Volk ab, kürt seinen Sieger und wählt seine Kommission zur Durchführung der Bodenreform! Allerdings spart Plutarch auch nicht mit Kritik: Tiberius habe die hohe und edle Würde des Volkstribunats zerstört und verhöhnt! Abstrakte Theorie war für die römische Volksversammlung sicher kein Thema, dafür aber das Interesse an der Regelung der Land- und Besitzverhältnisse. In den Augen des versammelten Volkes war das Vorgehen sicher legitim. Doch Tiberius selbst hat wohl durchaus wahrgenommen, dass sein Vorgehen ein immenses Risiko barg. Deshalb hielt er vor dem Volk eine lange Rechtfertigungsrede.

Aus dieser Rede zitiert Plutarch: «Heilig und unverletzlich ist der Tribun, weil er dem Volke geweiht und dessen Führer ist. Wenn er aber pflichtvergessen dem Volke schadet, seinen Einfluß mindert, das Stimmrecht ihm wegnimmt, so beraubt er sich selber seines Amtes, da er die Verpflichtungen nicht mehr erfüllt, unter denen er es übernahm. Einen Tribunen, der das Kapitol einreißen oder die Schiffsarsenale in Brand stecken ließe, müßte man gewähren lassen. Doch wäre ein schlechter Volkstribun, wer dies täte. Wer aber die Rechte des Volkes zerstört, der ist überhaupt kein Volkstribun mehr! Ist es nicht unerträglich, daß der Tribun einen Konsul festnehmen kann, während das Volk dem Tribunen seine Macht nicht sollte entziehen dürfen, wenn er diese zum Schaden des Volkes, das sie ihm übertragen, gebraucht? Denn es wählt ja den Konsul so gut wie den Tribunen. Das Königtum faßte in sich nicht nur alle Macht, es war auch durch feierliche religiöse Gebräuche den Göttern geweiht. Und doch jagten die Bürger den Tarquinius aus der Stadt, als er sich vom Recht abkehrte, und eines einzigen Mannes Übermut zerbrach die altüberkommene Herrschaft, der wir Roms Gründung verdanken. Was gilt den Römern so heilig, was verehren sie ehrfürchtiger als die Jungfrauen, welche das ewige Feuer hegen und bewahren? Macht sich aber eine Vestalin eines Fehltrittes schuldig, wird sie lebendig begraben. Das Verbot, die Vestapriesterinnen anzutasten, fällt dahin, wenn sie an den Göttern freveln, welche ihnen die Unverletzlichkeit verliehen haben. Also hat auch ein Volkstribun die vom Volk ihm zuerkannte Unverletzlichkeit verwirkt, wenn seine Tätigkeit dem Volke schadet. Denn damit zerstört er selber die Kraft, die ihn stark macht und trägt. Des Weiteren: Wenn ein Volkstribun sein Amt rechtmäßig übernehmen kann, sofern er die Mehrzahl der Tribusstimmen auf sich vereinigt, wie sollte man ihm – und mit noch höherem Recht – das Amt nicht wieder entziehen können, wenn sämtliche Tribus dies wünschen? Nichts ist so heilig, so unantastbar wie die den Göttern geweihten Gaben. Aber sie zu gebrauchen, beliebig von der Stelle zu rücken, an einen anderen Ort zu bringen, hat noch niemand dem Volke verwehrt. Also hatte es auch das Recht, das Tribunat wie ein heiliges Gefäß auf einen andern zu übertragen. Ist ein Amt wirklich unantastbar, ist es unlösbar an den Träger gebunden? Nein! Hat doch schon mancher sich seines Eides entbinden lassen und freiwillig seinem Amte entsagt!»[11]

Plutarch hebt hervor, dass es nicht die Bodenreform selbst war, die zum Bruch zwischen Tiberius und dem Senat sowie seinen übrigen Gegnern dort führte, sondern die Absetzung des Octavius: Tiberius hatte nicht, wie bis dato üblich, den demonstrativ-akklamierenden Weg mit Hilfe des lärmenden Protests der Volksmenge gewählt, der durchaus mit physischen

Drohungen verbunden sein konnte. Stattdessen hatte er sich für einen begründeten und der römischen Bürgerschaft klar vermittelten Weg entschieden, der zu einer Machtverschiebung zwischen den Institutionen führte. Dabei handelte es sich um ein Verfahren, das Streit und Dissens über sozial-kommunikatives Aushandeln lösen konnte, indem es den Vorgang in ein institutionelles Verfahren überführte. An die Stelle der Aushandlung oder Schlichtung zwischen Senat und Akteuren trat in dem Fall die Entscheidung der Volksversammlung.

Neu war, dass Tiberius nicht einfach das Veto ignoriert und Octavius durch Gewalt oder Drohungen zum Schweigen gebracht hat, sondern den Weg über eine reguläre Abstimmung in der Volksversammlung gegangen ist. Dass er damit tatsächlich einen *neuen* Weg einschlug, war ihm offensichtlich bewusst, wie die Szene bei Plutarch zeigt, in der er – als sich die Mehrheit in der Abstimmung abzeichnete – den Abstimmungsvorgang unterbrochen und Octavius noch einmal eine Möglichkeit zum Einlenken anbot.

Danach hat niemand die Rechtmäßigkeit dieser Absetzung und die Neuwahl eines Ersatztribunen infrage gestellt – und erst recht nicht die sodann folgende Abstimmung über das Bodenreformgesetz. Dies ist der deutlichste Beleg dafür, dass keine rechtliche Handhabe gegen das Bodenreformgesetz zu Gebote stand, die man hätte wählen können. Angesichts der Positionen, die die Mitstreiter des Tiberius in Rom hatten – einer immerhin amtierender Konsul, ein anderer Princeps Senatus – und angesichts der breiten Unterstützung im Volk waren die Machtverhältnisse nicht so, dass eine Aufhebung dieser Gesetze durchsetzbar gewesen wäre.

Doch dass mit diesem Vorgang eine Verschiebung im Institutionengefüge der Republik eingetreten war, sah man deutlich. Das dürfte allen Beteiligten bewusst gewesen sein – vor allem Tiberius Gracchus selbst. Wie er persönlich sein Vorgehen wahrgenommen hat, ist schwer einzuschätzen. Die bei Plutarch erhaltene Rede könnte aus der von seinem Bruder Caius veröffentlichten Sammlung stammen; es ist aber nicht auszuschließen, dass Plutarch sie zusätzlich mit griechischem Gedankengut zur Rolle des Volkes in der Demokratie angereichert hat.

Das Verhalten Nasicas und der anderen Gegner der Bodenreform steht in eklatantem Widerspruch zu ihren Reaktionen auf die kurz zuvor verabschiedeten Gesetze über die Einführung der geheimen Abstimmung *(Leges tabellariae)*. Die Einführung eines geheimen Wahlrechts und eine Bodenreform waren ähnlich komplexe und politisch brisante Reformen. Geheimes Wahlrecht ist nicht gleichzusetzen mit gleichem Wahlrecht für alle – ebenso wenig wie eine Bodenreform gleichbedeutend gewesen wäre mit einer Neuverteilung von Land zu gleichen Teilen für alle. In der heutigen Demokratieforschung gilt das geheime Stimmrecht als Pendant des allgemeinen Wahlrechts und somit als Eckpfeiler demokratischer Partizipation. Diese enge Verbindung von Demokratie und geheimer Abstimmung lässt sich jedoch nicht auf Rom übertragen. Was die Verabschiedung der Gesetze zur Einführung der geheimen Abstimmung betrifft, so finden wir jedoch in den Quellen nichts, was auf Aufruhr oder Gewalt in Rom hindeuten würde. Die Ergebnisse der Wahlen zeigen vielmehr, dass sich an den Machtverhältnissen trotz der Einführung von Geheimhaltung ermöglichenden Abstimmungsmodalitäten nichts geändert hat – das dürfte der entscheidende Unterschied zu den Reaktionen auf das Bodenreformgesetz sein.

Zwar war Gewalt immer ein Faktor in der römischen Politik und konnte sich sowohl an dem Streit unter Magistraten wie auch zwischen Magistraten und dem Volk sowie zwischen verschiedenen Gruppen im Volk entzünden. Teilweise wurden derartige Gewaltausbrüche vorbereitet, waren also nicht spontan, sondern wurden gezielt initiiert. Doch normalerweise führte diese Gewalt in den Versammlungen oder zwischen den Politikern nicht zu Mord oder Rebellionen. Manchmal beendete einfach die aufziehende Dunkelheit eine aufgewühlte Versammlung, gelegentlich wurden die Konflikte auch bei der nächsten Wahl gelöst oder es konnte durch Kompromisse und Entscheidungen eine Lösung herbeigeführt werden.[12] Einer wichtigen Regel war sich jeder Amtsinhaber bewusst, wollte er sicher sein, drohende Gewalt in einer Versammlung zu beherrschen und zu steuern, die er eventuell gegen seine Gegner nutzen wollte: Er musste die topographische Situation im Blick haben, um alles gut unter Kontrolle zu halten; daher postierte er seine Gefolgsleute in geeigneter Weise auf dem Platz, wo die Versammlung stattfinden sollte. Mit Blick auf eine Volksversammlung war das sogar in zweifacher Hinsicht eine Notwendigkeit. Ging es doch nicht nur darum, drohende Gewalt zu beherrschen, sondern auch die eigenen Gefolgsleute zu mobilisieren, die ihre Stimme im gewünschten Sinne abgaben, und die des Gegners daran zu hindern, ihrerseits das Gleiche zu tun.[13]

Halten wir also fest, dass, obwohl also Gewalt ein akzeptierter Bestandteil der politischen Auseinandersetzung war, dies noch nicht erklärt, weshalb es zu der Ermordung eines Volkstribunen hat kommen können – ein nach antiker wie moderner Auffassung tiefer Einschnitt in der Geschichte der römischen Republik. Die Bodenreform selbst – bzw. das Gesetz über dieses Vorhaben – war jedenfalls nicht der Auslöser der Krise. Andernfalls wäre doch auch die Arbeit der Bodenreformkommission sofort nach dem Tod des Tiberius unterbunden worden.

Was war also der Grund für die Eskalation? Plutarch will (S. 121) den Grund in der Absetzung des Octavius erkennen. Doch der Ablauf der Ereignisse zeigt, dass es noch weitere Gründe gab und die Ursache tiefer lag. Die bei Plutarch zitierte Rechtfertigung für die Absetzung des Octavius hört sich aufs erste nach einer typisch griechischen Argumentation an, die später zur Erklärung der Handlungen des Tiberius in seinem Tribunat ausformuliert wurde. Aber wenn man die Begründung für die Absetzung des Octavius im Rahmen der von den damaligen führenden Juristen entwickelten Lehre von Treu und Glauben (S. 69 ff.) betrachtet, für die immerhin der amtierende Konsul P. Mucius Scaevola stand, so zeigen sich bemerkenswerte Übereinstimmungen. Der Vorwurf an Octavius lautete, dass er die Interessen des Volkes – die durchaus der Bodenreform galten – verletzt habe. Dadurch habe er seinen ihm vom Volk qua Wahl gegebenen Auftrag – eben im Sinne dieser Interessen zu arbeiten – missachtet und die Legitimation zur Amtsführung als Vertreter des Volkes verloren. Dies berechtige jene, die ihn gewählt hatten, ihm die Legitimation auch wieder per Wahl zu entziehen.[14] Hier kommt eine Unterscheidung zum Ausdruck, der wir bereits in den oben genannten Beispielen über die moralisch richtige Einstellung bei einem Kaufhandel bereits begegnet sind, als es um die Fragen eines zwar formaljuristisch legalen, aber moralisch fragwürdigen Geschäftsgebarens ging (S. 70).[15] Dieser Gegensatz lässt sich auch in der Begründung für die Abwahl des Volkstribunen Octavius wiederfinden: Wenn ein Volkstribun trotz der Aufforderung, sich anders zu besinnen, sein Veto aufrechterhielt, so verstieß er damit ganz sicher nicht gegen ein römisches Gesetz – das Gleiche gilt für den Vorgang der Abwahl selbst. Aber es war die spektakuläre *Begründung* für diese Aktion, die für Aufregung sorgte. Plutarch berichtet,[16] dass ein gewisser Titus Annius den Tiberius mit folgender Frage vor dem Volk konfrontiert habe: Ob er nicht einen Kollegen, dessen Person zwar heilig und unantastbar nach dem Gesetz sei, entehrt habe. Was, wenn nun ein anderer Tribun den Tiberius beleidigen und sich zum Schutz gegen Tiberius der Hilfe eines weiteren Tribunen bedienen würde, der ein Veto gegen eine Gegenmaßnahme des Tiberius einlegen wollte – könnte Tiberius diesen dann ebenso absetzen? Diese Einlassung zeigt, dass die Zeitgenossen unterstellten, Tiberius habe mit seiner Begründung der Willkür Tür und Tor geöffnet und könne fortan wegen jeder beliebigen Sache einen Volkstribunen absetzen lassen. Die Vertreter dieses Gegenarguments ignorierten freilich die Begründung des Tiberius und somit die moralische Dimension seiner Position – hatte er doch tatsächlich das Argument von den Interessen des Volkes über das formaljuristische gestellt. Die Gegenseite verzerrte und pervertierte damit die Begründung des Tiberius und behauptete, dass jener mit der Absetzung des Octavius eine fundamental neue Rechtssituation geschaffen habe, auf die man sich auch dann würde berufen können, wenn es nicht um die ureigenen Interessen des Volkes ginge.

Geld für die Bodenreform

Die Reihenfolge, in der Plutarch die Abfolge der Ereignisse berichtet, ist allerdings merkwürdig: So sei nach der Verabschiedung des Gesetzes über die Bodenreform, dessen Rechtmäßigkeit der Senat, trotz der vorangegangenen Absetzung des Volkstribunen Octavius, nicht infrage stellte, der Streit um die gleichzeitig eingesetzte Bodenreformkommission entbrannt. Im Senat habe man die Kommission auf Veranlassung des Scipio Nasica nicht mit den nötigen Finanzmitteln ausstatten wollen, sondern ihr für die Arbeit nur pro forma 1½ Denare pro Tag bewilligt.[17] Das entsprach bestenfalls etwas mehr als dem Tageslohn eines römischen Handwerkers und war angesichts des gewaltigen Aufwands einer Vermessung mit den entsprechenden Verwaltungs- und Rechtsprechungsaufgaben in ganz Italien sowie dem dafür nötigen Personal eher ein böser Witz. Selbst das Zelt, das einer solchen Kommission üblicherweise zugebilligt wurde, damit sie sich darin aufhalten und vor Ort arbeiten konnte, wurde im Senat abgelehnt.

So lud sich die Stimmung in Rom immer stärker auf. Als in dieser Situation auch noch ein Freund des Tiberius starb, ereignete sich etwas ganz und gar Ominöses, das große Aufmerksamkeit erregte: Der Leichnam wurde zur Verbrennung aufgebahrt, und eine große Menge hatte sich versammelt. Als man aber die Bahre mit dem Toten hob, um sie auf den Scheiterhaufen zu stellen, fiel der Leichnam auseinander. Mehr noch: Stinkende Säfte traten aus und erstickten die Flammen des Feuers! Es gelang nicht einmal mehr, ein neues Feuer zu entzünden. So musste man den Toten an einem anderen Ort aufbahren und einen neuen Holzstoß aufschichten, bevor man die Reste des Leichnams endlich verbrennen konnte. Das schlechte Vorzeichen und das Explosive dieser Situation erfasste auch Tiberius: «Er legte Trauerkleider an, führte seine Kinder vor die Menge und bat sie, für die Kleinen und ihre Mutter zu sorgen, da er für sein eigenes Leben keine Hoffnung mehr habe.»[18]

Eine unerwartete Finanzierungsmöglichkeit – das Erbe Attalos' III. von Pergamon

Erst nach diesem Ereignis hat sich Tiberius, wenn wir der Erzählung des Plutarch glauben dürfen, um eine andere Lösung zur Finanzierung seiner Bodenreform gekümmert. Das macht allerdings wenig Sinn, wenn er angeblich bereits die Hoffnung für sein eigenes Leben aufgegeben hätte und mit seinem bevorstehenden Tod rechnete. Insofern hat Plutarch wahrscheinlich der Dramatik seiner Erzählung zuliebe die schlechten Vorzeichen ausgemalt, um die Aktion des Tiberius, durch die er die Finanzierung seiner Reform sichern wollte, in einer noch aufgeheizteren Atmosphäre zu präsentieren. Obendrein traf mitten in den Wirbel um die Bodenreform die Nachricht ein, der pergamenische König Attalos Philometor sei gestorben und habe in seinem Testament die römische Respublica als Erbin eingesetzt. Ein vornehmer Pergamener namens Eudemos hatte das Testament nach Rom gebracht. Aufgrund der guten Beziehungen zu der sempronischen Familie logierte er im Haus des Tiberius. So besaß Tiberius aller Wahrscheinlichkeit nach einen Informationsvorsprung vor dem Senat. Diese Beziehungen stammten wohl noch aus der Gesandtschaftsreise seines Vaters; die Verbindungen zum Attalidenreich dürften überdauert haben.[19] Tiberius ergriff die Gelegenheit beim Schopf und beantragte, dass die ‹Schätze› des Königs für die Arbeit der Bodenreformkommission reserviert würden. Daraus sollten die Bürger, denen Land zugewiesen werden sollte, Mittel zur Einrichtung eines Hofes und zur Anschaffung des nötigen Ackergeräts erhalten. Als Begründung für diesen Antrag führte Tiberius an, es käme nicht dem Senat zu, Verfügungen über die Städte, die zu Attalos' Reich gehörten, zu treffen, sondern er selbst werde in dieser Sache dem Volk eine Gesetzesvorlage präsentieren.[20] In der Folge brachte Tiberius also in der Volksversammlung ein Gesetz ein, durch das die Erbschaft angenommen und aus den Einkünften gleichzeitig die Finanzierung der Bodenreform bestritten werden sollte. Die Schätze des verstorbenen Königs sollten nach Rom gebracht und aus deren Verkauf jenen Bürgern, denen die Bodenreformkommission ein Landstück zuwies, die nötigen Finanzmittel für den Start auf ihrer neuen Bauernstelle zur Verfügung gestellt werden. Natürlich war solch ein erstes Betriebskapitel notwendig, und es war sicher allen klar, dass mit 1 ½ Denaren am Tag weder die Kommissionäre arbeiten noch die neuen Höfe ausgestattet werden konnten. Insofern war die Initiative des Tiberius tatsächlich die einzige Möglichkeit, mit der Umsetzung der Reform überhaupt beginnen zu können.

Aber die Gegenseite blieb nicht untätig und holte zum propagandistischen Gegenschlag aus: Pompeius, ein Nachbar des Tiberius, ging – auf wessen Veranlassung auch immer – an die Öffentlichkeit mit der Behauptung, Eudemos habe Tiberius ein königliches Diadem und einen Purpurmantel überbracht! Diese Botschaft verstand jeder. Der Volkstribun, so wurde insinuiert, wolle sich zum König von Rom machen, indem er sich die Königsinsignien zulegte.

Tiberius hatte zwar vollendete Tatsachen geschaffen. Doch indem er die «pergamenische Karte» spielte, hatte er wohl endgültig eine rote Linie überschritten. Gehörten doch die außenpolitischen Belange Roms definitiv in die Zuständigkeit des Senats. Zu diesen Senatsbelangen zählten etwa der Empfang von Gesandtschaften und die Entscheidung über die Beziehungen zu anderen Völkern und Königreichen. Der Beschluss über die Annahme der Erbschaft und die Entscheidung darüber, wie mit den Ländereien, Geldern und überhaupt mit diesem ganzen Königreich umzugehen sei, war nach allem Herkommen eindeutig die Sache des Senats. Und wieder hatte Tiberius die bereits bekannte Begründung ins Feld geführt, dass dem Volk die Entscheidung zustehe und nicht dem Senat: Das Volk solle über das Schicksal der Städte im Königreich des Attalos entscheiden und er werde dem Volk dafür einen Plan vorlegen. (Plutarch unterscheidet in seiner Überlieferung also zwischen dem persönlichen Eigentum des Königs und den Städten, die zu Attalos' Reich gehörten.[21])

Doch nicht nur mit diesem Vorgehen brachte Tiberius den Senat gegen sich auf. Die Einzelheiten des pergamenischen Testamentes werden in der literarischen Überlieferung nur kursorisch aufgeführt, da das Schicksal des Tribunen wohl interessanter erschien als trockene Verwaltungs- und Finanzangelegenheiten. So heißt es in den Quellen nur ganz allgemein, dass Attalos das römische Volk zu seinem Erben eingesetzt habe. Der römische Historiker Florus (1./2. Jahrhundert n. Chr.) schrieb mit Blick auf den Inhalt des Testamentes *Populus Romanus bonorum meorum heres esto*,[22] was bedeutet, dass Attalos den Römern seine *bona*, sein persönliches Eigentum, hinterlassen habe. In der Zusammenfassung des entsprechenden Buchs aus der römischen Geschichte des Livius heißt es, dass Asia, nachdem es durch Attalos an die Römer gegeben worden sei, frei sein solle,[23] und Tiberius Gracchus habe «die Absicht erklärt, dass er ein Gesetz promulgieren wolle, dass das Vermögen, welches König Attalos gehörte, unter diejenigen aufgeteilt werden solle, die nach der *Lex Sempronia* Land erhalten sollten. Denn Attalos, Sohn des Eumenes, König von Pergamon, hatte das römische Volk zu seinem Erben eingesetzt.»[24]

Immerhin können wir aufgrund einer aufgefundenen Inschrift sagen, dass es das Testament tatsächlich gegeben hat und die literarische Nachricht echt ist.[25] In dieser Inschrift, die aus Pergamon stammt, wird der letzte Willen des Königs – das Testament – erwähnt. Es geht darum, welcher Stadt er die Freiheit gegeben habe und dass dies von den Römern bestätigt werden solle.[26] Fraglich ist, ob er damit die Freiheit für das anatolische Hinterland des Reiches angestrebt hatte, das kaum oder gar nicht hellenisiert war im Gegensatz zu den griechischen Städten des attalidischen Reiches.[27] Doch wie dem auch gewesen sein mag: All das bedeutet noch nicht, dass der verstorbene König sein gesamtes Reich in die Verfügungsgewalt Roms gegeben hatte – es kann durchaus auch nur gemeint gewesen sein, dass er Rom als Schutzmacht einsetzen wollte. Im Hinblick auf die hellenistischen Königreiche im Osten mag dies wohl die naheliegendste Lösung gewesen sein. Damit wäre eben gerade nicht eine direkte römische Verwaltung beabsichtigt oder gewünscht gewesen.[28] Vermutlich hatte es sich Attalos so gedacht, dass die Städte insgesamt und die Gebiete, die nicht zu den *bona regia*, seinem persönlichen Eigentum, gehörten, in eine Art Freiheit entlassen und der Schutz über diese Städte von den Römern ausgeübt werden sollte.[29] Diese Unterscheidung entspricht dem, was wir den Quellen entnehmen können. Mithin stand nun im Raum, dass Rom den Städten im pergamenischen Reich, also vor allem den griechischen Städten die Freiheit und Autonomie mit einem Schutzversprechen gewähren sollte. An die Einrichtung einer regulären Provinz, wie es dann tatsächlich durch Tiberius initiiert und nach dem Steuergesetz seines Bruders Caius für die Provinz Asia endgültig realisiert werden sollte, war sicher nicht gedacht. Dies erklärt auch, warum sich der Aufstand des Aristonikos (S. 80 ff.) so schnell und für eine gewisse Zeit erfolgreich ausbreiten konnte.

Wieder einmal – wie so oft in der Geschichte – stellte sich das Geld als der entscheidende Punkt heraus: Tiberius brauchte für die Verwirklichung seiner Reform die materiellen Mittel, und die Mehrheit des Senats wollte ihm nichts bewilligen. In der pergamenischen Inschrift, die auf das Testament des Königs Attalos III. Bezug nimmt, wird die Freiheit der Städte erwähnt. Damit dürfte vor allem Abgabenfreiheit gemeint gewesen sein. Das aber konnte nicht im Sinne des Tiberius – und auch nicht im Sinne seines Gesetzes über die Annahme der pergamenischen Erbschaft – gewesen sein, da er genau solche Abgaben benötigte, um seine Reform zu finanzieren. Dieser Punkt erscheint nicht zuletzt deshalb plausibel, weil der Bruder des Tiberius – Caius Gracchus – genau dies später in seinem Steuergesetz über die Provinz Asia regelte. Der Senat im Jahr 133 v. Chr. wollte aber von solch einer Regelung nichts wissen. Uns ist ein Senatsbeschluss von 132 v. Chr. erhalten, das sogenannte *Senatus Consultum Popillianum*, worin festgelegt wurde, dass die Praetoren, die nach Asien entsandt wurden, alle Regelungen des Attalos unverändert anerkennen sollten. Damit wurden zwar zugleich der Status der Region als Provinz, vor allem aber die Verfügungen des Attalos in seinem Testament anerkannt – die Frage der Steuererhebung war damit jedoch noch überhaupt nicht berührt.[30]

Nach der Ermordung des Tiberius Gracchus im August 133 v. Chr. entfaltete der Senat vielfältige Aktivitäten, um das Verhältnis zu Pergamon zu regeln: Man schickte fünf Gesandte, und die Führung dieser Gesandtschaft wurde Scipio Nasica übertragen (S. 19). Diodor, der Scipio sogar die eigenhändige Ermordung des Tiberius nachsagt, schreibt, dass man ihn durch seine Entfernung aus Rom vor der Wut des Volkes schützen wollte. Die Gesandtschaft habe angeblich gar keinen wirklichen Grund gehabt.[31] Für diese Darstellungsweise spricht, dass man sie ohne militärische Begleitung entsandte. Erst im Jahr danach wurde Licinius Crassus, einem der maßgeblichen Unterstützer des Tiberius und seiner Bodenreform, ein Kommando mit Truppen übertragen und dies, obwohl er als Pontifex Maximus eigentlich verpflichtet gewesen wäre, in Rom und Italien präsent zu sein. Dass gerade er nach Asien geschickt wurde, hatte wohl einen innenpolitisch sehr brisanten Hintergrund, den uns Cicero überliefert. Jener schreibt aus Anlass einer Rede, in der er vor den Gefahren außerordentlicher Kommanden warnt:

«Das Volk wurde gefragt, wer den Krieg führen solle. Der Konsul Crassus, Pontifex Maximus, verurteilte Flaccus, seinen Kollegen und Flamen Martialis zu einer Strafe, falls er die heiligen Riten nicht beachten würde. Das römische Volk hob die Strafe auf, befahl ihm aber, dem Pontifex Maximus zu gehorchen. Aber auch damals hat das römische Volk den Krieg nicht einem Mann ohne Amt übertragen, obwohl es Africanus gab, der im Jahr zuvor über Numantia triumphiert hatte. Er übertraf alle bei weitem an Kriegsruhm und Tapferkeit, erhielt gleichwohl bei der Abstimmung nur die Stimmen zweier Tribus.»[32] Ein anderer Autor berichtet, dass es gerade die zu erwartenden Reichtümer aus dem Schatz des Attalos waren, die Licinius Crassus Mucianus dazu bewogen haben sollen, genau dieses Kommando gegen alle religiösen Bedenken anzustreben![33] Also darf man schließen, dass Licinius Crassus Mucianus als Mitglied der Bodenreformkommission im Jahr 132 v. Chr. nicht nur der Nachfolger des Scipio Nasica als Pontifex Maximus wurde, sondern im Gegensatz zu diesem die Umsetzung der Bodenreform durch Absicherung ihrer Finanzierung mit den Mitteln aus Asien erreichen wollte und sollte. Licinius Crassus war nicht nur Jurist und Unterstützer des Tiberius, sondern er war schon lange vor Tiberius Gracchus in Rom als ein Politiker aufgetreten, der für eine stärkere und vielleicht sogar für eine dominierende Rolle des Volkes in Rom eintrat. Schon im Jahr 145 v. Chr., also mehr als zehn Jahre vor dem Bodenreformgesetz des Tiberius, hatte er ein Gesetz eingebracht, dass die Priester vom Volk gewählt werden sollten. Dieses Gesetz wurde maßgeblich durch den Praetor Laelius verhindert – den engsten Freund und Berater des Scipio Aemilianus. Interessanterweise wurde in diesem Falle kein

Veto eines Volkstribunen eingelegt, sondern es war offenbar allein die Autorität des Praetors, die ausreichte, um das Gesetz zu verhindern. Crassus Mucianus war der erste römische Politiker, der sich dem Volk direkt zuwandte, wenn er es ansprach – bis dahin hatten die Redner ihren Blick von der Rednerbühne auf dem Forum auf das Haus des Senates, die Curie, gerichtet. Vielleicht hat er sogar in den Folgejahren, als es um die Einführung der geheimen Abstimmung in Rom ging, an dem betreffenden Gesetzesvorhaben mitgewirkt.

In jedem Fall zeigt die Tatsache, dass man ihn mit dem Kommando in Asien betraute, dass die Absicht, über den pergamenischen Schatz die Bodenreform zu finanzieren, nach wie vor genügend politischen Rückhalt in Rom hatte. Es ist unübersehbar, dass man dieses Kommando gerade nicht dem militärisch ausgewiesenen und so erfolgreichen Feldherrn Scipio Aemilianus anvertraute, sondern einem Vertreter der gracchischen Gruppe. Doch war damit kein eindeutiger politischer Richtungswechsel verbunden, vielmehr gewann je nach Situation mal die eine, mal die andere Gruppe der Politiker bei den Wahlen. Mochte auch Tiberius tot im Tiber liegen – ebenso wie viele seiner Anhänger – und mochte er auch diskreditiert sein, so galt dies doch offenbar nicht für die Sache selbst, für die er eingetreten war.

Die Tage des Tiberius als politische Wendezeit?

Das Jahr 133 v. Chr. wurde immer wieder als der Beginn der letzten historischen Phase der römischen Republik angesehen. Das Jahrhundert, das heraufzog, war ein Jahrhundert der Bürgerkriege und des bis zum Untergang der Republik in Gewalt und Bluttaten ausufernden Konflikts. Die Person des Tiberius steht dabei am Anfang dieser Entwicklung. Aber ist diese Sicht angesichts des Verlaufs der historischen Ereignisse wirklich gerechtfertigt?

Da Tiberius nach Ablauf seiner Amtszeit Gerichtsverfahren drohten und er sich dagegen durch die Wahl für ein zweites Tribunatsjahr absichern wollte, wurden die Befürchtungen, was sein Machtstreben betraf, immer größer. Zwar stellt Plutarch es so dar, dass seine Freunde ihm zuredeten, sich zu bewerben – seine Bewerbung also nicht einfach seine eigene Initiative war –, aber seine Angst um Leib und Leben muss wohl angesichts der unverhohlenen Feindschaft, die ihm entgegenschlug, immer stärker geworden sein. Nach Plutarch hatte er noch viel vor:

«Die drohende Haltung der Feinde und ihre geheimen Pläne waren indes auch seinen Freunden nicht entgangen, und sie redeten ihm zu, sich für das nächste Jahr wieder um das Tribunat zu bewerben. So versuchte Tiberius, durch weitere Gesetze das Volk zu gewinnen. Er verkürzte die Dauer der militärischen Dienstpflicht, schuf die Möglichkeit, vom Gericht an die Volksversammlung zu appellieren, besetzte die Gerichtshöfe, die bis anhin den Senatoren vorbehalten waren, zur Hälfte mit Leuten aus dem Ritterstande und setzte überhaupt alles daran, den Einfluß des Senates zu brechen. Was ihn trieb, war aber mehr leidenschaftlicher Haß als der Gedanke an Recht und Nutzen. Als die neuen Gesetze zur Abstimmung kamen, merkten die Anhänger des Tiberius, daß die Gegner den Sieg erringen würden, denn es war nicht das ganze Volk zugegen.»[34]

Diese Vorschläge sind oft als Rückspiegelung der späteren Überlieferung im Hinblick auf die Gesetze des Caius Gracchus angesehen worden. Damit hätte Plutarch fälschlicherweise dem älteren Bruder etwas zugeschrieben, was eigentlich auf den jüngeren zurückgeht. Vielleicht hat Tiberius tatsächlich angesichts der Bedrohung ein solches Gesetzgebungsprogramm als Mittel angesehen, seine Amtszeit zu verlängern. Es ist möglich, dass er und seine Unterstützer diese Gesetze als Gesamtprogramm konzipiert hatten und dass Caius ein Jahrzehnt später darauf zurückgriff. Allerdings sind die Vorschläge, die Plutarch als letzte Aktion des Tiberius beschreibt, nicht mit den Gesetzen des Caius identisch, sondern ähneln ihnen lediglich.[35] Anderslautende Gerüchte werden von Appian überliefert: Tiberius habe sich ohne Wahl zum Tribunen des folgenden Jahres ernannt und alle übrigen Tribunen abgesetzt.[36] Doch das ist nun ganz sicher spätere Propaganda. Von den bei Plutarch erwähnten Gesetzen ist tatsächlich nichts zur Abstimmung gekommen; stattdessen wurde der Tribun erschlagen.

Der weitere Ereignislauf zeigt, dass es Tiberius war, der eine Grenze überschritten und damit zum Ausbruch der finalen Gewaltakte erheblich beigetragen hat. Nicht die Absetzung des Octavius, nicht die Verfügung über die attalidische Erbschaft und der Versuch, sich für ein zweites Tribunatsjahr wählen zu lassen, waren der Punkt, an dem sich sein Schicksal in fataler Weise entschied, sondern sein unkluges und wohl missverständliches Verhalten am Tag seiner letzten Volksversammlung. Vorgänge wie die Absetzung eines Volkstribunen und der Eingriff in die Kompetenzen des Senates waren für sich gesehen unerhört – doch je für sich und einzeln wären sie möglicherweise noch tolerierbar gewesen. Erst die Häufung der Zumutungen hat schließlich zu einer derart aufgeladenen Stimmung geführt, so dass für den blutigen Ausbruch von Gewalt ein weiterer Funke genügte. Der Anteil, der Tiberius als persönliche Verantwortung zuzuschreiben ist, dürfte nicht klein sein. Insofern hat Plutarch mit der Ausgestaltung des letzten Lebenstages des Volkstribunen die Situation richtig eingeschätzt. Die Aufzählung der bösen Omina – angefangen von den Hühnern über den blutigen Zeh bis hin zu den Raben – mag freilich literarische Dekoration sein. Aber wenn Tiberius an diesem Tag einen kühlen Kopf bewahrt hätte, dann – diese Spekulation darf erlaubt sein – hätten sich die erregten Gemüter abkühlen können. Ihm und der Republik wäre einiges erspart geblieben.

Doch die Sache selbst, für die er gekämpft hatte, war, wie die weiteren erfolgreichen Amtsbewerbungen seiner Mitstreiter zeigen, weder diskreditiert noch am Ende. Mucius Scaevola – den Cicero sogar als Führer der Reformbewegung nach dem Tod des Tiberius bezeichnet –,[37] Licinius Crassus Mucianus, Fulvius Flaccus, Papirius Carbo und mit Sicherheit andere Unterstützer setzten danach sowohl das Programm der Bodenreform *wie auch* ihre persönlichen Karrieren fort.

Wendet man den Blick vom traurigen Schicksal des Tribunen ab, dann wird im Nachhinein erkennbar, wie sich eine Machtverschiebung weg von Senat und Konsul und dafür hin zu der Volksversammlung andeutet. Es ging darum, Nutzen und Interesse des Volkes in den Mittelpunkt zu stellen, also das kollektive Interesse des Ganzen. Die praktische Ethik der Stoa lässt sich hier wiedererkennen. Vielleicht war sie nicht ausschlaggebend, doch sie war auch nicht ohne Einfluss, wie der Grundsatz der *bona-fides*-Rechtsprechung und deren Verankerung im Gemeinwohl zeigen. Diese Ausrichtung am Gemeinwohl war der entscheidende Unterschied zwischen der Politik, für die Tiberius Gracchus stand, und derjenigen, die sein Schwager und Vetter Scipio Aemilianus vertrat. Letzterer hatte sich einer bedingungslosen Konkurrenz um Amt und Ruhm verschrieben, er stand als Einzelner für den individuellen Anspruch auf Macht und Ehre.

Für eine erfolgreiche Verankerung in der römischen Politik hätte jedoch das gesamte Gefüge der Respublica neu ausgerichtet werden müssen. 133 v. Chr. waren die Zeitumstände dafür noch nicht weit genug. Die Frage, ob ein solcher politischer Wandel möglich sein würde, sollte erst zehn Jahre später beantwortet werden, als Caius Gracchus sein Tribunat begann.

4. Das Ende des Scipio Aemilianus

War das Jahr 133 v. Chr. gleichsam nur ein Zwischenfall oder markiert es einen tiefen Einschnitt, den Beginn einer neuen Phase in der Geschichte der Republik? Die Beantwortung dieser Frage fällt unterschiedlich aus, je nachdem, welche historische Perspektive man einnimmt. Im Hinblick auf die Brüder Tiberius und Caius Gracchus wird das Jahrzehnt zwischen 133 v. Chr., dem Todesjahr des Tiberius, und 123 v. Chr., als dessen Bruder das erste Tribunat innehatte, als eine Art Zwischenzeit gesehen. Man neigt dazu, die Ereignisse von 133 und 123/2 v. Chr. als die Tribunatsjahre der Gracchen wie eine Einheit zu betrachten, die, wie schon erwähnt, den Anfang der letzten Phase der römischen Republik markieren soll.

Ob und, wenn ja, wie die Akteure des Jahres 133 v. Chr. dieses Jahr als einen Einschnitt oder den Beginn einer neuen Epoche aufgefasst haben, können wir den Quellen jedoch nicht entnehmen. Erst ab 121 v. Chr. dürfte vielen in Rom klar gewesen sein, dass sich etwas geändert hatte und es bei innenpolitischen Unruhen nicht nur um einzelne Aufrührer ging, sondern dass eine Veränderung im Gefüge der Republik auf der Tagesordnung stand.

Für Scipio Aemilianus aber war das Jahr 133 v. Chr. ein ganz besonderes: Damals gelang ihm der Sieg über Numantia und damit vorläufig eine gewisse Befriedung des so lange währenden Krieges zwischen Römern und spanischen Aufständischen. Fast ein Jahr hatte er Numantia belagert, letztlich erfolgreich, aber sein Sieg war mit einem extremen Einsatz verbunden – Zeit, Kraft und Geld –, und leider war die Beute eher bescheiden. Dennoch hat sich Scipio selbst im Glanz des Städtebezwingers gesehen und zusätzlich zu Africanus den zweiten Ehrennamen Numantinus angenommen. Aus der Rückschau gesehen stand er im Zenit seiner Laufbahn.

Er selbst mag das so wahrgenommen haben, vielleicht aber glaubte er gar, noch zu Höherem berufen zu sein.

Auch das Jahr 129 v. Chr. verlief ereignisreich: Der Bodenreformkommission wurde die Befugnis entzogen, Rechtsfälle zu regeln. Damit waren ihr die wesentlichen Kompetenzen genommen worden. Dann drohte ein Volkstribun damit, einen Zensor vom Tarpeischen Felsen zu werfen, und ein anderer Volkstribun wollte ein Gesetz durchbringen, dem zufolge die unbeschränkte Wiederwahl der Volkstribunen möglich sein sollte.[1] Darüber hinaus erregte eine Aktion der Senatoren in diesem Jahr öffentliches Aufsehen – sie gaben ihre Ritterpferde zurück.[2] Und dann starb auch noch Scipio Aemilianus auf mysteriöse Weise, möglicherweise als Opfer eines Mordkomplotts. Bei allen hier genannten Ereignissen hatte er direkt oder indirekt eine maßgebliche Rolle gespielt.

Das unruhige Jahr 129 v. Chr.

Wie die Arbeit der Bodenreformkommission konkret vonstattenging und vor allem wie sie in den verbündeten Städten und Gemeinden Italiens wirkte, hat Cicero am Beispiel der Zehnmännerkommission, die Rullus für das Jahr 63 v. Chr. beantragte, anschaulich beschrieben: «Was glaubt ihr, wird geschehen, wenn diese Zehnmännerkommissionen mit Macht, mit Fasces (Rutenbündeln), mit dieser auserwählten jungen Mannschaft von Landvermessern durch die Welt ziehen? Mit welcher Absicht, mit welchem Schrecken, mit welcher Gefahr werden sie die unglücklichen Völker aufsuchen? Ein Imperium verbreitet Schrecken; sie werden es ertragen. Sie verursachen Kosten bei ihrer Ankunft; sie werden sie ertragen. Man wird ihnen Pflichten auferlegen; sie werden sich nicht weigern. Aber was ist das, Bürger, wenn der Mann, der als Decemvir (Zehnmann) in irgendeine Stadt kommt, sei es als erwarteter Gast oder plötzlich als Herr, erklärt, dass der Ort, an dem er angekommen ist, und der gastliche Sitz, an den er gebracht wurde, öffentliches Eigentum des römischen Volkes sind! Wie groß ist das Unglück für das Volk, wenn er ja sagt, und wie groß der Gewinn für ihn selbst, wenn er nein sagt! ... Ihr habt verstanden, wie viele und welche Dinge diese Zehnmänner mit gesetzlicher Erlaubnis verkaufen werden. Aber das ist nicht genug. Wenn sie sich mit dem Blut unserer Verbündeten, fremder Völker und Könige angefüllt haben, werden sie die Sehnen des römischen Volkes durchtrennen, die Hände auf eure Steuern legen und die öffentliche Kasse plündern.»[3]

Das ist sicher zugespitzt im Hinblick auf die politische Auseinandersetzung zu Ciceros Zeit, aber ein wahrer Kern steckt doch darin, sonst wären die vielen Beschwerden und Unruhen 129 v. Chr. kaum zu erklären. Ob die gracchische Bodenreformkommission bereits so viel an Kompetenzen hatte, ist nicht bekannt, aber das Schreckensbild, das Cicero entwirft, passt jedenfalls gut zu den empörten Reaktionen, wie sie für die ersten Jahre der gracchischen Bodenreformkommission beschrieben werden. Cicero spricht von einer Gewaltherrschaft,[4] und Appian berichtet von Beschwerden der Italiker und Latiner, die wiederum von Scipio gegen die Reformer politisch eingesetzt wurden. Daraus folgt nicht, dass die Gegner der Bodenreform die Beschwerden nur zynisch ausgenutzt haben, um die Kommission zu entmachten. Sicher empfand man in Rom echte Sorge, dass die Bundesgenossen ihre Kontingente für das römische Heer nicht mehr so bereitwillig stellen würden, wenn es in ihren Städten und auf den Landgütern zu Unruhen käme.[5]

Was also hat Scipio im Jahr 129 v. Chr. ins Werk gesetzt? Zwar hat er wohl vermieden, das Bodenreformgesetz offen zu kritisieren, aber er hat durchgesetzt, dass die Streitfälle, bei denen es um die Abgrenzung von *Ager publicus* und *Ager privatus* ging, nicht mehr von der Bodenreformkommission entschieden werden sollten, sondern von einem Gericht. Zum Richter bestellte man den amtierenden Konsul. Dieser wiederum, ein gewisser Sempronius Tuditanus, hat dann wohl mit der Schlichtung der Streitigkeiten begonnen, aber schnell festgestellt, wie schwierig die Angelegenheit war. Vielleicht wollte er sich nicht exponieren – jedenfalls hat er sich zügig den strittigen Angelegenheiten entzogen und einen Feldzug gegen die Illyrer unternommen. So musste er sich nicht mit den komplexen Streitereien um Eigentumsverhältnisse befassen. Die Dreimännerkommission blieb im Amt, jedoch hatte sie, wie Appian süffisant bemerkt, nichts mehr zu tun.[6] Das scheint im Wesentlichen zu stimmen, denn die Amtsbezeichnung der Kommission änderte sich: Sie hieß fortan *IIIviri agris dandis adsignandis* (Dreimännerkommission für die Landverteilung) und nicht mehr *IIIviri agris dandis iudicandis adsignandis* (Dreimännerkommission für Rechtsprechung und Landverteilung). Da keinerlei Grenzsteine der Kommission aus den Jahren ab 129 v. Chr. erhalten sind, zeigt dies deutlich, wie Rechtsprechung und Landverteilung zusammenhängen.[7]

In der römischen Öffentlichkeit ging man damit aber nicht einfach zur Tagesordnung über. Appian beschreibt die neuerlich wütende und erregte Stimmung in Rom: «Infolgedessen regten sich Haß und Groll gegen Scipio unter dem Volke; hatten sie ihn doch über die Maßen geliebt, sich oftmals für ihn gegen die Machthaber eingesetzt, ihn zweimal sogar gegen die gesetzliche Ordnung zum Konsul gewählt und mußten nun in ihm einen Mann sehen, der die Sache der Italiker gegen sie vertrat. Als dies all die Feinde Scipios beobachteten, beschuldigten sie ihn mit lauter Stimme, er sei entschlossen, das Gesetz des Gracchus gänzlich außer Geltung zu setzen, und beabsichtige zu diesem Zweck, unter Waffeneinsatz ein Blutbad anzurichten.»[8]

Insofern ist es unwahrscheinlich, dass Scipio ein Gesetz in der Volksversammlung eingebracht hätte, das den Kompetenzverlust der Kommission regelte. Es ist nicht vorstellbar, dass die Volksversammlung in dieser Stimmung eines ihrer wichtigsten Anliegen einfach kassiert hätte. Wahrscheinlich hat Scipio einen Senatsbeschluss herbeigeführt, andernfalls wäre kaum zu erklären, wieso er sich vor dem Volk in Acht nahm und nicht öffentlich gegen die Bodenreform Stellung bezogen hat. Aber es half ihm nicht viel – die Öffentlichkeit ließ sich von seinem Manöver nicht täuschen. Es muss zu erheblichen Unruhen in Rom gekommen sein und es drohte ein regelrechter Aufstand:[9] Beinahe hätte ein Volkstribun einen Zensor vom Tarpeischen Felsen geworfen. Dann düpierten die Senatoren die Ritter, indem sie höchst öffentlich ihre Ritterpferde zurückgaben. Damit gaben sie den Rittern zu verstehen, dass sie nichts mehr mit ihnen zu tun haben wollten.[10]

Doch der Scheitelpunkt in diesem Krisenjahr sollte für Scipio erst noch kommen: Caius Papirius Carbo, einer der engsten Mitstreiter des Caius Gracchus, brachte einen neuen Gesetzesvorschlag ein, die sogenannte *Lex Papiria de tribunis reficiendis* (Lex Papiria über die Erneuerung des Tribunats).[11] Dieses Gesetz sollte es ermöglichen, dass Volkstribunen sich mehrfach wiederwählen lassen konnten. Damit hätte man eines der Probleme, die für Tiberius Gracchus am Ende seines Tribunatsjahres 133 v. Chr. Grund großer Sorgen waren, aus der Welt geschafft. Zwar konnte jeder Amtsträger nach dem Ende seines Amtsjahres wegen echter oder vermeintlicher Pflichtverletzung angeklagt werden, aber nach einer mehrjährigen Amtszeit hätten sich die Stelleninhaber sicher so viel Rückhalt verschafft, dass diese Gefahr für sie beherrschbar gewesen wäre. Bei Cicero heißt es, nicht verwunderlich, dass sich Carbo damit beim Volk einschmeicheln wollte. Jedoch habe Scipio mit einer beeindruckenden Rede die Zustimmung zu diesem Gesetz verhindert und der Vorschlag des Carbo fiel in der Volksversammlung durch.[12]

Doch Carbo war mit allen Wassern gewaschen: Schon zuvor, wahrscheinlich 131 v. Chr., hatte er Scipio vor dem Volk zur Rede gestellt und gezwungen, endlich Farbe zu bekennen und zu sagen, was er über die Ermordung des Tiberius dachte (S. 52 zu *iure caesum*). Scipio hatte damals versucht, sich herauszureden – aber das hatte ihm niemand abgenommen, und so hatte er sich die Sympathien des Volkes verscherzt. Das war für ihn schwer zu ertragen, der sich doch als Bezwinger Karthagos und Numantias in einer unangreifbaren Position wähnte. Es war wohl diese Situation, in der er gegenüber der römischen Plebs ausfällig wurde und sie als Stiefkinder Italiens bezeichnete (S. 52) – das hat seinen Ruf beim Volk endgültig ruiniert.[13]

Scipios Tod (129 v. Chr.)

Sein Tod kam plötzlich. Er hatte sich in Vorbereitung einer für den nächsten Tag anberaumten Senatssitzung zurückgezogen[14] und wurde – ohne dass es eine äußerlich sichtbare Ursache wie etwa eine Krankheit oder einen Unfall gegeben hätte – am Morgen vor der Senatssitzung tot aufgefunden.[15] Appian malt die Situation aus: Das Volk war unruhig, also in Sorge, dass das gracchische Bodenreformgesetz aufgehoben würde. Gerüchte schwirrten durch Rom, viele sorgten sich, was passieren würde. In der entscheidenden Nacht soll Scipio nach Hause gegangen sein, um eine Rede vorzubereiten, die er am nächsten Tag – vor dem Volk, wie Appian behauptet – halten wollte. Am Morgen aber fand man seine Leiche – unverwundet. Die Schreibtafel mit den Redenotizen lag daneben.

In dieser Situation schossen die Spekulationen ins Kraut. Verdächtigt wurden sofort Cornelia, die Mutter der Gracchen, und ihre Tochter Sempronia, die Ehefrau des Scipio. Sempronia hatte in der Antike eine schlechte Presse: Missgestaltet, kinder- und lieblos soll sie gewesen sein. Also der

Mord einer bösen Frau aus Rache und Gekränktheit? Eine Art Untersuchung brachte etwas anderes zutage:[16] Sklaven hätten unter der Folter ausgesagt, dass Fremde in der Nacht durchs Hinterhaus eingedrungen und Scipio erdrosselt hätten. Das sei, so der Bericht Appians, aber nicht an die Öffentlichkeit gebracht worden, weil man weitere Unruhen im Volk fürchtete. Die Wut auf Scipio und die Freude über seinen Tod gingen Hand in Hand. Für ihn gab es kein großes Begräbnis – und das ist dann doch erstaunlich, denn immerhin hatte er zwei der größten Siege für Rom errungen, die höchsten Ämter erreicht und war Mitglied zweier der besten Familien Roms gewesen.[17] Wenn aber der großartige Leichenzug durch Rom, mit der Zurschaustellung der Ahnenmasken, der Präsentation der Familiengeschichte und vor allem der öffentlichen Trauerrede fehlte, dann handelte es sich um ein mehr oder weniger heimliches Begräbnis. Das ist so ungewöhnlich und seltsam, dass der Hinweis Appians auf die Furcht vor Unruhen im Volk ernst genommen werden muss.

Doch kann es tatsächlich ein Mordkomplott gegeben haben? Wenn ja, so ist zu fragen, wer ein Interesse daran und wer ein Motiv gehabt haben könnte – und nicht zuletzt, wie die Tat begangen wurde. Appian kennt drei verschiedene Tathergänge: erstens Mord durch Mutter und Ehefrau, zweitens Selbstmord und drittens schließlich die politische Variante des Mordes durch Feinde. Plutarchs Versionen sind ähnlich, doch bringt er auch noch die Möglichkeit eines natürlichen Todes ins Spiel.[18] Ein natürlicher Tod ist sicher nicht ganz auszuschließen, aber für einen durchtrainierten Römer, abgehärtet in zahlreichen Feldzügen, über den man nichts weiß, was auf körperliche Anfälligkeit schließen ließe, ist diese Version nicht sehr wahrscheinlich. Aussagen unter der Folter, denen zufolge nachts heimlich Männer durch die Hintertür ins Haus gekommen seien – was die Variante Mord durch Gegner stützt –, waren nach römischem Recht als Beweise zwingend, stellen nach heutigem Verständnis allerdings kaum belastbare Zeugnisse dar.

Die Verdächtigung gegenüber der Ehefrau und der Mutter haben einen interessanten Hintergrund: Die Quellen lassen darauf schließen, dass die Ehe zwischen Scipio und seiner Frau Sempronia alles andere als gut war. Sempronia, die Schwester des ermordeten Tiberius und des soeben entmachteten Caius Gracchus, soll unattraktiv, ungeliebt und wenig liebenswert gewesen sein. Die Ehe war kinderlos geblieben, und das bedeutete, dass der große Africanus keinen Erben haben würde. Der für römische Aristokraten bewährte Ausweg aus solch einer Lage war die Scheidung; er konnte dann eine neue Ehe eingehen. Stattdessen hatte er aber auch die Möglichkeit, einen Sohn aus einer der anderen großen Familien zu adoptieren. So war einst Scipio selbst von einem Aemilius Paullus zu einem Cornelius Aemilianus geworden. Scipio stand also beides, Scheidung bzw. Adoption, offen – und hat dennoch nichts dergleichen unternommen.

Die Scheidung von Sempronia hätte wohl die Rückgabe der Mitgift zur Folge gehabt. Hierbei darf man nicht vergessen, dass er enorme Ausgaben für die private Ausrüstung der Truppen hatte, die er 134 v. Chr. nach Numantia führte, aber von dort nur wenig Beute heimbrachte. Daher ist es unwahrscheinlich, dass er viel Geld zur Verfügung hatte – der Verlust der Mitgift wäre mithin kaum zu verkraften gewesen. Warum aber er keinen Sohn adoptiert hat – das bleibt zunächst rätselhaft. Ein Hinweis immerhin könnte eine Rede bieten, die er während seiner Zensur gehalten hat. Damals hat Scipio diejenigen verspottet, die, um sich die Privilegien der Vaterschaft zu sichern, die Adoption nutzten, anstatt eigene Kinder zu zeugen. Hätte Scipio auf die Adoption zurückgegriffen, ohne vorher eine zweite Ehe einzugehen, hätte man sich an seine Worte erinnert und ihn möglicherweise damit lächerlich gemacht.[19]

Etwas weiter führt eine andere Spur: Zehn Jahre später hieß es über Carbo, als er von dem Redner Lucius Licinius Crassus angeklagt wurde, dass er ein Komplize bei der Ermordung des Scipio gewesen sei.[20] Das würde recht gut damit zusammenpassen, dass jemand bei Nacht in das Haus des Scipio eingelassen wurde – auch weiß Plutarch, anders als Appian, durchaus von Spuren der Gewalteinwirkung am Körper des Toten.[21] Er berichtet, dass Fulvius Flaccus, einer der engsten Mitstreiter des Caius, verdächtigt wurde, an einer solchen nächtlichen Aktion beteiligt gewesen zu sein. An Scipios Leiche seien Hinweise auf Schläge und andere physische Gewalt zu sehen gewesen. Fulvius wiederum geriet in Verdacht, weil er Scipio gerade an dessen Todestag in einer Rede heftig beschimpft hatte. Es sei nur deshalb zu keiner öffentlichen Untersuchung gekommen, weil das Volk fürchtete, dass dabei eine Mitschuld des Caius hätte ans Licht kommen können![22]

Bleibt, wenn es denn ein Mord gewesen sein soll, die Frage nach dem

Motiv. Auch dazu liefern unsere Quellen einige wertvolle Hinweise: Es gibt Indizien, dass geplant war, Scipio zum Diktator zu ernennen. So schreibt Cicero im 6. Buch seines Werkes *Über den Staat*, dass Scipio folgendes Traumgesicht hatte:[23] «Denn wenn dein Alter siebenundzwanzig Umläufe der Sonne und acht Sonnenwenden erreicht hat, und beide Zahlen, von denen jede aus einer anderen Ursache vollständig ist, dich in einem natürlichen Kreislauf durch das Schicksal geführt haben wird, wird sich die gesamte Bürgerschaft dir allein und deinem Namen zuwenden: Dich wird der Senat, dich werden alle Guten, dich die Verbündeten, dich alle Latiner betrachten. Du wirst der eine sein, auf dem das Wohl der Bürgerschaft ruht. Kurz gesagt, du solltest, wenn du den unheiligen Händen deiner Verwandten entkommen willst, zum Diktator der Republik werden. Als Laelius dies laut ausrief und die anderen heftig seufzten, sagte Scipio sanft lächelnd: ‹Still! Ich bitte euch, weckt mich nicht aus dem Schlaf und hört den Rest!›»[24]

Der Kontext dieser Passage ist der berühmte Traum Scipios, mit dem Cicero die staatstheoretischen Debatten bis heute nachhaltig prägt. Dank des populären Kommentars des Platonikers Macrobius (der am Ende des 4. oder zu Beginn des 5. Jahrhunderts n. Chr. schrieb), ist diese Passage aus Ciceros Werk, in dem es um die moralische Verantwortung und die göttliche Belohnung für den Staatsmann geht, zu einem der bekanntesten klassischen Texte des Mittelalters und der Neuzeit geworden. Kann man nun davon ausgehen, dass Cicero im Rahmen einer Traumerzählung ein politisch-historisches Ereignis von solcher Tragweite platziert? Wäre diese Passage nicht viel besser und verständlicher einzig literarisch-philosophisch zu lesen? Darüber wird in der Forschung diskutiert. Cicero hat in dieser Textstelle zwei Informationen eingebaut: die unheilvollen Hände der Verwandten, d. h. den Hinweis auf den Mord durch ein Familienmitglied, und einen Hinweis auf eine Diktatur Scipios. Er verwendet den Terminus *dictator rei publicae constituendae* – dies ist der exakte Ausdruck für den Namen und die Funktion eines Diktators, der ernannt wurde, um innere Unruhen oder einen Aufstand zu beseitigen bzw. zu befrieden. Außerdem ist Cicero in dieser Schrift *Über den Staat* nachweislich sehr sorgfältig gewesen, was die Korrektheit der historischen Fakten betraf.[25] Da beide Konsuln zu diesem Zeitpunkt im Jahr 129 v. Chr., in dem die Erzählzeit des Werkes angesiedelt ist, von Rom abwesend waren, Unruhen und Wut sich im Volk ausbreiteten, wäre eine typische Situation erreicht gewesen, um durch die Ernennung eines Diktators die Unruhen niederzuschlagen und einem Aufstand vorzubeugen. In der Zusammenfassung der einschlägigen Bücher des römischen Historikers Livius wird ausdrücklich davon gesprochen, dass damals ein Aufstand in Rom drohte. Es spricht also tatsächlich einiges dafür, dass man plante, Scipio zum Diktator zu ernennen.

Die Suche nach dem Motiv seiner Gegner bereitet wenig Schwierigkeiten: Wenn die Bodenreform endgültig begraben werden sollte, dann wäre der Entzug der Gerichtsgewalt der erste Schritt gewesen. Und schließlich durfte ein Diktator – sei er *rei gerundae causa* (zur Lösung spezieller Aufgaben) oder *seditionis sedandae* (zur Niederschlagung eines Aufstandes) bestellt worden – Gesetze einbringen sowie den Senat anders zusammensetzen. Ihm gegenüber galt sogar vielleicht nicht einmal der Schutz eines Römers durch die Provokationsgesetze, d. h., selbst die Volkstribunen hätten einen Bürger nicht vollständig vor einem Diktator schützen können.[26] Nach dem Ablauf der Diktatur genoss der vormalige Amtsträger sogar Immunität – konnte also für das, was er während seiner Diktatur getan hatte, nicht juristisch belangt werden. Welche Folgen eine Diktatur haben konnte, wird uns – im zeitlichen Vorgriff – klar, wenn wir bedenken, dass Sulla später als Diktator seine Proskriptionsgesetze, die Massentötungen auf gesetzlicher Grundlage ermöglichten, und sein Gesetz über die Abschaffung des Volkstribunates ganz legal verabschieden ließ. Mithin hätte eine Diktatur Scipios eine massive Bedrohung für seine Gegner dargestellt. Angesichts der Umstände, wie Tiberius zu Tode gekommen war, wäre ein Diktator Scipio Aemilianus für dessen einstige Anhänger, vor allem aber für erklärte Gegner Scipios wie Papirius Carbo und Fulvius Flaccus, ein wahrer Albtraum geworden. Der Tod Scipios löste zumindest dieses Problem. Nach seinem Tod unterblieben weitere Attacken gegen die Bodenreform und die Gefahr eines Aufruhrs war vom Tisch.[27]

Der kaiserzeitliche Geschichtsschreiber Cassius Dio (2./3. Jahrhundert n. Chr.), für den die Volkstribunen und die Bodenreform ein Grundübel in der Geschichte der römischen Republik darstellten, malt die Situation nach dem Tod Scipios in den düstersten Farben: «Aber nachdem er aus dem Weg geräumt war, wurde die gesamte Macht der *Nobiles* wieder geschwächt, so dass die Bodenreformkommission praktisch ganz Italien nach Belieben verwüstete. Und gerade dies scheint mir die Bedeutung der Steinmassen gewesen zu sein, die vom Himmel herabgefallen waren und auf einige der Tempel fielen und Menschen töteten, und der Tränen des Apollo. Denn der Gott hatte drei Tage lang geweint, so dass die Römer auf Anraten der Wahrsager beschlossen, die Statue in Stücke zu hauen und im Meer zu versenken.»[28]

Natürlich muss die Erklärung des Todes, der den großen Scipio Aemilianus so plötzlich ereilt hat, zum großen Teil Spekulation bleiben. Aber 129 v. Chr. war als dramatisches Zwischenspiel im Jahrzehnt der Gracchen ganz offensichtlich ein hochbedeutendes Jahr: Die Prodigien, die Gesetzesanträge und -beschlüsse und der mysteriöse, von Diktaturgerüchten begleitete Tod des Scipio Aemilianus führen uns dies unmissverständlich vor Augen. Die Geschichte der Gracchen und ihrer Reformen war noch lange nicht zu Ende. Das Ass im Ärmel der Reformer war Caius, der jüngere Bruder des Tiberius!

V

REFORM DER RESPUBLICA

1. Der Traum des Caius Gracchus

Caius Gracchus, der neun Jahre jüngere Bruder des Tiberius, soll von Beginn an unter dem Damoklesschwert gelebt haben, das Schicksal seines Bruders zu teilen. In einem Traum soll ihm, bevor er sich um das erste Amt (die Quaestur) bewarb, sein Bruder erschienen sein. Dieser habe ihm prophezeit, dass er zögern könne, soviel er wolle, es würde ihn in jedem Fall der gleiche Tod treffen! Von diesem Traum berichten uns sowohl Cicero,[1] bekanntlich den beiden Gracchen gegenüber nicht gerade wohlgesinnt, als auch Plutarch, der seinen Cicero gut kannte und ihn daher für diese Geschichte als Gewährsmann nennt. Plutarch spitzt die Prophezeiung sogar noch zu: «Es gibt kein Entrinnen, uns beiden ist das gleiche Los bestimmt: im Dienste des Volkes zu leben und zu sterben!»[2] So soll Tiberius seinem Bruder im Traum geradezu gedroht haben.

Ob Plutarch ausgeschmückt hat, was er bei Cicero fand, um die Dramatik zu erhöhen, oder ob er noch eine weitere Quelle für diese Traumbotschaft hatte, ist uns nicht bekannt. Cicero zufolge hat Caius vielen von diesem Traum erzählt. Der Historiker Coelius Antipater, ein Zeitgenosse des Caius, habe in seinem eigenen Geschichtswerk berichtet, dass er zu jenen gehörte, die dies von Caius vernommen hatten. Demnach hat Caius den Traum keineswegs für sich behalten, sondern in der Öffentlichkeit davon gesprochen. Aber was waren Sinn und Ziel dieser Traumbotschaft – und vor allem, zu welchem Zeitpunkt soll Caius sie empfangen haben?

Cicero und Plutarch vermitteln ihren Lesern den Eindruck, dass Caius diesen Traum zu Beginn seiner Ämterlaufbahn geträumt habe. Er sei auf diese Weise nachgerade dazu gedrängt worden, sich seinem Schicksal, im

Dienste des römischen Volkes zu sterben, zu ergeben. War es aber tatsächlich die Botschaft des älteren Bruders an den jüngeren, nicht zu zögern, sondern sich zügig in die Ämterlaufbahn zu begeben? Doch wozu sollte eine solche Mahnung gut sein, wenn sie gleichzeitig eine Todesbotschaft war? Auch war es keineswegs so, dass Caius sich den Pflichten der Ämter, sowohl der zivilen wie auch der militärischen, entzogen hätte. Schon 133 v. Chr., im Alter von etwa 21 Jahren, war er Mitglied der Kommission für die Bodenreform geworden. Als Mitglied dieser Kommission hat er durchgehend gearbeitet, wie uns die erhaltenen Grenzsteine der von der Kommission zugewiesenen Ländereien beweisen. Mehr als zehn Jahre hat er zudem als Militärtribun im Feld gedient und war als Quaestor dann sogar noch über die vorgeschriebene Zeit hinaus in Sardinien geblieben,[3] als er sich schließlich 124 v. Chr. für das Volkstribunat von 123 v. Chr. bewarb. Als Anwalt, Redner und Politiker war er in Rom kein Unbekannter. In dem dramatischen Jahr 129 v. Chr., als Scipio ebenso überraschend wie passend für die Reformpartei starb, soll Caius bereits in Rom politisch aktiv gewesen sein.[4]

Das ehrgeizige Reformprogramm, das er dann seit 123 v. Chr. betrieb und das weitaus umfassender war als das seines Bruders, dürfte mithin kaum einer spontan entwickelten Konzeption entsprungen sein. Ebenso wenig wie das Vorhaben seines Bruders ad hoc einer aktuellen politischen Situation und Eingebung entsprungen war. Vielmehr weist alles darauf hin, dass Tiberius und Caius gleichermaßen gemeinsam mit einer Gruppe engagierter Mitstreiter zielstrebig und planvoll agierten. Und doch gibt es einen Unterschied. Für Tiberius steht das Bodenreformgesetz im Mittelpunkt. Falls er noch andere Maßnahmen geplant hatte, dann können wir sie jedenfalls nicht nachweisen. Für Caius hingegen kann, im Unterschied zu seinem Bruder, gezeigt werden, dass er tatsächlich eine Reform der römischen Republik ‹an Haupt und Gliedern› ins Werk gesetzt hat.

Wir kennen einige Gesetze seiner Mitstreiter: Marcus Fulvius Flaccus hat ein Gesetz über die Erweiterung des Bürgerrechts eingebracht, Manius Acilius Glabrio eines über die Neugestaltung der Gerichte und ein gewisser Rubrius – 122 v. Chr. Volkstribun wie Caius Gracchus – die *Lex Rubria* zur Aussendung einer Kolonie nach Karthago (S. 185).

Das widerspricht der Vorstellung eines zurückhaltenden, eingeschüchterten jungen Mannes, der sich vor dem gewaltsamen Tod aus der Hand seiner Gegner fürchtete. Cicero, der von Träumen als Omina oder Prophezeiungen künftiger Ereignisse eigentlich selbst gar nichts hielt,[5] stellt alles so dar, als ob sich die Traumvision 127 v. Chr. eingestellt hätte – d. h. in dem Jahr, in dem sich Caius um die Quaestur für 126 v. Chr. bewarb. Das mag so gewesen sein, aber die viel interessantere Frage – nämlich, wann Caius in der Öffentlichkeit von dem Traum sprach, und vor allem, warum er dies tat – ist damit nicht beantwortet und wird von Cicero auch gar nicht angesprochen. Erst Plutarch rückt den Traum in den Kontext der Charakterisierung eines nur widerwillig seiner Bestimmung folgenden jungen Mannes, der eine ganze Zeit versucht habe, sich seinem vorherbestimmten Schicksal zu entziehen. Plutarch hat sehr darauf geachtet, trotz aller Sympathie für die Gracchen, die Todes- und Schreckensszenen aus dem Leben der Brüder nicht zu sehr auszuschmücken,[6] um nicht die Sensationsgier seiner Leser zu bedienen. Gerade an diesen Punkten in seinen Lebensbeschreibungen der Gracchen ist er sehr zurückhaltend. Immer ist sich Plutarch dessen bewusst, dass es andere Sichtweisen auf die Abläufe gab, und korrekt wie immer, lässt er seine Leserschaft darüber nicht im Unklaren:[7] Nach vorherrschender Meinung war Caius ein waschechter Demagoge, der seinen Bruder leicht in den Schatten stellte, wenn es um die Gunst des Volkes ging. Warum also sollte sich ein glänzender Redner, ein erfahrener Soldat und Politiker selbst als ein zu Tode geängstigter Jüngling darstellen?

Lässt man einmal beiseite, dass Cicero jedes Informationsbröckchen, das er finden konnte, mit Freuden einsetzte, wenn es nur etwas hergab, um die Brüder in ein schlechtes Licht zu rücken, während Plutarch mit großer Sympathie und Anteilnahme schreibt und die tragische, schicksalhafte Verstrickung des Brüderpaars in den Vordergrund stellt, dann ist nur eine einzige Situation plausibel, in der Caius seinen bedrückenden Traum politisch intentional öffentlich machen konnte: und zwar am Ende seines Weges, nachdem er mit seiner Wiederwahl für ein drittes Volkstribunat gescheitert war und schon deutlich an Zustimmung im Volk verloren hatte, weil Senat und Konsul mit Raffinesse und Entschiedenheit gegen ihn vorgingen. Damals begann er mit gutem Grund um sein Leben zu fürchten. In dieser Situation musste ihm die Parallele zum Schicksal seines Bruders unabweislich vor Augen stehen, und so konnte er sie in der Öffentlichkeit auch glaubhaft machen. Bis dahin aber war er der glänzende, fast königsgleich auftretende Tribun gewesen,[8] der die Politik in Rom nach Belieben bestimmte und ein nie dagewesenes Reformprogramm etabliert hatte.

Nun aber fürchtete er eine ähnliche Eskalation, wie sie 133 v. Chr. eingetreten war. Berichtet uns doch Plutarch, dass Caius am Tage vor seinem Tod weinend vor der Statue seines Vaters gestanden habe – was freilich, wie schon mehrfach betont, eine in Rom nicht unübliche, öffentliche Zurschaustellung von Tränen war.[9] Dass beide Seiten sich bewaffneten – womit auch immer –, drängte den Gang der Ereignisse geradezu auf eine gewaltsame Auseinandersetzung hin.[10] Caius hätte mit Blindheit geschlagen sein müssen, um nicht zu erkennen, welches Ende diese Situation nehmen könnte. Gerade in dieser Situation aber war die Verbreitung eines Traumgesichtes in der Öffentlichkeit hilfreich, sei es, um Sympathie und Anteilnahme der Menge zu gewinnen, sei es, um die Gegner zu warnen, die ihrerseits sicher nicht vergessen hatten, wie es Scipio Nasica nach 133 v. Chr. und der Ermordung des Tiberius ergangen war.

Mochte er tatsächlich ein Traumgesicht gehabt haben oder nicht – stimmte es nicht, so war es doch gut erfunden! Jedenfalls entsprach das Ende des Volkstribunen seiner öffentlich verbreiteten Vision: Caius, der sich – im Gegensatz zu seinem Bruder zehn Jahre zuvor – absichtlich nicht bewaffnet hatte, floh, als die anrückenden Schwerbewaffneten und Bogenschützen des Konsuls aufmarschierten.[11] Er hat sich schließlich von seinem eigenen Sklaven töten lassen. Plutarch weiß von weiteren grausigen Einzelheiten: Ein gewisser Septumuleius, ein Freund des Konsuls Opimius, soll Caius' Leiche enthauptet haben. Doch auch das war noch nicht das Ende. Dieser Septumuleius wollte seinen zu erwartenden Gewinn maximieren. Der Konsul hatte versprochen, den Kopf des Caius in Gold aufzuwiegen. Daher hatte Septumuleius das Gehirn aus dem Schädel entfernt und Blei hineingegossen, dann den Schädel aufgespießt und sich dafür 17,5 Pfund in Gold ausbezahlen lassen! Wie nach der Ermordung des Tiberius wurden die Leichen der Anführer und ihrer Anhänger in den Tiber geworfen. Dreitausend Menschen haben die Widersacher des Volkstribunen Caius Gracchus niedergemacht; deren Vermögen zog die Staatskasse ein.[12]

Dieses Ende übertraf in seiner Brutalität und Grausamkeit selbst noch das des Tiberius – gerade so, wie auch Caius' Reformen und Eingriffe in die politische Struktur der Republik diejenigen seines Bruders bei weitem übertrafen. Vielleicht ist das der tiefere Sinn, der sich für Caius selbst mit der Offenlegung seines Traumgesichts verband und der ihn dazu bewog, unbewaffnet aus dem Haus zu gehen, nicht dem Flehen seiner Frau nachzugeben und seinem Schicksal entgegenzugehen: Das Ende trat tatsächlich wie schon bei seinem Bruder gleich einer sich selbst erfüllenden Prophezeiung ein.

Die politischen Motive für das Handeln des Caius

Es bleibt die Frage nach seiner Motivation; diese wurde in Antike und Moderne ganz unterschiedlich beantwortet. Die erste Maßnahme, die von ihm berichtet wird, als er das Tribunat erlangt hatte, steht noch merklich unter dem Eindruck des Familienschicksals: Die sogenannte *Lex de abactis* (Gesetz über die Absetzung) sollte verhindern, dass ein vom Volk abgesetzter Magistrat in Zukunft jemals wieder ein anderes öffentliches Amt einnehmen könnte. Plutarch schreibt explizit,[13] dass das Gesetz gegen Octavius, den von Tiberius abgesetzten Volkstribunen, gerichtet war. Allerdings, so berichtet er weiter, soll Caius das Gesetzesvorhaben auf Bitten seiner Mutter Cornelia als Geste der Großmut zurückgezogen haben.

Mit diesem Projekt sollte eindeutig nachträglich die Handlungsweise des Tiberius legitimiert werden. Vor allem aber sollte der formale Gesetzesbeschluss verbindlich normieren, dass die Volksversammlung das Recht hatte, Amtsträger abzusetzen, die ihr Vertrauen verloren hatten. Auf diese Weise wäre die Argumentation des Tiberius gleichsam in Gesetzesform gegossen worden. Das Resultat wäre ein Abschreckungsinstrument gegenüber all jenen geworden, die mit der gleichen Hartnäckigkeit wie Octavius ein Veto gegen ein Gesetz einlegen wollten. Deshalb muss es sich um eine der ersten Gesetzesvorlagen des Caius gehandelt haben. Tatsächlich ist dieses Gesetz jedoch nicht verwirklicht worden. Dennoch scheint es Caius gelungen zu sein, ohne eine solche Legitimierung sowohl die familiäre Tradition für sich wirkungsvoll einzusetzen als auch ebenso erfolgreich weitere Reformen in Gang zu bringen.

Der Umfang seiner Gesetzgebung zeigt, dass es um mehr ging als familiäre Profilierung. Seine Reformen, eigene Gesetze und diejenigen seiner Mitstreiter, griffen in die öffentlichen Finanzen ein, strukturierten Gerichte und Verfahren neu, betrafen das Heer, ordneten die Provinzverwaltung, führten die Bodenreform weiter, regelten die Versorgung der Stadt Rom mit Lebensmitteln; ihre Initiatoren planten darüber hinaus, damit das Wahlsystem und die Rechtsstellung von Latinern und Italikern zu verbessern. Der Umfang dieses Gesetzgebungsprogramms erlaubt Rückschlüsse auf Vorbereitungen und Planungen, die lange vor den beiden Tribunatsjahren des Caius Gracchus eingesetzt haben müssen. Eine solche, auf die grundlegenden Strukturen der Respublica in den Bereichen Justiz, Politik, Wirtschaft und Verwaltung ausgerichtete Reform war darauf ausgelegt, tatsächlich eine andere Republik zu schaffen.

2. Dolche aufs Forum!

Caius Gracchus muss ein begnadeter Redner und Stilist gewesen sein. Er soll sogar den berühmtesten aller römischen Rhetoren in den Schatten gestellt haben: Caius war gewaltig und hinreißend als Redner, er war gar ernster, scharfsinniger und schlagfertiger, glänzender und würdevoller als Cicero. Seine Ausdrucksweise war zwar kurz, hatte aber Zauber, Reinheit und eine Einfachheit, die mit dichterischen Kunstwerken vergleichbar gewesen sein soll.[1]

Cicero selbst lobt – trotz seiner heftigen Ablehnung der Brüder Gracchus, denen er bekanntlich sogar die Absicht unterstellte, eine Gewaltherrschaft, ja, eine Tyrannis errichten zu wollen – Caius gleichwohl als einen Redner, der nicht seinesgleichen gehabt habe – großartig im Ausdruck, weise in den Gedanken, in seiner ganzen Art voll von Intensität! Dessen früher Tod sei insofern ein herber Verlust nicht nur für die römische Respublica, sondern ebenso für die römische Literatur gewesen.[2]

Dieses Urteil basiert auf der überlieferten Wirkung, durch die Caius seine Zeitgenossen als Redner überragte und die politische Landschaft umpflügte. Cicero beschreibt die Wirkung auf die Emotionen der Zuhörer und nennt eine Rede, in der Caius alle mit folgenden Worten zu Tränen gerührt haben soll: «Wohin soll ich Unglücklicher mich wenden? Wohin soll ich gehen? Zum Kapitol? Doch dort fließt das Blut meines Bruders. Oder nach Hause? Um meine unglückliche, klagende und niedergeschmetterte Mutter zu sehen?»[3] Selbst seine Feinde konnten daraufhin die Tränen nicht zurückhalten.

Abbildung 10: Blick auf das Forum (um 130 v. Chr.), mit Basilica Fulvia, Curia, Comitium und Rostra, Basilica Porcia, Concordia-Tempel, Saturn-Tempel, Basilica Sempronia und Dioskuren-Tempel (von rechts nach links), © Digitales Forum Romanum, S. Muth/D. Mariaschk

Cicero und die späteren Autoren hatten Ausgaben der Reden und anderer Schriften des Caius vorliegen, aus denen sie zitieren konnten. In einem der berühmtesten Zitate, für das Cicero ausdrücklich festhält, dass es die Worte des Caius selbst waren, heißt es, jener habe ‹Dolche aufs Forum› geworfen: «Doch erst das Tribunat des Caius Gracchus: Hat er nicht mit seinen Verwüstungen und den Dolchen, von denen er selbst sagte, er habe sie auf das Forum geworfen, damit die Bürger sich untereinander bekämpfen könnten, den gesamten Zustand der Republik zersetzt?»[4]

Ob der zweite Teil des Zitats, nämlich, dass sich die Bürger untereinander – also wie in einem Bürgerkrieg – bekämpfen sollten, noch die Worte des Caius waren, ist nicht sicher. Die Dolche hingegen, als metaphorische Zuspitzung für die Heftigkeit und Schärfe der Auseinandersetzungen, dürften dem Wortlaut des Caius entsprechen. Ist es doch auffällig, dass gleichermaßen Appian und Diodor, wenn sie über Gewalt und Terror in der Tribunatszeit des Caius schreiben, das griechische Pendant *xiphos* zu dem lateinischen *sica* (Dolch) verwenden.[5]

Doch was waren das für Dolche, auf die sie sich beziehen? Gemeint war damit die größte und umfassendste Reform, die bis dahin in der Ge-

Abbildung 11: Forum Romanum: Perspektive des Volkes auf den Redner auf den Rostra, um 130 v. Chr., im Hintergrund Curia und Basilica Porcia. © Digitales Forum Romanum, S. Muth/D. Mariaschk

schichte der Republik in Angriff genommen worden war. Vielleicht wäre sie zu vergleichen mit der Konstituierung Roms durch den mythischen König Servius Tullius, der – darf man der Überlieferung glauben – mit der Zenturienordnung und der die Stadtgrenze definierenden Mauer um Rom (*Pomerium*) die Grundlagen der Respublica gelegt hatte. Nach Caius Gracchus haben erst wieder 50 Jahre später Sulla, nochmals später dann – nach seinem Staatsstreich – Cäsar und schließlich nach dem katastrophalen Bürgerkrieg Augustus ein ähnlich umfassendes Reformwerk in Angriff genommen.

Äußerungen des Caius wie «Was könnte mehr dazu beitragen, das Recht auf gleiche Freiheit zu stärken, als dass, während der Senat über die Provinzen herrscht, die Autorität des Ritterstandes auf dem Besitz der richterlichen Gewalt beruhen sollte?» und «Wenn ich den Wunsch des Volkes erfülle, sichere ich die Interessen der Respublica» zeigen sehr deutlich, mit welcher Stoßrichtung er seine Reformen konzipiert hat.[6] Ihm ging es um eine neue Verteilung der Kompetenzen und einen Interessensausgleich zwischen Senat, Ritterschaft und Volk, ohne dabei das traditionelle republikanische Modell zu beseitigen. Der Senat sollte weiterhin eine zentrale Rolle spielen, die Ritterschaft eine gleichartige politische Rolle erhalten, und es sollte die Wahrnehmung der Interessen des Volkes gesichert werden.

Diese Dreiteilung erinnert an die antike Mischverfassungstheorie, mit der sich vor allem der griechische Historiker Polybios auseinandergesetzt hatte. Polybius glaubt in dieser Dreiteilung das beherrschende Strukturelement in der römischen Respublica zu erkennen, durch die alles gleich und angemessen der Reihe nach für jeden Teil geregelt gewesen sei. Allerdings hat er die drei Teile anders definiert: Für ihn waren die drei Teile, die die römische Respublica konstituierten, die beiden Konsuln, der Senat und das Volk. Deren Zusammenwirken sah er durch die Möglichkeiten charakterisiert, wie sie mit- und gegeneinander handeln können – ein antikes Pendant des *checks-and-balances*-Prinzips.[7] Zwar konnten die drei Teile einander schaden, jedoch war das Prinzip des Zusammenwirkens so viel stärker ausgeprägt, dass jeder Versuch eines Teils, sich losgelöst von den anderen zu verhalten oder egoistische Absichten zu entwickeln, verhindert wurde. Diese Beschreibung der Respublica bei Polybios ist idealtypisch und entspricht keineswegs der politischen Realität der 140er und 130er Jahre, die Polybios selbst in Rom erlebt hat. Ein solches ausbalanciertes und harmonisches Zusammenwirken von Volk, Senat und Konsuln lässt sich ganz sicher nicht in den politischen Ereignissen dieser Zeit wiederfinden. Man denke nur daran, wie 138 v. Chr. die beiden Konsuln von Volkstribunen ins Gefängnis geworfen wurden, als sie sich in einer militärischen Angelegenheit deren Forderung widersetzten, und wie 133 v. Chr. mit Tiberius ein Volkstribun samt seiner Anhängerschar brutal erschlagen wurde.

Nichtsdestoweniger zeigt die Argumentation, die Cicero in seinem Werk über die Respublica seinem Helden Scipio und dessen Freunden in den Mund legt (womit er sich im Übrigen auf Polybios bezieht), dass solche Überlegungen zu gemischten Verfassungen und der Frage, wie man das Gleichgewicht zwischen Akteuren in ein politisch ausgewogenes Institutionengefüge bringen kann, zeittypisch waren.[8] Cicero hatte dazu eine ganz klare Meinung und wollte das Jahrzehnt der Gracchen keineswegs mit irgendwelchen idealtypischen Perspektiven in Verbindung bringen. Vielmehr war er der Ansicht, dass nicht erst das so blutig endende Tribunat des Tiberius Gracchus, sondern *das Volkstribunat an sich* bereits ein

Ungleichgewicht und einen Spaltpilz in die römische Respublica hineingetragen hatte. Er spricht ausdrücklich davon, dass auf diese Weise die Respublica in zwei Teile gespalten worden sei – also auf der einen Seite die Guten, die sich am Senat und den *Nobiles* orientierten, und auf der anderen Seite diejenigen, die dem aufrührerischen Volkstribunat insbesondere seit Tiberius und Caius Gracchus folgten.[9] Das Unheil, das die Brüder seiner Ansicht nach über Rom gebracht haben, macht Cicero vor allem daran fest, dass sie dem Volk einen deutlichen Zuwachs an politischer Entscheidungsgewalt verschafft hatten. Seit dem Zwölftafelgesetz aus dem 5. Jahrhundert v. Chr. war völlig eindeutig und klar festgelegt, dass die letzte Gesetzgebungskompetenz beim römischen *Populus*, also der Volksversammlung, lag.[10] Doch haben Autorität und Konsensstreben sowie traditionelle Gepflogenheiten im Hinblick auf die Befugnisse von Senat und Konsuln letztlich deren Gewicht beim Erlass von Normen abgesichert. Aber ganz offensichtlich haben die Brüder dies durch ihre Gesetze und ihr Vorgehen infrage gestellt, woran Cicero ein Auseinandertreten von Volk und Senat festgemacht hat. Dies stellte Mitte des 1. Jahrhunderts aus seiner Perspektive den Weg ins Verderben dar; ihn als Erste beschritten zu haben beschuldigte er die Brüder Gracchus.[11]

Der Historiker Diodor, der wahrscheinlich nicht viel später als Cicero schrieb, geht noch weiter in seiner Verurteilung. Caius Gracchus habe die Aristokratie – also das, was Cicero die Herrschaft der Guten nennt – abgeschafft und eine Demokratie in Rom eingeführt. Dabei habe ihn die egoistische Hoffnung geleitet, seine Reformen so zu verteidigen, als ob er damit seine privaten Interessen befördern würde. Diodor verwendet ebenfalls das Bild der Spaltung der Respublica in zwei Teile, Volk und Senat; jedoch glaubt er Caius' Motivation im Streben nach persönlicher Herrschaft zu erkennen. Um dieses Ziel zu erreichen, habe Caius das niedere Element, das Volk, zum Herrn über Rom gemacht. Caius habe die Staatskasse geplündert für unüberlegte Ausgaben, überdies noch für Bestechungsgelder, und sich selbst so zum Mittelpunkt gemacht. Die Provinzen habe er seinem Ehrgeiz geopfert und auf diese Weise bei den unterworfenen Völkern nur Hass hervorgerufen! Bei den Soldaten habe er sich beliebt gemacht und Meuterei und Anarchie damit Tür und Tor geöffnet. Das habe zu tödlicher Unordnung und Zerstörung der Respublica geführt.[12]

Im Unterschied zu Polybios und Cicero hat Caius Gracchus keine theoretische Schrift hinterlassen, stattdessen aber zahlreiche Gesetze und Redefragmente; darüber hinaus wissen wir noch aus anderen Quellen von seinen Unternehmungen. Daraus lässt sich ein Bild seiner politischen Vorstellungen gewinnen, das ins Verhältnis zu den gegen ihn vorgebrachten Anschuldigungen und Unterstellungen gesetzt werden kann. Caius' Gesetze rücken ihn weltanschaulich näher an den hellenistischen König Kleomenes III., der, beraten von dem Stoiker Sphairos von Borysthenes seit 227 v. Chr., in Sparta zahlreiche Reformen durchgeführt hat.[13] Sphairos hat für Kleomenes das Konzept eines hochdifferenzierten, nach Altersklassen gegliederten Erziehungs- und Ausbildungssystems ausgearbeitet, das dazu beigetragen sollte, Sparta für einige Zeit von seinen alten Problemen zu befreien (demographischer Niedergang, Schwäche der Gesellschaftsstruktur infolge des Absinkens der Vollbürger in eine Position ohne politische Rechte) (S. 78 ff.). Ob die anderen Bestandteile des großen Reformwerks des Kleomenes (Wiedereinführung der Speisegemeinschaften, Neuverteilung des Landes, Abschaffung des Ephorates) auf den Rat des Sphairos zurückgehen, ist nicht sicher zu sagen. Fest steht hingegen, dass Sphairos – als Schüler des Zenon von Kition – der Stoa zuzurechnen ist. Vor allem jedoch die Begründung für die Abschaffung des Ephorats – dieses Amt sei nämlich kein Bestandteil der ursprünglichen Ordnung Spartas gewesen, sondern habe sich wie ein Fremdkörper entwickelt, der die eigentliche Ordnung zerstört habe – ist ein Hinweis darauf, dass hinter dem Reformwerk des von Sphairos beeinflussten Kleomenes nicht nur der Wille zum militärischen Wiederaufbau Spartas stand, sondern eine an gesellschaftlicher Durchmischung und Ausgleich orientierte Konzeption.[14] In dieser Weise kommentieren Cicero und jüngere Autoren auch die Maßnahmen des Caius Gracchus: Cicero, indem er Caius vorwirft, die Respublica aus dem Gleichgewicht gebracht zu haben, Diodor und Florus, indem sie von Zerstörung und Elend sprechen.[15]

Der Vorwurf, die Respublica ins Ungleichgewicht und damit aus ihrer gut ausbalancierten Bahn auf einen Weg von Anarchie und Zerstörung geführt zu haben, wiegt schwer. Mischung, Harmonie und Gleichgewicht sind freilich keine absoluten Größen, die man exakt bemessen und entsprechend für eine politische Ordnung in Zahlen und messbaren Gewichten ausdrücken könnte. Vielmehr werden sie – je nach Lage der Interessen – durch politische Bedingungen und Ziele definiert. Als *ein* solches Ziel galt in der Antike häufig die Stabilität einer politischen Ordnung, ebenso Gerechtigkeit, der Ausgleich der materiellen Interessen zwischen verschiedenen Gruppen und schließlich die Art der Gesetzes- und Gerichtsordnung.

Ein klares Bild davon, was Caius unter den Interessen des Volkes und gut für dessen Nutzen verstand und wie er dies in der Ordnung der Respublica zur Geltung bringen wollte, lässt sich erschließen, wenn man seine diversen Gesetze und Reden unter dem ordnungspolitischen Leitmotiv der Schaffung gesellschaftlichen Zusammenhalts betrachtet. Seine Maßnahmen mit dem Ziel, Schutzrechte für die Bürger, eine Sozialgesetzgebung sowie Finanz- und Verwaltungsreformen zu etablieren, stehen nicht unverbunden nebeneinander, sondern lassen ein gesamtheitliches Konzept erahnen. Er selbst hat sich dazu mehrfach in Reden geäußert, aus denen einige Passagen erhalten geblieben sind. Nach der Zusammenfassung, die uns für das entsprechende – im Original aber verlorene – Buch aus Livius' Geschichtswerk vorliegt, scheint es, also ob er ein ganzes Paket an Gesetzen beantragt habe. Dazu gehörten ein Getreidegesetz (*Lex frumentaria*), ein Bodenreformgesetz (*Lex agraria*) und eine Gerichtsreform (*Leges de iudiciis*); Plutarch fügt noch eine *Lex militaris* (Wehrgesetz) und eine *Lex de sociis* (Gesetz über die Bundesgenossen) hinzu. Eine en-bloc-Gesetzgebung ist in diesem Falle aber eher unwahrscheinlich, weil diese Gesetze ganz unterschiedliche Bevölkerungsgruppen adressieren: Das Getreidegesetz richtete sich mit der Festsetzung eines sehr günstigen Vorzugspreises für die Ausgabe von Getreide an die städtische Plebs in Rom, während das Bodenreformgesetz – im Kern das Gesetz des Tiberius in erweiterter und ergänzter Form –, und das Militärgesetz, das Ausrüstung und Aushebung von Soldaten regelte, für die ländliche Plebs gedacht war. Das Richtergesetz wiederum mit der Einführung von Rittergeschworenen verhalf den römischen Rittern zu ganz neuer Macht, und das Bundesgenossengesetz sollte neue Rechte für alle Bundesgenossen einschließlich der bisher lediglich in eingeschränktem Maß in dem *Concilium plebis* mitstimmenden Latiner sichern.[16]

Aus einer Rede des Caius, in der es um die grundsätzliche Frage geht, ob und wie das Volk über Finanzen zu entscheiden hat und insbesondere um die Frage, wofür das Geld der öffentlichen Kassen eingesetzt werden

Abbildung 12: Digitale Rekonstruktion einer Volksansprache von den Rostra um 130 v. Chr., mit dem versammelten Publikum auf dem Forumsplatz. © Digitales Forum Romanum, S. Muth/D. Mariaschk

kann, ist eine lange Passage erhalten. Sie vermittelt uns einen guten Eindruck davon, wie sich Caius die Rolle des Volkes und die Verwendung von Geldern – eine Grundvoraussetzung jeder Reform – in diesem umfassenden Prozess vorgestellt hat:[17]

«Denn ihr, Bürger, wenn ihr von Weisheit und Tugend Gebrauch machen wollt, werdet, auch wenn ihr danach sucht, keinen von uns finden, der ohne Entlohnung hier auftritt. Jeder von uns, die hier sprechen, verlangt etwas, und niemand tritt aus einem anderen Grund vor euch, als um etwas zu fordern. Ich selbst, der ich mich hier bei euch dafür ausspreche, dass ihr eure Einnahmen vergrößert, damit ihr umso leichter euren Nutzen wahren und die Respublica lenken könnt, trete nicht umsonst auf; aber ich bitte euch nicht um Geld, sondern um Anerkennung und Ehre. Diejenigen, die auftreten, um euch davon abzuraten, dieses Gesetz zu akzeptieren, verlangen nicht Anerkennung von euch, sondern das Geld von Nikomedes. Diejenigen, die dazu raten, dass ihr es akzeptiert, verlangen auch nicht, von euch als rechtschaffen anerkannt zu werden, sondern von Mithridates Geld und Belohnung für ihren Besitz. Diejenigen aber, die an derselben Stelle und der Reihe nach schweigen, die sind am schlimmsten, denn sie erhalten von allen Geld und täuschen alle. Ihr, wenn ihr glaubt, dass sie sich von diesen Dingen fernhalten, billigt ihnen Rechtschaffenheit zu;, aber die Gesandtschaften von Königen, wenn sie meinen, dass es in deren Interesse sei, dass sie schweigen, stecken ihnen die größten Mittel und Gelder zu. So war es in Griechenland, zu einer Zeit, als ein griechischer Tragödiendichter ein ganzes Talent für seinen Ruhm wegen eines einzigen Dramas erhalten hatte, da wird gesagt, dass der in seiner Stadt versierte Redner Demades ihm geantwortet habe: ‹Es erscheint dir wunderbar, wenn du für das Sprechen ein Talent erlangt hast? Ich habe zehn Talente von einem König bekommen, um zu schweigen› – ebenso nehmen jetzt diese Leute die größten Preise für das Schweigen.»

In dieser Sache, auf die sich Caius hier bezieht, ging es um einen Streit zwischen den beiden Königen, Mithridates V. von Pontus und Nikomedes II. von Bithynien wegen der Übertragung der Herrschaft über Phrygien an Mithridates. Der Antrag wurde in Rom offenbar abgelehnt, und am Ende gingen beide Könige leer aus. Caius zielt mit dem Vergleich darauf, dass in der neuen Provinz Asia der Prokonsul Aquillius Grenzen festgelegt hatte, und da Mithridates die Römer gegen Aristonikos unterstützt hatte (S. 80 ff.), sollte er nun belohnt werden. Aquillius hatte sich jedoch vermutlich bestechen lassen und bekam daher in Rom Schwierigkeiten.[18] Der Gesetzesantrag sollte die territorialen Regelungen des Aquillius bestätigen, und in diesem Kontext hat Caius Gracchus die hier zitierten Argumente vorgebracht. Es ging also darum, dass Aquillius Geld genommen hatte, um für Mithridates die Zuweisung der Region Phrygien in Rom zu erlangen. In diesem Sinn trat ein gewisser Aufeius vor die Volksversammlung, der einen entsprechenden Gesetzesvorschlag einbrachte. Schweigend im Hintergrund agierte aber besagter Aquillius, der anscheinend noch bedeutend mehr bekommen hatte, als sich Aufeius von dem Gesetz versprach. Dem trat Caius entgegen und betonte dabei, dass es nicht darum gehen dürfe, Potentaten oder geldgierigen Amtsträgern Vorteile zu verschaffen und schon gar nicht um verschwiegene Interessen und Intrigen im Hintergrund. Gegenstand der Beschlussfassung dürfe einzig und allein das sein, was im Interesse des gesamten Volkes liege.

Die Argumente des Caius entsprechen exakt der Argumentation, wie sie Cicero für den Stoiker Antipatros beschreibt:[19] Man habe für die Menschen zu sorgen und der menschlichen Gemeinschaft zu dienen. Mit dieser moralischen Verpflichtung sei der Mensch geboren, und diese bilde die Grundlagen seiner Vernunftnatur, denen er gehorchen müsse, damit der Eigennutz im Nutzen der Allgemeinheit aufgehoben werde. Daher dürfe man den Menschen nichts verheimlichen, was ihnen zum Nutzen oder Vorteil gereiche!

Man kann also definitiv nicht behaupten – wie Cicero, Diodor und Appian dies tun –, dass Caius darauf aus gewesen sei, die Macht des Senats und der *Nobiles* seiner Zeit zu zerstören oder eine Phase der monarchischen Herrschaft für sich selbst zu begründen. Vielmehr verfolgte er unübersehbar die Absicht, die Auswüchse von Korruption und Machtmissbrauch zu beseitigen, die Institutionen zu disziplinieren, die Amtsinhaber verantwortungsvoller und gerechter zu machen, Exzesse einzudämmen und die Interessen des Volkes zur Geltung zu bringen.[20] Allerdings wird in dieser Redepassage auch deutlich, dass Caius eine andere Vorstellung von Austarierung der Gewichte in der Respublica hatte, als dies etwa in der idealtypischen Gleichgewichtskonzeption des Polybios oder dem ‹harmonischen› Konsens von Volk und Senat bei Cicero zum Ausdruck kommt. Für Caius sollte der Nutzen des Volkes der Leitstern der Respublica sein. Dem hätte Cicero sicher zustimmen können. Denn letztlich kommt es auf die *konkrete Ausgestaltung* dessen an, was hier unter Nutzen verstanden werden soll: Liegt der Nutzen des Volkes bspw. in einer Bodenreform mit größeren Umverteilungen von Land, einer besseren Versorgung der hauptstädtischen Bevölkerung mit verbilligtem Getreide, dem Schutz vor willkürlicher Bestrafung durch einen Amtsträger oder liegt der Nutzen des Volkes in einer gleichbleibenden Bewahrung der bestehenden Verhältnisse, ohne dass Missstände, Korruption und soziale Probleme in Angriff genommen werden, ja ohne dass sie als solche überhaupt erkannt und benannt werden? Die Beispiele, die Caius Gracchus in dieser Redepassage aufführt, stellen dem eigennützigen Politiker auf der einen den Rechtschaffenen auf der anderen Seite gegenüber, wobei es Letzterem um moralisches Handeln geht, das sich am Interesse des Volkes orientiert.[21] In dieser Gegenüberstellung wird weniger die Machtfrage gestellt (was man Caius immer vorgeworfen hat), sondern der soziale Aspekt von Herrschaft und die darin liegende Verpflichtung in den Vordergrund gerückt, um das Gemeinwohl durch konkrete Maßnahmen und eben auch die dazu nötige Finanzierung abzusichern.

3. Ein institutionelles Schutzkonzept für Bürger

Als Erstes soll sich Caius in seinem Tribunat mit Gesetzen gegen die brutale Macht- und Gewaltausübung gewandt haben, wie sie Nasica und Popillius Laenas 133/132 v. Chr. gegenüber seinem Bruder und dessen Anhängern demonstriert hatten. Das traurige Schicksal seines Bruders hat er dem Volk in einer Rede drastisch vor Augen geführt:

«Den Tiberius aber … haben diese Leute vor euren Augen mit Knüppeln totgeprügelt, seinen Leichnam vom Kapitol mitten durch die Stadt geschleift und in den Tiber geworfen. Und wer von seinen Freunden in ihre Hände fiel, wurde ohne Urteil hingerichtet. Wie anders haben es unsere Väter gehalten! Lautete die Anklage auf die Todesstrafe und leistete der Angeklagte der Vorladung keine Folge, so entsandten sie am Morgen einen Trompeter, damit er ihn mit Trompetenstößen vor seiner Tür noch einmal herausrufe. Vorher durfte kein Richter das Urteil sprechen. So korrekt und achtsam haben sie Fragen des Rechts behandelt.»[1]

Mithin waren nicht nur die Senatoren, die damals hinter der Bluttat gestanden hatten, Ziel seiner rhetorischen Angriffe, vielmehr kritisierte Caius ganz allgemein römische Magistrate wegen ihrer Willkür. Er zitierte Beispiele aus den Latinerstädten Teanum Sidicinum, Ferentinum, Venusia und Cales, die von Misshandlungen angesehener Bürger zeugten, für die er indes, genauso wie für die römischen Bürger, Schutzrechte forderte.[2] Letzteres gelang ihm weitgehend – mit der Einführung von mehr Gleichberechtigung und Schutz für die Latiner und die Italiker scheiterte er jedoch.

Seine ersten beiden Gesetzesvorhaben betrafen zum einen das Verbot für vom Volk abgesetzte Magistrate, je wieder ein Amt zu führen, und zum anderen das Recht des Volkes, einen Beamten abzuurteilen, der ohne Prozess und Richterspruch einen römischen Bürger verurteilt hatte.[3] Das erste Gesetz, das gegen den von Tiberius abgesetzten Tribunen Octavius gerichtet war, zog er jedoch, wie wir bereits erfahren haben, auf Bitten seiner Mutter zurück. Das zweite richtete sich gegen Popillius Laenas, der als Praetor viele von Tiberius' Anhängern in die Verbannung geschickt hatte. Mit diesem Gesetz drang Caius durch, und so floh Popillius aus Italien, ohne sich dem Urteil des Volkes zu stellen.

Von diesem Gesetz berichtet uns Cicero in verschiedenen seiner Prozessreden.[4] Caius Gracchus habe in seiner Gesetzgebung das institutionelle Schutzrecht der Bürger auf einen Prozess und somit auf einen Schutz vor magistratischer Willkür durchgesetzt. Dazu gehört auch die Maßnahme, die besagte, dass nur das römische Volk selbst ein Todesurteil gegen einen römischen Bürger verhängen konnte (*Lex sempronia de capite civis*). Wer aber ein derartiges Urteil *ohne* eine solche Vollmacht fällte, sollte selbst die gleiche Strafe erleiden. Das Zwölftafelgesetz hatte bereits römischen Bürgern diesen Schutz garantiert, und in den Jahrhunderten danach ist diese Bestimmung immer wieder eingeschärft worden: Demnach hatte jeder römische Bürger das Recht, gegen ein von einem Richter verhängtes Todesurteil Berufung beim Volk einzulegen; aus diesem Recht entwickelte sich das reguläre Verfahren zur Verhängung der Todesstrafe vor der Volksversammlung. In der Tat gab es zwei Phasen in solchen Verfahren: zunächst das eigentliche Verfahren vor einem Amtsträger und dann die Berufung vor dem Volk, wenn der Amtsträger den Angeklagten zum Tode verurteilt hatte. Zu Beginn des 2. Jahrhunderts v. Chr. begann man nach einem neuen System zu urteilen: Durch Beschlüsse des Senates wurden Sondergerichte (*quaestiones extraordinariae*) eingerichtet, die sich vor allem mit öffentlichen oder ‹politischen› Aktivitäten befassten, vor allem dann, wenn diese in der Öffentlichkeit Aufsehen erregten und die Zahl der zu verfolgenden Straftäter erheblich war. Diese Sondergerichte fällten Urteile, die *nicht* vor die Volksversammlung kamen; auch wurde gegen diese nicht interveniert. In diesen Fällen kam mithin auch das Provokationsrecht nicht zum Tragen. Dass diese Art von Verfahren freilich eine große Gefahr barg, hatte sich 132 v. Chr. in dramatischer Weise gezeigt, als Popillius Laenas dem Sondergericht gegen die Anhängerschaft des Tiberius Gracchus vorstand. Manche seiner Anhänger wurden verurteilt, andere, wie z. B. Blossius, aber nicht. Auch wurden der Konsul von 133 v. Chr., Mucius Scaevola, oder der Princeps Senatus, Appius Claudius, obwohl beide bekanntlich Unterstützer des Tiberius Gracchus waren, nicht belangt. Die zutage tretende Differenzierung der Strafverfolgung hatte mithin offenbar weniger mit geltenden Rechtsgrundsätzen als mit Macht und Einfluss zu tun.

Man fragt sich natürlich, warum 133 und 132 v. Chr. niemand das Recht römischer Bürger auf einen ordentlichen Prozess reklamierte, geschweige denn, weshalb bei der Ermordung des Volkstribunen Tiberius niemand die Verletzung des althergebrachten Provokationsgesetzes anprangerte. Erst zu Beginn seines ersten Tribunats im Jahr 123 v. Chr. reagierte Caius Gracchus genau darauf und beantragte das hier in Rede stehende Gesetz. Dieses stellte zwar die Verfahren nach einem senatorischen Sondergericht nicht infrage, legte aber fest, dass mit der Verabschiedung des Gesetzes nur noch durch Beschluss des römischen Volkes solche Verfahren, in denen die Todesstrafe drohte, durchgeführt und ein Todesurteil gegen einen römischen Bürger nur noch über die Volksversammlung beschlossen werden konnte. Anders als 133 und 132 v. Chr. stand nun ein Gracchus an der Spitze der Reformbewegung, der mit der Formulierung *ne quis iudicio circumveniatur* – dass niemand das Urteil des Volkes wie etwa durch Sondergerichte umgehen dürfe – für Klarheit sorgte.[5]

Die Gerichtsrede, die Cicero im Jahr 66 v. Chr., also ca. sechzig Jahre später verfasst hat, erhellt noch einige weitere Einzelheiten dieses Gesetzes. Sulla hatte es übernommen, es in seine eigene Gerichtsgesetzgebung integriert, und zur Zeit des Prozesses gegen Cluentius, den Cicero damals verteidigte, war es noch in Kraft. Das Gesetz bestimmte, dass jeder Magistrat oder jedes Senatsmitglied verurteilt und bestraft werden sollte, wenn er mit jemandem zusammenarbeitete, um die Verurteilung eines unschuldigen Angeklagten vor einem öffentlichen Gericht zu erwirken oder mit Hilfe des Betreffenden solch ein Verfahren zu umgehen. Interessant ist die Angabe, dass nur Mitglieder des Senats und einige niedere Magistrate nach dem Gesetz angeklagt werden konnten; für Nicht-Senatoren hingegen galten die Bestimmungen und Strafen des Gesetzes nicht.[6]

Es ist möglich, dass diese Bestimmung auf das Gesetz des Caius zurückgeht, das jedweden Rechtsmissbrauch von Strafverfahren zum Nachteil von Unschuldigen verhindern sollte. Genau solch eine Situation war 133 und 132 v. Chr. gegeben und Tiberius ihr Opfer geworden. Jener hatte am Ende seines Tribunatsjahres befürchten müssen, dass er durch solche Gerichtsverfahren in die Enge getrieben werden sollte oder sogar unrechtmäßig verurteilt werden würde. Seine Anhänger hatte genau dieses Schicksal getroffen, und diese Gefahr galt es in den Tagen des Caius ein für alle Mal zu beseitigen.

Caius und seine Mitstreiter werden indes nicht damit gerechnet haben – jedenfalls nicht während seiner Tribunatsjahre –, dass ihnen tatsächlich das gleiche Schicksal drohte. Die Gesetzgebung des Caius war demnach nicht nur eine politische und juristische Antwort auf den Terror der Ermordung des Tiberius und die Repression gegenüber seinen Anhängern.[7] Die Tatsache, dass Popillius Laenas, der Konsul des Jahres 132 v. Chr., der die Verfahren gegen die Anhänger des Tiberius initiiert und geleitet hatte, sofort nach Verabschiedung des Gesetzes ins Exil ging, anstatt sich dem nach Inkrafttreten des Gesetzes drohenden Verfahren zu stellen, zeigt die Durchschlagskraft, mit der Caius agierte. Popillius kehrte erst nach dessen Tod im Jahr 121 v. Chr. nach Rom zurück.

Zu diesem Bündel gesetzgeberischer Maßnahmen, die die Schutzrechte der Bürger stärken sollten, gehört auch eine von Plutarch überlieferte *Lex militaris*,[8] die vorschrieb, dass Soldaten Kleidung und Ausrüstung kostenlos gestellt werden sollten und der Betrag dafür auch nicht von ihrem Sold einbehalten werden dürfe; darüber hinaus umfasste das Gesetz ein Verbot der Anwerbung von Rekruten, die jünger als 17 Jahre waren. Auch für diese Bestimmung hagelt es Kritik in der antiken Überlieferung. Diodor behauptet, dass Caius die seit alters strenge Disziplin der Soldaten lockerte, und zwar allein aus dem Grund, sich bei jenen beliebt machen zu wollen! Was die Regelung der Altersgrenze für die Rekrutierung betrifft, so könnte Caius damit einen Vorschlag aufgegriffen haben, den sein älterer Bruder bereits zehn Jahre zuvor in seinem letzten Gesetzespaket eingebracht hatte, das allerdings dann nicht mehr zur Abstimmung gekommen war (wenn es denn dieses Gesetzespaket, von dem nur Plutarch berichtet, wirklich gegeben hat und es nicht nur eine literarische Fiktion um der Dramatik willen gewesen sein sollte). Der Vorwurf, dass durch diese *Lex militaris* die Disziplin gelockert und somit die militärische Schlagkraft Roms geschwächt worden sei, lässt erahnen, dass es in diesem Gesetz vielleicht darüber hinaus auch um einen erweiterten Schutz vor der Willkür befehlshabender Offiziere gegangen sein könnte.

Die neuen Gesetze schützten nicht nur Einzelne vor Übergriffen der Magistrate – im Sinne einer Stärkung von Abwehrrechten –, sondern sie bildeten zugleich eine neue Grundlage, was das Verhältnis von Senat und Volksversammlung betraf. Caius schob auf diese Weise der Sondergerichtspraxis des Senates einen Riegel vor. Zum anderen weitete er die bis dahin geltenden Provokationsrechte der römischen Bürger aus. Indem diese Gesetze das Verfahren selbst genau definierten, wie der Schutz des Bürgers geltend gemacht werden konnte, unterschieden sie sich von älteren Provokationsgesetzen. Ebenso wurde die Gruppe derjenigen, die zehn Jahre zuvor ihre Amtsgewalt eingesetzt hatten, um Tiberius und eine größere Zahl seiner Anhänger zu beseitigen, definiert und somit in den Pflichtenkanon für Amtsträger eingebunden, so dass sie sich durch das Umgehungsverbot den gesetzlichen Bestimmungen nicht mehr entziehen konnten.

Letztlich stellte Caius mit diesem Gesetz die *Machtfrage*. Sie lautete, ob dem Senat das Recht zukam, in Zeiten eines vermeintlichen Notstands einseitig die Rechte der Bürger außer Kraft zu setzen und – ansonsten illegale – Maßnahmen der Magistrate zur Wiederherstellung der Ordnung zu genehmigen.[9] Der Kampf um die Entscheidung in dieser Frage sollte nicht nur Caius das Leben kosten, sondern die gesamte republikanische Zeit bis zu ihrem Ende prägen.

4. Sozial- und Verwaltungsgesetzgebung

Brot

Juvenals Formel *panem et circenses* (die Zuwendung von Brot und Spielen für das Volk) hat die Bemühungen der Obrigkeit,[1] die Lebensmittelversorgung der Stadt Rom zu sichern, ein für alle Mal in den Geruch gebracht, mit dieser Maßnahme das Volk von Rom korrumpieren zu wollen.[2] Dieser Vorwurf wurde auch gegen Caius Gracchus erhoben, der ein Gesetz einbrachte,[3] das eine regelmäßige monatliche Verteilung von Getreide an die römischen Bürger zu einem festen Preis von 6 1/3 As für einen *Modius* (Scheffel) vorsah – also einen Preis von nicht einmal einem Denar für einen *Modius* festlegte.[4] Das war keineswegs ein Spottpreis, wenn man bedenkt, dass der monatliche Sold etwa eines Legionärs in dieser Zeit ca. 9 Denare betrug.

Eine institutionalisierte römische Lebensmittelversorgung gab es vor diesem Gesetz nicht. Bis dato waren bestenfalls Ad-hoc-Maßnahmen üblich, die von einzelnen Magistraten in entsprechenden (Krisen-)Situationen ergriffen wurden. Gracchus' Gesetz sah jedoch keine *Alimentierung* der römischen Bürger vor, sondern eine *Subventionierung* – wobei die bloße Tatsache, dass der Preis für einen Scheffel festgelegt wurde, schon dazu beigetragen haben muss, vor allem die hauptstädtische Bevölkerung vor den Auswirkungen von Schwankungen und Profitmacherei des (Zwischen-)Handels zu schützen. Betrachtet man dieses Gesetz im größeren Kontext der Getreideversorgung,[5] so ging es, im Gegensatz zu den früheren Maßnahmen zur Sicherung der Getreideversorgung, nicht vorrangig um die Versorgung der Landbevölkerung oder der Soldaten, sondern ganz konkret um die der Stadt Rom. Das Problem einer ausreichenden Versorgung der hauptstädtischen Bevölkerung mit dem Grundnahrungsmittel Getreide muss bereits beträchtlich gewesen sein. Die Getreidepreise schwankten je nachdem, wie die Ernten ausfielen, beträchtlich; ein Preisanstieg war jedoch eine Katastrophe für die ärmere Bevölkerung in Rom, die oft am Rande des Existenzminimums lebte. Wir wissen, dass solche Engpässe in Rom wiederholt aufgetreten sind, etwa 142 v. Chr.[6] Um 123 v. Chr. gab es infolge einer Heuschreckenplage in Afrika möglicherweise Schwierigkeiten mit den Getreidelieferungen; in Verbindung damit müssen Versorgungsschwierigkeiten in Rom spürbar geworden sein.[7]

Diese *Lex Sempronia frumentaria* wurde nach dem Tod des Gracchus nicht aufgehoben; ihre Finanzierung blieb offenbar weiter gesichert. Daraus ist zu schließen, dass ein gewisser Konsens im Hinblick auf das Recht des Volkes bestand, über Erträge verfügen zu dürfen. Noch wichtiger ist in diesem Kontext, dass ein Teil der senatorischen Elite offenbar bereit war, eine solche Sozialmaßnahme weiterhin zu stützen. In der literarischen Überlieferung wird diesem Gesetz eine außergewöhnliche Bedeutung beigemessen. So kommt Cicero öfter darauf zu sprechen und berichtet die Geschichte, wie Caius' Gegner, der Senator und Konsular Lucius Calpurnius Piso Frugi auftrat, um seinen Anteil an Getreide nach dem Gesetz einzufordern; Piso war ein Gegner des Gesetzes gewesen, doch als man ihn nun fragte, wieso er sich verbilligtes Getreide verschaffen wollte, soll er geantwortet haben: «Ich hätte es nicht gern, Gracchus, wenn es dir einfiele, meinen Besitz unter die Bürger aufzuteilen, aber wenn du es tätest, so würde ich meinen Anteil verlangen.»[8] Das war ganz sicher als Provokation gedacht – Piso Frugi hatte es bestimmt nicht nötig, sich um verbilligtes Getreide anzustellen. Doch Cicero kommentiert die Aktion mit großem Wohlwollen, denn seiner Ansicht nach habe der würdige und kluge Mann auf diese Weise deutlich gemacht, dass Caius öffentlichen Besitz verschleudere. Hierbei handelt es sich nicht um eine später erfundene Anekdote, denn wir wissen, dass Caius Gracchus sich in seinen Reden gegen den Vorwurf der Verschwendung öffentlicher Gelder mit dem Argument verteidigt hat, dass er die öffentliche Kasse auf diese Weise sogar schützen würde. Vor allem aber hat er auf den sozialen Aspekt seiner Maßnahme hingewiesen haben: «Man sagt, das Gesetz solle des Luxus wegen eingeführt werden. Und ebenso steht darunter: Es ist nicht Luxus, was man für die Notwenigkeit des Lebens braucht.»[9]

Auch an anderer Stelle bezeichnet Cicero das Gesetz des Caius als «ein großes Geschenk, das die öffentliche Kasse ausleert».[10] Wie immer rückt Cicero diese Kritik in einen grundsätzlichen Zusammenhang. Er erkennt zwar an, dass das Getreidegesetz des Caius Gracchus im Interesse der Menge war und somit das Wohl des Volkes dafür geltend gemacht werden konnte. Er moniert aber, dass die Guten und Rechtschaffenen, die im Senat großen Rückhalt genossen, wenn sie vor der Menge auftraten, auf Ablehnung stießen und bei Abstimmungen Niederlagen erlitten; wenn aber einer dieser Rechtschaffenen zufällig einmal mit Beifallklatschen empfangen worden sei, wähnte er sogleich, einen Fehler begangen zu haben.[11] Demnach wäre es unmöglich gewesen, als guter, rechtschaffener Senator etwas zu tun oder zu fordern, das im Interesse des Volkes war, weil man sich sofort unter den Standesgenossen dem Verdacht aussetzte, dem Volk nach dem Mund zu reden, um sich beliebt zu machen.

Dieser Widerspruch war Cicero bewusst. Er kommt immer wieder darauf zu sprechen, was seiner Ansicht nach das Grundübel gewesen sei und dem Wohl der Respublica geschadet habe: Maßnahmen wie die Bodenreform des Tiberius Gracchus und das Getreidegesetz seines Bruders hätten das Wohl der Respublica gefährdet, da beides die Unbesonnenheit der Menge gefördert und Zwietracht in Rom gesät habe. Wenn die Plebs sich durch solche Gesetze Freiheit versprochen habe oder eine Verbesserung ihrer schwierigen Vermögensverhältnisse, so habe sie sich in einem gravierenden Irrtum befunden. Vielmehr sei das Wohl der besten und guten Bürger – gemeint sind damit die Besitzenden, die Land und Steuereinnahmen aus den Provinzen abzugeben hatten – gefährdet. Denn der Entzug von Land aus dem Besitz dieser guten, wohlhabenden Bürger habe das Gemeinwohl gefährdet, durch das Getreidegesetz seien die öffentlichen Kassen geplündert und die einfachen Leute zum Müßiggang statt zum Fleiß erzogen worden![12] Ein Zeitgenosse Ciceros stimmt in diese Kritik ein und meint, dass Caius «den Leuten die Hoffnung eingepflanzt hat, dass sie nicht mehr bezahlen müssen, als sie wollten».[13] Nach heutigen Vorstellungen von sozialer Gerechtigkeit scheint der Ansatz des Caius völlig legitim, nach antiken war dieser Grundsatz jedoch höchst umstritten. Der Chor der antiken Überlieferung urteilt dementsprechend weitestgehend negativ über die sozialen Ziele von Bodenreform und Getreidegesetz. Sie unterstellt Caius Gracchus, eine arbeitsscheue, faule Menge in Rom zum Zweck der eigenen Karriere ‹gefüttert› zu haben. Bei Appian werden die Getreidezuteilungen gleich als kostenlose Geschenke bezeichnet, und er nennt das Gesetz sogar einen «Kauf des Volkes».[14]

Caius aber beließ es nun nicht bei den Bestimmungen über das verbilligte Getreide, sondern traf flankierende Maßnahmen, die für die Realisierung der Versorgungsmaßnahme notwendig waren: So ließ er große Kornspeicher in Rom anlegen, die den Namen *Horrea Sempronia* erhielten. Zudem hat er bestimmte öffentliche Einnahmen zur Finanzierung des Gesetzes eingesetzt, durch die die Ausgaben im Wege der Erhebung neuer Abgaben und Zölle gedeckt werden konnten.[15]

Land

Ein Bodenreformgesetz des Caius – für die Überlieferung, die seinen Bruder Tiberius Gracchus betrifft: Dreh- und Angelpunkt – wird nur bei Livius erwähnt. Bei Appian und Plutarch[16] fehlen entsprechende Hinweise, obwohl uns einzelne Bestimmungen inschriftlich erhalten sind. Bei Livius wird für das erste Tribunatsjahr des Caius (123 v. Chr.) ein Gesetz genannt, das dem des Bruders entsprochen habe, und für das zweite Jahr eines, das die Gründung von Kolonien zum Gegenstand hat. Demnach hat Caius wahrscheinlich zuerst ein Gesetz beschließen lassen, das die Bodenreform seines Bruders fortsetzte. Damit kann nur die Wiederzuweisung der richterlichen Kompetenz an eine entsprechende Kommission gemeint sein, damit die Landverteilungen nach dem Gesetz von 133 v. Chr. fortgesetzt werden konnten. Der inschriftlich überlieferte Text der *Lex agraria* von 111 v. Chr. enthält nichts von einem Gesetz des Tiberius Gracchus oder von Bestimmungen über Landzuweisungen, die nach einem solchen Gesetz erfolgt wären; erwähnt wird nur ein solches Gesetz des Caius. Das lässt darauf schließen, dass das Gesetz des Caius mehr enthalten und bewirkt haben muss, als nur das seines Bruders zu ergänzen oder zu verstärken: Es muss selbst ein ganz neues Gesetz gewesen sein und das von 133 v. Chr. abgelöst haben. Mögen auch die Zielsetzung und einige Inhalte daraus übernommen worden sein.[17]

Im zweiten Tribunatsjahr hat Caius dann ein Gesetz beantragt, das auf die Gründung von Bürgerkolonien in Scolacium, Tarent und Capua, später auch Karthago zielte, wo Gebiet verfügbar und für den Anbau besonders gut geeignet war; das Gesetz für Karthago trägt indes den Namen eines Mitstreiters des Caius, und zwar des Rubrius, den es als Antragsteller erwähnt.[18] Scolacium und Tarentum sind in Minervium und Neptunia umbenannt worden, Karthago in Iunonia. In den *Libri Coloniarum* bezeugt sind außerdem gracchische Gründungen in Ferentinum in Latium und Tarquinii in der Toskana sowie zahlreiche Kolonien in Latium und in Campanien. Diese Angaben sind, auch wenn sie von der bei Plutarch genannten Zahl von nur zwei Kolonien deutlich abweichen,[19] durchaus zuverlässig. Bei dem *Liber Coloniarum* handelt es sich um Verzeichnisse der Landzuweisungen aus der Zeit von den Gracchen bis zum Ende des 2. Jahrhunderts n. Chr., die im Kontext der römischen Landvermessungsliteratur erhalten sind. Caius Gracchus hat also wesentlich mehr als nur zwei Kolonien gründen lassen; und sehr wahrscheinlich sind die übrigen in dem Gesetz bereits erwähnt worden.

Caius Gracchus hat mit den Koloniegründungen eine völlig anders ausgerichtete Bodenreformpolitik betrieben als sein Bruder. Man könnte sie zwar als Erweiterung des ursprünglichen Konzepts sehen – mit dem markanten Unterschied, dass es ihm um mehr ging als um die Zuteilung einzelner Landparzellen. Fortan wurden jedoch großangelegte Kolonien eingerichtet, also ganze Städte mit einer entsprechenden Verwaltungs- und Organisationsstruktur. Gemeinsam war beiden Vorhaben indes, dass Land konfisziert werden musste, bevor es bereitgestellt und zugewiesen werden konnte. Die Verteilung einzelner Landparzellen, auch wenn damit in Eigentumsverhältnisse eingegriffen wurde, hatte allerdings weit weniger Auswirkungen auf die ländlichen Regionen Italiens als die Anlage großer Bürgerkolonien, für die ein ganzer städtischer Apparat mit Infrastruktur eingerichtet werden musste. Deren Zuordnung zu den ländlichen Tribus hat unter Umständen die Stimmenverhältnisse in der hauptstädtischen Tribusversammlung und eventuell sogar in der Zenturienversammlung beeinflusst.

Vor allem aber muss die rituelle Legitimation, die mit einer Koloniegründung einherging und mit großartig zelebrierten Opferzeremonien begangen wurde (S. 200), dem Koloniegründer bedeutendes Prestige verliehen haben, das weit über dasjenige hinausging, was mit der Landzuteilung in Parzellen verbunden war. Städtegründer waren oder wurden zu mythischen Figuren. Ihnen wurde mit Kulten oder besonderen Erinnerungsorten gedacht. Mit neuen Städten auf italischem Boden, dazu noch mit der Wiederbelebung von Karthago gedachte sich Caius Gracchus offenbar als bedeutender Städtegründer in das kulturelle Gedächtnis der römischen Bürgerschaft einzuschreiben.

Straßen

Wie weit die Pläne des Caius gingen und wie genau er den Infrastrukturbereich im Auge hatte, lässt ein anderer Aspekt seines Programms erkennen. Plutarch und Appian berichten von Caius' großen Straßenbauprojekten, für die er eine Vielzahl von Handwerkern und Unternehmern um sich scharte. Darf man Plutarch glauben, so hat Caius diese Straßenbauarbeiten und andere Projekte wie den Bau der Getreidespeicher persönlich überwacht und geleitet.

Bei den Straßen muss es sich um öffentliche Straßen gehandelt haben, sogenannte *Viae publicae*, die von den Vicinalstraßen (*Viae privatae*) zu unterscheiden sind; Letztere sorgten lediglich auf lokaler Ebene für die Anbindung der Gutshöfe und Siedlungen.[20] Die regelmäßige und intensive Nutzung der *Viae publicae* hingegen erforderte ein ganz anderes, hohes Maß an Qualität im Straßenbau.[21] Darüber schreibt Plutarch:

«Die eifrigste Tätigkeit aber entfaltete er im Straßenbau, wobei er neben den praktischen Erfordernissen auch auf gefällige Formen bedacht war. Schnurgerade zogen die Straßen durch das Land, teils mit behauenen Steinen gepflastert, teils mit aufgeschüttetem Sand bedeckt, der festgestampft wurde. Vertiefungen füllte man aus und baute Brücken, wo Gießbäche oder Schluchten das Gelände durchschnitten, und da die Ufer auf beiden Seiten gleichmäßig erhöht wurden, gewann das ganze Werk ein ebenmäßiges und schönes Aussehen. Jede Wegstrecke war nach Meilen unterteilt, und zur Angabe der Distanzen waren von Meile zu Meile steinerne Säulen aufgestellt. Andere Steine setzte er in geringerem Abstand zu

Abbildung 13: Römerstraße am Nordende der Lagune von Venedig

beiden Seiten der Straße, damit Berittene von ihnen aus leicht und ohne Hilfe eines Reitknechtes ihr Pferd besteigen könnten.»[22]

Natürlich war dafür die Bereitstellung von Ressourcen aus den öffentlichen Kassen nötig – sicher ein weiterer Punkt, für den man Caius Verschwendung und Plünderung der Respublica vorwarf. Straßeninfrastruktur zu schaffen ist teuer und war in Rom in der Regel Aufgabe der Zensoren oder der befehlshabenden Feldherren in den eroberten Gebieten Italiens. Als Tätigkeit eines *Volkstribunen* ist dies bei Caius Gracchus zum ersten Mal zu beobachten. Grundsätzlich bildeten die Straßen die Lebensadern, um kleine und mittlere Siedlungen sowie landwirtschaftliche Betriebe wie Villen und Latifundien an das Verkehrsnetz und damit an die Märkte anzuschließen. Insofern hat der Straßenbau, den Caius Gracchus anschob, erst die entscheidende Voraussetzung dafür geschaffen, dass mit Bodenreform und Koloniegesetz eine neue Wirklichkeit gestaltet werden konnte.

Die Antwort seiner Gegner ließ nicht lange auf sich warten. Man begann eine Art Überbietungspolitik, für die man in dem Volkstribunen Livius Drusus einen willigen Helfer rekrutierte. Livius Drusus trat mit einem opulenten, nachgerade gigantischen Koloniegründungsprogramm vor das römische Volk: Statt zwei Kolonien, wie Gracchus sie (vermutlich nur als ersten Schritt in seinem Gesetz) vorgesehen hatte, sollten zwölf

Kolonien mit je 3000 Kolonisten aus der ärmsten Bevölkerungsschicht gegründet werden! Die deutlich höhere Zahl der dann tatsächlich von Caius Gracchus gegründeten Kolonien könnte eine Konsequenz aus diesem Antrag des Livius Drusus gewesen sein. Außerdem beantragte Livius Drusus die Befreiung der durch die Bodenreformkommission versorgten Bauern von ihrer Pacht, die sie an die Respublica zu entrichten hatten, und versprach den im Heer dienenden Latinern Schutz vor der Prügelstrafe durch ihre Offiziere. Im Gegensatz dazu hatte Caius vor, den Latinern das volle Bürgerrecht zu verleihen. Das wäre eine sehr viel weitergehende Maßnahme gewesen, die aber tiefere Eingriffe in die politische Struktur bedeutet hätte, wenn sie denn verabschiedet worden wäre. Umstritten war ein solches Vorhaben allemal, ganz im Gegensatz zu der Abschaffung der Prügelstrafe.

Livius Drusus lehnte – im Unterschied zu Gracchus – alle mit seinen Vorschlägen verbundenen Ämter und Würden für sich ab. Das Ergebnis war, dass Gracchus' Anträge in der Folge durchfielen, die des Livius Drusus hingegen Gesetz wurden.[23] So ganz kann diese Überlieferung nicht stimmen, da der *Liber Coloniarum* deutlich mehr Kolonien für Gracchus verzeichnet und eben nicht alle Vorhaben des Caius in dessen zweitem Tribunatsjahr abgelehnt wurden. Doch der Kern der Aussage bleibt, dass Livius Drusus seinen Kollegen Caius Gracchus ausmanövriert hat. Das tat er offenbar sehr geschickt, indem er einesteils Vorhaben des Caius aus dessen Programm herausbrach und seinerseits überbot, anderes wiederum entschärfte – wie den Streit um die vollen Bürgerrechte für Latiner. Gleichzeitig lehnte er es ab, in Kommissionen oder bei Verteilungen mitzuwirken, womit er auf das daraus zu gewinnende Prestige verzichtete. Das war politisch geschickt, weil er sich so den Anschein der Uneigennützigkeit verleihen konnte, gleichzeitig aber, da von seinen Gesetzesvorhaben kaum etwas realisiert wurde, keine Verantwortung übernehmen musste.

Diese Überbietungspolitik muss auf mehreren Feldern stattgefunden haben: In einer bei Polla in Süditalien gefundenen Inschrift brüstet sich derjenige, der den Stein hat setzen lassen, damit, dass er nicht nur die Straße gebaut, sondern sie mit Brücken, Meilensteinen, Marktplätzen und anderen Bauten ausgestattet habe.[24] Er rühmt sich der Anlage der Straße von Rhegium nach Capua, der Jagd auf entlaufene Sklaven und deren

Rückgabe an die Besitzer in der Zeit seiner Praetur, deren Zuständigkeit eigentlich in Sizilien gewesen sei, ferner des Baus öffentlicher Gebäude sowie, dass er zum ersten Mal auf öffentlichem Land «die Hirten dazu brachte, den Bauern Platz zu machen».[25] Pikant werden die Angaben aus dieser Inschrift, wenn man bedenkt, dass es sich bei dem Initiator um Popillius Laenas, den Konsul von 132 v. Chr., gehandelt haben kann,[26] also ebenjenen Magistraten, der das Sondertribunal gegen die Anhänger um Tiberius Gracchus geführt hatte. Sollte er es tatsächlich gewesen sein, dann muss diese Tätigkeit vor den Tribunatsjahren des Caius gelegen haben; das würde bedeuten, dass diese Art der Überbietungspolitik bereits Jahre vor der Konkurrenz zwischen Livius Drusus und Caius Gracchus begonnen hat.

Die Gegner des Caius haben sich also die Inhalte des gracchischen Reformprogramms bis zu einem gewissen Grad zu eigen gemacht. Sie übernahmen einzelne Teile aus dem Reformprogramm wie etwa die Koloniegründungen. Andere Teile überboten sie wie beispielsweise die Abschaffung der Pacht für die zugeteilten Landstücke. Eine Entschärfung einzelner Vorhaben des Caius Gracchus gehörte ebenso in diesen neuen Maßnahmenkatalog, wie an der Reduktion der Bürgerrechtsfragen auf die Abschaffung der Prügelstrafe im Heer zu sehen ist. Gleichzeitig betrieben sie die scharfen Angriffe gegen Caius weiter, und vor allem ist ganz offensichtlich kaum ernsthaft mit der Realisierung der einzelnen Überbietungsgesetze begonnen worden. Alle diese neuen Gesetze und Versprechungen hätten sehr viel Geld gekostet, doch hat bei deren Beantragung und Verabschiedung anscheinend niemand gefragt oder überhaupt zur Diskussion gestellt, woher das benötigte Geld genommen werden sollte.

5. Neuordnung der Finanzen nach innen und außen

Der Streit um Geld und darum, wie soziale Maßnahmen überhaupt durch öffentliche Mittel finanziert werden könnten und sollten, scheint an Caius nicht spurlos vorübergegangen zu sein. Vielleicht stand er unter dem Eindruck dessen, was sein Bruder im Hinblick auf das Erbe des pergamenischen Königs veranlasst hatte. Jedenfalls hat er sich nicht darauf beschränkt, die Gesetze für Abgaben, die von den Zensoren jeweils jährlich an Pächter versteigert wurden, neu zu regeln, sondern hat gleich die Steuerpacht in der Provinz Asia insgesamt neu geordnet.

Die üblichen staatlichen Einkünfte im republikanischen Rom stammten aus der Verpachtung von öffentlichem Grund und Boden, Bergwerken, Salinen und Hafenzöllen. Welchen Anteil davon Caius für die Anlage der Kolonien, der Straßen und der Getreidespeicher und vor allem zur Finanzierung des verbilligten Getreides eingezogen hat, ist nicht bekannt; die heftigen Angriffe, die er erfuhr, lassen jedoch darauf schließen, dass der Anteil nicht klein war.[1]

Caius brachte also ein Gesetz ein, wonach die Abgaben der Provinz Asia künftig durch die Zensoren verpachtet werden sollten.[2] Das Gesetz legte daher fest, dass die Einnahmen aus dieser reichen Provinz nicht vor Ort von römischen Amtsträgern eingezogen werden durften.[3] Die Alternative wäre die Festlegung einer bestimmten Summe vorab gewesen, die dann jedoch unter Umständen in keinem wirtschaftlich gesunden Verhältnis zu den realen Einnahmen gestanden hätte. In der römischen Provinz Sizilien wurde dieser Zehnte ebenfalls erhoben, jedoch wurde in jeder Gemeinde unter Aufsicht des römischen Statthalters separat durch Versteigerung festgelegt, wer ihn eintreiben durfte. Dies öffnete der Korruption vor Ort Tür und Tor, weil sich die Statthalter durch willkürliche Erhöhungen unermesslich bereichern konnten. Die Anklagen und Prozesse gegen Statthalter hatten bereits zur Einrichtung eines senatorischen Sondergerichtshofes geführt, so dass jedem klar war, welche Gefahr des Missbrauchs mit der Einziehung solcher Gelder verbunden war. Für die Provinz Asia wurden nach dem Gesetz des Caius die Einkünfte aus dem Zehnten von den Zensoren in Rom en bloc vergeben (*Locatio censoria*). Das geschah öffentlich in Rom, und so waren Transparenz und Kontrolle möglich. Wenn man demgegenüber die Einnahmen unter der Aufsicht des Statthalters der Provinz versteigert hätte, dann wären Kontrolle und Einflussnahme vom Zentrum Rom aus viel schwieriger gewesen. Eine Versteigerung in Rom fand unter den wachsamen Augen des römischen Volkes und seiner Interessensvertreter statt. Insbesondere für die Tribunen, von denen man erwarten konnte, dass sie die Korruption erkennen und unterbinden würden, ergaben sich neue Handlungsfelder. Caius Gracchus hat dazu seine grundsätzliche Position formuliert. Seine Argumente (S. 157) lassen sich relativ sicher bestimmen. Wenn er sagt, er selbst trete dafür ein, die Einkünfte des Volkes zu erhöhen, und damit sei gleichzeitig dem Nutzen des Volkes und ebenso den Interessen der Respublica gedient,[4] dann meint er damit natürlich nicht, dass alle ‹gleich gemacht werden sollen›. Vielmehr ging es ihm darum – wie es dann durch die Regelung für die Provinz Asia auch realisiert wurde –, dass die öffentliche Infrastruktur im Sinne des Gemeinwohls ausgebaut und gesichert werden sollte.

In diesen Kontext gehört vermutlich auch ein gracchisches Gesetz, dessen präzise Datierung aber nicht bekannt ist; unser wichtiger Gewährsmann Plutarch erwähnt es nicht. Jedoch ist es bis in die Endzeit der Republik maßgebend geblieben. Cicero und Sallust kennen dieses Gesetz, die sogenannte *Lex Sempronia de provinciis consularibus* (Gesetz über die konsularischen Provinzen).[5] Demnach sollte der Senat wie bis dato auch bestimmen, welche Provinzen die Konsuln eines bestimmten Jahres verwalten sollten; die beiden betreffenden Provinzen mussten jedoch *vor* den Wahlen benannt werden, aus denen dann hervorging, wer die beiden betreffenden Konsuln sein würden. Damit war die Kompetenz des Senats zwar nicht beseitigt, aber die Einflussmöglichkeit der neuen Konsuln und des Senats darauf, die Entscheidung im Dienste bestimmter Interessen oder Gruppierungen zu treffen, drastisch reduziert. Man könnte vermuten, dass dieses Gesetz 122 v. Chr. vor der Wahl der Konsuln für das Jahr 121 v. Chr. eingebracht wurde, in dem einer der Mitstreiter des Caius, C. Fannius, gewählt wurde.[6] Da das Veto eines Volkstribunen, das die Verabschiedung des notwendigen Dekrets hätte verzögern können, durch das Gesetz des Caius ausdrücklich verboten war, konnten keine interessierten Gruppen die Angelegenheit bis nach den Wahlen hinauszögern.

Selbst dieses Gesetz ist nach der Ermordung des Caius in Kraft geblieben, bis es erst durch Pompeius im Jahr 52 v. Chr. aufgehoben wurde. An diesem Beispiel wird deutlich, dass die Gesetzgebung des Caius prinzipiell Strukturen geschaffen hat, die bestimmte Funktionen des Senats einschränkten bzw. beschränkten, aber im Grundsatz nicht dessen Kompetenzen infrage stellten – andernfalls wäre diese Norm nach seinem Tod mit einiger Wahrscheinlichkeit wieder aufgehoben worden. Auch das spricht dafür, dass er sicher nicht beabsichtigte, den Senat zu «entmachten» oder der Volksversammlung neue Kompetenzen zuzuordnen. Doch anhand solcher, auf den ersten Blick eher wie Einzelbestimmungen anmutender Gesetze lassen sich die Umrisse des Gesellschaftsprogramms des Caius Gracchus erfassen. Der gegen ihn erhobene Vorwurf, das Volk faul und müßig zu machen, lässt das trügerische Bild von der Einführung einer Art von – modern gesprochen – ‹Wohlfahrtsstaat› aufscheinen. Caius argumentierte dagegen, dass es das gute Recht des Volkes sei, Grundsatzangelegenheiten mit Gesetzen zu steuern. Die Beseitigung von Umgehungsmöglichkeiten, Begünstigung und Korruption durch Transparenz und klare Festlegung von Prozeduren bedeutete nicht, dass eine demokratische Partizipation breiter Schichten angestrebt wurde, sondern klare Verantwortlichkeiten und die Möglichkeit ihrer Kontrolle zu schaffen. Der beste Beleg dafür, dass diese Maßnahmen des Caius tragfähig waren, ergibt sich aus der Tatsache, dass diese Gesetze nach seiner gewaltsamen Beseitigung nicht aufgehoben wurden.[7]

6. Richtergesetz und Spezialgerichte

Das wohl bedeutendste, aber neben der Bodenreform umstrittenste Vorhaben des Caius war eine Reform der römischen Gerichte. Er hat dazu zwei Gesetze eingebracht, deren Verhältnis von der antiken Überlieferung nicht immer richtig wiedergegeben wird. Plutarch und Livius[1] – bzw. die Zusammenfassung des betreffenden Buches aus dem Werk des Livius – auf der einen und auf der anderen Seite Appian und Diodor[2] sowie eine Reihe weiterer allgemeiner Erwähnungen[3] widersprechen einander zum Teil erheblich.[4] Sortiert man die verschiedenen Angaben, so ergibt sich, dass Caius im ersten Tribunatsjahr vermutlich ein ‹vergleichsweise milderes› allgemeines Gesetz über die Gerichte eingebracht hat. Dies sah eine aus Senatoren und Rittern paritätisch gebildete Geschworenenschaft vor. Dem ließ er ein schärferes Gesetz folgen, das die Zuständigkeit bei einem speziellen Tatbestand regelte: Korruption der Provinzstatthalter.

Der Grundgedanke war, die Geschworenen der Gerichtshöfe aus Senatoren und Rittern zu mischen bzw. eine Anzahl Ritter in das Verzeichnis der Richter (*Album iudicum*) aufzunehmen. Dazu heißt es in der Zusammenfassung aus Livius, dass er 600 Ritter in den Senat aufgenommen habe und diese mit den 300 Senatoren die Geschworenenschaft bilden sollten. Plutarch wiederum nennt ganz andere Zahlen: Er schreibt von *300*

Rittern und 300 Senatoren für die Gerichte, und er erwähnt nichts davon, dass diese Ritter-Richter Mitglieder im Senat sein sollten.

Wir können also davon ausgehen, dass Caius der Volksversammlung ein allgemeines Gesetz über die Zusammensetzung der Richterschaft vorgelegt hat, das die Einrichtung einer gemischten Richterschaft vorsah, die sich sowohl aus Senatoren als auch aus Rittern zusammensetzte. Auch damit ist folglich der Senat keineswegs entmachtet worden, jedoch ist sein Einfluss auf die Rechtsprechung gemindert und in gewisser Weise einer Kontrolle unterworfen worden. Man kann daran erkennen, dass Caius vorzugsweise daran arbeitete, durch neue Elemente einen Ausgleich zwischen verschiedenen gesellschaftlichen Gruppen zu schaffen. Die enorme Erhöhung der Zahl von 300 auf 600 ist eben nicht einfach eine Reduktion des Senatseinflusses, sondern bedeutet eine Verbreiterung des Fundamentes, durch das die Rechtsprechung gestärkt werden sollte. Damit ordnet sich dieses Richtergesetz ganz dem ein, wie er die Finanzen neu geordnet hat.

Aber er hat darüber hinaus die Einführung einer Ausnahme beschließen lassen, die erhebliche Auswirkungen haben sollte: ein sogenanntes Repetundengesetz, das für einen speziellen Fall tatsächlich die Senatoren als Richter ausschloss. Wenn eine Anklage wegen Erpressung von Untertanen und Bundesgenossen durch römische Amtspersonen erhoben wurde und es um erpresste und wiederzuerstattende Gelder bzw. Güter ging, dann sollten die Richter für diese Prozesse *ausschließlich* aus den Reihen der Ritter rekrutiert werden. Auch sollte die Strafe fortan nicht mehr – wie bis dato üblich – in der einfachen Rückerstattung bestehen, sondern sie wurde auf die *zweifache* Rückerstattung erhöht (ein später von Sulla erlassenes Gesetz zw. 81 und 79 v. Chr. erhöhte die Buße sogar auf das Zweieinhalbfache).

Das hatte zur Folge, dass die in solchen Prozessen Verurteilten fortan meist ins Exil gingen – entweder weil sie der schweren finanziellen Strafe entgehen wollten oder sich der Anklage wegen der in den Prozessen aufgedeckten Tatsachen grundsätzlich entziehen wollten. Das Gesetz machte diese Straftat selbst nicht zu einem Kapitalverbrechen, jedoch resultierte es in dem Ausschluss eines Überführten aus dem Senat. Das dürfte für einen prominenten und ehrgeizigen Politiker faktisch den Verlust seiner Existenz und Identität als *Nobilis* – als Angehöriger der obersten gesellschaftlichen Elite – bedeutet haben.

Abbildung 14: Tabula Bembina (Museo Archeologico Nazionale di Napoli)

Einzelheiten dieser neuen Norm überliefert uns ein inschriftlich erhaltenes Gesetz, das Manius Acilius Glabrio eingebracht hatte, der im Jahr 122 v. Chr. Volkstribun war und zu den Unterstützern des Caius zu rechnen ist. Dass jener ein Schwiegersohn des großen Juristen Quintus Mucius Scaevola war, führt uns vor Augen, wie die personelle Kontinuität im juristischen und politischen Bereich nach wie vor wirkte. Die sogenannte *Tabula Bembina*,[5] eine in der Nähe von Urbino gefundene Inschrift, bietet uns den Text dieses Repetundengesetzes des Acilius.[6] Interessanterweise steht auf der Rückseite dieser Tafel ein weiteres Gesetz, die *Lex agraria* von 111 v. Chr., mit der die gracchische Bodenreform zum Abschluss gebracht wurde (S. 167 und 205).[7]

Die Inschrift über die Gerichtsreform enthält viele Details:[8] wer dem Gericht vorstehen sollte, die genaue Definition einer Straftat und der Personen, die dafür angeklagt werden konnten; die Zuweisung von Anwälten, die den Klägern auf Wunsch zur Seite stehen sollten; die Qualifikationen und die Auswahl der Richter aus einem Verzeichnis von 450 Richtern; die Auslosung und Auswahl der hundert Richter, die zunächst mit der Verhandlung eines bestimmten Falles betraut werden sollten; das Verfahren für die Anklageerhebung, und was geschehen sollte, wenn der Angeklagte verstorben war oder sich der Gerichtsbarkeit entzog; die Durchführung einer Verhandlung; die Sicherung von Zeugen und schriftlichen Beweisen; der von den Richtern zu leistende Eid, die Art und Weise, wie sie zu einer Entscheidung gelangen sollten, die Meldung und Zählung ihrer Stimmen; die Stellung von Sicherheiten, die Bemessung der Beträge, die Art der Auszahlung und die Handhabung dieser Gelder; die Belohnungen für erfolgreiche Prokuristen.

Stellt dies nun eine Machtverschiebung vom Senat zu den Rittern dar? Die antike Überlieferung war dieser Ansicht: Diodor schreibt, dass Caius auf diese Weise ‹das niedere Element im Staat zum Herrn über das höhere gemacht› habe, und Appian befand, dass nach der Verabschiedung des Gerichtsgesetzes Gracchus erklärt haben soll, er habe den Senat völlig zerstört. Weiterhin kommentiert Appian, Caius habe die Ritter ‹gleichsam zu Herrschern über die Senatoren und die Senatoren praktisch zu ihren Untertanen› gemacht![9] Nun schreibt aber Appian auch, dass die Gerichte zuvor in dem schlechten Ruf gestanden hätten, korrupt zu sein. Er führt sogar drei Fälle aus der damaligen Zeit an, in denen sich Angeklagte einen Freispruch trotz Misswirtschaft in den Provinzen erkaufen konnten.[10] Anders urteilt Plutarch, der uns zusätzlich ein interessantes Detail mitteilt: «Für diesen Antrag setzte er sich, wie es heißt, mit ganz besonderem Eifer ein, ja noch mehr: während vor ihm alle Vertreter des Volkes von der Rednerbühne aus zum Senat und dem sogenannten Comitium hingeblickt hatten, wandte er sich in jenem Augenblick zum ersten Male dem Forum zu, als er zum Volke sprach, und soll es auch in Zukunft so gehalten haben.»[11]

Die symbolische Bedeutung dieser Geste ist kaum zu überschätzen (selbst wenn er wohl nicht der Erste war, der sie zeigte – S. 131) und belegt, dass Caius das Volk, die Volksversammlung, als ersten Adressaten seiner Reden betrachtete und nicht mehr, wie bis dato für Volkstribunen üblich, den Senat in der Curia (s. Abb. 10–12). Weiter schreibt Plutarch: «Durch eine kleine Drehung, eine kaum merklich veränderte Haltung brachte er die Fundamente des Staates ins Wanken und schuf ihn aus einer Aristokratie um in eine Demokratie, in der die Redner auf die Menge, nicht auf den Rat Rücksicht nehmen müssen. Nachdem das Volk das Gesetz angenommen und ihm überdies Vollmacht erteilt hatte, die Richter aus dem Ritterstande auszuwählen, fiel ihm eine fast monarchische Machtfülle zu, so daß der Senat sich herbeiließ, seinen Rat anzuhören. Er griff aber nur dann in die Debatte ein, wenn er Vorschläge machen konnte, die dem Senat Ehre einbrachten.»[12]

Plutarch war also tatsächlich der Ansicht, dass Caius aus einer römischen Aristokratie eine Demokratie gemacht habe. Die in diesem Kontext verwendeten griechischen Verfassungsbegriffe überdecken allerdings die römische Realität mit einem Schema, das das wahre Kräftespiel zwischen Politikern, Senat und Volk kaum angemessen wiedergeben kann. Die dem Caius von Plutarch ebenfalls zugeschriebene quasi-monarchische Machtfülle ließe sich kaum mit einer Demokratie vereinbaren und macht deutlich, dass es Plutarch schwerfiel, dieses Kräftespiel mit seiner griechischen Terminologie und aus seiner griechisch geprägten Perspektive angemessen zu beschreiben. Die Spielräume für das Entstehen von Konfliktpotential im Machtgefüge des Staates waren in Rom anders – und vor allem waren die Gepflogenheiten, damit umzugehen, andere – als in den Stadtstaaten Griechenlands, den Poleis. Vielleicht hat Plutarch sich zu sehr von dem Bild der vielen, fast zur Tagesordnung gehörenden Umstürze in griechischen Städten leiten lassen. Jedenfalls haben die Gegner des Caius, wie die mit Livius Drusus einsetzende Gegenbewegung erkennen lässt, sehr wohl ein Mittel gefunden, um dessen Politik so zu konterkarieren, dass sie ihn – wenn auch wie im Falle seines Bruders mit einer Bluttat – schnell beseitigen konnten.

7. Bürgerrecht und Wahlrecht für Latiner und Italiker

Genauso umstritten wie die Bodenreform und das Richtergesetz war Caius' Vorhaben, den Bundesgenossen der Römer, den Latinern und Italikern, Bürgerrecht und Wahlrecht zu verleihen. Allerdings ist er mit dieser Reform gescheitert – und dieses Scheitern darf bereits als Vorbote seines herannahenden Endes gelten.

Bereits 126 v. Chr. begann eine Auseinandersetzung zwischen Rom und seinen allerengsten Verbündeten, die erst 35 Jahre später durch einen blutigen Bürgerkrieg auf italischem Boden beendet werden sollte. Im Jahr 126 v. Chr. hat Marcus Iunius Pennus alle ‹Fremden› aus Rom ausgewiesen, d. h. alle, die kein römisches Bürgerrecht besaßen.[1] Fulvius Flaccus,

Konsul des Jahres 125 und enger Freud des Caius, brachte den Gesetzesvorschlag ein, den Bundesgenossen römisches Bürgerrecht oder das Recht auf Provokation zu verleihen.[2] Bei der Wahl des Provokationsrechtes allein hätten diejenigen, die sich dafür entschieden, immerhin nicht das Bürgerrecht ihrer eigenen Stadt oder Gemeinde aufgeben müssen und gleichzeitig doch einen Schutz vor den Übergriffen römischer Amtsträger gewonnen. Flaccus gelang es nicht, trotz der Unterstützung des Caius, diesen Gesetzesantrag durchzubringen; stattdessen ging er nach Norditalien in seine konsularische Provinz.[3]

Der Ausweisungsakt des Pennus muss in Italien viele brüskiert haben, denn dieser Vorgang – wie sogar Cicero später festhält – wurde als in höchstem Maße unmoralisch angesehen![4] Er blieb nicht ohne Folgen. Im Jahr 125 v. Chr. begann Fregellae einen Aufstand gegen Rom. Der Praetor Lucius Opimius belagerte die Stadt; die Eroberung gelang ihm nur durch Verrat. In der Folge wurden die Stadtmauern niedergerissen und das Gebiet dem Erdboden gleichgemacht (S. 97). Die überlebenden Einwohner wurden einige Kilometer südlich in eine neue Siedlung verbracht, der man den Namen Fabrateria Nova gab.

Parallel dazu versuchte Fulvius Flaccus in Norditalien wenigstens mit einem Teil seines Vorhabens voranzukommen. Auf ihn sind die Anlage der Via Fulvia und des Forum Fulvii in Ligurien zurückzuführen ebenso wie die Gründungen der römischen Siedlungen im Umkreis der Via Fulvia.[5] Wahrscheinlich gelang es ihm, das gesamte Gebiet westlich von Placentia für die Ansiedlung römischer Bürger nutzbar zu machen. Auch spricht viel dafür, dass der Bevölkerung dieses Gebietes die *Civitas sine suffragio* – also das römische Bürgerrecht ohne Stimmrecht in den Volksversammlungen der Stadt Rom – verliehen wurde. Diese großzügige Verleihung dürfte in Verbindung mit den Ansiedlungen erfolgt sein. Die Siedlungsaktivität des Fulvius Flaccus hat wahrscheinlich gleichermaßen Latiner, Italiker und die weitere dort ansässige Bevölkerung einbezogen, die dann ebenfalls die *Civitas sine suffragio* erhielt. Auffallend ist, dass der nächste Zensus in Rom eine gänzlich außerhalb der demographischen Entwicklung Roms liegende Steigerung aufweist: von ca. 318 000 im Jahr 131/130 v. Chr. auf 394 000 im Jahr des Zensus 125/124 v. Chr. Bei dem Zensus 125/124 v. Chr. sind mithin über 60 000 Bürger mehr gezählt worden als durch die Zensoren von 131/130 v. Chr.; das darf zumindest als indirekter Beleg dafür gewertet werden, dass es Flaccus außerhalb von Rom gelungen ist, in der Bürgerrechtsfrage einen Fortschritt zu erzielen.[6]

Als im Jahr 124 v. Chr. Caius Gracchus als Volkstribun für das Jahr 123 v. Chr. gewählt wurde, gelangte das Vorhaben einer Bürgerrechtsgesetzgebung wieder auf die Tagesordnung. Doch bei dieser Gesetzgebung ist vieles unklar. Wie viele solcher Gesetze hat Caius eingebracht? Betrafen seine Anträge ausschließlich die Latiner oder Latiner und Italiker? Schließlich bleibt die Frage: Was genau war der Inhalt seiner Gesetzesanträge? Velleius Paterculus (um die Wende des 1. Jahrhunderts v. Chr. zum 1. Jahrhundert n. Chr.), Plutarch und Appian heben zwar diese Gesetzesanträge des Caius hervor, jeder jedoch mit einem etwas anderen Fokus.

Bleibt man bei Velleius, dann hat Caius die Verleihung des römischen Bürgerrechts an die Latiner beantragt, und zwar nur an die Latiner![7] Dieses sogenannte *Ius Latii* (oder *Ius Latinum*) verlieh den Einwohnern der Städte und Gemeinden – ursprünglich von Latium, später als eigenes Recht auch unabhängig von der Region – bestimmte Rechtsansprüche. Diese umfassten vor allem Handels- und Heiratsrechte mit Rom bzw. Römern sowie das Recht, bei einem Aufenthalt in Rom dort zu wählen – jedoch alle nur in einer der 35 Tribus.

Gegen diesen Gesetzesantrag des Caius hat vor allem Fannius – vermutlich der alte Weggenosse des Tiberius Gracchus und über lange Zeit auch des Caius Gracchus – heftig agitiert. Von ihm ist aus diesem Anlass eine in der Antike berühmte Rede überliefert, die Cicero als «gleichzeitig fein und edel» beschreibt. Fannius hat darin an den Egoismus des Volkes gegenüber den potentiellen Neubürgern appelliert: «Wenn ihr den Latinern das Bürgerrecht gebt, glaubt ihr dann wirklich, ihr werdet weiterhin, so wie jetzt, einen Platz in der Versammlung haben oder an Spielen und Feiertagen teilnehmen? Denkt ihr nicht, dass sie alles in Beschlag nehmen werden?»[8] Diese Argumentation ergibt aber nur dann Sinn, wenn sich der Gesetzesantrag des Caius auf alle Bundesgenossen bezogen hat und nicht nur auf die Latiner! Fein und edel mag man diese Einstellung freilich nur nennen, wenn man die Ausweitung des Bürgerrechts als eine Zumutung für diejenigen betrachtet, die es schon haben und keinesfalls teilen wollen.

Dazu passt, was Appian schreibt, der das Gesetz auf alle Bundesgenossen bezieht und es in das zweite Tribunatsjahr des Caius, also das Jahr 122 v. Chr. datiert. Bei Appian heißt es – und das entspricht der Aussage des Fannius –, dass den Latinern das römische *Bürgerrecht* verliehen werden sollte und, wie er fortfährt, den übrigen Bundesgenossen, die bisher bei den Abstimmungen der Römer nicht mitstimmen durften, das *Stimmrecht*. Mit diesem Gesetzesvorhaben wollte sich Caius in seinem zweiten Tribunat eine breitere Basis an Wählern verschaffen.[9] Wie gesagt, das passt gut zu dem Angriff des Fannius, aber im Hinblick auf die Abstimmungsmöglichkeiten ergibt es nur dann Sinn, wenn das Stimmrecht nicht auf eine einzige der 35 Tribus beschränkt war, sondern für die Teilnahme an allen galt. Damit kann man die eher kursorisch und allgemein bleibenden Erwähnungen bei Plutarch verbinden, der berichtet, dass der Antrag über das Bürgerrecht der Bundesgenossen den Italikern das gleiche Stimmrecht verschaffen sollte.[10] Ein gleiches Stimmrecht wäre es aber nur dann, wenn die Stimmen nicht alle durch Zuordnung in einen Stimmkörper wertlos gemacht wurden.[11]

Glücklicherweise ist uns aus den Reden des Caius seine eigene Sichtweise und Begründung erhalten, die uns Gellius folgendermaßen überliefert:[12]

«Kürzlich kam der Konsul von Teanum Sidicinum an. Seine Frau sagte, dass sie im Männerbad baden wolle. Dem Quaestor von Sidicinum, M. Marius, wurde die Aufgabe übertragen, die Bäder von den gerade Badenden frei zu räumen. Die Frau berichtet ihrem Mann, dass die Bäder ihr nicht schnell genug übergeben wurden und zu unsauber waren. Daher wurde ein Pfahl auf dem Forum errichtet und M. Marius, der angesehenste Bürger seiner Stadt, dorthin gebracht. Seine Kleidung wurde ihm abgenommen und er wurde mit Ruten ausgepeitscht. Als die Einwohner von Calenum davon hörten, verkündeten sie, dass niemand in den Bädern baden sollte, wenn ein römischer Magistrat anwesend sei. In Ferentinum hat unser Praetor aus demselben Grund befohlen, die Quaestoren ergreifen zu lassen: Der eine warf sich daraufhin von einer Mauer und der andere wurde festgesetzt und mit Ruten ausgepeitscht.»

Weiter hat Caius anderswo so gesprochen: «Um zu zeigen, wie unbeherrscht und maßlos die Lust junger Männer ist, will ich euch ein Beispiel geben. Vor ein paar Jahren wurde ein junger Mann als Gesandter aus Asien geschickt, der zu dieser Zeit noch kein Amt bekleidet hatte. Er wurde in einer Sänfte getragen. Ein Bauernbursche aus Venusia kam ihm entgegen und fragte scherzhaft, da er nicht wusste, wer getragen wurde, ob sie eine

Leiche trügen. Als der junge Mann in der Sänfte das erfuhr, ordnete er an, die Sänfte abzusetzen, und befahl den Burschen mit den Stricken, mit denen die Sänfte befestigt war, so heftig zu schlagen, dass der Bursche starb.»

Caius kritisiert mit seinen Ausführungen ganz grundsätzlich die Willkür römischer Amtsträger und ihren Hang zu Machtmissbrauch. Das war jedoch nur die eine Seite der Medaille seiner Kritik an der römischen Herrschaftsausübung. Die andere, dass er versuchte, sich neue Wählerschichten zu erschließen, ist gleichermaßen gut überliefert, insbesondere, da er in seinem zweiten Tribunatsjahr zunehmend in Bedrängnis geriet. Möglicherweise ist Caius sogar noch einen Schritt weiter gegangen und hat eine allgemeine Reform des Abstimmungsrechts in der Volksversammlung beantragt. So soll er für die Zenturienversammlung, also jene Volksversammlung, die die Praetoren und Konsuln wählte, ein anderes Abstimmungsverfahren vorgeschlagen haben. Bis zu diesem Zeitpunkt stimmten diejenigen Zenturien der höchstvermögenden Bürger als Erste ab. Dies gab ihnen schon den entscheidenden Einfluss. Zudem waren die Stimmgewichte sehr ungleich verteilt: In den Zenturien der Vermögenden befanden sich auch weniger Bürger und je weniger Bürger in einer solchen Zenturie abstimmten, desto höher war natürlich das Stimmengewicht dieser Wenigen. Damit war in der Regel ihr Vorrecht, die Besetzung der höchsten Ämter unter sich auszumachen, gesichert. Die Zenturien derjenigen, die über wenig oder gar kein Vermögen verfügten, kamen daher praktisch nicht zur Abstimmung, da mit dem Erreichen der Mehrheit für einen Kandidaten der Abstimmungsvorgang sofort beendet wurde.

Caius soll damals vorgeschlagen haben,[13] dieses Verfahren zu ändern. Es sollten aus allen fünf Vermögensklassen die Zenturien ohne feste Reihenfolge – vermutlich nach Losentscheid – aufgerufen werden und dann abstimmen. Die Abschaffung der fixen Abstimmungsreihenfolge ‹von oben› in der Zenturienversammlung wäre sicher eine der allergrößten und tiefgreifendsten Reformen geworden. Sallust, der uns als einziger von diesem Reformvorschlag berichtet, kommentiert, dass damit die Vermögensunterschiede durch gleiches Ansehen eingeebnet und alle sich darum bemühen würden, sich an Tüchtigkeit gegenseitig zu übertreffen. Dazu passt, dass Diodor und Plutarch (S. 122) Caius Gracchus unterstellten, die Abschaffung der Aristokratie und die Einführung der Demokratie beabsichtigt zu haben. Dafür habe er auf die bereitwillige Unterstützung aller

Schichten zurückgreifen können. Diese seien nicht nur willige Helfer, sondern praktisch ebenso treibende Kräfte bei seinen kühnen Plänen gewesen.[14] Das ist nun maßlos übertrieben und entspricht nicht dem, was wir über den Verlauf seines Tribunats wissen. Aber es zeigt deutlich, welch schlechtes Ansehen die Demokratie unter den griechisch schreibenden Historikern der römischen Geschichte hatte.

Aus dieser Reform, falls Caius sie wirklich so weitreichend beantragt haben soll, ist nichts geworden, und es ist nicht auszuschließen, dass man ihm einen derart revolutionären Gedanken erst später zugeschrieben hat. Jedoch befand sich sein Stern schon, als er diese Anträge zu der Bürgerrechtsreform stellte, im Sinken. Hatte Livius Drusus ihn bereits in der Bodenreform ausgestochen, so gelang ihm das in der Bürgerrechtsfrage noch viel deutlicher. Es war wie in einer Komödie, schreibt Plutarch.[15] Schlug Caius dem Volk etwas vor, so beeilte sich Livius Drusus ohne Rücksicht auf Realisierungsmöglichkeiten oder die Sicherung der Finanzierung (S. 172), noch größere Vorhaben oder noch weiterreichende Anträge einzubringen. Als Überbietung des gracchischen Antrags zur Bürgerrechtsfrage schlug Livius damals die Abschaffung der Prügelstrafe für die Latiner im Heer vor, und dem habe das Volk in Rom begeistert zugestimmt! Das Gejohle des aufgehetzten römischen Volkes kann man sich lebhaft vorstellen. Als Begründung nannte Livius die Rückendeckung des Senats, dem nur eines am Herzen läge: das Wohl des Volkes. Inwiefern die Abschaffung der Prügelstrafe im Heer etwas zum Wohl der Bundesgenossen und der Latiner beitragen würde, scheint in Rom niemanden interessiert zu haben, insbesondere nicht im Hinblick auf das Argument des Fannius: Eine Teilung der Privilegien, wie beispielsweise des von Caius eingeführten verbilligten Getreidebezugs, war nicht erwünscht. Der geschickte Appell an Selbstsüchtigkeit und Egoismus des stadtrömischen Volkes tat seine Wirkung. Daher scheiterte der Gesetzesantrag des Caius, während der des Livius angenommen worden sein dürfte.

Vielleicht hat Caius bereits zu diesem Zeitpunkt erkannt, dass seine Gegner mit der neuen Strategie der Überbietung erfolgreicher waren als er selbst. Jedenfalls scheint in seinem zweiten Tribunatsjahr einiges an gescheiterten Vorhaben und Versuchen zusammengekommen zu sein.

8. Erneutes Scheitern

Der Wendepunkt in Caius' glanzvoller Tribunatszeit war die Gründung der Kolonie Iunonia auf dem Gebiet von Karthago. Scipio Aemilianus hatte diesen Erzfeind der Römer endgültig besiegt, die Stadt erobert und dem Erdboden gleichgemacht (146 v. Chr.). Mit der feierlichen Verfluchung des Ortes sollte verhindert werden, dass sich dort jemals wieder jemand niederlassen würde. Mit dieser Inszenierung der Zerstörung hatte sich Scipio Aemilianus auf der politischen Bühne und vor allem im kulturellen Gedächtnis Roms als würdiger Nachfolger seines Großvaters Scipio Africanus eingeschrieben – dem Sieger über Hannibal in der entscheidenden Schlacht bei Zama (202 v. Chr.) im Zweiten Punischen Krieg. Fortan galt er – Publius Cornelius Scipio Aemilianus Africanus minor (der Jüngere) – als der Vollender einer mehr als hundertjährigen kriegerischen Auseinandersetzung mit dem Erzfeind Karthago.

Nun war aber das Land rund um Karthago fruchtbar und durch die Eroberung zum *Ager publicus* und mithin verfügbar geworden. Ausgerechnet auf diesem Gebiet ließ damals Caius die erste römische Bürgerkolonie außerhalb Italiens gründen. Einer seiner Kollegen, der Tribun Rubrius, stellte den Antrag, auf dem Gebiet von Karthago die Colonia Iunonia Carthago zu gründen.[1] 6000 Kolonisten sollten dort angesiedelt werden – und diesmal ganz explizit nicht nur römische Bürger, sondern ebenso Italiker. Die Landstücke sollten mit 200 Morgen (50 ha) außerordentlich groß sein und rangierten damit schon in der Größenordnung der für die damalige Zeit größeren Landgüter. Caius wurde per Los zum Mitglied der Gründungskommission bestimmt.

Die Symbolik dieser Ortswahl dürfte den Zeitgenossen nicht verborgen geblieben sein. Einige Jahre nach dem Tod des jüngeren Africanus († 129 v. Chr.), der seinen großen Ruhm der Zerstörung der feindlichen Stadt verdankte und den Ort durch Verfluchung den Göttern geweiht hatte, sollte genau dort etwas Neues entstehen. Im Namen seines Gegners Caius Gracchus wurde diese Verfluchung durch das Gesetz, in dem die Gründung einer Kolonie an diesem Ort vom Volk beschlossen wurde, aufgehoben und ihm damit eine neue Geschichte gegeben. Zweifellos sollte damit die bedeutendste Leistung des Scipio Aemilianus überschrieben werden. Hätte die Kolonie sich entfaltet – so wie es dann später in der Kaiserzeit geschah und sie als Colonia Concordia Iulia Carthago zu einer der wichtigsten Städte des römischen Kaiserreichs neben Rom, Alexandria, Antiochia und Ephesos aufstieg –, so wäre Caius' Plan geradezu bewunderungswürdig aufgegangen.

Stattdessen aber sollte der Ort zum Schauplatz seiner Niederlage werden. Göttliche Zeichen störten das Vorhaben. Die ersten Fahnen, mit denen die Grenzlinien für die Vermessung abgesteckt wurden, erfasste ein Windstoß und zerbrach sie, als der Fahnenträger sich mit aller Kraft dagegenstemmte. Ein Sturm zerstreute die auf den Altären dargebrachten Opfer und schleuderte sie über die abgesteckte Grenzlinie hinaus. Wölfe wühlten die Grenzsteine aus dem Boden und schleppten sie weg. Caius ignorierte die schlechten Omina, arbeitete weiter und richtete die neue Kolonie ein. In der staunenswert kurzen Zeit von nur siebzig Tagen gelang ihm die Etablierung der gesamten Kolonie und er konnte nach Rom zurückeilen. Die Vermessung des Landes, die Zuteilung der Landstücke, die Anlage von Straßen und Plätzen sowie die Vorbereitung der Verwaltungsorgane in etwas mehr als zwei Monaten – alles erledigt! Die Geschwindigkeit war allerdings bitter nötig, denn sein Mitstreiter Fulvius wurde von Livius Drusus mit Anklagen überhäuft. Fulvius war ebenfalls Mitglied der Gründungskommission für Iunonia, aber möglicherweise bereits vor Caius nach Afrika gereist, um die nötigen Vorbereitungen zu treffen. Plutarch macht deutlich, dass Fulvius Flaccus in Rom die Stellung gegen die Angriffe halten wollte – vielleicht war er tatsächlich früher zurückgereist oder sie hatten sich beide vor Karthago abgewechselt.[2]

In Rom drohte die Stimmung zu kippen. Livius Drusus war mit seiner feindseligen Agitation erfolgreicher denn je, bedrängte Fulvius Flaccus und nutzte die lange Abwesenheit des Caius. Für die Konsulwahlen des nächsten Jahres 121 v. Chr. kandidierte mit Lucius Opimius ein Gegner der Reformer, der bereits seit der Niederwerfung von Fregellae für seine brachialen Methoden bekannt war. Caius scheint daher geplant zu haben, für ein drittes Tribunat zu kandidieren, scheiterte jedoch bei der Wahl. Es gab Unregelmäßigkeiten: Caius soll zwar die meisten Stimmen erhalten haben, jedoch sei seine Wahl nicht gültig gewesen. Seine Abwesenheit in Karthago war zu lang gewesen, auch wenn zwei Monate nach heutigen Maßstäben nicht als besonders lang für ein so großes Vorhaben wie die

Einrichtung einer Kolonie erscheinen mögen. Das hatte offenbar den Gegnern gereicht, um genügend Rückhalt im Volk zu gewinnen und Caius' Anhängerschaft entscheidend zu schwächen.

Mit allerlei demonstrativen Akten versuchte Caius, seine bisherige Unterstützung im Volk wiederzuerlangen.[3] Er zog vom Palatin hinunter in die Nähe des Forums, in ein Quartier, wo er den einfachen Leuten näher sein konnte. Dieser Umzug war nicht nur symbolisch: Bei jedem Auftreten umgab ihn eine Volksmenge, ein fast königsgleiches Gefolge.[4] Der Umzug ermöglichte ihm eine größere Mobilisierung im politischen Geschehen der Stadt und eine schnellere Aktivierung seiner Anhängerschar.

Weiterhin plante er wohl ein neues Gesetzespaket, von dessen Inhalten wir aber keine Einzelheiten kennen. Dann brach ein Streit darüber aus, wer überhaupt bei der Volksversammlung abstimmen dürfe; es folgte eine Auseinandersetzung zwischen Caius und seinem alten Mitstreiter Fannius. Fannius amtierte 122 v. Chr. als Konsul, und in das Amt war er mit der Unterstützung durch Caius gelangt. Aber wahrscheinlich war Fannius in diesem Jahr auf die Seite der Gegner gewechselt, so dass Caius nicht mehr mit dessen Unterstützung rechnen konnte.

Schließlich brachte ein Zwischenfall noch im Jahr 122 v. Chr. das Fass zum Überlaufen:[5] Für Gladiatorenspiele auf dem Forum waren Sitzplätze von einigen Tribunen errichtet worden, die an die Zuschauer vermietet werden sollten. Caius widersetzte sich diesem Vorhaben und ordnete an, die Gerüste zu entfernen, damit jeder und ohne Eintrittsgeld zuschauen könne. Seine Kollegen, die die Gerüste hatten errichten lassen, kümmerten sich nicht um seine Weisung, so dass er vollendete Tatsachen schuf – in der Nacht vor den Spielen ließ er die Tribünen von seinen eigenen Leuten abbrechen. Das trug ihm den Respekt der Menge ein, aber natürlich genauso den Ärger mit den anderen Tribunen. Und als Opimius dann mit Beginn des Jahres 121 v. Chr. Konsul war, wollte dieser als Erstes eine ganze Reihe von Caius' Gesetzen aufheben lassen, unter anderem das Koloniegesetz für Karthago.

Die Atmosphäre war so geladen, dass sich beide Seiten in Stellung brachten. Der Konsul Opimius setzte eine Volksversammlung an, in der er die Gesetze des Caius aufheben lassen wollte – um welche genau es sich handelte, wissen wir leider nicht. Während des Vollzugs des Opfers kam es bereits zu Ausschreitungen, bei denen ein Liktor des Konsuls ermordet wurde – ‹mit langen Griffeln, die angeblich eigens zu diesem Zwecke hergestellt worden waren›, wie Plutarch betont. Beide Seiten hatten sich also auf eine gewalttätige Auseinandersetzung vorbereitet. Doch als es so weit war, schritt offenbar der Wettergott ein – ein Wolkenbruch führte zur Auflösung der Versammlung.

Am nächsten Tag hatten sich die Gemüter allerdings keineswegs beruhigt. Die Senatoren stellten den Leichnam des ermordeten Liktors zur Schau, jammerten und inszenierten ein Trauerspiel. Die aufgebrachte Volksmenge schrie den Senatoren ihren Hass und Abscheu entgegen, erinnerte an Tiberius Gracchus, den jene auf dem Kapitol ermordet und dessen Leichnam sie in den Tiber geworfen hatten. Für einen einfachen Liktor aber würden sie auf dem Forum ein Schauspiel veranstalten!

Die Emotionen schlugen auf beiden Seiten so hoch, dass Ausgleich und Versöhnung nicht mehr möglich schienen. Die Senatoren – zumindest in ihrer Mehrheit, denn ganz ohne Rückhalt wird Caius nicht im Senat gewesen sein – trafen in dieser Situation einen folgenschweren Entschluss, der für die nächsten Jahrzehnte die schärfste Waffe im innenpolitischen Kampf werden sollte: Im Senat wurde beschlossen, dass der Konsul zusehen möge, dass die Respublica nicht Schaden nehmen möge (*ne quid res publica detrimenti caperet*, S. 190 ff.).[6] Dabei handelt es sich um eine Art Notstandserklärung, die fortan eingesetzt wurde, wenn eine Mehrheit im Senat keine Möglichkeit mehr sah, sich mit den vom Gesetz vorgesehenen Mitteln durchzusetzen. Mit Hilfe dieses Senatsbeschlusses wollte man angesichts der dräuenden gewalttätigen Auseinandersetzung dem Konsul Rückendeckung geben.

Opimius hat das genauso verstanden und den Senatoren befohlen, nicht nur selbst in Waffen zu erscheinen, sondern darüber hinaus auch noch bewaffnete Sklaven mitzubringen. Die Gegenseite, von Fulvius und Caius angeführt, bewaffnete sich ebenfalls und plante, den Aventin zu besetzen – traditionell das historische Zentrum der römischen Plebs. In der römischen Frühzeit hatte die Plebs mehrfach durch Besetzung des Aventins den Patriziern Sonderrechte, wie z. B. die Einrichtung des Volkstribunats, abgerungen. Dieser Schritt, in Rom nach Jahrhunderten einfach einen Aufstand zu wiederholen, war mehr als wagemutig. Es war halsbrecherisch – und vor allem war ein Erfolg völlig unrealistisch.

Caius wusste offenbar, wie das Ganze ausgehen würde: Als er am Vortag der letzten Auseinandersetzung das Forum verließ, blieb er vor dem Denkmal seines Vaters stehen, schaute es schweigend an, und ging dann in Tränen aufgelöst nach Hause. Am nächsten Tag kam er demonstrativ ohne Waffen, nur mit der Toga bekleidet und hatte lediglich einen kurzen Dolch bei sich. Wie zehn Jahre zuvor an dem für seinen Bruder entscheidenden, fatalen Tag soll sich auch die Ehefrau des Caius vor jenem niedergekniet und ihn angefleht haben, diesen letzten Gang nicht anzutreten. Die Szene, wie er dann zu seinem *Opfergang* aufbricht, zeichnet Plutarch in seiner Biographie des Caius mit aller Dramatik nach.

Das Ende war absehbar, denn alle Verhandlungsangebote zwischen der Partei auf dem Aventin und der im Senat blieben erfolglos. Opimius brannte auf den Kampf, er wusste den Senat in seiner Mehrheit hinter sich, hatte den Senatsbeschluss in der Tasche und die bewaffneten Senatoren mit ihren Sklaven und weitere Truppen an seiner Seite. Was sollte ihn also aufhalten? Fulvius schickte seinen noch jungen Sohn mehrfach in den Senat, um Botschaften zu überbringen, doch Opimius ließ den Jüngling festnehmen und ins Gefängnis werfen. Mit Schwerbewaffneten und Bogenschützen rückte er schließlich gegen die Aufständischen vor.

Das Ende des Aufstands kam schnell: Fulvius versteckte sich in einem verlassenen Bad, wo er zusammen mit seinem älteren Sohn erschlagen wurde. Caius hatte erst Schutz im Tempel der Göttin Diana gesucht, dem geradezu mythischen Zentralort der plebeischen Geschichte in Rom. Dorthin war die Plebs, der Überlieferung zufolge, in der Frühzeit ausgezogen, hatte sich verschanzt und von da aus die Verhandlungen mit den Patriziern geführt. Der Tempel für Diana war von dem legendären König Servius Tullius gegründet worden. Darin befand sich die berühmte *Lex Icilia*, die den Aventin der Plebs als Besitz zugeteilt hatte.[7] Dieser Tempel war eigentlich ein Asyl – ein geheiligter Zufluchtsort, der Unverletzlichkeit garantieren sollte. Doch Caius und seine Freunde waren sich dessen bewusst, dass es mit diesen Garantien nicht mehr weit her war. Caius, enttäuscht, entmutigt, verzweifelt – die meisten seiner Anhänger waren schon ins Lager des Konsuls übergegangen, der ihnen Straflosigkeit zugesichert hatte –, wollte sich selbst das Leben nehmen. Seine Freunde hinderten ihn jedoch daran und überredeten ihn zu fliehen. Doch zuvor richtete er noch ein Gebet an die Göttin, verfluchte das römische Volk für seine Undankbarkeit und seinen Verrat – dafür solle es in ewige Sklaverei fallen.[8] Niemand kam dem bis vor kurzem so mächtigen Caius Gracchus auf seiner Flucht zu Hilfe. Er bat verzweifelt um ein Pferd, doch niemand überließ ihm eines. Er floh zum Pons Sublicius, jener hölzernen Brücke, an der, darf man der Überlieferung glauben, im Jahre 507 v. Chr. Horatius Cocles allein den Tiberübergang gegen die anrückenden Etrusker gesichert haben soll. Diesmal waren es die Aufständischen, die den Zugang gegenüber dem heranziehenden Konsul und seinen Soldaten sicherten. Alle fielen, und Caius erkannte, dass eine weitere Flucht aussichtslos war. Schließlich beendete er dann seinen letzten Weg, sinnfällig in einem den Furien geweihten Wäldchen am Janiculum. Dort ließ er sich von seinem Sklaven töten. Die Leichen der Aufständischen – etwa 3000 Menschen – wurden in den Tiber geworfen.[9] Damit hatte sich das Traumgesicht erfüllt, in dem Tiberius seinem Bruder Caius den Tod prophezeit hatte.

9. Not kennt kein Gebot

Wer hat 121 v. Chr. zuerst zu den Waffen gegriffen? War die Tötung des Caius durch einen Notstand gerechtfertigt? Diese beiden Fragen haben schon die Zeitgenossen in der Antike beschäftigt, und entsprechend finden sich ganz unterschiedliche Versionen der Ereignisse und Beurteilungen.

Diodor stellt es so dar, dass Caius und Fulvius von Anfang an zur Eskalation entschlossen waren. Sie hätten einen Angriff auf das Kapitol geplant, jedoch sei es ihren Gegnern gelungen, den Tempel vorher zu besetzen.[1] Plutarch und Appian sehen in Fulvius den Hauptverantwortlichen, der Caius überrumpelt und zum Handeln gedrängt habe.[2]

Doch selbst wenn man die Rolle des Fulvius als Agitator akzeptiert und Caius nur eine Nebenrolle in dieser letzten Auseinandersetzung zuweist, bleibt doch, dass die antiken Quellen ziemlich einhellig der Ansicht sind, dass die Gruppe um Caius zuerst zu den Waffen gegriffen hat und damit die Eskalation ausgelöst haben soll. Hinzu kommt, dass Caius ein weiteres Vergehen zugeschrieben wird: Die letzte Volksversammlung, in der Opimius die Gesetze des Caius aufheben lassen wollte, wurde abgebrochen. Plutarch hat sich für die freundliche Sichtweise entschieden; er schiebt den Abbruch auf einen Wolkenbruch (S. 188). Einer anderen Überlieferung zufolge hat hingegen Caius dem leitenden Magistraten die Volksversammlung förmlich abberufen – ein Verfahren, das nach römischem Verständnis illegal und mit schwerster Strafe zu ahnden war. Caius, zu diesem Zeitpunkt nicht mehr im Amt, verfügte dafür über keinerlei Kompetenzen.

Der letzte Tag im Leben des Caius Gracchus verlief dramatisch. Am Ende einer blutigen Straßenschlacht muss Rom von Leichen übersät gewesen sein. Grabesstille kehrte ein. 3000 Tote! Die Zahl vermittelt – selbst wenn Plutarch und die anderen Quellen uns zu dieser Schlächterei keine Einzelheiten nennen – eine ungefähre Vorstellung davon, was sich ereignet hat: Waffenlärm, der Geruch von Blut, die Angst- und Schmerzschreie der Sterbenden erfüllten die Luft. Leichen, Köpfe, Gliedmaßen und Blutströme bedeckten die Straßen. Das Blut derer, die man in den Tiber geworfen hat, muss den Fluss tiefrot gefärbt haben.

Haben sich damals die Ereignisse von 133 v. Chr. wiederholt? Es gibt große Unterschiede zwischen 133 und 121 v. Chr. Zum einen war Caius nicht wie sein Bruder noch Volkstribun, sondern Privatmann. Zum anderen haben Fulvius und Caius mit der Besetzung des Aventin einen echten Aufstand in Rom entfesselt. Und schließlich gab es Kontakte zwischen den Parteien, die man als Verhandlungen mit der Suche nach einem Kompromiss deuten könnte. Insbesondere haben die Aufständischen auf dem Aventin zweimal einen Gesandten losgeschickt, der dem Senat eine Art Friedensangebot unterbreiten sollte.

Glaubt man Plutarch, dann haben die Gegner des Caius im Senat, insbesondere der hartleibige Opimius, alles abgelehnt, sich bis an die Zähne bewaffnet und den Konflikt auf die Spitze getrieben, um Caius und seine Anhänger endlich niedermachen zu können. Liest man jedoch, was der Epitomator des Livius aus dessen ausführlicher Darstellung zusammengefasst hat, dann klingt der Geschehensablauf ganz anders: Nach einem turbulenten Tribunat besetzte Caius Gracchus mit einem bewaffneten Mob den Aventin. Die Aufständischen wurden aber, nachdem der Senat beschlossen hatte, den Konsul zu ermächtigen, das Volk zu den Waffen zu rufen, vom Konsul Opimius aufgerieben und getötet. Der ehemalige Konsul Fulvius Flaccus – Gracchus' Verbündeter in seinem Wahn – starb mit ihm.[3] Natürlich ist das im Hinblick auf die Ausgestaltung und die Emotionen der Akteure mehr als verkürzt, aber die Reihenfolge ist wichtig:

Zuerst haben Caius und seine Anhänger den Aventin besetzt, dann erst fasst der Senat den Ermächtigungsbeschluss für den Konsul.[4] Auf dieser Grundlage konnte er Bewaffnete einberufen, und dann erst schlug er den Weg ein, gegen die Aufständischen loszuziehen. Zu der anderen Möglichkeit, einen sogenannten *Tumultus* – ebenso eine Art Notstand – auszurufen, griff man nicht. Das Ausrufen eines *Tumultus* hätte eine schnelle Aushebung von Truppen ermöglicht, aber eben nach dem Herkommen gegen einen *äußeren* Feind, nicht gegen einen *inneren*.[5]

So gesehen war der Senatsbeschluss, der den Konsul ermächtigte, von diesem Moment an als *Senatus Consultum Ultimum* bezeichnet, eine Reaktion auf einen Aufstand in Rom selbst. Der Aufruhr, den Caius und Fulvius begonnen hatten, ist einem Bürgerkrieg vergleichbar. Daher stellt sich die Frage, ob dieser Senatsbeschluss tatsächlich das Gemetzel des Opimius legitimierte, anders als dies 133 v. Chr. in der umgekehrten Konstellation geschehen war, als mit Tiberius ein Volkstribun in einer eigenmächtig von einem Privatmann angezettelten Ermordung zu Tode kam. 133 hatte sich der Konsul im Senat geweigert, etwas zu tun, das gegen das Gesetz war. 121 v. Chr. wurde der Konsul selbst aktiv und agierte im Auftrag des Senats. Der Hauptakteur war mithin weder ein Privatmann noch war die Aktion spontan.

Die Ereignisse von 121 v. Chr. sind also mit denen von 133 v. Chr. kaum zu vergleichen. Insbesondere die Orte des letzten Aktes sind unterschiedlich: Tiberius' letzter Auftritt erfolgte *in einer Volksversammlung*, die auf dem Kapitol stattfand, mithin am oder im Schatten des Tempels für Iuppiter Optimus Maximus, dem höchsten römischen Gott. Caius und Fulvius hingegen haben an ihrem letzten Tag den Aventin besetzt. Dies war *keine reguläre Volksversammlung* oder überhaupt eine von irgendwelcher Legitimität gedeckte Versammlung, sondern eine Zusammenrottung von Aufständischen, die im Inneren Roms eine umstürzlerische Aktion angezettelt haben.

Im Senat hat man 121 v. Chr. aus den Ereignissen von 133 v. Chr. eine Konsequenz gezogen: Man versuchte das Vorgehen – auch wenn es genauso wie 133 v. Chr. eine gewaltsame Eskalation im innenpolitischen Herzen Roms darstellte – diesmal formal korrekt zu gestalten. Es wurde ein förmlicher Senatsbeschluss gefasst, der den Konsul ermächtigte, das Nötige zu tun, um die Respublica zu schützen. Man ernannte also nicht, wie in früheren Zeiten, einen Diktator – möglicherweise warfen die Ereignisse von 129 v. Chr. mit Scipio Aemilianus' sehr plötzlichem Tod noch einen Schatten. Ebenso wenig wollte man sich auf die Initiative eines Privatmannes verlassen, denn auch das war, wie das Schicksal des Scipio Nasica gezeigt hatte, keine Lösung. Diesmal wählte der Senat vielmehr ein neues Verfahren, indem er seine ganze Macht in die Waagschale warf und dem Konsul im Wege dieses Senatsbeschlusses freie Hand gab.

Letztlich stellt sich jedoch eine entscheidende Frage: Caius war Privatmann, hatte zum Zeitpunkt des Aufstandes also kein Amt inne. Vielleicht war er noch Mitglied der Bodenreformkommission, doch anscheinend sollte gerade das Bodenreformprojekt in der letzten (abgebrochenen) Volksversammlung endgültig beendet werden. Einen Schutz vor Verfolgung, Anklage oder Repressalien stellte das Amt eines Kommissionsmitgliedes aber anscheinend nicht dar. Das Bewusstsein, ohne Schutz den Angriffen der Gegner völlig ausgeliefert zu sein, spricht deutlich aus der letzten tränenreichen Geste des Caius (S. 189). Auf das Provokationsgesetz glaubte er sich also nicht mehr verlassen zu können. Und er sollte recht behalten. Caius fürchtete also trotz seiner eigenen Gesetzgebung (der *Lex Sempronia de capite civis*, S. 161) und der traditionellen Provokationsgesetze um sein Leben. Er wusste daher bereits vor dem eigentlichen Ausbruch des Aufstands, dass sein Leben in Gefahr war. Das kann man nur so deuten, dass ihm Pläne seiner Gegner bekannt waren, nämlich eine Basis zu schaffen für eine beabsichtigte Gewalttat. Daher könnte man in der Besetzung des Aventins durch Caius und Fulvius eine Art Selbstverteidigung im Notstand erkennen. Doch gegen solch eine wohlwollende Interpretation spricht, dass es ja Caius und Fulvius selbst waren, die als Erste mit der Besetzung des Aventin die Grenzen von Gesetz und Recht sprengten.

Der Fall des Tiberius – der als sakrosankter Volkstribun Anspruch auf den Schutz der Unverletzlichkeit seiner natürlichen Person im Amt hatte, darauf vertrauen durfte und trotzdem ermordet wurde – muss noch in starkem Maße in der römischen Innenpolitik nachgewirkt haben. Deshalb griff der Senat im Fall des Caius, der zwar als römischer Bürger grundsätzlich Anspruch auf Schutz vor Gewalt hatte, aber letztlich ein Privatmann war, zu einem neuen Mittel. Caius war ein Aufrührer und hatte sich damit bereits schuldig gemacht; man hätte ihn also festsetzen und ihm den Prozess machen können. Warum ersann man gleichwohl ein neues und bis dato unerprobtes institutionelles Mittel? Seitens des Senats war dies ein gewagter Schritt, und man kann ihn sich eigentlich nur so erklären, dass bei den Gegnern der gracchischen Politik das Bewusstsein gewachsen war, dass sie selbst in solch einem extremen Fall – und ein Aufstand mitten in Rom war ganz sicher ein extremer Fall – dem Volk gegenüber rechenschaftspflichtig waren. Nicht einmal die Amtsautorität des Konsuls hielt man für stark genug, um sich darauf zu beziehen und damit im Nachhinein zu rechtfertigen. Daher sah sich der Senat veranlasst, seine ganze Autorität in die Waagschale zu werfen: Man benötigte ein ‹ordentliches› Verfahren, das die *Autorität* des Senats zu einer quasi-regulären Institution erhöhte. Auf diese Weise formal abgesichert und gestärkt sollte jeglicher drohende Vorwurf von Willkür entkräftet, seinen Vertretern von vornherein der Wind aus den Segeln genommen werden. Ebenso wie in den Gesetzesvorschlägen des Livius Drusus kann man daher in dem *Senatus Consultum Ultimum* ein Zugeständnis an die berechtigten Abwehrinteressen des Volkes gegen Willkürmaßnahmen erkennen. Die Gegner der Gracchen ignorierten mithin keineswegs die von diesen thematisierten Probleme und Interessen. Sie griffen sie in Teilen auf und versuchten sich an innovativen Lösungen. So stellte etwa der von ihnen in der Krise, die Caius Gracchus heraufbeschworen hatte, gewählte Verzicht auf die Ernennung eines Diktators eine Alternative zu den gewohnten staatlichen Reaktionsmöglichkeiten dar; sie wurde bewusst gewählt, um die Lage nicht noch weiter zu eskalieren. Dies sollten – obwohl der Ausnahmezustand herrschte – ein Verfahren in geordneten Bahnen, Verhandlungen und die Bereitschaft zur Kompromisssuche gewährleisten. Wenn wir Plutarch glauben dürfen, war ein großer Teil des Senates dazu bereit. Dieser Teil des Senates war es vermutlich, der mit dem *Senatus Consultum Ultimum* ein neues ‹ordentliches› Rechtsinstitut wollte, durch welches die Kompetenzen von Senat und Konsul im Falle eines Notstands geregelt wurden. Damit hatte der Senat keineswegs Macht an den Konsul abgegeben.[6] Vielmehr sollte der Konsul im Auftrag des Senates handeln, so dass beide Institutionen des römischen Staates gemeinsam im Notstand agierten – eine Verdoppelung staatlicher Autorität. Bedenkt man, dass die Gracchen durch ihre Gesetzgebung eine Machtverlagerung hin zur Volksversammlung initiiert hatten (S. 122), so ist im *Senatus Consultum Ultimum* der Versuch des Senats zu erkennen, das Heft des Handelns wieder in die eigenen Hände zu bekommen.

Abbildung 15: Das Forum um 120 v. Chr., mit dem neuen Tempel für Concordia und der Basilica Opimia. © Digitales Forum Romanum, S. Muth/D. Mariaschk

Gewalt und brutale Eskalation konnten gleichwohl im konkreten Fall nicht verhindert werden. Wenn Rom damals etwa um die 100 000 Einwohner hatte, von denen vielleicht die Hälfte römische Bürger waren, so kann man sich das Ausmaß des Blutvergießens vorstellen. Der Vergleich mit Sullas Proskriptionen, durch die an die 5000 Menschen das Leben verloren,[7] zeigt die Größenordnung des Massakers an, das der Konsul Opimius zu verantworten hatte, der alles niederhauen ließ, was sich ihm und seinen Schergen in den Weg stellte.

Am Ende wurden die abgehauenen Köpfe von Caius und Fulvius öffentlich ausgestellt.[8] Die Häuser der beiden wurden dem Erdboden gleichgemacht, ihr Vermögen eingezogen, ihre Körper wie die anderen Leichen in den Tiber geworfen. Zur symbolischen Inszenierung dieses Sieges ließ Konsul Opimius einen Tempel für Concordia am Forum errichten (s. Abb. 15)![9]

Wie schon bei Fregellae hat Opimius, als er freie Hand hatte, nichts an Bereitschaft zu Entgegenkommen oder Versöhnung gezeigt. Vielmehr mobilisierte er mit den kretischen Bogenschützen sogar noch Spezialtruppen. Die Bereitschaft, Fernwaffen einzusetzen, zeigt, wie weit er zu gehen bereit war und schließlich auch gegangen ist. Er inszenierte durch die Tempelweihung die Auslöschung des innenpolitischen Gegners als großen politischen Sieg. Das ist die gleiche Handschrift, die Opimius auch in Fregellae zeigte: Nicht nur, dass er die Stadt dem Erdboden gleichgemacht hat, auch dort hat er noch ein blutiges Sühneritual zelebriert,[10] als er auf dem Gebiet der zerstörten Wohnhäuser ein gigantisches Schlachtopfer durchführen ließ, das noch heute archäologisch nachweisbar ist.[11] Mit diesem Opferritual löste Opimius einen Schwur (*Devotio*) ein, indem er seinen Dank an die Götter für die erfolgreiche Verfluchung der Einwohner Fregellaes abstattete. Seine Vorgehensweise in Rom zeigt die entsprechende Analogie.

War er bei dieser Krise mitten in Rom, angesichts eines Aufstandes mit Massenversammlungen auf dem Aventin, der falsche Mann zum richtigen Zeitpunkt – oder zum falschen Zeitpunkt der richtige Mann? Wenn in dem *Senatus Consultum Ultimum* ursprünglich der Versuch zu sehen ist, über ein geregeltes Verfahren die ungeregelte Gewaltausübung zu vermeiden, dann mag das in den Augen des Opimius eine formale Feingeisterei gewesen sein, für die er wenig übrig hatte. Sein ganzes Verhalten zeigt, dass er die gracchische Bewegung einfach nur auslöschen wollte – nicht anders, als er schon Fregellae vernichtet hatte. Doch wie 133 v. Chr. erreichte er dieses Ziel nicht: Die Anhänger des Caius waren nicht alle gefallen, sondern durchaus noch aktiv und setzten sich zur Wehr. Bereits im folgenden Jahr 120 v. Chr. klagte der Volkstribun Decius den dann nicht mehr durch sein Amt geschützten Konsul Opimius wegen des Vorwurfs an, jener habe Bürger ohne Gerichtsverfahren ins Gefängnis geworfen![12]

Opimius wurde allerdings freigesprochen. Doch die Anklage zeigt zumindest, dass die Verfolgung und Tötung römischer Bürger auf der Basis eines Senatsbeschlusses – selbst wenn er einen Notstand geltend machte und die Gegner sich des Aufstandes schuldig gemacht hatten – nicht zweifelsfrei gedeckt war. Cicero bietet interessante Details aus dem Prozess: Caius Carbo, der als Konsul seinen Vorgänger im Amt des Konsulats, Opimius, verteidigte, sagte über den Tod von Caius Gracchus, dass Opimius dies zum Wohl des Vaterlands getan habe! An dieser Stelle macht sich Cicero ein Vergnügen daraus zu betonen, dass es ebendieser Carbo gewesen war, der Scipio Aemilianus vor dem Volk in die Enge getrieben hatte, indem er ihn zu der Aussage zwang, dass die Tötung des Tiberius rechtmäßig gewesen war, und ihn auf diese Weise um das Wohlwollen des Volkes brachte. Carbo hatte mittlerweile die Seiten gewechselt, und es schien niemanden zu stören, dass jener nun nicht mehr für die Sache der Gracchen, sondern für die ihrer Gegner sprach.[13] Der Gerichtsfall war für Cicero ein anschauliches Beispiel für die Frage, was die entscheidende Legitimation für Handlungen ist, die für das Wohl der Respublica notwendig sind: War es rechtmäßig, aufgrund eines Senatsbeschlusses im Interesse der Erhaltung der Republik zu handeln? War es rechtmäßig, aufgrund eines Senatsbeschlusses zu den Waffen zu greifen, um die Republik zu verteidigen? War es daher rechtmäßig, dass Opimius Caius Gracchus in den Tod getrieben hat?[14] Die Anklage, die gegen Opimius vorgebracht wurde, war also ganz klassisch, dass er nicht nur die Anhänger, sondern ebenso Gracchus selbst nicht ohne Prozess hätte töten lassen dürfen – worauf sein Vorgehen in der Krise letztlich hinauslief. Mit dieser Anklage wurde letztlich auch die Legitimität des Senatsbeschlusses infrage gestellt.

Der Freispruch des Opimius schuf keinen Präzedenzfall, denn Rechtssicherheit ist dadurch nicht erreicht worden (S. 229). Es ist dem Senat nicht gelungen, eine neue, allgemein geltende Regel aus diesem Fall zu schaffen. Opimius musste einige Jahre später ins Exil gehen – allerdings nicht wegen einer Mitschuld am Tod des Caius Gracchus, sondern wegen eines Korruptionsverbrechens: «Später widerstand Opimius auch der niedrigsten Gemeinheit nicht mehr und ließ sich von dem Numiderkönig Jugurtha, zu dem er als Gesandter geschickt worden war, mit Gold bestechen. Wegen Geschenkannahme schmählich verurteilt, verbrachte er sein Alter in Schande, gehasst und verachtet vom Volk.»[15] Der Senat versuchte fortan immer wieder im Wege eines solchen *Senatus Consultum Ultimum* gegen Aufruhr, Verschwörung und vor allem gegen missliebige Volkstribunen vorzugehen. Aber ebenso wie Opimius mussten sich die Verantwortlichen immer wieder vor Gericht verantworten. Alle mussten mit Verbannung und Enteignung rechnen, wie später das berühmteste Beispiel eines wegen Tötung von römischen Bürgern aufgrund eines *Senatus Consultum Ultimum* Verurteilten deutlich zeigt – und dieses berühmteste Beispiel wurde Cicero selbst!

VI

DANACH

1. Kampf um Erinnerung und Werk

Die Sanktionen nach der Niederschlagung des Aufstandes dienten dem Ziel, die Gracchen aus der öffentlichen Wahrnehmung auszulöschen.[1] Es ging nicht mehr um einen Konflikt zwischen Recht und Unrecht, sondern um legitime Herrschaft und diskreditierte Geächtete. So sollten die Maßnahmen gegen römische Bürger, die in ihrer Schärfe und Brutalität kaum zu übertreffen waren, gerechtfertigt und die Wiederherstellung der öffentlichen Ordnung geradezu zeichenhaft werden.

Opimius' Aktionen nach der Niederschlagung des Aufstandes, vor allem die Weihung und Errichtung eines Tempels für Concordia (Eintracht) am Forum Romanum, sollten die neue Ordnung in der Stadt symbolisieren.[2] Das vergossene Blut war eine Befleckung der Stadt, die damals durch einen rituellen Akt beseitigt wurde. Leider wissen wir nicht, aus welchen Mitteln er seine Bauprojekte am Forum – den Tempel für Concordia und eine neue, große Basilika – finanziert hat und ob dafür die beschlagnahmten Güter der Getöteten verwendet wurden.

Der Bau des großen, neuen Tempels für die Göttin der Eintracht (Concordia) am Forum (s. Abb. 15) ist nicht zuletzt deshalb besonders bemerkenswert, weil es der erste Tempel ist, der errichtet wurde für einen mit Waffen im Stadtgebiet errungenen Sieg über die eigenen Mitbürger. Tempel waren bis dahin aus Beutegeldern dediziert und finanziert worden, um Siege über Feinde außerhalb Roms zu feiern – also für römische Siege über auswärtige Feinde. Der Anspruch, mit der Weihung für die Göttin Concordia Frieden und gesellschaftlichen Konsens wiederherzustellen, war vordergründig. Die rituelle Reinigung der Stadt von dem vergossenen

Bürgerblut vollzog Opimius durch ein zeremonielles Sühneritual, ein *Lustrum.*[3] Mit der Geste, nach inneren Unruhen einen Tempel für Concordia zu errichten, wollte Opimius an einen sehr viel älteren Vorgang anknüpfen, der ebenfalls in einer Tempelweihung für Concordia mündete: Jenen alten Tempel hatte einst der Überlieferung zufolge der Feldherr Camillus errichten lassen; jener figurierte in der römischen Erinnerungskultur gleichsam als zweiter Gründungsheros (nach Romulus). Seine Weihung erfolgte am friedlichen Ende des Ständekampfes zwischen Patriziern und Plebeiern (367 v. Chr.), zu dessen Befriedung man Camillus zum Diktator gemacht hatte. Opimius' Tempel war ein monumentaler Bau mit einem massiven Podium. Der Stiftungstag des Tempels war der 22. Juli – vielleicht der Tag, an dem Caius Gracchus sich während des Aufstands das Leben genommen hatte. Später ist dieser Tempel von dem nachmaligen Kaiser Tiberius im Jahr 10 n. Chr. restauriert worden. Allerdings änderte er den Namen in Concordia Augusta und legte den Stiftungstag auf den 16. Januar, den Tag, an dem Octavian im Jahre 27 v. Chr. den Namen ‹Augustus› angenommen hatte.

Sollte mit dem Sühneritual und dem Tempel die Erinnerung an die blutige Schlacht ausgelöscht werden, so ist dieses Bemühen gescheitert. Der persönliche Siegesanspruch des Opimius und die Gewalt gegen Caius Gracchus und seine Mitstreiter waren zu offensichtlich. Die römische Öffentlichkeit ließ sich nicht täuschen: Graffiti verspotteten den Concordia-Tempel bald als ein Denkmal der Zwietracht.[4]

Diese Zwietracht lässt sich noch an einem anderen Monument ablesen. Ein Relieffries, der zu einem vermutlich auf dem Marsfeld in Rom errichteten Monument gehörte, und der die feierliche Opferzeremonie bei einer Koloniegründung zeigt, ist neuerdings als Monument des Caius Gracchus gedeutet worden (s. Abb. 16).[5] Wahrscheinlich handelt es sich um ein Weihgeschenk an den Gott Neptun, das aus Anlass der Gründung der gracchischen Kolone Neptunia errichtet wurde: Die Stadt Tarent war ursprünglich nach Neptuns Sohn Taras benannt worden, und der römische Name Neptunia für die Kolonie knüpft daran an. Ein Teil des Relieffrieses zeigt die Hochzeit des Meeresgottes Neptun mit Salacia, ein anderer Teil die spezielle Opferzeremonie für eine Koloniegründung. Auf dem Fries ist als Hauptfigur ein mit einer Toga bekleideter Opfernder dargestellt. Dies könnte Caius Gracchus selbst sein.[6] Die zweite Hauptfigur

Abbildung 16: Relief mit Opferzeremonie; bisher als «Ara des Domitius Ahenobarbus» gedeutet, heute als Monument der Gracchenzeit mit der Darstellung der Deduktionszeremonie diskutiert (Paris, Musée du Louvre).

auf der linken Seite des Frieses, die sitzend Notizen in ein vor ihr liegendes Buch einträgt, ist durch ihre Kleidung sowie den Amtssessel (*Sella curulis*) als Amtsperson von senatorischem Rang gekennzeichnet, dürfte also, wenn die Deutung der anderen Figur als Caius Gracchus zutrifft, Fulvius Flaccus darstellen. Die Gesichter dieser beiden Figuren sind Ergänzungen aus dem 18. oder 19. Jahrhundert, die Originale müssen also zu einem früheren Zeitpunkt zerstört worden sein. Der Vorgang lässt sich als bewusster Zerstörungsakt erklären. Mit einer solchen *Damnatio memoriae* (Verdammung der Erinnerung) sollten – wie mit dem Niederreißen des Hauses von Fulvius Flaccus 121 v. Chr. – das Andenken an den Betreffenden ausgelöscht, Zuwiderhandlungen diskriminiert werden. Im Fall des Reliefs wurde eben gerade nicht das ganze Monument zerstört oder gar niedergerissen, wohl aber die Hauptpersonen durch die Zerstörung ihrer Gesichter bildlich geächtet und somit ihre Verantwortung für die Koloniegründung öffentlich diskreditiert.

Der Versuch jedoch, mit solchen Akten eine Gegen-Erinnerung zu prägen, ist gescheitert, denn die Verehrung für die Brüder Tiberius und Caius setzte recht bald ein und viele fühlten sich in der Lage, die beiden Gracchen zu ehren. Es scheint sogar zu einer Art spontanem Volkskult für die toten Tribunen gekommen zu sein, denn Plutarch berichtet, dass das Volk sich erst gedemütigt und erniedrigt fühlte, aber «bald darnach jedoch offen zeigte, welches Heimweh, welche Sehnsucht nach den Gracchen es erfüllte. Man brachte Statuen von ihnen zum Vorschein und stellte sie an öffentlichen Plätzen auf, den Ort, wo sie ermordet worden, hielt man heilig und legte die Erstlinge aller Früchte ... als Weihegabe hin. Viele opferten auch täglich und fielen vor ihnen nieder, als ob sie in einem Göttertempel wären.»[7] Die Orte, an denen die Gracchen zu Tode gekommen waren, wurden zu geweihten Bezirken, und daher zeigt die Darbringung von Opfergaben, wie der Erinnerungskult sie gleichsam zu ‹Heiligen› machte. Porträtähnliche Darstellungen der Brüder, vielleicht kleine Statuen oder Büsten, wurden gezeigt, und Altäre erhielten ihnen zu Ehren Erstlingsgaben. Plutarchs Sprache macht deutlich, dass es sich um besondere, vergöttlichende Ehren handelte. Ein neuer Kult wurde geprägt, viel mehr als die üblichen Ehrungen, die man Verstorbenen an deren Gräbern erwies.

Diese Gegenerzählung hat weitergelebt und wurde noch verstärkt, wie etwa Sallusts *Geschichte des jugurthinischen Kriegs* zeigt, die er nach der Mitte des 1. Jahrhunderts v. Chr. geschrieben hat. Darin werden die Gracchen von Sallust als Vorkämpfer der Freiheit gegenüber einer Unterdrückungsherrschaft präsentiert:

«Denn nachdem Tiberius und Caius Gracchus, deren Vorfahren durch den punischen Krieg und andere Kriege viel zum Wohl der Respublica beigetragen hatten, begonnen hatten, das Volk zur Freiheit zu führen und die Verbrechen weniger Menschen aufzudecken, sah sich die Nobilität bedroht, ebenso durch ihre Bundesgenossen und die Latiner, zum Teil auch durch die römischen Ritter, die in ihren Hoffnungen auf eine Gemeinschaft enttäuscht worden waren, und es kam zum Zusammenstoß mit den Gracchen: Zuerst wurde Tiberius, dann einige Jahre später Caius, der als Tribun Kolonisten anführte, wie M. Fulvius Flaccus mit dem Schwert getötet. Und es stimmt, dass der Ehrgeiz der Gracchen zu groß war, aber es ist besser, in einer guten Art und Weise besiegt zu werden als durch eine schlechte und so Ungerechtigkeit zu besiegeln. Deshalb benutzte die Nobilität diesen Sieg zu ihrem Vorteil, tötete viele durch das Schwert oder zwang sie zur Flucht. So schuf die Nobilität mehr Angst als Macht. So etwas führt oft zum Zusammenbruch großer Städte, wenn jeder den anderen auf jede erdenkliche Weise besiegen will und die Besiegten sich wiederum härter rächen wollen.»[8]

Die Reformbewegung der Gracchen war trotz des Todes ihrer Protagonisten nicht am Ende. Vielmehr zeigen die weiteren Ereignisse, wie tief ihre politische Zielsetzung bereits im Denken und Handeln derjenigen verankert war, die nicht offen gegen die Senatsmehrheit gekämpft und sich vermutlich eher in der zweiten Reihe gehalten hatten. Ein Beispiel dafür bietet der Umgang mit der Mitgift der Licinia, der Ehefrau des Caius. Nach der Niederschlagung des Aufstandes durch Opimius war beschlossen worden, nicht nur den Besitz des Caius einzuziehen, sondern auch ihre Mitgift. Publius Mucius Scaevola, einer der ehemaligen Mitstreiter des Tiberius, ist zwar im Umkreis des Caius nicht mehr hervorgetreten, darf aber auch später noch zu dessen Unterstützern gerechnet werden. Er hat den Entzug der Mitgift, die Licinia und das Kind des Caius Gracchus völlig mittellos gestellt hätte, durch eine sehr interessante juristische Begründung abwenden können: Er bezeichnete Caius Gracchus als den Verantwortlichen für den Schaden, der der Respublica entstanden sei. Caius Gracchus sei aber deswegen die Verantwortung zuzuschreiben, weil *seine* illegale Handlung – der Aufstand – die Umstände geschaffen habe, unter denen diese Handlungen möglich wurden. Insofern war Licinia für die Schäden, die sie weder gewollt noch konkret abwenden konnte, nicht verantwortlich.[9] Mucius Scaevola vertritt damit eine weite Auslegung der Formel, nach der die Pflicht zur Mitgiftherausgabe nach beendeter Ehe bestimmt wurde: Es soll der Richter durch Urteil feststellen nach dem Prinzip *quod eius melius aequius erit* (was dafür besser und gerechter sein wird).[10] Dies basierte auf dem Konzept, das dem Richter einen sehr großen Spielraum zubilligte, wenn er sich an die Auslegung *ex bona fide* (nach Treu und Glauben) hielt. Nach diesem Grundsatz schien es Mucius besser und gerechter, zwar Caius Gracchus als den Schadensverursacher zu definieren, aber dafür im Interesse seiner Witwe die Respublica zu belasten, die das Vermögen des erschlagenen Caius eingezogen hatte. Die Respublica musste nach diesem Grundsatz die Verbindlichkeiten des Toten begleichen und die Mitgift wieder herausgeben. Das war sicher eine sensationelle Entscheidung, da sie Licinia vor der wirtschaftlichen Not bewahrte und gleichzeitig die rechtsethische Gesinnung des guten Glaubens, *bona fides*, über alles andere stellte – sogar über das Interesse der Senatsmehrheit und vor allem des Konsuls.

Die Senatsmehrheit, die Opimius 121 v. Chr. noch hatte gewähren lassen, war in den nächsten Jahren nicht mehr geneigt, dessen Willkür freien Lauf zu lassen, sondern bemühte sich um neue Regeln und zeigte sich willens, dem neuen Verständnis von Rechtsethik und Gemeinwohl, wie es seit den dreißiger Jahren von Tiberius Gracchus und den Juristen in seiner Gruppe in Rom eingeführt worden war, entgegenzukommen. Nicht nur Opimius selbst wurde verurteilt (S. 197), sondern eine ganze Reihe von Senatoren und Konsularen wurde wegen Missbrauchs zur Rechenschaft gezogen. Über das Vorgehen gegen die Überhand nehmende Korruption während des Kriegs gegen Jugurtha schreibt Sallust:

«In der Zwischenzeit schlug Caius Mamilius Limetanus, ein Volkstribun, dem Volk vor, eine Untersuchung über diejenigen durchzuführen, die die Beschlüsse des Senats über Jugurtha missachteten und von ihm Geld für Aufträge oder Befehle erhielten, oder die Elefanten oder Flüchtlinge auslieferten, oder die mit dem Feind Vereinbarungen über Frieden oder Krieg trafen. Einige unterstützten den Antrag aufgrund ihrer eigenen Schuld, während andere aus Furcht vor Gefahr durch Parteifeindschaft, da sie sich nicht offen widersetzen konnten, ohne zu gestehen, ihnen würden jene oder derartige Dinge gefallen, heimlich durch ihre Freunde, vor allem durch die Latiner und italischen Bundesgenossen, Hindernisse errichteten. Aber es ist kaum zu glauben, wie die Plebs den Antrag so aufmerksam und energisch unterstützte, mehr aus Hass gegen die Nobilität, die für das Übel verantwortlich war, als aus Sorge um die Respublica; so groß war die Leidenschaft in den Parteien .... Die Untersuchung wurde hart und heftig durchgeführt, entsprechend der Gerüchte und der Leidenschaften der Plebs, so wie oft die Nobilität, so zu dieser Zeit die Plebs, als Folge des Erfolgs, von Arroganz überwältigt wurde.»[11] Das Ergebnis war eine Katastrophe ohne Vergleich in der römischen Geschichte: Vier Konsulare und ein ehemaliger Quaestor und Priester wurden verurteilt.

Dieser Versuch der Selbstreinigung steht zeitlich in engem Zusammenhang mit einer Gesetzgebung, die die Bodenreform, die Tiberius und Caius begonnen hatten, zu einem Abschluss brachte. Appian bietet, was diese Gesetzgebungsmaßnahmen betrifft, einen ganz kurzen Abriss:

«Damit fand der Aufruhr des jüngeren Gracchus sein Ende, und es währte nicht lange, dass ein Gesetz durchging, demzufolge die Grundbesitzer das strittige Land verkaufen durften; war doch auch dies nach dem Gesetz des älteren Gracchus untersagt. Und sofort begannen die Reichen, die Landlose der Armen aufzukaufen, oder zwangen sie unter verschiedenen Vorwänden dazu. Dadurch erging es den Armen noch schlimmer als zuvor bis endlich der Volkstribun Spurius Thorius ein Gesetz einbrachte, nach dem die Aufteilung von Staatsgrund beendet werden und das Land den Inhabern gehören solle; diese aber sollten dafür Abgaben an das Volk entrichten, und das eingehende Geld sollte verteilt werden. Zwar war die Verteilung ein gewisses Trostpflaster für die Armen, genügte aber nicht für eine so große Menschenmenge. Nachdem nun einmal durch diese Winkelzüge das Gesetz des Gracchus – eine ganz hervorragende und sehr nützliche Maßnahme, wenn ihre Durchführung nur möglich gewesen wäre – durchbrochen war, wurden kurz danach auf Veranlassung eines anderen Volkstribunen auch die Abgaben aufgehoben, und so verlor das Volk alles zugleich.»[12]

Glaubt man Appian, so war das alles zum Schaden des Volkes. Übelgesinnte *Nobiles* hatten sich demnach im Senat raffinierte Winkelzüge ausgedacht, um das römische Volk nun endgültig seiner Rechte an Grund und Boden zu berauben und ins Elend zu stürzen. Aber da wir gleichzeitig eine ausführliche inschriftliche Überlieferung haben, können wir in dieser Hinsicht einiges geraderücken. Diese Gesetzgebung, auf die sich Appian bezieht, liegt in der *Lex agraria* von 111 v. Chr. im Wesentlichen vor: Dabei geht es um die abschließende Privatisierung der gracchischen Landzuweisungen, und zwar aller Zuweisungen, die auf der Grundlage der Gesetze des Tiberius Gracchus und des Caius Gracchus erfolgt waren.[13]

Privatisierung ist ein Transfer öffentlichen Eigentums in private Hände. Durch die Abgabenpflicht, die Bestandteil der gracchischen Bodenreform gewesen ist, blieb das zugewiesene Land jedoch im Eigentum der Respublica und die neuen Ansiedler erhielten lediglich Besitzrechte.

Die *Lex agraria* von 111 v. Chr. beendete diesen Status durch Übereignung des verteilten Landes zu vollem Eigentum mit der Aufhebung der Abgabenpflicht. Damit waren Rechtssicherheit und Privateigentum geschaffen worden. Dies war ein letztgültiger Eingriff in die Besitz- und Eigentumsverhältnisse, die die Umbrüche, die durch die Bodenreform ausgelöst worden waren, mitsamt den politischen Absichten, dem intendierten Wandel und im Hinblick auf die Steuerung zum Abschluss brachten: Die Respublica entließ durch ein rechtsstaatliches Verfahren die neuen Besitzer aus ihrer Kontrolle und machte sie zu Eigentümern mit voller Verfügungsgewalt. Deren Besitz an den zugewiesenen Landstücken, darunter auch die 200 Morgen großen Landgüter im ehemaligen Karthago, waren damit endgültig mit dem höchsten Eigentumsstatus gesichert und die Bodenreform nach mehr als 20 Jahren Kampf abgeschlossen. Die Respublica garantierte fortan den Besitz in Privateigentum, und diese Art von Eigentumsgarantie definierte das Verhältnis von Ansiedlern und Respublica neu. Die Grenzen waren damit durch das Gesetz der Respublica garantiert und hatten durch die *Lex agraria* stabile Rahmenbedingen erhalten. Die Eigentümer erhielten das volle Recht auf Besitz, Nutzung und Verwaltung ihres Landes, aber auch das Veräußerungssrecht. Vorsorge, Eigentumsübertragungen, Beleihungen und Verkauf wurden so ermöglicht. Gerade das Recht, dieses Eigentum zu verkaufen – bspw. von Appian heftig kritisiert und als Ursache für die weitere Verelendung des römischen Bauerntums angesehen – ist ein ganz wesentlicher Teil dieses Transformationsprozesses. Ausnahmsweise kann man Ciceros Bemerkung zustimmen, dass die Abgabenpflicht für das Land, das durch die gracchischen Reformen zugewiesen worden war, ‹fehlerhaft› und ‹nutzlos› gewesen sei.[14] Der Abschluss des Reformprozesses als solcher und dass ein solches Ergebnis überhaupt zustande gekommen ist, deuten auf einen Verständigungsprozess hin, der den Rechtsfrieden höher stellte als das öffentliche Interesse, über Abgaben weiterhin die Kontrolle auf dem verteilten Land auszuüben oder überhaupt den Konflikt immer weiter zu führen.

Auch wenn für diejenigen, die das Gesetz von 111 v. Chr. betraf, ein Status von individueller und bürgerlicher Freiheit gewährleistet wurde, so waren Armut, Ungleichheit und soziale Konflikte damit nicht grundsätzlich zu beseitigen; und wie die weitere Entwicklung zeigen sollte, waren auf beiden Seiten genügend ehrgeizige und skrupellose Agitatoren, die sich immer neue Spielräume des politischen Handelns zu schaffen wussten. Vor allem aber konnte die Respublica die Garantie, die mit der Privatisierung verbunden war, nicht einhalten. Das volle Recht auf Besitz, Nutzung, Verwaltung und Veräußerung des zugewiesenen Landes, der Schlussstein in der Bodenreform, hielt gerade einmal für eine Generation. Bereits nach Sullas Sieg, also ab 82/81 v. Chr., kam es zu einer ersten massiven Umverteilung von Eigentum durch großflächige Enteignungen auf römischem Boden in Italien – immerhin mussten damals 120 000 Veteranen mit Land versorgt werden. Pompeius, Cäsar und Octavian setzten diesen Umverteilungsprozess in einer nochmals vielfach gesteigerten Größenordnung fort. Ein vergleichbarer Rechtsfrieden wie der durch die *Lex agraria* von 111 v. Chr. geschaffene, der die Bodenreform zum Abschluss brachte, ist erst wieder mit der Etablierung des augusteischen Prinzipates nach 27 v. Chr. erreicht worden.

2. Der Gründungsmythos – Cornelia und ihre Söhne

Neben und mit dem Gedenken an das Brüderpaar tritt in Erinnerung, Kult und Literatur der Römer die Figur der Mutter Cornelia in den Vordergrund. Plutarch beschreibt uns ihr Leben nach dem Tod der Söhne:

«Cornelia soll ihr Unglück mit edler Würde und starkem Herzen getragen haben. So pflegte sie zu sagen, die heiligen Stätten, an denen ihre Söhne fielen, seien ein würdiges Grabmal für die Toten. Sie verbrachte ihre Tage in Misenum und änderte nichts am gewohnten Gang ihres Lebens. Viele Freunde gingen bei ihr aus und ein, die sie in ihrem gastlichen Hause reich bewirtete, immer waren griechische Gelehrte um sie versammelt, und Könige aus allen Ländern tauschten Geschenke mit ihr. Die größte Freude bereitete sie ihren Gästen und Freunden, wenn sie vom Leben und den Gewohnheiten ihres Vaters Africanus erzählte; höchste Bewunderung aber mußte man ihr zollen, wenn sie ohne Schmerz und Tränen ihrer Söhne gedachte und allen, die nach ihnen fragten, ihre Taten und Leiden schilderte, als spräche sie von Männern der Vorzeit. So bekam mancher den Eindruck, das Alter oder die Größe des Leids hätten ihr den Verstand genommen und die Empfindung für ihr Unglück geraubt, doch haben diese Leute selber kein Gefühl dafür, wieviel Kraft gegen Kummer und Schmerz den Menschen aus einer edlen Naturanlage, aus vornehmer Abkunft und guter Erziehung erwachsen kann. Und mag das Schicksal oft stärker sein als ein edler Sinn, auch wenn dieser vor seinen Schlägen auf der Hut ist: eines kann es ihm nicht rauben, das Unglück standhaft zu ertragen.»[1]

Plutarch berichtet, dass die Dankbarkeit des römischen Volkes ihr für die Bemühungen um die Mäßigung des Caius galt. Seither schätzte man sie nicht nur als Tochter des Scipio Africanus, sondern ebenso als Mutter der Gracchen; später sei ihr gar eine Bronzestatue mit der Inschrift «Cornelia, Mutter der Gracchen» errichtet worden (Abb. 17). Dies war eine äußerst ungewöhnliche Ehrung, und wir wissen von keiner anderen römi-

Abbildung 17: Basis mit der Inschrift: CORNELIA, AFRICANI F(ilia) GRACCHORUM/ Cornelia, Tochter des Africanus, Mutter der Gracchen

schen Frau, der eine solche in republikanischer Zeit je zuteilwurde. Ein Brieffragment, das wahrscheinlich aus ihrer Feder stammt,[2] gibt ihre Mahnung an Caius Gracchus wieder, für die sie auf solche Weise geehrt wurde:[3]

«Du sagst, es sei schön, sich an Feinden zu rächen. Das erscheint niemandem größer und schöner als mir, aber nur, wenn es erlaubt ist, dies im Einklang mit dem Wohl der Respublica zu tun. Aber solange das nicht möglich ist, werden unsere Feinde nicht auf lange Sicht und durch viele Mittel vergehen, und sie werden lieber in ihrem jetzigen Zustand bleiben, als dass die Respublica unter- und zugrunde geht.»

Die Briefe der Cornelia wurden in der Antike gelesen. Cicero, Quintilian[4] und Seneca kannten sie, sicher ebenso Plutarch; insofern sind sie wohl später überarbeitet, aber bestimmt nicht in ihrem Tenor verändert worden.

Auch die Statue der Cornelia blieb noch lange berühmt. Plinius kannte sie und wusste, dass sie früher in der Porticus Metelli gestanden hat und sich ‹jetzt› – zur Zeit des Plinius im 1. Jahrhundert n. Chr. – in der Porticus Octavia befand. Bei Ausgrabungen ist eine Basis gefunden worden, die wahrscheinlich zu dieser Statue gehört. Die Datierung des Werkes ist nicht sicher, weil davon eben nur die Basis erhalten ist; diese weist eher in die Zeit um die Wende vom 2. zum 1. Jahrhundert v. Chr.[5]

Die Aufstellung in der Porticus Octavia, die nach der Schwester des Augustus benannt war, ist ein Indiz dafür, dass Cornelias Bild und die Symbolik, die damit verbunden war, noch in späterer Zeit von Bedeutung blieb und verstanden wurde. Dieses Bild war vor allem zu dem einer berühmten und vorbildlichen Mutter ihrer Söhne geworden.

Die tugendhaft gelebte Mutterrolle und der mäßigende Einfluss auf die Söhne kommt in einem anderen ihrer Brieffragmente zum Ausdruck; an wen der betreffende Brief gerichtet war, ist nicht sicher, da wir nur die zitierte Textpassage haben. Vermutlich war der Brief ebenfalls an ihren Sohn Caius gerichtet. Damit wollte sie ihn abhalten, sich um das Tribunat zu bewerben. Offensichtlich kannte sie den großen Reformplan des Caius und befürchtete das Schlimmste:

«Ich wage es, einen feierlichen Eid zu leisten, dass außer denen, die Tiberius Gracchus getötet haben, kein Feind mir so viel Ärger und so viel Mühe verursacht hat wie du, wegen dieser Ereignisse. Du solltest für alle Kinder, die ich bisher hatte, die Pflicht ertragen und pflegen, damit ich in meinem Alter so wenig Sorgen wie möglich habe, und alles, was du tust, am meisten nach meinem Geschmack und nicht gegen meine Meinung in Bezug auf wichtige Angelegenheiten tun, vor allem mir gegenüber, der nur noch wenig Zeit im Leben übrig ist. Selbst die so kurze Zeit kann nicht bewirken, dass du mir folgst und die Respublica nicht zugrunde gehen lässt? Wann wird es endlich Ruhe geben? Wann wird unsere Familie mit dem Wahnsinn aufhören? Wo wird eine Grenze sein? Wann werden wir aufhören, Schwierigkeiten sowohl zu haben als auch zu verursachen? Wann erkennen wir, dass es eine Schande ist, die Respublica aufzurühren und ins Elend zu stürzen? Aber wenn es überhaupt möglich ist, dann bewirb dich bitte erst nach meinem Tod um das Amt des Tribunen; nach meinem Tod könnt ihr tun, was ihr wollt, wenn ich es nicht mehr erlebe. Wenn ich tot bin, wirst du für mich sorgen und den göttlichen Vater anrufen. Wird es dich zu diesem Zeitpunkt nicht beschämen, um Gebete jener zu bitten, die du lebendig und gegenwärtig zurückgelassen und verlassen hast? Möge Jupiter verhindern, dass du darauf beharrst, und dass dir nicht so viel Wahnsinn in den Sinn kommt. Und wenn du darauf beharrst, fürchte ich, dass du für den Rest deines Lebens so viel Schuld tragen wirst, dass du dich niemals mehr wohl fühlen wirst.»[6]

Es ist nicht auszuschließen, dass die Briefe später unter dem Eindruck der Ereignisse überarbeitet und dabei die Tragik stärker herausgearbeitet wurde, als dies im Original der Fall war. Seneca nennt Cornelia als Beispiel für mütterliche Tapferkeit und richtiges Verhalten in einem Trauerfall. Darüber hinaus rückt er Cornelias Stolz auf ihre Söhne stärker in den Vordergrund als die Haltung der zur Vorsicht und Zurückhaltung mahnenden Mutter:

«Aus einer Familie werde ich euch zwei Cornelias vorlegen – die erste, eine Tochter des Scipio und Mutter der Gracchen. Sie hatte zwölf Geburten und ebenso viele Todesfälle.[7] Und bei den übrigen ist es leicht, weil die Respublica sie nie geboren und verloren erlebte. Sie sah sie, wie Tiberius und Caius ermordet und ihrer Bestattung beraubt wurden! Und selbst diejenigen, die ihre politische Bedeutung leugnen, werden zugeben, dass sie große Männer waren. Und denen, die ihr das Beileid aussprachen und sie als unglücklich bezeichneten, sagte sie: ‹Niemals werde ich mich unglücklich nennen, da ich die Gracchen geboren habe.›»[8]

Seneca und Plutarch sehen Cornelia als moralisches Vorbild, eine Tochter, die das Andenken an den Vater geehrt, Würde und Ansehen der Familie ihres Ehemannes weitergegeben, sowie eine Frau und Mutter, die das tragische Schicksal ihrer Söhne mit Haltung und Würde getragen hat. Dieses Bild der Cornelia entspricht dem der römischen Matrone,[9] ist jedoch ebenso ein Beleg für die breite Erinnerungstradition an die Gracchen, die sowohl von ihren Anhängern und Nachfolgern wie auch ihren Gegnern in Anspruch genommen und weitergeführt wurde.

Doch auf wen geht diese unglaubliche Nachwirkung zurück? Warum ist die Mutter zweier gescheiterter Volkstribunen, die beide unter tätiger Mitwirkung der höchsten *Nobiles* und Amtsträger ihrer Zeit zu Tode gekommen sind, so berühmt geworden? Schon zu Lebzeiten des Caius ist der Anfang dieser Legendenbildung zu erkennen. Der Rückzug des Gesetzesantrags, der die Karriere des Octavius – und anderer – ein für alle Mal beendet hätte (S. 149), ist der Initiative Cornelias zu verdanken und öffentlichkeitswirksam propagiert worden, so dass Cornelia in dieser Hinsicht nicht nur als fürsorgliche und mäßigende Mutter auftrat, sondern als politisch wirksame Kraft! Nicht weniger öffentlichkeitswirksam hatte einst Caius in einer Volksversammlung einen Bezug zu Cornelia hergestellt:[10] «Beschimpfst du meine Mutter, die mich geboren hat?» Wenn nun Caius sich veranlasst sah, seine Mutter öffentlich zu verteidigen, dann dürfte es wohl einen Vorwurf gegeben haben, dass sie in irgendeiner Weise politisch Einfluss genommen habe. Das wäre ein Beleg dafür, dass die Geschichten über Cornelias Beteiligung an den politischen Aktivitäten ihrer Söhne relevant waren und von den Zeitgenossen nicht als abwegig betrachtet wurden. Sieht man dies in Verbindung mit den überlieferten Briefen – selbst wenn deren Authentizität nicht als gesichert betrachtet werden kann – sowie mit der Schilderung des Plutarch, dann wird diese römische Matrone in einer für jene Zeit ganz ungewöhnlichen Weise von unseren Quellen hervorgehoben. Caius, dessen literarische Tätigkeit und rhetorisches Profil bekannt sind, dürfte dafür als Urheber infrage kommen.

Das öffentliche Leben, vor allem aber Reden und Argumente in der politischen Auseinandersetzung waren in Rom in hohem Maße von Exempla – herausgehobene Vorbilder aus der römischen Geschichte – geprägt. Sie vermittelten Erfahrungswissen über angemessenes und herausragendes Verhalten, prägten auf diese Weise die Identität der Elite und wurden zu Handlungsmaßstäben. Solche Exempla waren Teil von Geschichten, Riten, Statuen, Münzen und Orten, gehörten zur Erinnerungskultur und hatten hohen Einfluss auf die politische Kultur der Republik. Auch wenn Einsatz und Interpretation der Exempla bestimmt nicht immer unumstritten waren, so haben insbesondere die Angehörigen der berühmten Familien die Taten ihrer großen Vorfahren permanent in lebendiger Erinnerung gehalten.[11]

Frauen spielen im Rahmen dieser Erinnerungskultur eine ganz besondere Rolle. Im Kontext der Geschichte des mythischen Gründers Romulus waren es Frauen, die, als das Kapitol von den Sabinern eingenommen worden war und mitten auf dem Forum Römer und Sabiner gegeneinander kämpften, sich zwischen die beiden Heere warfen und die Schlacht durch Schlichtung beendeten. Und nach dem Sturz der Königsherrschaft, als die Volsker unter der Führung des abtrünnigen Coriolan schon ihr Lager vor der Stadt aufgeschlagen hatten und kurz davorstanden, Rom zu erobern, haben die römischen Frauen diesen Coriolan zur Umkehr bewegt. Und nochmals dramatischer: Als die Gallier Rom eingenommen hatten, waren es wiederum die römischen Frauen gewesen, die das Gold aufgebracht haben, mit dem sich die Stadt von den Galliern loskaufen und diese zum Abzug bewegen konnten. Schließlich haben die Frauen – in diesem Fall vor allem die Witwen – im Zweiten Punischen Krieg, der in den Tagen des Caius Gracchus noch gar nicht so lange zurücklag, das Geld aufgebracht, um die leere Kriegskasse wieder zu füllen und die Weiterführung des Kampfes gegen Hannibal zu ermöglichen.[12] In diese illustre Reihe vorbildlich handelnder Frauen, die Rom in Krisensituationen durch ihre Klugheit, Opferbereitschaft und menschliche Größe wiederholt vor dem Untergang bewahrt hatten, wollte Caius seine Mutter anscheinend einschreiben. Gerade, dass er das Gesetz auf Bitten der Mutter Cornelia zurückzog, das es einem vom Volk abgesetzten Magistraten verbieten sollte, je wieder ein Amt zu führen, reiht diese Matrone ein in die Gruppe der weiblichen Exempla römischer Geschichte, die im Sinne des Ganzen auf Mäßigung und Ausgleich hinwirkten.

Wie erfolgreich Caius bei seinen Bemühungen war, belegt vor allem die bereits erwähnte Statue, die Cornelia nach dem Tod geweiht wurde – wenn man Plutarch glauben darf: die erste für eine Frau in Rom überhaupt. Auch Cornelia wurde auf diese Weise zu einem Exemplum, das im weiteren Verlauf der Ereignisse nicht mehr von dem Geschick ihrer Söhne zu trennen war. Die Dreiheit (Cornelia und ihre Söhne) muss sich sehr bald nach dem Tod des Caius entwickelt haben – mit einiger Sicherheit unter aktivem Mitwirken der Cornelia, vielleicht auch ihrer Tochter Sempronia. Darin darf man eine Art der Identitätsstiftung erkennen, die Mutter und Söhne verbindet. Die monumentale und rituelle Memorialisierung der drei hat eine enorme Nachwirkung entfaltet, die weit über jene anderer, ebenfalls bedeutender Römer hinausging. Die Legendenbildung nahm beachtliche Ausmaße an. So weiß Plutarch nicht nur von Königen, die die Matrone in ihrer Villa in Misenum besucht haben sollen, sondern auch von einem Heiratsantrag, den der ägyptische König Ptolemaios VIII. Cornelia nach dem Tod ihres Ehemannes gemacht haben soll. Da jedoch die Bildung und Förderung ihrer Söhne im Vordergrund gestanden habe, lehnte sie dies ab. Im Zuge der späteren Ausgestaltung des Cornelia- und Gracchen-Mythos wurden diese Legenden weitergesponnen und erfuhren insbesondere in der neuzeitlichen Malerei auch bildliche Visualisierungen (Abb. 18).

Abbildung 18: Cornelia und Ptolemaios; Laurent de La Hyre (1606–1656)

Das Motiv der Mutter und ihrer beiden Söhne ist immer wieder ausgearbeitet worden, und so finden sich dafür noch weitere Belege aus ganz unterschiedlichen Zusammenhängen, die die überzeitliche Nachwirkung des Gracchen-Mythos erkennen lassen: Die Akteure der Französischen Revolution griffen gern auf antike Namen zurück, um sich ein spezifisches Profil zu geben. François-Noël Babeuf (1760–1797), Revolutionär und Journalist, nannte sich *Gracchus Babeuf*. Er ist vor allem für seine Rolle in der ‹Verschwörung der Gleichen› bekannt, einem gescheiterten Versuch, die französische Regierung zu stürzen und eine sozialistische Republik zu errichten. Babeuf vertrat eine Form des radikalen Egalitarismus und forderte

Abbildung 19: Baboeuf-Verschwörung im Jahr IV. (Bibliothèque nationale de France, département des Estampes et de la photographie, RESERVE FOL-QB-201 [138]). Anonymer Druck, der die Verschwörung der Gleichen stigmatisiert:

Frankreich in Gestalt einer jungen und kräftigen Ammenmutter bewundert die Harmonie seiner Verfassung, der etablierten Behörden und der Departements. Die wütende und eifersüchtige Anarchie, von einer listigen Schlange beraten, wird ihre Dolche in den Schoß des Vaterlandes versenken. Doch der geniale Verteidiger der Republik hält sie in ihrem Zorn auf.

die Abschaffung des Privateigentums und die Einführung eines kommunalen Systems, in dem die Ressourcen gleichmäßig unter allen Bürgern aufgeteilt werden sollten – ein Versuch, der Bewunderung und Kritik gleichermaßen hervorrief (Abb. 19). In diesem Fall ist die Verbindung zwischen antikem Vorbild und neuzeitlicher Anverwandlung des Gründungsmythos gut zu erkennen.

3. Frauen als politische Macht

Frauen übten in der römischen Republik keine politische Macht aus – dies ist jedenfalls die herkömmliche Meinung zur Rolle der Frauen in dieser Zeit.[1] Sie genossen kein Wahlrecht und hatten keine Ämter inne. Wenn man ihnen heute dennoch Einfluss zugesteht, dann höchstens im privaten Bereich. Mit Blick auf die Frauen in der späten Republik – angefangen von Cäsars Geliebter Servilia über die Frauen der Triumvirn wie Fulvia, Octavia, Livia – oder die Frauen des späteren Kaiserhauses gesteht man jedoch zu, dass sie im Zentrum der Macht sehr wohl eine Rolle gespielt haben.[2] Die frühere Gegenüberstellung, dass Frauen im privaten/häuslichen Bereich so etwas wie Macht entfalten konnten, im öffentlichen/außerhäuslichen jedoch nicht, ist zu simpel und taugt wenig, um Stellung und Wirkung römischer Frauen der Elite zu beschreiben.[3] Vor allem die früher gern verwendete Vorstellung, dass Frauen, wenn sie in der Öffentlichkeit auftraten und etwas bewirkt haben, als Stellvertreter ihrer Ehemänner auftraten, greift zu kurz und ist viel zu formal gedacht.[4]

Was ist Macht, wo ist sie lokalisiert und wie wird sie geltend gemacht? Ist Macht nur Macht über Personen, die formal definiert ist und als formale Macht politisch und in der Öffentlichkeit über eine formelle politische Repräsentation wirkt?[5] Regeln und Normen werden nicht ausschließlich in Institutionen und Gesetzen festgelegt. Sie entstehen aus einem Zusammenwirken von gesellschaftlichen und kulturellen Voraussetzungen, auf deren Basis Macht, Herrschaft und Öffentlichkeit entwickelt und geprägt werden. Zu diesen Voraussetzungen gehören die Verfügung über Ressourcen und die Möglichkeit, diese in die politischen Prozesse einzuspeisen. Durch die Verfügung und Nutzbarmachung von Ressourcen in politischen Bereichen werden Handlungsfelder mitdefiniert und dominiert. Machtfelder in der Politik werden abgesteckt, ausgehandelt, erkämpft. Dort wird definiert, was von öffentlichem Interesse ist, wofür gekämpft wird. Das umfasst ein weites Spektrum: Geld, Häuser, Land, Ehren, Positionen, Ehen – die vielen Bereiche, in denen sich die Verteilung der Ressourcen einer Gesellschaft abspielt. Für die Verfügung über Prozesse und Ressourcen gibt es autonome, kreative und sozial hochwertige Positionen in einer symbolischen Ordnung, beispielsweise bei rituellen und religiösen Aktivitäten oder im privaten Bereich. Auch daraus entwickelt sich die Möglichkeit sowohl zu formeller wie informeller Machtausübung.

Im Umkreis der Gracchen kennen wir mindestens drei Frauen, deren Auftreten unter diesen Gesichtspunkten betrachtet werden kann. Dabei handelt es sich um Aemilia, die Witwe des Scipio Africanus maior, und Cornelia, die Tochter dieses älteren Africanus und Mutter der Gracchen, sowie möglicherweise auch Sempronia, die Tochter der Cornelia und Ehefrau des jüngeren Scipio Africanus. Mit Blick auf Aemilia beschreibt Polybios eine symbolträchtige Szene ihres öffentlichen Auftretens. Denn es war Aemilias Art, ein prächtiges Schauspiel zu veranstalten, wenn sie zu religiösen Frauenprozessionen aufbrach, bei denen sie ihren Anteil am Leben und den Leistungen des Africanus auf dem Höhepunkt seiner Laufbahn zeigte. Außer ihrer eigenen Kleidung und dem Schmuck ihres Wagens waren alle Gerätschaften für die Zeremonien, einschließlich der rituellen Körbe und Kelche aus Gold und Silber. Diese wurden von ihrem Gefolge getragen, wenn sie sich bei Festen in der Öffentlichkeit mit einer riesigen Schar von Dienerinnen und Dienern zeigte, die sie und ihr Gefolge bei solchen Anlässen begleiteten.[6]

Diese fürstengleichen Paraden durch Rom müssen eindrucksvoll gewesen sein. Ein solches Auftreten geschieht im Zuge einer sorgfältig vorbereiteten Inszenierung und erhellt, wie Frauen in der Öffentlichkeit Roms ihre Verfügung über Ressourcen zur Schau stellen konnten. Die Bedeutung eines solchen Vorgangs erschöpft sich jedoch nicht in einer bloßen Zurschaustellung; vielmehr handelt es sich dabei eben auch um eine Machtdemonstration.[7] Im politischen Geschäft der männlichen Amtsinhaber wurde es so wahrgenommen – und mitunter heftig bekämpft: Für das Jahr 195 v. Chr., vielleicht nur einige Jahre vor oder nach diesen Paraden der Aemilia, berichtet Livius von einer erregten Debatte in Rom über die Aufhebung einer *Lex Oppia*.[8] Diese war während des Zweiten Punischen Krieges im Jahr 215 v. Chr. beschlossen worden, also in einer entscheidenden Phase jenes militärischen Kräftemessens. Sie gilt gemeinhin als erstes wirkliches Luxusgesetz Roms und wird in der modernen Literatur, nicht jedoch in den antiken Quellen, als ein Gesetz zur Beschränkung des Luxus betrachtet. Das Gesetz verbot Frauen den Besitz oder zumindest das Tragen von Goldschmuck über ein bestimmtes Maß hinaus, und zwar eine halbe Unze; überdies untersagte diese Norm das Tragen von buntfarbigen Kleidern, das Fahren im Wagen in Rom oder innerhalb der Meilengrenze Roms bzw. der Landstädte. Ausnahmen galten lediglich bei öffentlichen Feierlichkeiten.[9] Im Jahr 195 v. Chr. war der Krieg aber vorbei, Rom hatte sich erholt, und die römischen Frauen wollten diese Beschränkungen aufgehoben wissen.

Der berühmte Zensor Cato soll vehement gegen die Aufhebung dieses Gesetzes protestiert haben. Nach Livius verglich er das Begehren der Frauen mit einer Art von Aufstand wie jenen der Plebs in der Zeit der Ständekämpfe. Solche Aufstände galten als hochverratsähnliche Taten und Gefährdungen des Bestands der Respublica. Cato sei so empört über die Unverfrorenheit der Frauen gewesen, dass er sogar errötete! Hätten sie sich doch bloß zurückhaltend im Haus an ihre Ehemänner gewandt, meinte er. Er sah gar die Grundfesten der Respublica gefährdet, weil die Frauen sich solcherart der Verfügungsgewalt ihrer Väter, Vormunde und Ehemänner entzogen hätten. Und nun würden sie sogar die Hand nach der Macht ausstrecken, weil sie sich aufs Forum drängten und in die Volksversammlungen, um die Abstimmungen zu beeinflussen. Mochte der strenge Cato noch so sehr grollen – sein Protest blieb erfolglos, das Gesetz wurde aufgehoben.

Es ist umstritten, ob diese Rede Catos tatsächlich so gehalten wurde. Die Rede enthält viele Stereotype, wie sie in der Antike zu dem Thema Frauen, Macht und Einfluss gängige Münze waren. Ein Seitenblick auf diese Rede vermittelt einen guten Einblick in den entsprechenden literarischen Diskurs der Antike: Die Natur der Frau galt Cato als unbeherrscht und schwach – sie sei wie ein ungezähmtes Wesen (*indomitus animal*). Hervorstechend sei ihre Zügellosigkeit, die nach Ungebundenheit in allen Dingen strebe. Gerade dieser Zügellosigkeit der Frauen hätten die Vorfahren aber Fesseln angelegt und so jene den Männern unterworfen. Wenn nun aber einzelne rechtliche Bestimmungen, die dieses Verhältnis zwischen Männern und Frauen in Rom absicherten, aufgehoben würden, dann erlangten – so legt Livius es Cato in den Mund – Frauen die Gleichstellung mit den Männern.

«Ihr habt oft gehört, dass ich über die unterschiedlichen Ausgaben von Frauen und Männern, aber auch von Magistraten, geklagt habe, und dass die Stadt unter den beiden Übeln, Gier und Prunksucht, leidet, die alle großen Imperien zerstört haben. Je besser und glücklicher die Lage der Respublica ist und je mehr das Reich wächst – wir dringen bereits in Griechenland und Asien vor, die von allen Lastern erfüllt sind, und greifen sogar nach der königlichen Pracht –, desto mehr fürchte ich, dass diese Dinge uns mehr kontrollieren als wir sie.»[10]

Dieses Bild der Frau war in der Antike verbreitet. Die kritisierte Zügellosigkeit wurde auf ein naturhaftes, mit tierischer Ungezähmtheit ausgestattetes Wesen der Frauen zurückgeführt. Hemmungslosigkeit und Ausschweifungssucht prägten demnach die Frauen – es sei denn, diese Eigenschaften wurden durch Gesetze begrenzt. Mit diesen Aspekten hatte schon Aristoteles in seinem Buch über die *Politik* den Niedergang Spartas im 4. Jahrhundert v. Chr. erklärt: Dieses spezifische Wesen der Frauen habe die spartanische Verfassung verunstaltet. Es befördere die Habgier, wenn es nicht in Schranken gehalten werde.[11] Wie genau man sich den Zusammenhang zwischen dieser weiblichen Naturhaftigkeit und den Auswirkungen der Zügellosigkeit vorgestellt hat, beschreibt etwa Plinius in seiner *Naturgeschichte*:

«Aber die Frau ist das einzige menstruierende Lebewesen. Folglich gibt es nur in ihrer Gebärmutter die, welche man verunstaltete Embryonen bzw. *molae* nennt. Eine Mole ist missgebildetes Fleisch, sie widersteht der Spitze und Schärfe eines Messers. Sie bewegt sich und hemmt die Menstruation, wie Geburten, manchmal ist sie tödlich, manchmal altert sie zusammen mit, irgendwann fällt sie durch schnellere Verdauung heraus. Etwas Ähnliches entsteht auch bei Männern im Magen, was man Tumor nennt, wie beim Prätorianer Oppius Capito. Aber nichts lässt sich mehr Erstaunliches finden als der Monatsfluss der Frauen. Neue Weine werden in Berührung damit sauer, berührte Feldfrüchte werden unfruchtbar, Triebe sterben, Samen in Gärten vertrocknen, Früchte von Bäumen, die er berührt, fallen ab, der Glanz von Spiegeln wird durch den Anblick selbst getrübt, die Schärfe des Stahls wird geschwächt und die Glätte von Elfenbein stirbt, Bienenstöcke sterben. Auch Kupfer und Eisen werden sofort von Rost befallen …»[12]

Diese Elemente des Diskurses über Geschlechterbeziehungen und das naturhafte Wesen von Frauen verwendet Livius, um Catos Rede auszuschmücken. Dem zugrunde liegen die gegensätzlichen Stilisierungen, mit denen Natur und Kultur einander gegenübergestellt werden, ebenso die Zivilisation dem Barbarischen, die Öffentlichkeit dem Privaten, die Politik dem Haus etc. und letztlich eben auch Mann und Frau.

Solche Reden in der literarischen Überlieferung spiegeln freilich nicht die Realität wider – und ganz sicher nicht diejenige der Frauen aus den großen Häusern der römischen Elite. Vielleicht hat Cato in seiner Zensur tatsächlich, wie Plinius behauptet,[13] alle privaten Statuen, darunter auch zahlreiche Frauenstatuen, vom Forum entfernen lassen wollen. Vielleicht ist es richtig, wenn Livius ihm als eine der Maßnahmen der Zensur eine Sonderbesteuerung von Frauen zuschreibt: Schmuck, Frauenkleider und Wagen im Wert von mehr als 15 000 As sollen demnach mit dem zehnfachen Wert in die Steuerliste eingetragen und mit einer Steuer in Höhe von 0,3 Prozent belegt worden sein. Aber andererseits war die *Lex Voconia*, die 169 v. Chr. vor allem auf Betreiben Catos verabschiedet wurde, alles andere als nachteilig für römische Frauen der Oberschicht. Sie untersagte einem durch Erbe Begünstigten (sei er männlich oder weiblich – im Gesetz stand keine Differenzierung!), mehr als der Erbe oder die Erben zusammen anzunehmen. In der Konsequenz bedeutete dies,[14] dass man als Begünstigte(r) ein Vermächtnis bis zur Hälfte des Gesamtvermögens annehmen durfte. Da ein solcher Vermächtnisnehmer ebenso eine Frau wie ein Mann sein konnte, ist in der *Lex Voconia* eher eine Stärkung als eine Einschränkung des weiblichen Erbrechtes und vor allem der Frauen in der römischen Elite zu sehen.

Gerade aus der späten Republik, für die wir eine recht gute Überlieferungssituation haben, kennen wir einige Aktionen von bekannten Frauen, die deren Möglichkeiten zeigen, informell Macht wirksam werden zu lassen. Servilia – zeitweilig die Geliebte Cäsars, darüber hinaus Mutter des späteren Cäsarmörders Marcus Iunius Brutus – konnte 44 v. Chr. eine Senatsentscheidung zugunsten ihres Sohnes Brutus und ihres Schwiegersohns rückgängig machen, als es darum ging, die Cäsarmörder Brutus und Cassius durch einen Auftrag zur Getreidebeschaffung aus Rom zu entfernen.[15] Hortensia, die Tochter des Redners und Konsuls Quintus Hortensius Hortalus, konnte zusammen mit einer Gruppe anderer Frauen die Triumvirn dazu veranlassen, eine bereits beschlossene Sondersteuer für 1400 wohlhabende Frauen Roms drastisch zu senken.[16] Fulvia, mehrfach verheiratet, unter anderem mit dem Triumvirn Marcus Antonius, konnte den Triumph, den Lucius Antonius, der Bruder des Triumvirn, beanspruchte, ablehnen. Erst nachdem man sie entsprechend überredet hatte, wurde der Triumph von ihr genehmigt. Im Anschluss daran votierten Senat und

Volksversammlung einstimmig für die Gewährung des Triumphes.[17] Schließlich soll in diesem Zusammenhang die maßgebliche Rolle der Octavia bei den Verhandlungen zwischen den Triumvirn in Tarent im Jahre 37 v. Chr. nicht unerwähnt bleiben.[18]

Gleichsam als Ahnfrau all dieser politisch eminent einflussreichen Frauen kann jedoch Cornelia angesehen werden, wie gerade die Bronzestatue belegt, die ihr als erster Frau in Rom überhaupt errichtet wurde. Gemeinsam ist diesen Frauen, dass sie ganz zweifellos politische Macht ausgeübt haben, ohne dass sie je ein Amt oder eine anderweitig institutionell definierte Funktion innehatten. Diese Frauen waren keine Stellvertreterinnen oder Gehilfinnen ihrer Ehemänner und Söhne, sondern sie nutzten ihre Verfügung über materielle und immaterielle Ressourcen in gleicher Weise wie männliche Akteure, um Handlungsspielräume und Macht zur Geltung zu bringen. Auf diesem Gebiet hat Cornelia, ebenso wie die Söhne mit deren Volkstribunaten, ihre Spuren in der Geschichte der römischen Republik hinterlassen.

4. Das Programm der Gracchen – eine neue Politik

So unterschiedlich die beiden Brüder agiert haben, so deutlich wird doch, dass sie auf einem gemeinsamen Fundament standen: Beeinflusst waren beide von der praktischen Ethik der Stoa (vermittelt durch Antipatros von Tarsos, Blossius von Cumae, aber auch durch die berühmten Juristen Publius Licinius Crassus Mucianus und Publius Mucius Scaevola, ebenfalls ein Brüderpaar). Mit dem Ziel, politisches Handeln am Gemeinwohl zu orientieren, haben Tiberius und Caius Gracchus eine völlig neue Ausrichtung der römischen Politik initiieren wollen. Das tragische Ende beider – der eine brutal erschlagen von einem senatorischen Mob, der andere auf der Flucht vor bewaffneten konsularischen Schergen zum Selbstmord getrieben – zeigt, welch hilflose Wut und Aggressivität ihre Politik unter ihren Standesgenossen hervorgerufen hat. Der weitere Verlauf der nächsten einhundert Jahre bis zum Untergang der Republik in den blutigen Bürgerkriegen der Spätzeit belegt, welchen Spaltpilz ihre ethisch fundierte Politikkonzeption in die Welt Roms getragen hat.

Das Programm des Tiberius basierte nicht auf einem aus dem Augenblick oder der Gefährdung der eigenen Karriere heraus entstandenen Optimierungsversuch der Verhältnisse, sondern auf einer lange vorbereiteten und sehr gründlich ausgearbeiteten Konzeption. Der Volkstribun leitete eine große Bodenreform ein, die mit einer Gruppe der klügsten und einflussreichsten Köpfe der damaligen Zeit vorbereitet worden war. Der Versuch der Wiederwahl belegt jedenfalls, dass es um ein langfristig angelegtes Reformvorhaben ging, das aber in seinem Tribunat – im Unterschied zu dem seines Bruders – nur in Ansätzen zu erkennen ist.

Caius teilte die Werte und Ziele seines Bruders. Sein Erfolg war jedoch größer, da er an das Tribunat des Tiberius anknüpfen und darauf aufbauen konnte. In seinem Tribunat gelang es Caius, fast alles umzusetzen, woran sein Bruder gescheitert ist: Einerseits hat er ein umfassendes Reformprogramm durchgesetzt, das die Strukturen der Republik auf eine neue Grundlage stellen sollte. Andererseits hat er das Muster der Volkstribunenpolitik geprägt, das sich mit seinem Tribunat etablierte und das die Republik bis zu ihrem Ende charakterisieren sollte: eine Gesetzgebung im Wege der Volksversammlung gegen den Senat. Das Programm, das Caius Gracchus als Gesetzgeber und Redner vertrat und erfolgreich implementierte, umfasste jedoch noch mehr: Es war nicht nur eine ‹Methode›, auch nicht nur eine Erweiterung der Bodenreform, sondern es barg ein umfassendes institutionelles und soziales Schutzkonzept für römische Bürger und eine komplette Neustrukturierung der Gerichtshöfe. So ist dies zu Recht als eine «explosionsartige Ausweitung der gesetzlichen Regelungen mit gesellschaftlicher Relevanz» bezeichnet worden.[1]

Durch seine erfolgreiche Wiederwahl zum Volkstribunen erreichte Caius eine derart herausgehobene Stellung in der römischen Innenpolitik, dass er – so Plutarch – als Quasi-Monarch gefürchtet wurde. Aber danach beging er Fehler über Fehler: seine lange Abwesenheit in Karthago, die verpasste Wahl zum dritten Tribunat, den bewaffneten Aufstand. Vor allem der Aufstand mit der Besetzung des Aventins stellt eine solch exzeptionelle Grenzüberschreitung dar, dass daraus – als eine sehr römische Konsequenz – seine Ermordung folgte.

Einen vorläufigen Abschluss fand die Politik der Gracchen nach deren Tod in den sogenannten nachgracchischen Bodenreformgesetzen. Durch sie wurde die Reformentwicklung von 133 und 123/2 v. Chr. mit einer großangelegten Privatisierung des *Ager publicus* beendet. Gerade das Gesetz, das die Privatisierung der gracchischen Landanweisungen zu Privatbesitz *optima lege* erklärte (die *Lex agraria* von 111 v. Chr.), zeigt, wie flexibel und dehnbar das Gerüst der Respublica sein konnte. Ohne dass dieses Gesetz viel an Spuren im politischen Prozess hinterlassen hätte, ist damit eine der größten und konfliktträchtigsten Reformen der Republik zu einem ganz unspektakulären Abschluss gekommen. Zumindest zu diesem Zeitpunkt war noch einiges an Vertrauen in den gesetzlichen Ordnungsrahmen vorhanden. Dieses Vertrauen hat sich dann in weiten Bereichen aufgelöst, wie die Bürgerkriege zwischen Sulla und Marius, Cäsar und Pompeius, Octavian und Antonius sowie die damit einhergehenden Umverteilungsprozesse im 1. Jh. v. Chr. belegen.

Trotzdem blieben viele der Gesetze des Caius in Kraft; um andere, wie die Gerichtsreform, gab es jahrzehntelangen Streit. Nicht nur der Bestand an Gesetzen, sondern auch die Verehrung für die beiden Gracchen und ihre Mutter Cornelia (Briefe, Grabkult für die Söhne, Statue für die Mutter) demonstriert, wie tief und rasch die durch die Brüder in Rom eingeführte Politik bereits in die Kultur der Republik eingedrungen war.

Gleichzeitig haben die Gegner der Reformpolitik teils mit Entgegenkommen an die Klientel der Gracchen, ja mit Überbietung ihrer Vorschläge, aber auch mit dem *Senatus Consultum Ultimum* – das die Ermordung von ‹Aufrührerischen› ohne Prozess und Urteil legitimieren sollte – den Versuch unternommen, Alternativen zu deren Politik zu schaffen und auf jeden Fall wieder das Heft des Handelns in die eigenen Hände zu bringen und die Kontrolle über den Konflikt zurückzugewinnen (S. 170 ff., 190 ff.). Die *Lex agraria* von 111 v. Chr. dürfte einen dieser Versuche darstellen. Gelungen ist den Gegnern der Gracchen die Lösung des Konfliktes jedoch nicht. Vielmehr haben sich Auseinandersetzungen und Gewalt im Inneren immer weiter potenziert. Die Ermordung des Volkstribunen Tiberius Gracchus 133 v. Chr. und die brutale Niederschlagung des Aufstandes von 121 v. Chr., die gleichfalls mit dem Tod des Caius Gracchus endete, waren und blieben für die nächsten einhundert Jahre wirkmächtige Beispiele dafür, wie man einen Konflikt zwar nicht lösen, aber immerhin durch Beseitigung der Anführer vorläufig abschwächen konnte. Die selbstbewusste Zurschaustellung seiner Taten, die Opimius mit seinem Tempel für Concordia als ‹Sieg› in der Öffentlichkeit darbot, war, ebenso wie der Aufstand von 121 v. Chr. selbst, ein Akt der persönlichen Entgrenzung. Die Verbindung des Opimius-Massakers mit der Tat von 133 v. Chr. hat erst den Heldenmythos des tragischen Brudertodes im Dienste der Respublica hervorgebracht.

Was Tiberius betraf, so war natürlich die Ermordung eines sakrosankten Volkstribunen ein derart schwerwiegendes Ereignis, dass man danach nicht einfach zur Tagesordnung zurückkehren konnte. Aber insgesamt zeigen die Untersuchungen nach seinem Tod – und ebenso die Rollen, die dabei Publius Mucius Scaevola und sein Bruder Licinius Crassus Mucianus spielten –, dass die römische Elite versuchte, mit den herkömmlichen Instrumentarien wieder die Ordnung herzustellen, was ihr auch für eine kurze Zeit gelang. Wesentlich für diesen Erfolg war, dass man den Reformern die Bodenreformkommission beließ, das Gesetz nicht rückgängig machte und die wichtigsten Unterstützer des Tiberius nach wie vor ihre Karrieren unbehelligt fortsetzen ließ.

Danach freilich stellen Scipio Aemilianus' Versuch, die Bodenreform 129 v. Chr. endgültig zu revidieren, und Opimius' brutales Vorgehen 121 v. Chr. tiefe Zäsuren da. Scipios Tod kam zwar noch rechtzeitig, um eine weitere Eskalation zu verhindern. Aber Opimius' Konsulat und sein erbarmungsloser Terror setzten einen so starken Kontrapunkt gegen die Reformen des Caius Gracchus, dass danach für jeden in Rom klar war, wie man mit missliebigen Reformern umzugehen gedachte und wie man sie beseitigen konnte. Die Gewalt hatte Erfolg – zumindest kurzzeitig. Wäre manches anders gekommen, wenn Opimius den Aufstand des Caius durch Verhandlungen befriedet oder ihn zumindest im Zuge einer nach Umfang und Ergebnis maßvollen militärischen Aktion niedergeschlagen hätte? Oder wenn er auf die zynische Demonstration der in Gold aufgewogenen Köpfe und die ebenso zynische Umdeklarierung der Concordia verzichtet hätte? Darüber lässt sich nur spekulieren. Doch was wir wissen, ist, dass Härte, Brutalität und hemmungslose Selbstbereicherung derart zunahmen, dass das institutionelle Gerüst der Republik und die sie tragenden Verhaltensmuster völlig destabilisiert wurden. Insbesondere Ciceros intensive Auseinandersetzung mit den Gracchen zeigt, wie hilflos das Konfliktmanagement im 1. Jahrhundert v. Chr. geworden war. In diesem Lichte scheint der Untergang der Republik, der sich in der Diktatur Cäsars und der augusteischen Monarchie manifestierte, nicht paradox und nicht alternativlos, sondern das Ergebnis einer anfällig gewordenen, weil nur zaghaft und zögerlich zu Reformen bereiten Elite. Mit der Ermordung der Tribunen und der Abschlachtung der Gefolgsleute des Caius hatte sich das senatorische Rom für die Zukunft entscheidende Wege zur Konfliktlösung innerer Krisen verlegt – die Eliten führten so die Republik in eine Sackgasse, aus der es einhundert Jahre später endgültig keinen Ausweg mehr gab.

Es bleibt festzustellen, dass die Gracchen mit ihrer Volkstribunenpolitik gescheitert sind. Sie standen für eine Politik, die das Volkstribunat als Basis für politische Agitation und Gesetzgebung nutzte. Dafür aber war das Volkstribunat – in einer politischen Ordnung, in der die Eigenständigkeit selbstbewusster Magistrate und die Autorität des Senats tragende Eckpfeiler der politischen Struktur waren, die Volksversammlung hingegen trotz ihrer Gesetzgebungskompetenz viel weniger Spielraum hatte – auf Dauer nicht stark genug. Man konnte als Volkstribun gewiss manches durchsetzen – das beweisen die Reformen der Gracchen in aller Deutlichkeit –, aber eine dauerhafte Änderung der politischen Struktur war auf diese Weise nicht möglich. Das Volkstribunat hatte per se eher eine *Verhinderungsgewalt* als die Kompetenz, neue Strukturen zu schaffen. Das war insbesondere Caius völlig bewusst. In seinem Gesetzgebungswerk hat er daher konsequent auf die Volksversammlung und eine an den Interessen des Volkes ausgerichtete Gemeinwohlorientierung gesetzt. Dieses Vorgehen der Gracchen – Volkstribunenpolitik und später populare Methode (*populariter agere*) genannt – stützte sich auf die Volksversammlung, ignorierte oder konterkarierte den Senat und nutzte die Gesetzgebungskompetenz der Volksversammlung. Doch bereits im Tribunat des Tiberius war eine Schwachstelle dieser Politik deutlich geworden: das stets mögliche *Veto!* eines anderen Tribunen. Im Tribunat des Caius trat eine andere Schwachstelle zutage: die im Auftrag des politischen Gegners – des Senats – betriebene Überbietungspolitik mit Hilfe eines anderen Tribunen. Doch selbst, wenn Tiberius oder Caius es vermocht hätten, Konsul zu werden, so hätte immer noch die Einspruchsmöglichkeit des jeweils anderen Konsuls als Blockade gegen ihre Politik ausgereicht. Dieses Prinzip des *Check and Balance* war eines der fundamentalen Wesensmerkmale der römischen Ordnung. So war bei aller Flexibilität diese Ordnung stets auf Konsensfindung ausgelegt. Das galt nicht nur für die Amtsträger, sondern insbesondere auch für das Verhältnis von Volk und Senat.[2] Versuche, dieses Prinzip auszuhebeln, ja, es zu durchbrechen, konnten nur dann erfolgreich sein, wenn das ganze Gefüge außer Kraft gesetzt wurde. Das sollten – wenngleich völlig anders motiviert und mit völlig anderen Zielsetzungen als bei den Gracchen – im 1. Jahrhundert v. Chr. die Diktatoren Sulla und Cäsar und die Triumvirn vorexerzieren. Gerade bei Letzteren zeigt sich ein bedeutender Unterschied: Das Volkstribunat war nicht darauf angelegt, außerhalb Roms Einfluss zu nehmen.[3] Zwar haben die Gracchen versucht, dies zu ändern, indem sie in die Angelegenheiten in Asien, durch die Bodenreform in ganz Italien und durch die Anlage der Kolonie Iunonia in Afrika eingriffen. Doch dieser Versuch, dem Volkstribunat eine andere, über Rom hinausweisende Ausrichtung zu geben, hat letztlich weder ausgereicht noch ist er akzeptiert worden. Territoriale Ausdehnung, Ausbeutung der Peripherie, Verlagerung von Konflikten in die Provinzen und übersteigerte Ambitionen schufen im 1. Jahrhundert v. Chr. so viele neue Möglichkeiten, Ressourcen zu erschließen, dass die innerrömische und italische Ordnung völlig korrumpiert wurde. Caius Gracchus hatte diese Gefahr gesehen und in Rom vergeblich davor gewarnt (S. 157 f., 182 f.).

Es soll nicht ausgeblendet werden, dass Vertreter der Elite, auch in der Reihe der Gracchengegner, durchaus zu Reformen bereit waren. Die Privatisierung des Landes aus den Bodenreformgesetzen der Gracchen hat, wenngleich nur für eine kurze Zeit, einen jahrzehntelang schwelenden gesellschaftlichen Konflikt entschärft. Sicherheit und wirtschaftliche Möglichkeiten wurden durch die Verabschiedung der *Lex agraria* von 111 v. Chr. geschaffen und hielten zumindest bis zu den großen Umverteilungen der Bürgerkriegszeit.

Bei aller Kontingenz, die sich aus den beschriebenen Konstellationen und gewaltgesättigten Umständen ergeben hat,[4] bleibt festzuhalten, dass die Grundsätze, die in den Positionen der gelehrten Juristen des 2. Jahrhunderts – von denen die bedeutendsten Vertreter als Berater oder Mitstreiter der Gracchen wirkten – zum Ausdruck kommen, die Zeit nachhaltig geprägt haben. Die Klausel *ex fide bona*, die in den Klagen der römischen Gerichtspraxis seit dem 2. Jahrhundert v. Chr. zu finden ist, geht auf sie zurück.[5] Die rechtsethische Bedeutung des Prinzips von ‹Treu und Glauben› ist eine Vorstellung der Beziehung von Gemeinwohl und Individualverhalten,[6] die nicht nur auf dem Gebiet des Rechts wirksam geworden ist, sondern auch in die Politik eingehen sollte und der Sozialgesetzgebung der beiden Volkstribunen zugrunde lag. Dass diese Impulse in den bewegten Zeiten von Tiberius und Caius Gracchus Konjunktur hatten, war sicher kein Zufall. Mit ihnen starben zwei tragische Helden der römischen Geschichte, die mit ihren zentralen Anliegen, die politischen Grundlagen des Staates rechtsethisch zu begründen und den Staat im Interesse des Volkes neu auszurichten, ihrer Zeit voraus waren. Einige ihrer Gesetze blieben noch in Kraft, ihr Vorgehen hat als Methode Schule gemacht, doch letztlich war ihre Politik gescheitert.

5. Gewalt

Das Scheitern der Gracchen offenbart sich an einem Punkt in aller Deutlichkeit, nämlich an der Gewalt, die durch den Tod der Gracchen in die römische Innenpolitik in einem bis dahin nie gekannten Ausmaß Einzug halten sollte. Die römische Innenpolitik war generell von viel Aggressivität geprägt. Hässliche Invektiven und robuste Handgreiflichkeiten waren übliche Formen der Auseinandersetzung im politischen Tagesgeschäft.

Gerade deswegen war die körperliche Unversehrtheitsgarantie für die Volkstribunen eine so herausragende Errungenschaft, die sich die Plebeier während der Ständekämpfe in harten, jahrzehntelangen Auseinandersetzungen gesichert hatten. Heftige, aggressive Konkurrenz war man in Rom angesichts der immer mit den Niederlagen der unterlegenen Amtsbewerber verbundenen Wahlen gewohnt. Man trug diese Kämpfe vor dem Volk in aller Öffentlichkeit aus.[1] Damit kam den jeweiligen Volksversammlungen, gleich ob es die Versammlung der Komitien oder eine Plebsversammlung war, die Funktion einer Art Arena, dem Volk aber eine Schiedsrichterrolle zu: Das Volk in diesen Versammlungen entschied über Gewinn oder Verlust von Ansehen, Ehre, Amt und Karriere. Dieser Teil des sogenannten symbolischen ‹Kapitals› war eminent wichtig für römische Politiker. Trotzdem gab es in der römischen Republik keine institutionellen Wege, um eine Meinungsbildung und -einbringung des in diesen Versammlungen anwesenden Volkes zu strukturieren (von den zahlreichen nicht-anwesenden Bürgern in den weit und weiter entfernt liegenden Regionen Italiens ganz zu schweigen). Die modernen Wege von Anträgen,

Eingaben, Bürgerbegehren etc. gab es in Rom nicht. Schriftliche Abstimmungen, etwa in der Form heutiger Briefwahl, sind eine gute Möglichkeit, trotz räumlicher Entfernung der Berechtigten die Partizipation an politischen Entscheidungsprozessen zu gewährleisten. In einer auf *Präsenz* gegründeten Gesellschaft, deren Politik eine Politik der *Anwesenden* ist, gibt es diese Möglichkeit nicht. Hinzu kam in Rom, dass die Gestaltung von Form, Inhalt und Weg politischer Entscheidungsfindung den Amtsinhabern, den Magistraten, und dem Senat vorbehalten waren; die Bürger in den Volksversammlungen konnten zwar reagieren, aber nicht agieren. Meinungsbildung und Meinungsbekundung waren möglich, wie sich dank der vielen Nachrichten über Wut- und Unmutsbekundungen der stadtrömischen Plebs beweisen lässt. Was den einen lautstarke Artikulationsmöglichkeit war, bot den anderen – nicht zuletzt den Amtsinhabern – Gelegenheit ‹Meinungsbilder› über Zustimmung oder Ablehnung einzuholen. Dem einzelnen Bürger aber fehlte jedwede Möglichkeit, in der Volksversammlung aktiv zu werden.

Es war aber in der Antike durchaus nicht so, dass man keine Wege einer erweiterten, d. h. selbstbestimmt aktiven Bürgerbeteiligung gekannt hätte: Im Athen des 5. und 4. Jahrhunderts v. Chr. konnte jeder einfache Bürger (*hó boulómenos* – jeder der will – und der es sich zutraute) in der Volksversammlung aufstehen und einen Antrag stellen. Insofern liegt die Vermutung nahe, dass die Tatsache, dass so etwas in Rom unmöglich war, zu einer Verhärtung auf Seiten des römischen Volkes geführt hat. Hinzu kam die überaus harte Konkurrenz unter den *Nobiles* selbst. So war der Boden bereitet für gewaltsame Bewältigung einer partizipativen Mangelsituation.

In einigen seiner Reden, die Caius Gracchus vor dem Volk gehalten hat, bringt er diese Situation auf den Punkt: So betont er einmal (S. 157 f.),[2] dass alle etwas vom Volk wollen – nämlich Ehre, Ansehen, Belohnungen. Die Schlimmsten von allen seien jedoch diejenigen, die sich gar nicht öffentlich dazu bekennen, dass sie etwas wollten und dass sie den Anschein erweckten, dass es das Volk sei, in dessen Entscheidung es läge, ihnen dies zu geben. Sie schwiegen und agierten im Hintergrund. Sie arbeiteten mit Bestechungen und Intrigen und so betrögen sie alle – das Volk, indem sie nicht offenlegten, worum es ihnen in Wahrheit gehe und was sie wollten, ihre Kollegen, indem sie sie durch die Bestechungen und Intrigen ausmanövrierten.

Trifft das zu – wovon wir ausgehen können –, so war die Funktion der Öffentlichkeit der Volksversammlung ad absurdum geführt. In anderen Reden wiederum geißelte Caius die brutale und sinnlose Gewalt, zu der sich römische Amtsinhaber und Römer ohne Amt in Italien wie in den Provinzen hinreißen ließen.[3] Diesem Hang stellte er sein eigenes Verhalten gegenüber: Er sagte offen vor dem Volk, dass er sich in seiner Zeit als Quaestor in jeder Hinsicht korrekt verhalten und für die Provinzbewohner eingesetzt habe.[4] Doch selbst er begehrte etwas vom Volk, nämlich dass es erkennen solle, welche Maßnahmen in seinem ureigensten Interesse seien![5] Caius Gracchus argumentierte in dieser Rede (S. 157 f.) mit dem Begriff des *bonum*, des Guten und der Rechtschaffenheit. Er verknüpfte das Interesse des Volkes und die Aufforderung, daran die Politik im Interesse des Volkes auszurichten, mit der Moral. Wie er an dieser Stelle sagte, sollte das Volk in dem Guten das eigene Interesse erkennen und so die Respublica leiten (*quo facilius vestra commoda et rem publicam administrare possitis*). Damit errichtete er in aller Deutlichkeit ein anderes politisches Koordinatensystem für die Republik: Das Volk sollte das Gute und sein eigenes Wohl sehen, aktiv dafür eintreten und die Republik darauf ausrichten.

Aber obwohl diese Reden des Caius durchaus revolutionäres Potential hatten, waren nicht sie es allein, die den Konflikt zur Eskalation der Gewalt trieben. Es waren nicht allein die Bodenreform oder die Reformgesetze in Caius Gracchus' Volkstribunat.[6] Die Eskalationsspirale begann sich so richtig erst nach Ablauf seines Tribunats zu drehen. Der Konsul Opimius und der Senat handelten, wie oben beschrieben, nicht völlig grundlos und auch nicht völlig rechtlos. Hatten doch Fulvius Flaccus und Caius Gracchus mit ihrer Anhängerschaft auf dem Aventin einen bewaffneten Aufstand mitten in der Stadt Rom entfesselt. Einen bewaffneten Konflikt im Inneren zu beginnen, hieß aber nicht weniger, als einen Bürgerkrieg anzuzetteln. Möglicherweise erklärt genau das, wieso bei der Niederschlagung des Aufstandes 3000 Anhänger des Caius Gracchus zu Tode kamen – waren es doch bei der Ermordung des Tiberius «nur» 300.[7] Doch genau der Tod der Aufrührer im Herzen der Stadt Rom setzte einen Prozess in Gang, der bis in die Endphase der Republik zu einer beispiellosen Welle an Gewalt durch und mit Volkstribunen führte. Die Auslöschung von Karthago und Korinth 146 v. Chr., Numantia 133 v. Chr. und schließlich Fregellae 125 v. Chr. belegen, wie sich die Spirale der Gewalt immer wilder drehte. Aber trotz aller Gewalterfahrungen, die die Römer in ihren zahllosen Kriegen und Eroberungszügen erlebt hatten, nicht zuletzt als Täter, war das Geschehen von 121 v. Chr. für Rom etwas Neues. War doch einer der Toten Fulvius Flaccus – ein Konsular, ein Mitglied der römischen Elite, einer ihrer absoluten Spitzen. Und Caius Gracchus, der Sohn der Cornelia, war der Enkel des ruhmreichen älteren Africanus und vor allem der Bruder des ermordeten, immer noch hoch geachteten Volkstribunen Tiberius Gracchus. Zudem hatte er selbst zwei Jahre als Volkstribun die Geschicke der Respublica mitgestaltet. Der gewaltsame Tod dieser beiden brachte Mord und Totschlag als Mittel der Auseinandersetzung also mitten ins Herz der römischen Elite und ins Zentrum der römischen Politik.

Wie das Volkstribunat, das *Senatus Consultum Ultimum* und die Gewalt seit 121 v. Chr. miteinander verkettet sind, lässt sich an der Reihe der in den folgenden Jahrzehnten in gewaltsamen Auseinandersetzungen ermordeten Volkstribunen ablesen: Der Volkstribun Saturninus, der zuerst einen unliebsamen Konkurrenten durch Mord aus dem Weg räumen ließ, wurde im Jahr 100 v. Chr. zusammen mit seinem Mitstreiter Glaucia vom Konsul Marius auf der Grundlage eines *Senatus Consultum Ultimum* erst festgesetzt und dann, unter nicht geklärten Umständen, noch im Amt ermordet: In der Kurie des Senats wurde Saturninus von einem Mob zu Tode gesteinigt, während Glaucia das Genick gebrochen wurde. Wer genau für diese Morde verantwortlich war, ist unklar.[8] Ein weiterer Volkstribun – angeblich ein Sohn des Tiberius Gracchus und gerade einen Tag im Amt – wurde gleichfalls ermordet. Auf Veranlassung eines anderen Volkstribunen wurde dann das Volk dermaßen aufgepeitscht, dass ein ehemaliger Volkstribun angeklagt und dann – noch nicht einmal verurteilt – vom Volk in Stücke gerissen wurde.[9] 91 v. Chr. ermordete man den Volkstribunen Livius Drusus. Wiederum drei Jahre später stellte der Volkstribun Sulpicius Rufus eine bewaffnete Bande auf und setzte mit ihrer Hilfe ein Gesetz durch, durch das Sulla das Kommando im Krieg gegen Mithridates entzogen und auf Marius übertragen wurde. Sulla hingegen führte sein Heer kurzerhand nach Rom, tötete Sulpicius und ließ das Gesetz über sein Kommando wieder in Kraft treten. So kam es dann, wie uns Appian berichtet, Jahr für Jahr zu derartigen Gräueltaten auf dem Forum.[10]

Der Tod des Volkstribunen Tiberius Gracchus erscheint in diesem

Lichte geradezu als Kipp-Punkt der innenpolitischen Entwicklung Roms. Sein Bruder Caius hat nicht nur dessen Politik fortgesetzt, sondern schließlich auch sein Schicksal geteilt. So erlangt der Mord an Tiberius geradezu ikonische Bedeutung. Die gewaltsame Niederschlagung des Aufstandes von 121 v. Chr. ist dann der sichtbare Beginn der eingetretenen Veränderung, wodurch Gewalt bis hin zum Mord in bis dahin nicht vorstellbarer Weise Mittel der Wahl in der innenpolitischen Auseinandersetzung wurde. Diese Gewalt höhlte die Institutionen aus, beraubte sie ihrer Legitimität und führte zu immer weiter ausufernden Brutalitäten. Mit Cäsar, Pompeius, Antonius und Octavian kulminierte sie in den blutigen Bürgerkriegen am Ende der Republik.[11]

Das hat bereits Appian so gesehen. Er stellte fest, dass weder Freiheit noch Demokratie noch Gesetze noch Ansehen noch Ämter irgendjemandem mehr halfen; denn selbst das Amt des Tribunen, obwohl heilig und unantastbar, wurde Verursacher und gleichzeitig Opfer dieser Entwicklung.[12]

Es ist jedoch schlechterdings nicht vorstellbar, dass man in Rom nach 133 v. Chr. nicht darüber nachgedacht hat, wie man nicht nur eine Wiederholung der Ereignisse, die zum Tod des Tiberius Gracchus geführt hatten, künftig vermeiden könnte. Darauf deutet das *Senatus Consultum Ultimum* hin, das wohl kaum nur ein ad hoc gefasster Beschluss gewesen sein kann. Vielmehr ist es genau der Beschluss, der 133 v. Chr. vom Konsul Scaevola noch verhindert bzw. abgelehnt worden war und der dann aber den Konsul von 121 v. Chr. legitimieren sollte, die Aufrührer zu beseitigen. Mit dem *Senatus Consultum Ultimum* hat man versucht, eine neue Legitimität für solches Vorgehen zu schaffen, ein institutionell gerahmtes Gerüst zugunsten von Senat und Konsul gegen eine gemeinwohlorientierte Politik, die von den Volkstribunen initiiert und über die Volksversammlung hätte durchgesetzt werden können. Dieser Plan der Senatsvertreter ging nicht wirklich auf: Die in den folgenden Jahrzehnten als *Senatus Consultum Ultimum* deklarierten Senatsbeschlüsse führten immer zu ähnlichen Verläufen: Die ausführenden Politiker wurden angeklagt, teils verurteilt, teils ins Exil oder ins politische Abseits gezwungen. Damit erhielt das *Senatus Consultum Ultimum* keinen Legitimitätscharakter, verlieh auch den Aktionen der ausführenden Magistraten keine Legitimität, sondern höchstens einen Legitimitätsanschein.

Insbesondere die zunehmende Aushöhlung der Unverletzlichkeit des Volkstribunats zeigt, dass es keinen wirksamen Schutz gegen institutionalisierte Gewalt mehr gab.[13] Vielmehr ließ der Versuch, die Gewaltanwendung durch die Legitimierung des Ausnahmefalls zu rationalisieren, eines der wichtigsten Schutzrechte römischer Bürger gegenüber der Gewalt von Magistraten nachgerade wertlos werden. Die über Jahrhunderte eingeübten Verfahren der Konsensherstellung durch Vertrauen und Loyalität wurden auf diese Weise zerstört und damit die grundlegenden Sicherungsprinzipien der römischen Politik (zu denen zwingend die Unverletzlichkeit der Volkstribunen gehörte) aus den Angeln gehoben. Der Versuch, die Stellung des Senats zu stärken, scheiterte; es scheiterte aber ebenso der Versuch, über das Volkstribunat ein neues Politikverständnis in Rom zu etablieren. So schließt sich der Kreis: von den Ereignissen im Sommer 133 v. Chr., als der senatorische Mob den Volkstribunen Tiberius Gracchus erschlug, bis zu dem Jahr 121 v. Chr., in dem der Aufstand des Caius Gracchus blutig erstickt wurde.

VII

INTERPRETATIONEN

Schon in der Antike hat man nach Erklärungen gesucht, mit denen man den Aufstieg und das Ende der römischen Republik verständlich zu machen suchte. Appian und Cicero sahen die Verantwortung für diesen krisenhaften Prozess im Wesentlichen bei den Gracchen. Komplexer sind die griechischen Modelle vom Aufstieg und Verfall der Staaten nach einem Kreislaufschema, in dem insbesondere moralischer Verfall und Dekadenz eine Rolle spielen. Polybios – der selbst als aktiver Politiker Roms Aufstieg zur beherrschenden Macht im Mittelmeerraum erlebt und danach als Erzieher und Freund den Feldherrn Scipio Aemilianus begleitet hat – vertrat die Auffassung,[1] dass alles, was existiere, Veränderung und Wechsel, Niedergang und Verfall unterworfen sei. Dies sei ein Gesetz der Natur, und das sei Beweis genug. Seiner Ansicht nach hatte Rom mit einer Mischverfassung seinen Aufstieg realisiert und zur Zeit der Schlacht bei Cannae den Höhepunkt an innerer Ausgewogenheit erreicht. Gerade angesichts der verheerenden Niederlage gegen Hannibal habe Rom seine Stärke bewiesen und dann langsam, aber sicher den Sieg errungen. Polybios glaubte, dass erst danach, als Rom zur ‹Weltherrschaft› aufgestiegen sei, innere Fehlentwicklungen eingetreten seien. Ein Umschlagpunkt sei das Jahr 168 v. Chr. gewesen, als Rom die unumschränkte Herrschaft erreicht habe. Danach seien Verfallserscheinungen eingetreten. In der frühen Kaiserzeit galt das Jahr 146 v. Chr. – die Zerstörung Karthagos – als der entscheidende Wendepunkt in der inneren Entwicklung der Respublica. Die Vernichtung Karthagos, des letzten Gegners, der Rom noch hätte gefährlich werden können, habe die Kraft und die moralische Stärke, die Rom zur Größe geführt hätten, geschwächt, so dass in der Folge Aufruhr und Bürgerkrieg die Respublica zerstört haben.[2]

In der heutigen Forschung gilt das Jahr 133 v. Chr., das Tribunatsjahr des Tiberius Gracchus, als das Jahr, mit dem die letzte Phase in der Geschichte der Republik begann. Das Tribunat des Tiberius mit den Ereignissen rund um die Absetzung seines Tribunenkollegen, die Bodenreform und vor allem seine Ermordung wird als ebenso tiefer Einschnitt betrachtet wie die Vertreibung des letzten Königs, das Ende des Ständekampfs und die Ermordung Cäsars.

Bereits Theodor Mommsen hat in seiner Römischen Geschichte das Jahr 133 v. Chr. als das Jahr der sich anbahnenden Krise herausgestellt,[3] und heute noch nimmt das Volkstribunat des Tiberius Gracchus in der althistorischen Forschung einen zentralen Platz ein, wenn es um die Frage geht, wie das letzte Jahrhundert der Republik einzuordnen ist – vom Tribunatsjahr 133 v. Chr. bis zur Schlacht bei Actium im Jahr 31 v. Chr., dem letzten und entscheidenden Sieg des Octavian auf dem Weg zur Alleinherrschaft.

Viele Begriffe sind verwendet worden, um die Bedeutung der beiden Tribunate der Brüder Tiberius und Caius Gracchus treffend zu beschreiben. Mommsen hat den Revolutionsterminus verwendet, wenngleich er darin sehr deutlich seiner Zeit des 19. Jahrhunderts verhaftet war. Der Vergleich mit dem modernen Paradigma einer Revolution wie etwa der Französischen von 1789 zeigt, warum solche Vergleiche hinken: Für die römische Republik lässt sich festhalten, dass es eben keine sozialen «Klassen» mit entsprechendem «Klassenbewusstsein» gegeben hat. Insofern gab es keine Massenbewegungen. Sklavenaufstände waren eher peripher, und explizit formulierte emanzipatorische Umsturzpläne hat es ebenfalls nicht gegeben. Zwar findet sich etwa bei Alfred Heuß ein Versuch, den Revolutionsbegriff für die Antike nutzbar zu machen,[4] um damit eine Vergleichbarkeit mit anderen epochalen Umsturzphänomenen zu erreichen.[5] Allerdings wäre für die Gracchen höchstens von revolutionärem Potential zu sprechen, das sich in der Rückschau darzubieten scheint, nicht jedoch von einer Revolution oder sogar dem Plan zu einer solchen.

Dem stehen die heutigen Ansätze gegenüber, deren Vertreterinnen und Vertreter dieses Jahrhundert von 133 bis 31 v. Chr. und damit die Rolle der Gracchen als einen Ablauf *sui generis* sehen; das aber heißt auch, die römische Republik als eine besondere Entwicklung zu verstehen. Im Mittelpunkt, gerade wenn es um das Volkstribunat geht, steht dabei die Frage, was die beiden Tribunate für die Methoden des politischen Geschäfts bewirkt haben. Lange Zeit hat man an diesem Punkt der historischen Entwicklung die Entstehung einer sogenannten popularen Methode postuliert. Diese Methode ist eine Art Volkstribunenpolitik, deren Vertreter das Volkstribunat mit seiner Möglichkeit, die Volksversammlung zu steuern, als Basis der politischen Handlungen und Agitationen wählen und eine auf die ‹Ständekämpfe› zurückgreifende Rhetorik verwenden. Cicero[6] benutzt die Gegenüberstellung von Optimaten und Popularen zur Beschreibung zweier einander entgegengesetzter politischer Ausrichtungen[7] – und so ist dies in die meisten Forschungsarbeiten über das letzte Jahrhundert der Republik eingegangen.[8] Gerade in Deutschland wurde die populare Politik als eine reine Methode, ein Stil (*popularis ratio*), angesehen und der Bezug auf die Interessen des Volkes als vorgeschoben gewertet,[9] d. h. als eine rein verfahrenstechnische Methode einer im Kern veränderungsunwilligen Elite.[10] Es wäre demnach bei der popularen Methode nur darum gegangen, die Karriere eines *Nobilis* zu befördern, ohne dass die Inhalte dieser Politik überhaupt eine Rolle gespielt hätten. Andererseits ist natürlich gesehen worden, dass der Aufstieg des Scipio Aemilianus – insbesondere wie er mit Hilfe des Volkes, d. h. der Volksversammlung, und unter Missachtung der geltenden Regeln zu den Konsulaten im Jahre 147 v. Chr. und 134 v. Chr. kam – schon bemerkenswerte Ähnlichkeit mit dem zeigt, was für die spätere Zeit des 1. Jahrhunderts v. Chr. als populare Methode beschrieben wird.

Vergrößert man den Untersuchungszeitraum, so erkennt man, dass in der römischen Republik auf eine sehr typische Weise Ausnahmen zu Regeln werden.[11] Daraus hat sich in der neueren Forschung ein eher evolutionäres Modell zur Erklärung und Einordnung der Ereignisse entwickelt, deren Vertreterinnen und Vertreter vor allem praxeologisch argumentieren: Wenn durch Handlungen neue Felder erschlossen oder Grenzen überschritten werden und damit, wenn überhaupt, nur begrenzter Widerstand hervorgerufen wird und sie sogar nachgeahmt werden, dann entstehen aus diesen Präzedenzfällen neue Regeln: «von Stabilität durch Flexibilität zur Normverhärtung».[12] Wenn es dabei in der Republik zu Konflikten oder Konkurrenzen kam, so hat man die Aushandlungslösung bzw. eine gewaltfreie Lösung praktiziert; die letzte Eskalationsstufe jedoch wurde – bis zu den Tribunaten der Gracchen – vermieden.[13] Insofern lässt sich die Frage, in welcher Beziehung die Jahre 133 und 123 v. Chr. bis 121 v. Chr. zu den

Ereignissen des 1. Jahrhunderts v. Chr. stehen, das in einem letzten blutigen Bürgerkrieg und der Begründung des augusteischen Prinzipats endete, eher im Kontext dieser Prozesslogik beantworten.[14]

Mit der «Krise ohne Alternative», die Christian Meier so wirkmächtig konstatiert hat, ist die Eigenart einer gewachsenen Verfassung in den Vordergrund gerückt worden, die, anders als moderne Verfassungen, kein gesetzlich festgelegtes Institutionengefüge hat, sondern in der die Politik auf ganz andere Weise durch die formalen und symbolischen, rituellen und praktischen Beziehungen geprägt ist.[15] Diese Sichtweise ist nicht ohne Kritik geblieben. Gegen diese Sicht wurde vorgebracht, sie sei zu stark elitenfixiert, schenke sozialen und wirtschaftlichen Bedingungen zu wenig Beachtung[16] und blende die Rolle der Volksversammlung als des Ortes der letzten Entscheidung aus.[17] In neueren Arbeiten werden demgegenüber heute breitere Schichten und Akteursgruppen sowie deren Einbindung in die politische Kultur einbezogen.[18]

Die Besonderheiten der gewachsenen, römischen Ordnung und ihrer Kategorien sowie deren eigener Voraussetzungen stehen dabei im Vordergrund: Mit den Begriffen der Überlastung, Extensivierung durch Expansion, aber eben nach wie vor auch mit der Vorstellung von einer ‹Gegenstandsunabhängigkeit› der politischen Auseinandersetzung wird versucht, die Abläufe zu kategorisieren.[19] So werden eine Offenheit und Partikularität der verschiedenen Akteure, Gruppen und wechselnden Konstellationen beschrieben, die je nach Situation bestimmte Themen aufgriffen oder fallenließen. Damit verbanden sich die von Meier untersuchte mangelnde «Kristallisation von großen und kleinen Interessen», die breite «Lagerung der Macht», die «Vereinzelung der Interessen», das Wechseln der Parteiungen im Alltag.[20] Auch das Festhalten an der Überlegung, dass ein Bewusstsein für alternative Ordnungsmodelle gefehlt habe, dürfte damit zusammenhängen:[21] «Diese Verfassung geriet unter die Räder des politisch-gesellschaftlichen Geschehens, aber nicht auf die Tagesordnung. Es bildete sich keine Alternative zum Bestehenden. Aus den ständig störenden Partikularinteressen ließen sich keine universalen, auf Änderung des Ganzen gerichteten Zielsetzungen heraustreiben.»[22] Oder, noch konkreter, kommt man so zu dem Schluss: Für die politischen Probleme des letzten Jahrhunderts v. Chr. habe sich keine umfassende Programmatik einer neuen Ordnung entwickelt, Reformgesetze betrafen nur Details; eine grundlegende Veränderung der Ordnung sei nicht angestrebt worden. Erst nach den blutigen Bürgerkriegen habe sich eine Alternative gebildet, aus der sich der Prinzipat des Augustus entwickelt habe. Zwar werden Reformvorschläge für einzelne Themen wie unter anderem die bei Sallust in seinen Briefen an Cäsar genannten Wahlrechtsreformen diskutiert,[23] aber entsprechend der Perspektive der «Krise ohne Alternative» habe es nie eine ‹Ordnungskonkurrenz› gegeben.[24]

Hat es tatsächlich nie ein «Umspringen von Quantität in Qualität»[25] gegeben? De facto, d. h. vom Ereignisablauf her betrachtet, ist das sicher richtig. Es hat bis zu dem Prinzipat des Augustus keine erfolgreiche, d. h. dauerhaft etablierte Neuordnung gegeben. Jedoch zeigen die Tribunate der Gracchen und ihre rechtsethisch fundierten Reformvorhaben, insbesondere das umfassende Reformprogramm des Caius Gracchus, dass es zumindest einen entsprechenden Versuch gegeben hat, der als Alternative gedacht war, jedoch gescheitert ist. Nicht umsonst hat Cicero in seiner ersten *Philippischen Rede* Caius Gracchus unter den vier Gesetzgebern genannt, die mit höchster Amtsgewalt die Respublica leiteten – neben Sulla, Pompeius und Cäsar![26]

Die Reformvorhaben des Jahres 123/22 v. Chr. können durchaus als «Neuformierung einer Alternative im selben Gehäuse»,[27] im Sinne einer Alternative betrachtet werden.[28] Caius Gracchus hat einen so breiten Ansatz gehabt, in dem nicht nur die Bodenreform und eine Ausweitung des Bürgerrechts standen, sondern ebenso praktisch alle anderen Bereiche des öffentlichen Lebens wie die Provinzverwaltung, das Gerichtswesen, die Armee, die öffentliche Verwaltung und die Schutzrechte für römische Bürger.[29] Die Rückbindung und Fundierung dieses Programms an und durch philosophische Ideen und Debatten und die Zusammenarbeit mit Juristen, die selbst in den höchsten Ämtern der Republik als Akteure auftraten, erscheinen dabei als eine singuläre und besondere Charakteristik dieser Reformen. Das römische Prinzip der *bona fides*, philosophisch basiert in dem Konzept des Schutzes von Schwächeren, wird zu einer Art «sozialen Naturrechts», das im Grundsatz von Treu und Glauben seine längste Nachwirkung im römischen Recht gefunden hat, wenngleich es durch die Reformen der Gracchen schließlich nicht gelungen ist, dieses Prinzip in der politischen Ordnung insgesamt zu verankern.[30]

ANHANG

GLOSSAR

Aedil Römischer Amtsträger mit polizeilichen Aufgaben, Aufsicht über Straßen, Plätze und den Markt, Veranstalter der öffentlichen Spiele.

Ämterlaufbahn Quaestur (Mindestalter: 31 Jahre); ursprünglich 4, später 20 Quaestoren, Intervall zum folgenden Amt: 2 Jahre
Aedilität (Mindestalter: 37 Jahre); 4 Aedilen, später 6, Intervall zum folgenden Amt: 2 Jahre
Praetur (Mindestalter: 40 Jahre); ursprünglich 2, später 12 Praetoren, Intervall zum folgenden Amt: 2 Jahre
Konsulat (Mindestalter: 43 Jahre); 2 Konsuln.

Aerarium Öffentliche Kasse der römischen Republik im Saturntempel auf dem Forum Romanum, unter der Aufsicht der Quaestoren.

Ager publicus/ privatus *Ager publicus* war öffentliches Land (Ackerland, Weideland, Wald) im Besitz der römischen Republik, wurde gegen Gebühr verpachtet, unterlag unterschiedlichen, gesetzlich festgelegten Begrenzungen; demgegenüber war *Ager privatus* das Land im Eigentum römischer Bürger, für das es unterschiedliche Arten des Besitzes gab (mit und ohne Abgabenpflicht).

Annuität Amtszeitbegrenzung auf 1 Jahr, verbunden mit der Festlegung, dass ein zeitliches Intervall zum nächsten Amt bestehen musste.

Auguren Priesterkollegium, zuständig für die Beobachtung von Vorzeichen, aufgrund deren Deutung eine Zustimmung zu oder Ablehnung der Götter von politischen Handlungen durch einen Augur festgestellt wurde.

Auspicien Als Teil des magistratischen Imperiums die Grundlage dafür, dass ein Amtsträger berechtigt war, die vorgeschriebenen Opfer für die Götter durchzuführen und Eide abzulegen.

Bundesgenossensystem System, durch das die Römer Italien beherrschten: Besiegten Kriegsgegnern wurde die Autonomie belassen und im Gegenzug waren sie zur Heeresfolge verpflichtet.

Civitas sine suffragio Römisches Bürgerrecht ohne das Recht, in den stadtrömischen Volksversammlungen abzustimmen.

Concilium plebis Volksversammlung der Plebs (Patrizier durften nicht mit abstimmen!); Abstimmungseinheiten waren die Tribus und die Leitung der Versammlung hatten die Volkstribunen; Beschlüsse hatten Gesetzeskraft (wie die *Leges*).

Consecratio Eine Person, ein Haus oder ein Objekt wird den Göttern geweiht.

Deditio Bedingungslose Kapitulation, auch Selbstauslieferung eines Besiegten.

Diktator Ausnahmeamt, auf Senatsbeschluss vom Konsul für 6 Monate ernannt, um in Krisenzeiten bestimmte Aufgaben (Wahlen, Kriegsführung, Notstand etc.) durchzuführen.

Domi/militiae Das Stadtgebiet Roms, abgegrenzt durch die Stadtgrenze (das Pomerium), war *domi, militiae* demgegenüber das Gebiet außerhalb des Pomeriums. Innerhalb des Pomeriums durften sich keine Truppen aufhalten (s. u. Pomerium)

Ephoren Amt von 5 Amtsträgern in Sparta, die von der Volksversammlung jährlich direkt gewählt wurden und den spartanischen Königen gegenüber als Aufseher fungierten.

Eques/Equites Ein Eques (Ritter) war ein vermögender Römer, dem ein Pferd auf öffentliche Kosten gestellt wurde und der ein Vermögen (Zensus) von mind. 400 000 Sesterzen haben musste; dieses Vermögen war auch Voraussetzung für die Mitgliedschaft im Senat, so dass alle Senatoren diesen Zensus erfüllen mussten; nicht alle Equites waren jedoch Senatsmitglieder (s. u. Senat).

Fetialen Priesterkollegium aus 20 Mitgliedern, vor allem für völkerrechtliche Rituale zuständig; die Fetialen führten die zeremoniellen, mit Eiden und Opfern verbundenen Eröffnungen und Beendigungen von Krieg und Frieden durch.

Foedus Vertrag Roms mit anderen Völkern, ursprünglich vom Pater Patratus (aus dem Priesterkollegium der Fetialen) per Eid für die Gesamtheit des römischen Populus abgeschlossen; alternativ als sog. Feldherrenvertrag, der vom Feldherrn beeidet wurde.

Haruspex/Haruspices Priester, zuständig für die Eingeweideschau, Beobachtung von Blitzen, Vogelflug oder Missgeburten bestimmter Tiere, woraus sich Aussagen über die Zukunft ableiteten.

Imperium Amtsgewalt eines höheren Magistraten (Konsul, Praetor, Diktator), mit juristischen Zwangsgewalten (*Ius coercitionis*), militärischer Gewalt (Führung des Heeres) und religiösen Befugnissen (*Auspicia*). Zu unterscheiden sind das konsularische Imperium (des Konsuls) und das prokonsularische/propraetorische Imperium, das als Verlängerung nach Ablauf der Amtszeit genehmigt werden konnte (vor allem bei militärischen Aktionen in den Provinzen).

Interzession Einspruchsrecht der Volkstribunen und der Magistrate gegen Amtshandlungen.

Ius suffragii Teilnahme- und Abstimmungsrecht an Volksversammlungen in Rom.

Iustitium Rechtsstillstand.

Kollegialität Mehrstelligkeitsprinzip aller römischen Ämter (mit Ausnahme der Diktatur und der Promagistraturen), das die Gleichberechtigung der Magistrate untereinander definierte und das Einvernehmen garantieren sollte.

Konsul Die beiden Konsuln waren die obersten Amtsträger (Leitung der Senatssitzungen und der Wahlen in der Volksversammlung), Inhaber eines Imperiums (s. u. Imperium).

Konsular Bezeichnung für die ehemaligen Konsuln.

Latiner Ursprünglich Einwohner der Städte Latiums, später Verbündete mit Rechtsstatus, der ihnen Handel (*commercium*) und Heiratsrecht (*conubium*) mit römischen Bürgern gewährte. In Rom stand Latinern das römische Bürgerrecht zu, die latinischen Amtsträger in den Gemeinden erhielten dies im Anschluss an ihre lokalen Ämter.

Legion Truppeneinheit des römischen Heeres.

Lex agraria Bestimmung über Besitz- und Benutzungsrechte auf dem *Ager publicus* (z. B. mit Festlegungen zu den Obergrenzen), oft auch Gesetz über Koloniegründungen und Landverteilungen.

Lex frumentaria Gesetz über Getreideausgaben an römische Bürger (erstmals 123 v. Chr.) zu einem subventionierten Preis.

Lex iudiciaria Gesetz über Aufgaben und Struktur der Richterkollegien (Gerichtshöfe).

Lex Villia annalis In diesem Gesetz wurden 180 v. Chr. das Mindestalter und die Reihenfolge der Ämter geregelt.

Liktor Öffentlicher Diener eines Amtsträgers mit Imperium, der die Fasces (außerhalb Roms Rutenbündel mit Beil/innerhalb Roms Rutenbündel ohne Beil) mitführte; die Rutenbündel symbolisierten die Macht über Leib und Leben.

Lustrum/Lustratio Entsühnungsritual, v. a. am Ende der Amtszeit einer Zensur.

Magister equitum «Reiterführer», in der Republik Stellvertreter des Diktators und, da weisungsabhängig von diesem, nicht zu eigenen militärischen Aktionen befugt.

Magistrat Amtsträger.

Nobiles/Nobilität Nachkommen eines Konsuls oder höheren Magistrats; Nobilität bezeichnet die Gruppe der römischen Familien, die im Senat vertreten waren, sowohl der Patrizier wie der Plebeier, die sich als eine kleine abgeschlossene und sozial abgegrenzte Elite verstand.

Okkupation Nutzung von *Ager publicus* durch Private; nach der literarischen Tradition seit den sextisch-licinischen Gesetzen von 367/66 v. Chr. im Umfang begrenzt und abgabenpflichtig.

Optimaten Vor allem von Cicero geprägter Begriff für eine politische Gruppe in Rom, die für die Aufrechterhaltung der politisch privilegierten Stellung des Senates und der dort vertretenen Besitzenden eintrat.

Patrizier Sehr alte Geschlechter der Elite mit politischen Vorrechten und Privilegien, deren Familien schon in der römischen Frühzeit hervorgetreten sind.

Plebs/Plebeier Anfangs alle Nicht-Patrizier, später Volk im Sinne von ‹breiter Masse›, z. T. auch Pöbel.

Pomerium Rituell definierte Stadtgrenze Roms; außer bei Triumphfeiern durften sich innerhalb dieser Grenze keine Heere aufhalten.

Pontifex Maximus Vorsitzender des Priesterkollegiums der Pontifices, hatte v. a. die Aufsicht über andere Priester.

Populares Politische Gruppe, die über die Volksversammlung, meist gegen den Senat, soziale Maßnahmen und eine Stärkung der Volksrechte durchsetzte; Beginn dieser politischen Entwicklung wurde später mit den Gracchen angesetzt.

Potestas Magistratische Befehlsgewalt.

Praetor Römischer Amtsträger mit Imperium, fungierte als militärischer Befehlshaber, Statthalter und auch Richter.

Princeps senatus Gab im Senat als Erster seine Meinung bei Diskussionen und Beratungen zu Protokoll; bei Abstimmungen stimmte er als Erster ab und beeinflusste so oft auch das Ergebnis, da die Redereihenfolge Autorität und Anciennität der Senatoren spiegelte.

Promagistrat Promagistrate waren Praetoren und Konsuln, deren Kommando über ihre Amtszeit hinaus verlängert worden war.

Provinz Kompetenzbereich eines Magistrats, seit dem 3. und 2. Jh. v. Chr. und Bezeichnung der von Rom durch Magistrate beherrschten Provinzen.

Provocatio Schutzrecht für römische Bürger, um sich durch Anrufung der Volksversammlung oder der Volkstribunen gegen Strafen durch Amtsträger zu wehren.

Publicani/ Publikanen Pächter, die die Steuereintreibung und öffentliche Aufträge vorfinanzierten und dann durchführten; insb. ihre Steuereintreibung in den Provinzen führte zu Konflikten.

Quaestio Gerichtliche Untersuchung, auch Gerichtshof.

Quaestor Römischer Amtsträger für öffentliche Finanzen und Archivierung.

Rogatio Gesetzesantrag, der in der Volksversammlung eingebracht wird.

Sacrosanctus/ sakrosankt Durch einen Eid der Plebs (*sacramentum*) im 5. Jahrhundert v. Chr. rituell gesicherte Unverletzlichkeit der Volkstribunen; es sollte danach jeder, der einen Volkstribun angreift, straffrei getötet werden können.

Senat Höchster Rat der römischen Republik, der in der Außen-, Innen- und Finanzpolitik die Richtlinien vorgab und alle wesentlichen Entscheidungen traf. Der Senat hatte etwa 300, seit dem 1. Jahrhundert v. Chr. 600 Mitglieder. Die Zensoren bestimmten die Mitgliedschaft (entspr. dem Zensus, mindestens auch der absolvierten Quaestur und der Einhaltung von moralischen Standards, die die Zensoren bestimmten).

Senatus consultum Senatsbeschluss, nicht mit Gesetzeskraft wie eine *Lex*, aber aufgrund der Stellung des Senates auch mit Verbindlichkeit ausgestattet.

Socii/Bundesgenossen Städte in Italien, die mit Rom verbündet waren (s. o. Bundesgenossensystem).

Tribunicia potestas Amtsgewalt eines Volkstribunen (s. o. Potestas).

Tribus Stimmkörperschaft für die römischen Einwohner einer definierten Region, ursprünglich 4, später 16, dann 35. Für die Stadt Rom waren 4 Tribus bestimmt, die im Hinblick auf die abstimmenden Bürger zahlenmäßig stark waren, während die weiter entfernt liegenden Regionen weniger abstimmungsberechtigte Bürger hatten. Da jedoch jede Tribus nur 1 Stimme entsprechend der Mehrheit in ihrer internen Abstimmung hatte, war das Gewicht der in der weiter entfernt liegenden Tribus Abstimmenden größer. Es gab immer wieder Versuche, durch die Zuordnung zu den stadtrömischen Tribus das Stimmrecht neu hinzugekommener Bürger zu entwerten.

Triumph Über das Recht, einen Triumph abzuhalten, entschied der Senat. Der Triumph war ein rituell-festlicher Einzug eines Konsuls oder Prokonsuls in der Stadt Rom nach einem militärischen Sieg. Der Triumphator stand auf einem Wagen und durfte während des Zuges ein Purpurgewand, eine goldene Krone und ein Adlerszepter tragen (Insignien der alten etruskischen Königstracht).

Vectigal In republikanischer Zeit die Einkünfte aus Abgaben, die auf den *Ager publicus*, auf Bergwerke und die Pachten aus anderem staatlichem Eigentum erhoben wurden, umfasste auch indirekte Steuern wie die Steuer von 5 % auf den Wert von entlassenen Sklaven.

Veteran Ehemaliger Soldat.

Volkstribun Vertreter der Interessen der Plebs zum Schutz vor den Übergriffen der patrizischen Amtsträger und Senatoren, unter Ausschluss der Patrizier in der Volksversammlung gewählt. In der mittleren und späten Republik durch das Recht, der Volksversammlung – den *Concilia plebis* und der Tribusversammlung – Gesetze zur Abstimmung vorzulegen, immer stärker politisch wirksam.

Volksversammlung In Rom gab es verschiedene Arten der Volksversammlung, die alle nur von Magistraten einberufen werden konnten und in denen nach unterschiedlichen Stimmkörperschaften abgestimmt wurde: Die Kuriatkomitien (Abstimmung nach Kurien, im 2. Jahrhundert v. Chr. nur noch für sehr wenige Themen zuständig), die Zenturiatkomitien (s. u. Zenturie) wählten die Zensoren, Konsuln und Praetoren und konnten Gesetze verabschieden, die Tributkomitien (s. o. Tribus) wählten die niederen Magistrate und Volkstribunen und konnten ebenfalls Gesetze verabschieden sowie das *Concilium plebis* (s. o.). Die *Contio* war eine informelle Versammlung des Volkes, auch von Magistraten einberufen, in der nicht abgestimmt wurde.

Zensor Höchstes Amt, Aufsicht über Sitten, Bürgerliste (mit Steuerschätzung und Eintragung in die Tribus) sowie die Mitgliedschaft im Senat und die Ausschreibung und Vergabe öffentlicher Aufträge.

Zenturiation Die Zenturiation ist die römische Methode der Landvermessung und Zuteilung nach einem quadratischen Raster, dessen Einheiten durch Achsen in einem Abstand von 20 × 20 *actus* (710 m × 710 m) parallel zu den Straßen verliefen. Jede der quadratischen Flächen wurde als Zenturie bezeichnet; die Gesamteinheit eines nach Zenturien vermessenen Gebietes wird auch Kadastration genannt.

Zenturie/Zenturienversammlung Abstimmungskörperschaft in der Volksversammlung (Zenturienversammlung = Zenturiatkomitien), wählte die höchsten Amtsträger (Praetoren, Konsuln, Zensoren).

Zenturia praerogativa Gab in der Zenturienversammlung als Erste ihre Stimme ab, war aus den Vermögenden der Ersten Vermögensklasse und den Ritterzenturien zusammengesetzt.

STAMMTAFEL

Familien der Cornelii Scipiones, Sempronii Gracchi, Aemilii Paulli

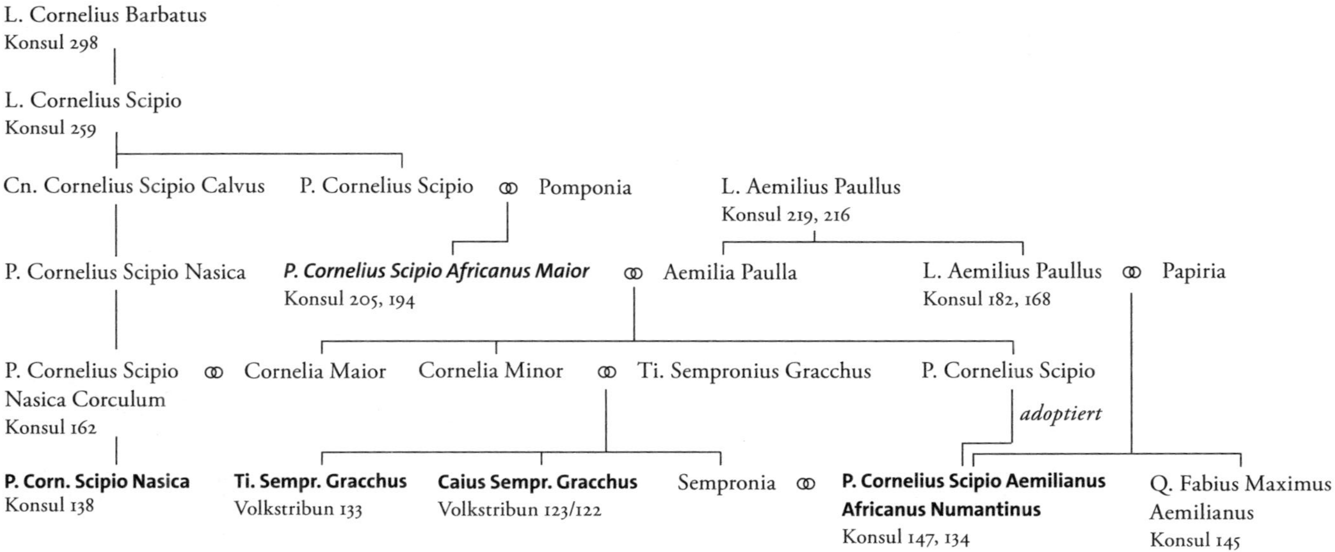

fett: Vettern

Stammtafel nach Astin 1967, 357

ZEITTAFEL

753	Mythisches Gründungsdatum der Stadt Rom durch Romulus
509/8	Einweihung des Jupitertempels auf dem Kapitol
509/8	Begründung der Republik: Ersetzung des Königtums durch die zeitlich begrenzte Magistratur
um 500	Erster römisch-karthagischer Vertrag (in seiner Historizität umstritten)
um 489/88	Coriolan
um 450	Einführung der Heeresversammlung (sog. Zenturiatkomitien)
um 450	Rechtskodifikation des Zwölftafelgesetzes
um 400	Keltische Landnahme in der Poebene
396	Eroberung der etruskischen Stadt Veji durch Marcus Furius Camillus
390	Niederlage gegen die Kelten an der Allia
387	Einnahme Roms durch die Kelten/Gallier
um 370	Neubegründung des Bundes zwischen Rom und den Latinern (sog. *Foedus Cassianum*)
367/6	Sog. sextisch-licinische Gesetze, erstmalige Zulassung eines Plebeiers zum Konsulatamt, erstmalige Regelung der Okkupation auf dem *Ager publicus*
347/6	Erster (oder zweiter) römisch-karthagischer Vertrag
340–338	Unterwerfung der Latiner
340/339	Dritter (oder zweiter) römisch-karthagischer Vertrag
326–291	Samnitenkriege (326–304: sog. Zweiter Samnitenkrieg; 300–291: sog. Dritter Samnitenkrieg gegen Samniten, Etrusker)
287	*Lex Hortensia*: Beschlüsse der Plebeierversammlung erhalten Gesetzeskraft (Ende der sog. Ständekämpfe)
285–282	Krieg gegen Kelten und Etrusker
280–272	Krieg gegen König Pyrrhos
264–241	Erster Punischer Krieg
237	Rom zwingt Karthago zur Räumung Sardiniens
237–219	Karthagische Herrschaft auf der iberischen Halbinsel wird ausgeweitet
232	Flaminius' Ackergesetz
229/8	Erster Krieg in Illyrien
226	Feldherrnvertrag Roms mit Hasdrubal (Verbot für die Karthager, den Ebro zu überschreiten)

225–222	Krieg gegen die Kelten der Poebene
219	Zweiter Illyrischer Krieg
218	*Lex Claudia de nave senatorum*
218–201	Zweiter Punischer Krieg
217	Q. Fabius Maximus wird durch Volkswahl Diktator
216	Sieg Hannibals bei Cannae
215	Vertrag zwischen Hannibal und König Philipp V. von Makedonien
212–205	Sog. Erster Makedonischer Krieg
202	Niederlage Hannibals bei Zama in Nordafrika
200–197	Zweiter Makedonischer Krieg
197	Errichtung von zwei römischen Provinzen auf der iberischen Halbinsel
195	Streit um die Aufhebung der *Lex Oppia*
191–188	Krieg mit König Antiochos III.
187–184	Scipionenprozesse
171–168	Dritter Makedonischer Krieg und Vernichtung des makedonischen Königreichs
168	Sieg der Römer unter Aemilius Paullus bei Pydna über König Perseus von Makedonien
154–133	Kriege in Spanien
149–146	Dritter Punischer Krieg und sog. Achäischer Krieg
146	Zerstörung Karthagos durch Scipio Aemilianus und Korinths durch Lucius Mummius
146	Das karthagische Nordafrika sowie Makedonien und Teile Griechenlands werden römische Provinzen
137	Mancinus-Vertrag
133	Erster Sizilischer Sklavenkrieg
133	Volkstribunat des Tiberius Gracchus, Ermordung des Volkstribunen durch Scipio Nasica
133–129	Errichtung der römischen Provinz Asia
129	Tod des Scipio Aemilianus
125	Zerstörung von Fregellae durch den Praetor L. Opimius
123/122	Volkstribunate des Caius Gracchus
121	1. *Senatus Consultum Ultimum*, Tod des Caius Gracchus
112–105	Krieg mit König Jugurtha von Numidien
113–101	Kämpfe mit den Kimbern und Teutonen
102/1	Marius vernichtet die Kimbern und Teutonen in den Schlachten von Aquae Sextiae und Vercellae
104–100	Zweiter Sizilischer Sklavenkrieg
100	6. Konsulat des Marius, 2. *Senatus Consultum Ultimum*, Ermordung des Volkstribunen Saturninus und des Glaucia, Ermordung des Volkstribunen Tiberius Gracchus (angeblich Sohn des Tiberius Gracchus, Volkstribun 133 v. Chr.)

91	Volkstribunat des Marcus Livius Drusus. Scheitern seiner Reformpläne und Ermordung
91–88	Bundesgenossenkrieg und Verleihung des römischen Bürgerrechts an die Italiker
88	König Mithridates VI. von Pontos bemächtigt sich der Provinz Asia und fällt in Griechenland ein.
88	Volkstribunat des Publius Sulpicius Rufus, Erster Marsch Sullas auf Rom. Ermordung des Volkstribunen Sulpicius Rufus
89–85	Erster Mithridatischer Krieg: Sulla im Osten
83/82	Bürgerkrieg zwischen Sulla und der Regierung in Rom unter Marius und Cinna
83–81	Zweiter Mithridatischer Krieg
82/81	Sullas Diktatur zur Neuordnung des Staates
77–71	Krieg gegen die Gegenregierung in Spanien, Spartakus
74–64	Sog. Dritter Mithridatischer Krieg
63	Ciceros Konsulat
60	Erstes Triumvirat: Pompeius, Cäsar und Crassus
59	Cäsars Konsulat
58	Volkstribunat des Appius Clodius Pulcher
58–51	Eroberung Galliens durch Cäsar
52	Pompeius wird *Consul sine collega*, Clodius wird ermordet
49–45	Bürgerkrieg: Cäsar gegen Pompeius und die Senatsmehrheit
44	Cäsar wird Diktator auf Lebenszeit und am 15. 3. 44 ermordet
43–31	Zweites Triumvirat: Octavian, Marcus Antonius und Marcus Aemilius Lepidus
31	Sieg Octavians über Antonius und Kleopatra bei Actium
27	Beginn der augusteischen Neuordnung zum Prinzipat, Octavian erhält den Ehrennamen Augustus

ABKÜRZUNGEN

Antike Autoren

App.	Appian,	
	Celt.	Celtica
	b. c.	bella civilia
	Iber.	Iberica
	Ill.	Illyrica
	Lib.	Libyca
Aristot.	Aristoteles,	
	pol.	politica
	rhet.	Rhetorica
Ascon.	Asconius,	
	Corn.	pro Cornelio de maiestate
Aug.	Augustinus,	
	civ.	de civitate dei
	conf.	confessiones
Auct. vir. ill.	Auctor de viris illustribus	
Auct. ad Her.	Auctor ad Herennium	
Caes.	Caesar,	
	civ.	de bello civili
Cass. Dio	Cassius Dio	
Cato	Cato,	
	agr.	de agri cultura
	orig.	origines
Cic.	Cicero,	
	Att.	epistulae ad Atticum
	ad Brut.	epistulae ad Brutum
	Brut.	Brutus
	Caecin.	pro A. Caecina
	Cael.	pro M. Caelio
	Catil.	in Catilinam
	Cato	Cato maior de senectute
	Cluent.	pro A. Cluentio
	de orat.	de oratore

	div.	divinatio in Q. Caecilium
	dom.	de domo sua
	fam.	epistulae ad familiares
	fin.	de finibus bonorum et malorum
	Flacc.	pro L. Valerio Flacco
	har. resp.	de haruspicum responso
	inv.	de inventione
	Lael.	Laelius de amicitia
	leg.	de legibus
	leg. agr.	de lege agraria
	Mil.	pro T. Annio Milone
	Mur.	pro L. Murena
	nat. deor.	de natura deorum
	off.	de officiis
	Phil.	Philippicae
	Planc.	pro Cn. Plancio
	prov.	de provinciis consularibus
	Rab. perd.	pro Rabirio perduellionis reo
	rep.	de re publica
	S. Rosc.	pro Sex. Roscio Amerino
	Sest.	pro P. Sestio
	Sull.	pro P. Sulla
	Topica	Topica
	Tusc.	Tusculanae disputationes
	Verr. I, II	in Verrem actio prima, secunda
Cod. Iust.	Corpus Iuris Civilis, Codex Iustinianus (Krueger 1900)	
Cod. Theod.	Codex Theodosianus	
Dig.	Corpus Iuris Civilis, Digesta	
Diod.	Diodorus Siculus	
Diog. Laert.	Diogenes Laertios	
Dion Chrys.	Dion Chrysostomos	
Dion. Hal.	Dionysios Halicarnasseus, antiquitates Romanae	
DK	Diels/Kranz	
Eutrop.	Eutropius	
Fest.	Festus	
Flor.	Florus	
Frontin.	Frontinus,	
	strat.	strategemata
Gai.	Caius,	
	inst.	Institutiones
Gell.	A. Gellius,	
	NA	noctes Atticae

Hom.	Homer,	
	Il.	Ilias
	Od.	Odyssee
Hyg.	Hyginus Gromaticus	
Iuv.	Iuvenal,	
	Sat.	Saturnalia
Lact.	Lactantius,	
	Inst.	divinae institutiones
Liv.	Livius, ab urbe condita	
	per.	periochae
Nep.	Cornelius Nepos	
Obseq.	Iulius Obsequens, Prodigia	
Oros.	Orosius	
Plin.	Plinius maior,	
	n.h.	naturalis historia
Plut.	Plutarch,	
	Aem.	Aemilius
	Agis	Agis
	Ant.	Antonius
	Apoph. Lak.	Apophtegmata Laconica
	Apoph. Scip.	Apophtegmata Scipionis
	C. Gracchus	Caius Gracchus
	Kleom.	Kleomenes
	Lucull.	Lucullus
	Lyk.	Lykurg
	mor.	Moralia
	Mar.	Marius
	Phok.	Phokion
	Praecept. Reip. Ger.	Praecepta Reipublicae gerundae
	Reg. Imp.	Regum et imperatorum apophtegmata
	Rom.	Romulus
	Stoic. rep.	De Stoicorum repugnantiis
	Stoic. absurd.	Stoicos absurdiora poetis dicere
	Ti. Gracchus	Tiberius Gracchus
Polyb.	Polybios	
Pomp. Trog.	Pompeius Trogus	
Pomp.	Pomponius, Enchiridion	
Quint.	Quintilian,	
	inst.	institutio oratoria
Sall.	Sallustius,	
	Catil.	de coniuratione Catilinae
	hist.	historiae

	Iug.	de bello Iugurthino
	ep.	epistulae ad Caesarem
Schol. Bob.	Scholia Bobiensia	
Sen.	Seneca,	
	ad Helv.	de consolatione ad Helviam matrem
	ad Marc.	de consolatione ad Marciam
	epist.	epistulae morales ad Lucilium
	nat.	naturales quaestiones
Strab.	Strabon, Geographica	
Suet.	Sueton,	
	Ter.	Vita Terentii
Val. Max.	Valerius Maximus	
Varro	Varro,	
	ling.	de lingua Latina
	rust.	res rusticae
Vell.	Velleius Paterculus	
Zon.	Zonaras	

Andere Abkürzungen

ANRW	H. Temporini, W. Haase (Hrsg.), Aufstieg und Niedergang der römischen Welt, Berlin 1972 ff.
Broughton, MRR	T. R. S. Broughton, The Magistrates of the Roman Republic. 2 Bde. 1951–52; Suppl. 1986.
Bruns, FIR	C. G. Bruns, Fontes iuris Romani antiqui, 2 Bde., Tübingen 1909.
CIL	CIL – Corpus Inscriptionum Latinarum (Berlin, seit 1862). I^2 (1893–1986) Fasti, Elogia; Älteste Inschriften.
cos.	Konsul
EAH	Roger S. Bagnall, Kai Brodersen, Craige B. Champion, Andrew Erskine, The Encyclopaedia of Ancient History, Chichester 2013.
frg.	Fragment
FRH	Die frühen römischen Historiker. Einleitung, Text, Übersetzung und Kommentar von H. Beck und U. Walter, Darmstadt 2001.
ILLRP	Attilio Degrassi, Inscriptiones Latinae Liberae Rei Publicae, Florenz 1957–1963.
Inscr.It.	Inscriptiones Italiae, 1901 ff.
Latte, RR	Kurt Latte, Römische Religionsgeschichte, München 1976.
Mommsen, StR	Theodor Mommsen, Römisches Staatsrecht., Bde I–III, Leipzig 1871, 1887–1888.

OGIS	W. Dittenberger, Orientis Graeci Inscriptiones Selectae. 2 Bde. Leipzig 1903–1905.
ORF	E. Malcovati, Oratorum Romanorum fragmenta. 3 Bde. Turin 1930–1933.
Peter	H. Peter, Historicorum Romanorum Reliquiae. Leipzig I^2 1914, II 1906. Ndr. (mit Literaturnachträgen, Stuttgart 1967).
ÜS	Übersetzung

QUELLENAUTOREN

Antipatros von Tarsos (ca. 200–129 v. Chr.), später in Athen als Philosoph Haupt der Stoa als Nachfolger des Diogenes von Babylon; von seinen Schriften sind lediglich Fragmente erhalten.

Appian aus Alexandria (2. Jahrhundert n. Chr.), später in Rom tätig, Autor einer römischen Geschichte in griechischer Sprache (Rhomaïká) in 24 Büchern von den Anfängen bis zum Ende der Republik; sein Werk ist nach Regionen für die einzelnen Völker und Länder und an den Kriegen Roms bis hin zu den Bürgerkriegen der ausgehenden Republik strukturiert. Das Proömium (Einleitung) und große Teile der Bücher 6–9 (Kriege in Spanien [Iberike], gegen Hannibal und in Afrika) sowie 11–17 (Kriege in Griechenland, Syrien und gegen Mithridates, Bürgerkriege in Rom seit den Gracchen) sind erhalten.

Aristoteles aus Stageira in Makedonien (384–322 v. Chr.), Gelehrter und Philosoph. In Athen wurde er Schüler Platons und ging nach Platons Tod nach Assos. 343/42 v. Chr. war er kurzzeitig Erzieher Alexanders des Großen. Um 336 ging er zurück nach Athen und gründete im Gymnasion Lykeion seine eigene Philosophenschule, die nach der Wandelhalle, in der seine Schüler studierten, Peripatos genannt wurde. Er verfasste logische und naturwissenschaftliche Schriften, Schriften über Psychologie, Physik und Metaphysik, Werke über Ethik, Politik, Poetik und Rhetorik.

Cassius Dio (etwa 150–235 n. Chr.) aus Nikaia in Bithynien. Er kam früh nach Rom und war zweimal Konsul. Unter der Regierung von Kaiser Severus Alexander verfasste er in griechischer Sprache eine Römische Geschichte in 80 Bänden von der Gründung der Stadt bis ca. 229 n. Chr., von der die Bücher für die Jahre 69 v. Chr. bis 46 n. Chr. weitgehend erhalten sind. Von den anderen Büchern existieren z. T. Auszüge, Kurzfassungen und Exzerpte (s. u. Johannes Zonaras).

Marcus Tullius **Cicero** (106–43 v. Chr.) aus Arpinum, südöstlich von Rom. Cicero war im Jahre 63 v. Chr. Konsul. Von Cicero sind politische Reden und Gerichtsreden erhalten, darüber hinaus Briefsammlungen (an seinen Freund Atticus, an die Familie), rhetorische Schriften, politisch-theoretische Schriften und philosophische Werke.

Lucius Iunius Moderatus **Columella** (1. Jahrhundert n. Chr.) aus Gades (Cádiz in Spanien), verfasste ein umfangreiches Werk über die Landwirtschaft (*de re rustica*) in 12 Büchern, das Arbeitsorganisation, Anbau, Viehzucht, Kleintierhaltung und Gartenbau behandelt.

Chrysipp (ca. 281/276–208/204 v. Chr.), aus Soloi in Kilikien, später in Athen Haupt der Stoa, Lehrer des Diogenes von Babylon und des Zenon von Tarsos, die ebf. später Schulhäupter der Stoa wurden. Von seinem Werk sind nur Fragmente erhalten.

Coelius Antipater (ca. 180 – ca. 120 v. Chr.), Historiker und Jurist, erster römischer Verfasser einer historischen Monographie (über den 2. Punischen Krieg), von der Fragmente erhalten sind.

Cornelius Nepos (ca. 100–24 v. Chr.) aus Oberitalien, Freund von Cicero, Atticus, Catull; von seinen Schriften sind nur Teile aus der Sammlung kurzer Biographien erhalten.

Diodoros (1. Jahrhundert v. Chr.) aus Agyrion auf Sizilien; er hat eine griechische Weltgeschichte von der mythischen Vorzeit bis Cäsar geschrieben, von der die Bücher 1–5 mit der Darstellung der Frühzeit und 11–20 (von den Perserkriegen bis zu den Diadochen, 480–302) erhalten sind.

Diogenes von Babylon (ca. 240–150 v. Chr.), aus Seleukia am Tigris, griechischer Philosoph und Leiter der stoischen Schule als Nachfolger des Chrysipp, von dem nur Fragmente erhalten sind; Schüler waren Antipatros von Tarsos und Panaitios von Rhodos.

Dionysios von Halikarnassos (1. Jahrhundert v. Chr.), lebte seit 30 v. Chr. in Rom als Rhetor und verfasste verschiedene rhetorische Werke sowie eine Römische Archäologie, die von der Frühgeschichte Roms bis zum Beginn des 1. Punischen Krieges reichte und aus der die Bücher 1–10 erhalten sind.

Lucius (oder Publius) Annaeus **Florus** (1. Hälfte des 2. Jahrhunderts n. Chr.) aus Nordafrika, Verfasser eines Abrisses aller Kriege in den 700 Jahren der Römischen Geschichte bis zur Schließung des Janus-Tempels unter Augustus 29 v. Chr.

Sextus Iulius **Frontinus** (ca 30 v. Chr. – 104 n. Chr.), dreimal Konsul, 73, 98 und 100 n. Chr., Statthalter in Britannien ca. 74–78 n. Chr. Er schrieb über griechisches und römisches Kriegswesen, über Landvermessung, Kriegslisten (Strategemata) und die Wasserversorgung der Stadt Rom.

Aulus Gellius (2. Jahrhundert n. Chr.), schrieb unter dem Titel Noctes Atticae (Attische Nächte) auf Latein eine Sammlung von Lesefrüchten, Zitaten und Exzerpten aus lateinischen und griechischen Autoren in Form von Dialogen, die viele Passagen aus ansonsten verloren gegangenen Werken enthalten (u. a. aus Reden des Caius Gracchus).

Homer (8. Jahrhundert v. Chr.), gilt als Dichter der Ilias (Troianischer Krieg) und der Odyssee (Irrfahrt und Heimkehr des Odysseus nach Ithaka), zweier in Hexametern verfasster Epen, die jedoch wahrscheinlich erst im 6. Jahrhundert v. Chr. schriftlich abgefasst wurden.

Titus **Livius** (59 v. Chr.–17 n. Chr.) aus Patavium, verfasste eine römische Geschichte in 142 Büchern von der Gründung Roms bis zum Tod des Drusus (9 v. Chr.), von der die Bücher 1–10 (von der Gründung Roms bis 293) und 21–45 (218–167 v. Chr.) erhalten sind. Der Inhalt der verlorenen Bücher ist aufgrund kurzer Inhaltsangaben bekannt.

Panaitios (ca. 180–110 v. Chr.), aus Rhodos, griechischer Philosoph, Schüler des Diogenes von Babylon in Athen, wirkte danach in Rom, mit Laelius und Scipio Aemilianus befreundet, hatte Scipio 146 v. Chr. nach Karthago begleitet. Später Leiter der stoischen Schule in Athen, wo Poseidonios und Hekaton zu seinen Schülern zählten, von seinen Schriften sind lediglich Fragmente erhalten.

Caius **Plinius** Secundus, d. Ältere (23–79 n. Chr.), aus Comum in Oberitalien; kam als Kommandeur der Flotte von Misenum beim Ausbruch des Vesuvs ums Leben. Er schrieb eine Naturkunde (*naturalis historia*) in 37 Bänden.

Plutarch (ca. 46–120 n. Chr.) aus Chaironeia, Boiotien, verfasste eine große Zahl an philosophischen Werken (Moralia) und Biographien, in denen er jeweils einen Griechen und einen Römer nebeneinander (Parallelbiographien) darstellte (von den mythischen Gründern Theseus und Romulus bis in die Zeit der mittleren Republik – Cato der Ältere, Tiberius und Caius Gracchus – und bis zur ausgehenden römischen Republik mit den Biographien von Cicero, Caesar, Cato d. J., Marcus Antonius).

Polybios (ca. 200 – um 120 v. Chr.) aus Megalopolis, Arkadien; war Mitglied der Führung des Achäischen Bundes und wurde nach der Schlacht von Pydna 168 v. Chr. mit anderen Geiseln nach Rom gebracht: Dort wurde er Mentor des Publius Cornelius Scipio Aemilianus. Er schrieb eine Weltgeschichte (Historiai) in 40 Büchern, die den Aufstieg Roms zur Weltmacht in nur 50 Jahren (vom Jahr 221/20 bis zur Schlacht von Pydna 168 v. Chr.) beschreibt und die er dann bis zur Eroberung und Zerstörung Korinths (146 v. Chr.) fortgesetzt hat.

Marcus Porcius **Cato** (234–149 v. Chr.), Konsul 195 v. Chr., Zensor 184 v. Chr., verfasste eine Geschichte Roms und der italischen Völker (Origines, nur einzelne Fragmente erhalten) sowie eine Schrift über die Landwirtschaft (*de agri cultura*).

Caius **Sallustius** Crispus (86–34 v. Chr.) aus Amiternum (Sabinerland), 52 v. Chr. Quaestor, Praetor 47 v. Chr., 50 v. Chr. wegen unmoralischem Verhalten aus dem Senat ausgeschlossen, durch Cäsar wieder rehabilitiert, hat Werke über die Catilinarische Verschwörung und den Krieg gegen Iugurtha sowie ein Geschichtswerk (Historiae, nur Fragmente erhalten) verfasst.

Lucius Annaeus **Seneca d. J.** (etwa 4 v. Chr.–65 n. Chr.) aus Corduba, Konsul 56 n. Chr., dann Erzieher, Berater und Mitarbeiter des Kaisers Nero, Verfasser von Tragödien, Satiren, philosophisch-ethischer Schriften, eines naturkundlichen Werkes (*quaestiones naturales*) sowie einer großen Zahl von moralphilosophischen Briefen.

Marcus Terentius **Varro** (116–27 v. Chr.) aus Reate (Sabinerland); Praetor und unter Cäsar mit der Einrichtung öffentlicher Bibliotheken betraut; seine Antiquitates mit 41 Büchern und die Disciplinae sind nur z. T. durch Zitate und Fragmente bei späteren Autoren in etwa inhaltlich erschließbar; sein Werk über die Landwirtschaft (*de re rustica*) ist komplett erhalten, und von seinem Werk über die lateinische Sprache (*de lingua latina*) sind die Bücher 5–10 erhalten.

Valerius Maximus (erste Hälfte des 1. Jahrhunderts n. Chr.) verfasste eine Sammlung von Taten und Aussprüchen berühmter Personen der griechischen und römischen Geschichte in 9 Büchern.

Caius **Velleius Paterculus** (etwa 19 v. Chr.–30 n. Chr.) aus Campanien, Praetor 15 n. Chr., als Legat des Kaisers Tiberius in Germanien und Pannonien, verfasste eine Römische Geschichte von den Anfängen bis Tiberius, von der Buch 2 über die späte Republik und den frühen Prinzipat erhalten ist.

Zenon (ca. 333/332–262/261 v. Chr.), aus Kition auf Zypern, griechischer Philosoph und Begründer der philosophischen Richtung der Stoa. Da er sich mit seinen Schülern in Athen in der Stoa poikile («bunte Säulenhalle») traf, wurde diese philosophische Schule später Stoa genannt, von seinen Schriften sind lediglich Fragmente erhalten.

Johannes Zonaras (Ende des 11. Jahrhunderts n. Chr.–1160 n. Chr.), byzantinischer Autor einer Weltchronik, die bis zum Jahr 1118 reichte und in den Büchern 7–9 umfangreiche, oft wörtlich zitierende Exzerpte aus Cassius Dios Römischer Geschichte enthält.

ANMERKUNGEN

Sofern nicht anders angegeben, stammen die Übersetzungen von der Verfasserin.

I. Das Ende

1. Tod auf dem Kapitol

1 Plut. Ti. Gracchus 19.
2 Plut. Ti. Gracchus 17.
3 Plut. Ti. Gracchus 18,1.
4 Diod. 34/35,33,6.
5 Plut. Ti. Gracchus 19.
6 Plut. Ti. Gracchus 20.
7 App. b. c. 1,15,1.
8 Cic. Acad. 2,13; Plut. Ti. Gracchus 9,1.
9 Plut. Ti. Gracchus 19. Seit Mommsen StR 1887/88, I 690. 695 f. wird hier eine *Evocatio* gesehen.
10 Cic. Lael. 37; Val. Max. 3,7. Broughton, MRR I, 498.
11 Cic. Lael. 37. Er stellt es so dar, dass sich Blossius an Laelius gewandt habe, der als Berater der Konsuln tätig war, und nach dem Gespräch mit Laelius sei er dann aus Rom geflohen.
12 Cic. Lael. 37–39 schreibt diese Fragen Laelius zu. Plutarch hat hier den Ablauf eventuell so stark zusammengefasst, dass er Laelius gar nicht erwähnt.
13 Plut. Ti. Gracchus 20. Vgl. Cic. Lael. 37.
14 Broughton, MRR I, 490. Zu seiner Rolle im Kreis des Tiberius Gracchus: Plut. Ti. Gracchus 11.
15 Cic. dom. 34, 91. Planc. 36, 88. Zu Ciceros Behauptung sehr skeptisch: Ungern-Sternberg 1970, 15 mit Anm. 32 und Astin 1967, 228.
16 Cic. de orat. 2, 285; rep. 1,31.
17 Plut. Ti. Gracchus 21.
18 Dazu grundlegend Behrends 1976, 1980, 1988.
19 Für die Entwicklung der griechischen Vorstellung des Gemeinwohls in Philosophie und Politik vgl. Schubert 2021. Für die römische Entwicklung Jehne/Lundgreen 2013.

2. *Wie konnte es so weit kommen?*

1 Plut. Ti. Gracchus 13,1; Broughton, MRR I, 491.

2 Cic. Verr. 2,4,108.

3 Cic. rep. 1,6; Val. Max. 3,2,17.

4 CIL I[2] 2,2502 = ILS 8886; Cic. Flacc. 76; rep. 1,6; Val. Max. 3,2,17; 5, 3, 2; Plin. n.h. 7,120; Plut. Ti. Gracchus 21; Auct. vir. ill. 64,9; Broughton, MRR I, 499 datiert die Gesandtschaft in das Jahr 132 v. Chr. mit Bezug auf die Anhörung des Blossius von Cumae vor den Konsuln (Plut. Ti. Gracchus 20). Cic. Lael. 11 datiert sie in das Konsulat von Laenas und Rupilius, also auch in das Jahr 132 v. Chr.

5 Hom. Od. 1,47.

6 Cic. fam. 9,22,2 (= Calpurnius Piso FRH I 7, F 43).

7 Plut. Lucull. 38,4.

8 Z. B. Plut. Ti. Gracchus 8.

9 App. b. c. 1,19–20.

10 Zu Caius' literarischem Werk: Plut. Ti. Gracchus 8 schreibt von einem *biblion* – das kann sowohl eine Monographie wie auch eine Ausgabe der Reden gewesen sein.

11 Römische Historiker (sog. Annalisten), die in der Zeit der Gracchen gelebt und geschrieben haben, kennen wir einige: Cn. Gellius, Sempronius Asellio, C. Fannius (Konsul 122 v. Chr.), P. Rutilius Rufus (Konsul 105 v. Chr.), L. Calpurnius Piso Frugi (Konsul 133 v. Chr.). Das früheste uns erhaltene Werk ist die Rhetorica ad Herennium, danach folgen die Schriften Ciceros. Vgl. dazu FRR und Bücher 2009.

12 ORF[4] 48 F 39.

13 FRH I 7, F 26 mit dem Kommentar von Beck/Walter.

14 Dion. Hal. 12,4,2–5. Vgl. Liv. 4,13–15; Cass. Dio 6,20.

15 Beck/Walter 2001, 308 zu FRH I 7 F 26 mit dem Zitat aus Liv. 4,13,11.

16 Cic. leg. 3,4,11; 19,44.

17 Dion. Hal. 12,4,2.

18 Cic. dom. 34,91; Planc. 36,88. Ob Scaevola den Scipio Nasica persönlich ablehnte, ist nicht bekannt. Aber Nasica scheint wenig beliebt gewesen zu sein. Cicero verdreht das etwas in seiner Erwähnung des Prozesses, den Fulvius Flaccus 132 v. Chr. gegen Nasica anstrengte. Er legte Nasica den Ausspruch in den Mund, er, Nasica, habe Flaccus nicht abgelehnt, weil dieser ihn ablehne, sondern weil er allen gegenüber ablehnend sei (Cic. de orat. 2,285).

19 Cic. Catil. 1,4,2; dazu Ungern-Sternberg 1970, 63 f.

20 Vgl. unten zu Caius im Kapitel «Not kennt kein Gebot».

21 Ausführliche Darstellung bei Ungern-Sternberg 1970.

22 Beck/Walter 2001, 283 zu Lucius Calpurnius Piso Frugi und ihr Kommentar zu FRH I 7, F 21 und F 26.

23 Beck/Walter 2001, Kommentar zu Nr. 7 F 21, 303.

24 Beck/Walter a. a. O. nennen dies «Pisos überschießende historiographische Reflexion der Ereignisse von 133».

3. *Familie und Erziehung*

1 Badian 1984, 169 ff.
2 Liv. 40,44.
3 Zu diesem Mechanismus vgl. Bourdieu 1987, 255–258.
4 Liv. 37,7,11–14.
5 Liv. 38,53,1–4.
6 Liv. 38,53,10 zu der Möglichkeit des Exils. Die Vorwürfe waren also nach Meinung des Livius doch nicht so ganz unberechtigt gewesen.
7 Liv. 38,53,9. Allerdings berichtet Livius 38,55,2, dass es auch die Tradition gab, dass Scipio in Rom begraben wurde. Vgl. auch Liv. 38,56,1.
8 Liv. 38,54,1.
9 Liv. 38,59,10.
10 Liv. 38,60,7.
11 Liv. 38,56,9.
12 Cic. rep. 2,2.
13 Liv. 43,16,10–13.
14 Liv. 45,15,3.
15 Liv. 40,15 und 40,51,9.
16 Cic. de orat. 1,8,38.
17 Val. Max. 4,4 pr; Plut. Phok. 19,3; Apoph. Lak. 9; dazu ausf. Dixon 2007, 5.
18 Plut. Ti. Gracchus 7. Vgl. dazu Günther 1990, 124–128.
19 Cic. div. 1,36. Affirmativ bei Val. Max. 4,6,1; Plin. n.h. 7,122; Plut. Ti.Gracchus 1,4–5; Auct. vir. ill. 57,4. Vgl. dazu Dixon 2007, 6.
20 Polyb. 32,13. Dazu Dixon 2007, 7 und Dixon 1985a. Sen. nat. 1,17,8 und Sen. ad Helv. 12,6.
21 Plut. Ti. Gracchus 1.
22 Cic. Brut. 104.
23 Z. B. Cic. Cluent. 151; Phil. 1,18,4.
24 Plut. Ti. Gracchus 8.
25 Cic. Brut. 119–120.
26 Plut. Ti. Gracchus 8.
27 Plut. C. Gracchus 19,4. Vgl. Dixon 2007, 42.
28 Dorandi 1999, 42.
29 App. Lib. 126; Plut. Ti. Gracchus 4,5.

4. Tiberius Gracchus und Scipio Aemilianus

1 App. Lib. 95–105; 127; vgl. Sommer 2021, 253 ff.
2 App. Lib. 127.
3 Fannius reklamierte später, dass er an der Seite des Tiberius diese Heldentat vollbracht habe: Plut. Ti. Gracchus 4,5, vgl. comp. 3,2.
4 Polyb. 31,28,12.
5 Plut. Aem. 6,8.
6 Cic.Tusc. 1,5; Brut. 84; Verr. 24,98; rep. 1,17; 1,29; 1,34; 3,5; Vell. 1,12,3; 1,13,3; Plut. Aem. 28,11; vgl. Polyb. 31,23,4. Zur Gesandtschaft: Cic. de orat. 2,154 f.
7 Polyb. 31,25,2–4 und 8 (nach Drexler 32,11).
8 Polyb. 31,29.
9 Zahrnt 1997, 162–3.
10 Astin 1967, 61 f.; ausf. bei App. Lib. 112; vgl. Liv. per. 49; 50; 56; Cic. Phil. 11,17; Lael. 11; Vell. 1,12,3; Val. Max. 8,15,4; Auct. ad Her. 3,2; Auct. vir. ill. 58,5; Flor. 1,31,12; Eutrop. 4,12; Diod. 32,9a; Zon. 9,29; Plut. Mar. 12,2; Praec. Reip. Ger. 10; Plut. Apoph. Scip. 4; App. b. c. 1,19; 3,88; 4,92; Iber. 84.
11 App. Lib. 112.
12 Liv. per. 51; Val. Max. 2,7,13; App. Iber. 94. Zu Aem. Paullus: Val. Max. 2,7,14. Vgl. Astin 1967, 17.
13 Cic. rep. 3,28.
14 Liv. per. 56.
15 App. Iber. 14,84.
16 Vgl. dazu ausf. Astin 1967, 232 ff.
17 Liv. per. 59; Cic. Lael. 96; vgl. Astin 1967, 232 ff. und ebd. Appendix II, no. 52. Zu Fulvius: Plut. Ti. Gracchus 21,8.
18 Lex Gabinia tabellaria: Cic. leg. 3,35–36; dazu Lundgreen 2009.
19 Lex Cassia tabellaria: Cic. Brut. 97; 106; dazu Lundgreen 2009.
20 Cic. de orat. 2,106.
21 Vell. 2,4,4 hat: *si is occupandae rei publicae animum habuisset, iure caesum*. Bei Cic. de orat. 2,106 steht: *iure caesum videri: ut eidem Carboni tribuno plebis alia tum mente rem publicam capessenti P. Africanus de Ti. Graccho interroganti responderat iure caesum videri.*
22 Vell. 2,4,4: *Hostium, inquit, armatorum totiens clamore non territus, qui possum uestro moueri, quorum nouerca est Italia?*
23 Cic. Phil. 11,18.
24 Suet. Ter. 1; Plut. Apoph. Scip. 23.
25 Astin 1967, 24.
26 Zahrnt 1997, 166.
27 Plut. Reg. Imp. 200d; vgl. Plut. Praecept. Reip. Ger. 14.
28 Bernstein 1978, 56, Astin 1967, 319–321. Anders Earl 1963, 67 ff. mit Bezug auf C. Gracchus, frg. 47, ORF².
29 Plut. Ti. Gracchus 4.

II. Die Wende

1. Römische Kriege in Spanien

1 App. Iber. 43; Liv. 40,49,1.

2 Liv. 40,39,1–40,15; 44,4–5. Als Propraetor in Spanien: Liv. 40,47,1; Verträge: Liv. 47,1–50,5; Diod. 29,26; Strab. 3,4,13; Frontin. strat. 2,5,3 und 14; 3,5,2; 4,7,33; Plut. Ti. Gracchus 6,3; App. Iber. 43; Flor. 1,33,9; Auct. vir. ill. 57,2; Oros. 4,20,32.

3 Liv. 41,6,4 und 7,1–3; per 41.

4 Vergleichbar ist Decimus Iunius Brutus Callaicus, der in seinem Konsulatsjahr 138 v. Chr. die verbliebenen Kampfesgefährten des Viriathus in der neu angelegten Stadt Valentia (heute Valencia) ansiedelte: App. Iber. 75; Liv. per. 55.

5 Fulvius Nobilior hat als Praetor in Spanien 156 v. Chr. ca. 6000 römische Bürger erschlagen lassen (App. Iber. 45); für Numantia berichtet App. Iber. 46 von 4000 Gefallenen im Jahr 153 v. Chr. in dessen Konsulat.

6 Marcellus hat als Konsul 155 v. Chr. seine Geiseln in Ketten legen lassen (App. Iber. 48); er blieb bis 152 v. Chr. in Spanien als Promagistrat bis Lucullus ihn abgelöst hat. Für Manilius berichtet Appian, dass er als Praetor die Flucht vor den Lusitaniern ergriffen habe (App. Iber. 56). Von Piso, der 154 v. Chr. als Praetor in Spanien amtierte, berichtet Appian ebf. von Verlusten auf der Flucht vor den Lusitaniern (App. Iber. 56; vgl. Liv. per. 47; Obseq. 1); gleichzeitig sei auch der Quaestor Terentius Varro gefallen (App. Iber. 56). Für die Praetur von Licinius Lucullus (154 v. Chr.) weiß Appian von dem Verrat der Cauci (App. Iber. 52); in der Praetur des Mummius (153 v. Chr.) seien 9000 Römer gefallen, 152 v. Chr. habe er noch als Promagistrat amtiert und dann einen Triumph über die Lusitanier gefeiert (App. Iber. 56–57; vgl. Diod. 81,42; Eutrop. 4,9). Für die Praetur von Sulpicius Galba (151 v. Chr.) berichtet Appian einen Verlust von 7000 Römern (App.Iber.58), den Verrat der Lusitanier, die die Römer in eine Falle gelockt haben, aus der nur ganz wenige fliehen konnten und unter ihnen auch Viriathus (App. Iber. 60). C. Vetilius wurde 147 v. Chr. als Praetor von Viriathus gefangen und getötet, wobei sein gesamtes Heer verloren ging (App. Iber. 61–63; vgl. Diod. 33,19,3; Liv. per. 52; Oros. 5,4,1–2).

7 M. Claudius Marcellus wollte als Konsul 152 v. Chr. einen Friedensvertrag mit den Lusitaniern schließen, der allerdings in Rom abgelehnt und daher der Krieg fortgesetzt wurde (Polyb. 85,2–9, und 4,8; App. Iber. 48–49; Liv. per. 48).

8 App. Iber. 52. Vgl. App. Iber. 54 und 56.

9 Galba: Liv. per. 48–49; Lucullus und Galba: App. Iber. 59–60.

10 App. Iber. 69; Diod. 33,1; Liv. per. 54 und 54a.

11 Caepio: App. Iber.70; Diod. 33,1.

12 App. Iber. 74. Vgl. Val. Max. 9,6,4; Diod. 33,21; Liv. per. 54; Eutrop. 4,16,2 f. Nach Diodor kam der Vorschlag zur Ermordung von den eigenen Leuten des Viriathus.

13 App. Iber. 76.

14 App. Iber. 79. In anderen Quellen heißt es, dass er ein echtes *Foedus*, also einen formellen Vertrag, geschlossen habe.

2. Numantia

1 Plut. Ti. Gracchus 5.
2 App. Iber. 80.
3 Zum Konsulat des Mancinus im Jahr 137 v. Chr.: Cic. Brut. 106; Liv. per. 55; App. Iber. 80; Obseq. 24; Oros. 5,4,19; Angaben der Fasti bei Broughton MRR I zum Jahr 137 v. Chr.
4 Cic. off. 2,109. Vgl. zu Mancinus bei Cicero: Cic. off. 3,109 und Cic. off. 3,30 und 109; rep. 3,18–20, de orat. 1,181; 2,137, Topica 37; har. resp. 43.
5 Zimmermann 2013, 289 f.
6 Plut. Ti. Gracchus 6.
7 Mommsen StR II 1, 548.
8 Plut. Ti. Gracchus 6.
9 Latte, RR 119.
10 App. Iber. 80; Flor. 2,2,2; Liv. per. 56; Plut. Ti. Gracchus 7,2; Cic. Caecin. 98; Cass. Dio 24,83,2.

3. Streit um den Mancinus-Vertrag

1 Cass. Dio 23,79,1 mit einem erstaunlich detailreichen Resümee der Diskussionen in Rom.
2 Valerius Antias: FRH 15 F 58 = Peter frg. 58 = Gell. NA 6,9,12.
3 Plut. Ti. Gracchus 7.
4 Cic. off. 3,109.
5 App. Iber. 97–98 (ÜS Veh).
6 Kath 2010 und 2004.
7 Polyb. 2,18.
8 Liv. 9,7,9–12 zu Cannae. Dazu Kath 2010, 82 f. Andere Fälle sind die Auslieferungen nach Caudium 321 v. Chr. – darauf weist Plutarch (Ti. Gracchus 7) hin.
9 Cic. rep. 3,28; Cic. off. 3,109; vgl. Vell. 2, 90, 3: *turpe Q. Pompei foedus turpiusque Mancini.* Flor. 1,34,4–5; App. Iber. 83; Eutrop. 4,17; Oros. 5,4,20–21; dazu Bernstein 1978, 66.
10 Cass. Dio 23,83,2.
11 Vgl. dazu Zimmermann 2013, 211.

III. Der Anfang

1. Stoisch-Sozialethische Politik in Rom

1 Cic. rep. 1,34.
2 Cic. inv. 1,4.
3 Laelius: Cic. fin. 2,24, Fannius: Cic. Brut. 101; Mucius Scaevola: Cic. de orat. 1,75; Rutilius Rufus: Cic. Brut. 113–114; Q. Aelius Tubero: Cic. fin. 4,23; vgl. dazu Wiemer 2018, 230.
4 Algra 1999, 41.
5 Cic. leg. 3,13–14.
6 Cic. off. 1,11; vgl. 3,7 und 2,60. Dazu Wiemer 2018, 235.
7 Cic. off. 3,34.
8 Cic. Tusc. 4,51: *numquam privatum esse sapientem.*
9 Cicero bezeichnet P. Mucius Scaevola mehrfach und ausdrücklich als Stoiker: Cic. off. 3,47 und Brut. 114.
10 Cic. off. 3,21–28; dazu ausf. van Dyck 1996, 33 und ad loc.
11 Cic. off. 3,17,70.
12 Cic. rep. 1,31; de orat. 2,285.
13 Cic. off. 3,50–57; dazu Algra 1999, 765 f.
14 Cic. off. 3,50. Zu dem stoischen Einfluss auf Tiberius Gracchus vgl. bereits Nicolet 1967, 154 ff. Ablehnende Positionen bei Santangelo 2007, 483 f. zusammengefasst.
15 Cic. off. 3,51.
16 Cic. off. 3,54.
17 Cic. off. 3,52–53.
18 Cic. off. 3,55.
19 Cic. off. 1,9 und 3,7.
20 Cic. off. 3,8.
21 Pomponius, lb sg enchiridii D 1,2,2,39: *Post hos* [sc. Cato Censor und seine Söhne) *fuerunt PUBLIUS MUCIUS et BRVTUS et MANILIUS, qui fundaverunt ius civile.*
22 Cic. off. 2,37.
23 Liebs 2002, 569–571.
24 Cic. fin. 1,4,12.
25 Cic. off. 3,62–64. Dazu ausf. Behrends 1980, 63 und ders. 2007.
26 Cic. off. 3,63.
27 Cic. off. 3,90.
28 Cic. off. 3,89.
29 Behrends 1980, 47 mit Anm. 53 zu einer Kommentierung von Cic. off. 3,89–90.
30 Behrends 1980, 68–69 und ders. 2007.

2. *Stoa in Sparta*

1 Vgl. dazu Nicolet 1967, 154 ff.
2 Plut. Agis 8.
3 Fuks 1962, 244 ff. vertrat die Ansicht, dass sich diese 700 Spartiaten aus nur 100 Landbesitzern und 600 *hypomeiones* (Spartiaten, die den Beitrag zu den Syssitien nicht mehr leisten konnten) zusammensetzten.
4 Plut. Kleom. 32.
5 Plut. Kleom. 8.
6 Vgl. Fuks 1968, 217 ff.
7 Vgl. dazu ausf. Thommen 2003; Schubert 1996, 23 ff.
8 Plut. Kleom. 2 (ÜS Ziegler).
9 Kennell 2010, 269 f.
10 Plut. Kleom. 2,2; 11,4.
11 Plut. Kleom. 28,2.
12 Plut. Agis 8,1–3 und Plut. Lyk. 12,1.
13 Plut. Stoic. rep. 1–3, 1033a–f.
14 Pohlenz 1947, 8.

3. *Blossius, der Stoiker, und der Aufstand des Aristonikos*

1 Plut. Tib. Gracchus 8,6.
2 Vesperini 2013, 175–205 s. v. Blossius; dafür hat sich Nicolet 1965 (vgl. ders. 1967 = 1980) ausgesprochen; vgl. Hadot 1970; Erskine 2011 [1990], 161–171; La Greca 2016; dagegen: Earl 1963; Astin 1967, 295; Scullard 2011 [1959], n. 6, 319; Brunt 2013, 93. Skeptisch auch Santangelo 2007, 483 f.
3 Cic. Lael. 37.
4 S. o. Kapitel I.2.
5 Front. strat. 4,5,16; Val. Max. 3,2,12; Flor. 1,35,4 f.; Oros. 5,10,3.
6 Plut. Tib. Gracchus 20,7.
7 Daubner 2006, Anm. 298 und 299.
8 Strab. 14,1,38; vgl. Diod. 34/35,2,26.
9 Anders in Winiarczyk 2011, 199–203.
10 Daubner 2006, 180.
11 Anders Ferguson 1975, 127 u. v. a. m.; dagegen Daubner 2006, 180. Daubner a. a. O. 176–186 weist daraufhin, dass die Bezeichnung Heliopoliten, die Anlass zu vielfältigen Spekulationen über einen sozialrevolutionären Hintergrund des Aristonikos-Aufstandes gegeben hat, viel plausibler auf makedonische Soldaten aus Thyateira zurückzuführen ist. Die Heliopoliten sind also wohl kaum die Einwohner eines zu errichtenden messianischen Sonnenstaates.
12 Plut. Stoic rep. 2–4, 1033b–1034a.
13 Plut. Stoic. rep. 20, 1043a–1044a.
14 Plut. Stoic. absurd. 1058b–c (ÜS Schnitzer modifiziert).

IV. Erfolg und Scheitern

1. Das Programm

1 Einen hervorragender Forschungsüberblick gibt Santangelo 2007, 465–510.

2 Plut., Ti. Gracchus 8–9.

3 Das vielleicht berühmteste Beispiel ist der jüngere Cato. Auch Cicero sieht eine eminente Bedeutung der philosophischen Prägung für eine gelingende Politik: Cic. inv. 1,4.

4 Plut. Ti. Gracchus 8,2.

5 Rich 2008, 519–572 vertritt die Position, dass die Obergrenze sich auf den Privatbesitz an Land bezog. Vgl. unten Anm. 23.

6 App. b. c. 1,10,38.

7 Das ergibt sich indirekt aus App. b. c. 1,27,121.

8 App. b. c. 1,27,121.

9 Plut. Ti. Gracchus 9,2.

10 App. b. c. 1,9,37 hat nur einen einzigen Gesetzesentwurf, Liv. per. 58 und Auct. vir. ill. 64,3: 1000 Morgen.

11 Plut. Ti. Gracchus 10,4.

12 Plut. Ti. Gracchus 9 (ÜS Ziegler).

13 App. b. c. 1,10,39.

14 Plut. Ti. Gracchus 8.

15 Elster 2003 ad Lex Nr. 1.

16 Plut. Ti. Gracchus 8 (ÜS Ziegler).

17 Hier folge ich der ausf. Begründung, die Rich 2008, 519–559 gibt.

18 Plut. Ti. Gracchus 8,2: ἐγράφη νόμος οὐκ ἐῶν πλέθρα γῆς ἔχειν πλείονα τῶν πεντακοσίων.

19 Plut. Camillus 39,5: μηδένα πλέθρων πεντακοσίων πλείονα χωράν κεκτῆσθαι.

20 App. b. c. 1,8,34.

21 App. b. c. 1,10,40.

22 App. b. c. 1,11,44.

23 Die früheste derartige Passage ist tatsächlich ein Fragment aus der Rede des älteren Cato für die Rhodier. Diese Rede wurde im Jahr 167 v. Chr. gehalten und wendete sich gegen einen Vorschlag, Rhodos den Krieg zu erklären. Cato versucht darin die Behauptung zu widerlegen, die Rhodier hätten Rom den Krieg erklären wollen und sollten deshalb bestraft werden, indem er argumentiert, dass ein bloßer Wunsch nicht strafbar sein sollte! Vgl. Schubert 1996, 140.

24 Die Frage, ob *possessio* nur die Inbesitznahme von öffentlichem Land bedeutet oder auch für den Besitz von privatem Land verwendet wird, ist nach wie vor ein Streitpunkt in der Forschung: Kaser 1942, 24 argumentiert für die Beschränkung auf öffentliches Land. Anders Roselaar 2008, 106: Wenn die *Lex Licinia* von 367 sowohl öffentliches als auch privates Land betraf, dann wäre die römische Elite zu

dieser Zeit relativ arm gewesen, da vermutlich niemand mehr als 500 *iugera* besessen haben kann. Das war im 2. Jh. v. Chr. anders. Roselaar ist der Ansicht, dass eine Begrenzung des Privatbesitzes auf insgesamt 500 *iugera* im 2. Jahrhundert für viele aus der Elite den Verlust eines Großteils ihres Privatbesitzes bedeutet hätte. A. a. O. 109: Die Terminologie der Quellen zur *Lex Licinia* ist uneinheitlich: *possidere* bei Livius, Valerius Maximus, Plinius, Columella, Siculus Flaccus und *habere* bei Cato, Aulus Gellius, Velleius Paterculus, Varro, Auct. de viris illustribus, ähnlich Appian und Plutarch. Vgl. Liv. 7,16,9 und Liv. 10,13,14. *Possidere* und *habere* können juristisch verschiedenen Besitzarten zugeordnet werden.

25 Liv. 34,4,8.

26 Liv. 6,35,4–5 zu 376 v. Chr. und 6,42,9 zu 367 v. Chr.

27 Liv. 6,35,6; 10,13,14; 34,4,8.

28 Gell. NA 6,3,37.

29 Cic. leg. agr. 2,10: *Ti. et C. Gracchos plebem in agris publicis constituisse, qui agri a priuatis antea possidebantur.*

30 App. Iber. 65.

31 App. Iber. 78.

32 Cic. leg. 3,20.

33 Plut. Ti. Gracchus 8,3 (ÜS Perrin modifiziert). App. b. c. 1,7. Vgl. Gell. NA 1,6 und Suet. Aug. 89,2, die eine Rede mit dem Titel *De prole augenda* zitieren, die Metellus Macedonicus im Jahr 131 v. Chr. gehalten habe und in der er die Römer aufforderte, zu heiraten und Kinder zu bekommen! Zur Analyse der Auswirkung von wirtschaftlicher Not auf Ehe und Fruchtbarkeit siehe Brunt 1971, 136–143 und – skeptisch dazu – Roselaar 2008, 194.

34 Mouritsen 2008, 471 ff., Rich 1983, Rosenstein 2004, de Ligt 2004.

35 Zu Laelius' Gesetz: Plut. Ti. Gracchus 8,3.

2. *Bodenreform*

1 Vgl. dazu ausführlich Schubert 1996.

2 Die Motivation des Tiberius bei App. b. c. 1,1–23 und Sall. Iug. 41 f. wird in der Forschung kontrovers beurteilt: Schubert 1996, 106 ff.; neuere Literatur bei Lapyrënok 2012.

3 Roselaar 2015.

4 Toynbee II 1965, 190 ff. zur Rolle des ‹establishments›. Roselaar 2015, 1 ff.

5 Dyson 1992, 26 ff.

6 Bernstein 1978 und ders. 1979.

7 Molthagen 1973, 423 ff., Flach 1990, 36 f., Bringmann 1985, 22 f.

8 Vgl. allg. zu der Problematik Vallat in Barker 1991, 10 ff.; Millet in Barker 1991, 18 ff.; Patterson 1987, 115 ff.

9 Zahlen in einer Übersicht bei Toynbee II 1965, Tafel V, 656 ff.

10 Dyson 1992, 32 mit Anm. 59; Lauter 1976, 417.

11 Dyson 1992, 30 ff.; Garnsey 1979, 9 ff.; Vallat 1982, 194 ff.
12 Plin. n. h. 18,35.
13 White 1976, 311 ff., Dyson 1992, 33.
14 Plut. Ti. Gracchus 8,7.
15 Dazu Dyson 1981, 272 ff.
16 Rossiter 1978, 7 f.
17 Frederiksen 1970/1971, 339 ff.
18 Attolini et al. in Barker 1991, 151.
19 McKay 1975; Dyson 1981, 272.
20 Vallat 1987, 204.
21 Vallat 1987, 195 f.
22 Attolini/Cambi 1983, 439 ff., 495 ff.
23 Torelli 1970/71, 431 ff.; ders. 1976, 97 ff.; ders. 1978, 75 ff.
24 Formiae, Cumae und Puteoli sind zwischen 120 und 75 v. Chr. bis 31 v. Chr. bevorzugte Küstenregionen für diesen Villentyp: Vallat 1987, 200.
25 Frederiksen 1981, 265 ff.
26 Pagano/Ferone 1978, 227 ff.; dies. 1981, 105 ff.; Pellegrino 1978, 383; Johannowsky 1962, 63 ff.; ders. 1963, 132 ff.
27 Vallat 1987, 202 f.; Lloyd in Barker 1991, 180 zu Samnium.
28 Lafon 1981, 319, 353.
29 Vallat 1987, 201.
30 Lamboglia 1955, 1 ff.; vgl. Vallat 1987 a. a. O.
31 Barker 1991, 96 ff.
32 Gabba/Pasquinucci 1979, 143 ff.
33 Jones 1980, 85 ff.; Vallat 1987, 207.
34 Zu Bruttium: Giardina 1981, 87 ff.: 50 % der besiedelten Stellen erscheinen seit dem 1. Jh. v. und im 1. Jh.n. Chr.
35 Vallat 1987, 212.
36 Roselaar 2010, 188–190.
37 Favory 1980; Chouquer/Clavel-Lévêque/Favory 1982; Chouquer/Clavel-Lévêque/Favory/Vallat 1987; Chouquer/Favory 1991; Libertini 2019; Chouquer 2022.
38 Griese 2019, 56–59.
39 Hyg. 131,1–132,5 (ÜS Griese), Griese 2019, 60 f.
40 Chouquer 2012. Zu der rechtlichen Seite Behrends 1992.
41 Libertini (2019) und Chouquer 1987, 88 ff. mit den exakten Angaben der jeweiligen Module in *actus*, den entsprechenden Seitenlängen und der genauen Orientierung der Zenturiationen.
42 Fundorte der gracchischen Grenzsteine (*cippi*): 2 *cippi* in Campanien (ILLRP 467; Ager Suessulanus ILLRP 468); 6 *cippi* in Lukanien (Ager Volceianus ILLRP 469; Ager Atinatis ILLRP 470, 471, 472; Inscr. It. III 1,276); 3 *cippi* in Hirpinum; 1 *cippus* in Apulien; vgl. dazu Hinrichs 1974, 58 ff.; Hermon 1982, 258 ff.; Chouquer 1987, 169 A. 290; dazu auch ILLRP 474 aus dem 1. Jh. v. Chr., wo die Wiederher-

stellung der gracchischen Grenzsteine im Ager Gallicus (Pisaurum) erwähnt wird. Zu der Berechnung des Umfangs an Siedlerstellen Schubert 1996, 120.

43 Johannsen 1971, 105.

44 Roselaar 2010, 218.

3. Die Absetzung des Octavius

1 Liv. per. 48; Die Strafe wurde «durch die Gebete des Volkes» erlassen. Vgl. Cic. leg. 3,20.

2 Cic. leg. 3,20; Liv. per. 55.

3 Liv. 25,3,8–4,1 und Liv. 25,3,13–19; App. b. c. 1,37,165–166 und App. b. c. 1,30,133–134 und Auct. ad Her. 1,21.

4 Kath 2009.

5 Plut. Ti. Gracchus 10.

6 Plut. Ti. Gracchus 10 (ÜS Ziegler).

7 Liv. 3,27,2; 67,1; 76 i. f. 9,7 und 28,3; 10,4,2 und 21,2. Cic. Phil. 5,12.

8 Plut. Ti. Gracchus 11.

9 Badian 1975, 668–731.

10 So beschreibt Plut. Ti. Gracchus 11–13 den Ablauf. Vgl. App. b. c. 1,48–50 und Diod. 34/35,6.

11 Plut. Ti. Gracchus 15 (ÜS Ziegler). Vgl. App. b. c. 1,9.

12 David 2020.

13 Vgl. Cic. Att. 4,3,4; Liv. 45,36,6; Plut. Ti. Gracchus 18,1. Zum Fassungsvermögen des Forums und der Wirkung einer im Vorhinein erfolgten Besetzung s. Thommen 1995, 358–370, besonders 364 f.

14 Hierin entspricht auch App. b. c. 1,12 der bei Plutarch überlieferten Rede des Tiberius.

15 Behrends 1980, 86 f.

16 Plut. Ti. Gracchus 14.

17 Plut. Ti. Gracchus gibt das griechische Pendant an: 9 Obolen. In der Kaiserzeit wurde die Drachme (6 Obolen) eins zu eins mit dem Denar gesetzt.

18 Plut. Ti. Gracchus 14 (ÜS Ziegler).

19 Badian 1984, 173 f.

20 Plut. Ti. Gracchus 14.

21 Plut. Ti. Gracchus 14.

22 Flor. 1,35.

23 Liv. per. 59. Dazu Daubner 2006, 19 ff.

24 Liv. per. 58. Dazu Daubner 2006, 19 ff.

25 OGIS Nr. 338 = IvPergamon 249.

26 Daubner 2006, 19.

27 Daubner 2006, 23.

28 Daubner 2006, 20 f.

29 Daubner 2006, 32.
30 Daubner 2006, 41–2.
31 Diod. 34/35,33,6 und Plut. Ti. Gracchus 21; anders Daubner 2006, 107.
32 Cic. Phil. 11,18; Daubner 2006, 108.
33 Iustin 36,4.
34 Plutarch Ti. Gracchus 16 (ÜS Ziegler).
35 Bernstein 1978, 216.
36 Appian b. c. 1,15.
37 Cic. de orat. 2,285; rep. 1,3.

4. Das Ende des Scipio Aemilianus

1 Liv. per. 59,10–11.
2 Nach Cic. rep. 4,2 handelte es sich um ein *Plebiscitum de reddendorum equorum*, nach Nicolet 1966 gehört diese Aktion in die Jahre nach 123 v. Chr. Andere datieren die Rückgabe der Ritterpferde auf 129 v. Chr.
3 Cic. leg. agr. 2,45–47.
4 Cic. rep. 1,41.
5 App. b. c. 1,18–19; vgl. dazu Astin 1967, 238 ff.
6 App. b. c. 1,19,78–80.
7 Schropp 2020, 372.
8 App. b. c. 1,19,81–82 (ÜS Veh).
9 Liv. per. 59,15.
10 Zum *Plebiscitum de reddendorum equorum* Nicolet 1966, 103–111; Kunkel 1995, 436 mit Anm. 156 datiert auf nach 130 bzw. 129 v. Chr.
11 Schietinger 2018 datiert dies in das Jahr 129 v. Chr. und nicht in das Jahr 131 v. Chr.
12 Cic. Lael. 96 und Liv. per. 59,11 f.
13 Vgl. dazu oben Kap. I 4.
14 Cic. Lael. 12.
15 Liv. per. 59; Oros. 5,10,9; Vell. 2,4,5; App. b. c. 1,20; Plut. C. Gracchus 10,5; Rom. 27,5; Auct. vir. ill. 58,10; Cic. Mil. 16; Val. Max. 5,3,2d.
16 Cic. Mil. 16; Liv. per. 59; Plut. C. Gracchus 10,6; Vell. 2,4,6; Val. Max. 5,3,2d; Plin. n. h. 10,123. Dazu Astin 1967, 241.
17 App. b. c. 1,20. Vgl. Astin 1967, 240 f.
18 Worthington 1989, 253–256 nimmt einen natürlichen Tod aus Stress an.
19 Astin 1967, 238 ff.
20 Cic. de orat. 2,170.
21 Plut. C. Gracchus 10.
22 Plut. C. Gracchus 9.
23 Cic. rep. 6,12.
24 Nicolet 1964, 212–30 hält das Diktaturvorhaben für historisch.

25 Stevenson 2005, 146.
26 Vgl. Jehne 1989, 563.
27 Liv. per. 59,19.
28 Cass. Dio 24,84,2 (ÜS Veh angepasst).

V. Reform der Respublica

1. Der Traum des Caius Gracchus

1 Cic. div. 1,56.
2 Plut. C. Gracchus 1 (ÜS Ziegler).
3 Plut. C. Gracchus 2.
4 Da er verdächtigt wurde, etwas mit dem Tod des Aemilianus zu tun gehabt zu haben (Cic. de orat. 2,770; Mil. 16; fam. 9,21,3; Plut. C. Gracchus 10,3), deutet das, neben seiner Tätigkeit in der Bodenreformkommission, auf weitere Aktivitäten hin.
5 Wardle 2006, 4.
6 Ähnlich zurückhaltend ist Polybios: vgl. Zimmermann 2013, 155.
7 Plut. C. Gracchus 1.
8 Plut. C. Gracchus 6.
9 Kath 2012.
10 Plut. C. Gracchus 14.
11 Diod. 34/35,29; Val. Max. 4,7,2; Auct. vir. ill. 65,5. Vgl. Oros. 5,12,8. Vgl. Beness/Hillard 2001, 135 ff. zu den Varianten.
12 Plut. C. Gracchus 17. Vgl. Val. Max. 9,4,3; Plin. n. h. 33,48.
13 Plut. C. Gracchus 4.

2. Dolche aufs Forum!

1 Gell. NA 10,3,1. Zu der Rhetorik des Caius vgl. die kurze Übersicht bei Santangelo 2007, 487. Zu der lateinischen Überlieferung seiner Reden Rieger 1991.
2 Cic. Brut. 125–126.
3 Cic. de orat. 3,214.
4 Cic. leg. 3,20; vgl. Cic. leg. III,20: *C. vero Gracchus ruinis et iis sicis, quas ipse se proiecisse in forum dixit, quibus digladiarentur inter se cives, nonne omnem rei publicae statum deturbavit?* Das dürfte dem tatsächlichen Wortlaut sicher entsprechen. Vgl. auch Diod. 36,27 und Diod. 36,19: «Ich werde das Schwert nicht abgeben, das ich den Senatoren von der Seite gerissen habe.»
5 App. b. c. 1,22; Diod. 34,37 und 37,9.
6 Flor. 2,1 und ORF[2] 183, ap. Priscian, GL = Fraccaro, 87–8; dies könnte aus der Rede stammen, die Gell. NA 11,10 zitiert.
7 Polyb. 6,15,1 ff.
8 Cic. rep. 1,21–34.
9 Cic. rep. 1,9,31.

10 Liv. 7,17,12 zum Zwölftafelgesetz: *quodcumque postremum populus iussisset, id ius ratumque esse* (was auch immer der Populus angeordnet hat, das soll rechtsgültig und bestätigt sein).

11 Cic. Lael. 12,41: *multitudinis arbitrio res maximas agi.*

12 Diod. 34/35,25,1.

13 Plut. Kleom. 11,2.

14 Plut. Kleom. 10,1.

15 Cic. leg. 3,20 und Flor. 2,1.

16 Liv. 25,3,16, dazu Sherwin-White 1973, 112.

17 Gell. NA 11,10,2–6; ORF[2] 187 f.

18 Morstein Kallet-Marx 1995, 110–111.

19 Cic. off. 3,50.

20 Stockton 1979, 115.

21 Zu dem Begriff *existimatio*, den Caius offenbar verwendet hat: Dig. 50,13,5,1.

3. *Ein institutionelles Schutzkonzept für Bürger*

1 Plut. C. Gracchus 3 (ÜS Ziegler modifiziert).

2 Gell. NA 10,3.

3 Plut. C. Gracchus 4.

4 Cic. Rab. perd. 12; vgl. Cic. Cluent. 148–152 und Cic. Sest. 61. Ob es sich dabei um ein Gesetz handelte oder um mehrere verschiedene, ist höchst umstritten. Vgl. Stockton 1979, 117 ff.

5 Vgl. Stockton 1979, 123 f., Ungern-Sternberg 1970, 48 ff. und 132 f.

6 Cic. Cluent. 145 ff.

7 Pina Polo 2017, 10.

8 Stockton 1979, 137 f.

9 Pina Polo a. a. O.

4. *Sozial- und Verwaltungsgesetzgebung*

1 Iuv. Sat. 10,81.

2 Erdkamp 2000, 53.

3 App. b. c. 1,21; Cic. Brut. 62, 222; Sest. 48, 103; Tusc. 3,20,48; Plut. C. Gracchus 5,1; Liv. per. 60; Vell. 2,6,3; Schol. Bob. 135 St. Vgl. zu den Gesetzen des Caius Gracchus den Forschungsüberblick in Santangelo 2007, 465–510.

4 Stockton 1979, 126; ein *Modius* entspricht als Hohlmaß ca. 8,6 Litern.

5 Virlouvet 1985, 117–120; Virlouvet 1987, 102–107 und 183–186; Garnsey-Rathbone 1985, 20–25.

6 Obseq. 22; Val. Max. 3,7,3.

7 Liv. per. 60,4.

8 Cic. Tusc. 3,48.

9 Gell. NA 9,14,16–18: *ea luxurii causa aiunt institui. et ibidem infra scriptum est: non est ea luxuries, quae necessario parentur vitae causa.* Vgl. Fest. 201 M: *ostentum, quo nunc utimur interdum prodigii vice, quin participaliter quoque dici solitum sit, non dubium facit etiam C. Gracchus de legibus a se promulgatis, quom ait: quod unum nobis in ostentum, ipsis in usum adportatur.*

10 Cic. off. 2,72: *C. Gracchi frumentaria magna largitio, exhauriebat igitur aerarium.* Vgl. Diod. 34/35,25; Oros. 5,12.

11 Cic. Sest. 105.

12 Cic. Sest. 103.

13 Varro ap. Nonius Marcellus p. 728 L.

14 App. b. c. 1,89 und 91.

15 Plut. C. Gracchus 6,3; Fest. p. 392 L.

16 App. b. c. 1,27; Stockton 1979, 131.

17 Plut. C. Gracchus 5,1; Liv. per. 60; Vell. 2,6,3. Auct. vir. ill. 65*: agrarias et frumentarias leges tulit, colonos etiam Capuam et Tarentum mittendos censuit, triumviros agris dividendis se et Fulvium Flaccum et C. Crassum constituit* (Er hat Gesetze zur Landverteilung und Getreideversorgung vorgelegt und auch beschlossen, dass Siedler nach Capua und Tarent geschickt werden sollten. Er bildete eine Kommission, bestehend aus ihm selbst, Fulvius Flaccus und Caius Crassus, zur Verteilung des Landes.). *Crassum* ist wahrscheinlich ein Fehler für *Carbonem*. Siculus Flaccus schreibt sogar, dass Caius ein Gesetz einbrachte, dass niemand in Italien mehr als zweihundert Morgen Land besitzen durfte. Das ist aber vermutlich entweder ein Versehen oder ein Kopierfehler oder es bezieht sich auf die Kolonie Iunonia (*amplius iugera CC* kommt in Zeile 60 des Agrargesetzes von 111 im Zusammenhang mit Land in Iunonia vor).

18 Plut. C. Gracchus 10,2; Lex Rubria: CIL I[2] 585, 59; vgl. Stockton 1979, 134.

19 App. b. c. 1,23 und Liber Coloniarum 216L, 219L, 229L, 233L, 237L, 238L; dazu Gargola 1995, 242 und Libertini (2019) ad loc.

20 Schäfer 2023; Schneider 1982, 86 f.; Klee 2010, 14–21.

21 Zur Art und Qualität des Straßenbaus Klee 2010, 32–61.

22 Plut. C. Gracchus 7 (ÜS Ziegler).

23 Plut. C. Gracchus 8,4–10,1. App. b. c. 1,23; Auct. vir. ill. 65,3.

24 CIL I[2] 638. Vgl. Carlà-Uhink 2021, 61 ff.; Bernard 2014, 953 ff.

25 CIL I[2] 638, Z. 12–14.

26 Als P. Popillius Laenas, Konsul im Jahr 132 v. Chr., identifiziert; vgl. Seth et al. 2014, der auch andere Identifizierungen diskutiert.

5. *Neuordnung der Finanzen nach innen und außen*

1 Vell. 2,6,3.

2 Flor. 2,3,2.

3 Stockton 1979, 154.

4 Gell. NA 11,10.

5 Cic. dom. 24; prov. 3 und 17; fam. 1,7,10; Sall. Iug. 27.

6 Plut. C. Gracchus 8,2.

7 Im Gegensatz zu anderen Gesetzen des Caius: Plut. C. Gracchus 34,1. Zu den verschiedenen Möglichkeiten des Senates, Gesetze aufzuheben oder aufheben zu lassen: Ascon. Corn. I, p. 54 (67–68C) und dazu Elster 2020, 192.

6. Richtergesetz und Spezialgerichte

1 Plut. C. Gracchus 5, comp. 2,1 und Liv. per. 60.

2 App. b. c. 1,122 und Diod. 34,25.

3 Nach Velleius sind die Gerichte vom Senat auf die Equites übertragen worden (Vell. 2,6,3; 2,13–14). Auch Tacitus (ann. 12,60) berichtet, dass Caius die Gerichte den Equites übergeben habe, und für Cicero (Verr. 1,38) in seinen Reden gegen Verres (im Jahr 70 v. Chr.) sind es 50 ununterbrochene Jahre, in denen die Equites als *iudices* fungiert haben. Hiernach hätten die Equites nach den gracchischen Regelungen ihre richterliche Funktion nicht mit den Senatoren geteilt, und keiner dieser Autoren beschränkt diese Funktion ausdrücklich auf die Repetundenprozesse allein; vgl. App. b. c. 1,23; Diod. 34/35,25,1; Flor. 2,1.

4 Vell. 2,6; Plin. n. h. 33,34 und oben Anm. 3.

5 CIL I[2] 583 = Bruns, FIR 10 = Crawford 1996, Nr. 1; Stockton 1979, 138.

6 In der *Lex Acilia* ist wiederholt von den 450 Geschworenen und ihrer Qualifikation die Rede (§ 12, 16, 22), die Stellen stützen sich in der Lesung gegenseitig. Hiernach sind unter der dabei urteilenden Richtergruppe von 450 Geschworenen die Senatoren ausdrücklich ausgeschlossen.

7 Crawford 1996, Nr. 2.

8 Stockton 1979, 141.

9 Stockton 1979, 141.

10 App. b. c. 1,23.

11 Plut. C. Gracchus 5 (ÜS Ziegler).

12 Plut. C. Gracchus 6,1 (ÜS Ziegler).

7. Bürgerrecht und Wahlrecht für Latiner und Italiker

1 Cic. off. 3,47.

2 App. b. c. 1,87 bzw. 152; Val. Max. 9,5,1; dazu Meister 1974, 113 ff.

3 App. b. c. 1,152; Liv. per. 60; Plut. C. Gracchus 15,1.

4 Cic. off. 3,47; vgl. Brut. 109.

5 Hinrichs 1967, 169.

6 Zu den Zensuszahlen des 2. Jh.s v. Chr. Brunt 1971, 61 ff.

7 Meister 1974 a. a. O.

8 ORF[2] 144 und Cic. Brut. 99: *sane et bonam et nobilem*; etwas problematisch ist hier,

dass Cicero zwei C. Fannii kennt und nicht klar wird, welcher pro Gracchus und welcher contra ist.

9 App. b. c.1,23,99; dazu Meister a. a. O.

10 Plut. C. Gracchus 5,2; in Plut. C. Gracchus 8,2–3 bzw. 9,5 werden nur die Latiner erwähnt.

11 Mouritsen 2006, 418–425 (vgl. auch ders. 2008) vertritt die Ansicht, dass das römische Bürgerrecht für die Latiner, das Wahlrecht für die *Cives sine suffragio* und das *Ius provocationis* für die italischen Verbündeten vorgesehen war; vgl. Santangelo 2007, 480 f.

12 Gell. NA 10,3,3 und 10,3,5.

13 Sall. ep. Caes. 2,8,1; vgl. Cic. Mur. 47, wo eine ähnliche Reformidee zum Ausdruck kommt.

14 Diod. 34/35,25,1.

15 Plut. C. Gracchus 9,1.

8. *Erneutes Scheitern*

1 Plut. C. Gracchus 10.

2 Plut. C. Gracchus 10, 1–3. Vgl. 11,2; App. b. c. 1,24; Obseq. 33.

3 Plut. C. Gracchus 11–12.

4 Plut. C. Gracchus 7.

5 Plut. C. Gracchus 15–17 schildert die letzten Tage des Caius ausführlich.

6 Cic. Catil. 1,4,2.

7 Liv. 3,31,1; Dion. Hal. 10,32,1–5.

8 Plut. C. Gracchus 16.

9 Plut. C. Gracchus 17.

9. *Not kennt kein Gebot*

1 Diod. 34/35,28 a. Ausf. dazu Ungern-Sternberg 1970.

2 App. b. c. 1,24,106–15,108; Plut. C. Gracchus 14; vgl. Flor. 2,3,4; Auct. vir. ill. 65,5; Oros. 5,12,5.

3 Liv. per. 61,4.

4 Der Wortlaut steht bei Cic. Phil. 8,4,14 und Catil. 1,4,2.

5 Das unterscheidet die Situation auch von anderen Bedrohungen, in denen ein sog. *Tumultus* ausgerufen wurde, um eine schnelle Rekrutierung gegen einen auswärtigen Feind zu ermöglichen. Vgl. zum *Tumultus* Ruepke 1990, 73 ff. und Lintott 1968, 154.

6 Anders Jehne 2016, 228.

7 Zimmermann 2013, 242.

8 Ungern-Sternberg 1970, 66, Anm. 53 mit ausführlicher Diskussion und Belegen.

9 Plut. C. Gracchus 17,6; App. b. c. 1,26,120; dazu Ungern-Sternberg 1970, 67.

10 Maschek 2018a, 64 ff.

11 Maschek 2018a, 72 f.
12 Liv. per. 61,9.
13 Cic. de orat. 2,106.
14 Cic. de orat. 2,132.
15 Plut. C. Gracchus 18,2 (ÜS Ziegler modifiziert).

VI. Danach

1. Kampf um Erinnerung und Werk

1 Flower 2006, 67–81.
2 App. b. c. 1,26 und Aug. civ. 3,25–26.
3 App. b. c. 1,26; Aug. civ. 3,25–26.
4 Plut. C. Gracchus 17,8–9; vgl. Aug. civ. 3,25.
5 Dieses Relief wurde bisher als Teil eines Altars des Domitius Ahenobarbus, Zensor 70 v. Chr., gedeutet. Maschek 2018b, 27–52 begründet ausführlich, warum das Relief sehr wahrscheinlich die Zeremonie während der Gründung der gracchischen Kolonie Neptunia zeigt.
6 Maschek 2018a, 116 f. und Maschek 2018b, 47.
7 Plut. C. Gracchus 39, 3–4 (ÜS Ziegler).
8 Sall. Iug. 42,3. Zu der Übersetzung von *bono* als attributives Adjektiv zu *more* statt maskulinem Dativ: Heubner 1962, 276 ff.
9 Ausf. dazu Behrends 1980, 68 f. mit Anm.108.
10 Behrends 1980, 68 f.
11 Sall. Iug. 40.
12 App. b. c 1,27,121–123 (ÜS Veh).
13 In der *Lex agraria* von 111 v. Chr. (Johannsen 1971, Crawford 1996, Nr. 2) steht explizit in Z. 12–13 *privatus esto*. Alle diesbezüglichen Bestimmungen beziehen sich als Stichjahr auf das Konsulat des Mucius Scaevola und Calpurnius Piso 133 v. Chr. und ein entsprechendes Gesetz des Caius Gracchus, das offenbar spezielle Bereiche des *Ager publicus* von der Zuweisung ausnahm (dazu Crawford 1996, 157) und damit das Gesetz seines Bruders erweiterte und ergänzte, vielleicht auch korrigierte.
14 Cic. Brut. 136.

2. Der Gründungsmythos – Cornelia und ihre Söhne

1 Plut. C. Gracchus 19 (ÜS Ziegler).
2 Cugusi 1970, 111 f. und 65 ff.
3 Nep. frg. 58 und 59 Marshall.
4 Quint. inst. 1,1,6.
5 Coarelli 1978, 13 ff., Lahusen 1983, 85 f.
6 Nep. frg. 58 und 59 Marshall.

7 Die zweite Cornelia in diesem Brief Senecas ist Cornelia, die Mutter des 91 v. Chr. ermordeten Volkstribunen Livius Drusus.
8 Sen. ad Marc. 16,3.
9 Burckhardt/Ungern-Sternberg 1994, 126.
10 Plut. C. Gracchus 4 (ÜS Ziegler).
11 Bücher 2006, 110 ff.
12 Liv. 34,5,8–9.

3. Frauen als politische Macht

1 Gardner 1995, 265.
2 Bauman 1994, 89; Temporini 1998, 709–732, bes. 732; Scheer 2000, 143–172.
3 Scheer 2000, 143 ff.
4 Dettenhofer 1994, 157; vgl. Nollé 1994, 229–259.
5 Temporini 1998 setzt an diesem traditionellen Öffentlichkeitsbild kritisch an, wobei sie allerdings z. B. bei Fulvia auch wieder auf die Stellvertreterfunktion zurückgreift, um Fulvias Auftreten zu erklären.
6 Polyb. 31,26,3–5 (nach Drexler 32,12); vgl. dazu Dixon 2007, 34.
7 Allgemein dazu Flaig 2003 und Beck 2005.
8 Liv. 34,1,2–42; dazu Schubert 2002.
9 Liv. 34,1–8,3; Auct. vir. ill. 47,6; Val. Max. 9,1,3; Tac. ann. 3,33; Oros. 4,20,14; Zonaras 9,17.
10 Liv. 34,4,1–3.
11 Aristot. pol. 1269b f.
12 Plin. n. h. 7,15,63–64.
13 Plin. n. h. 34,14.
14 Gardener 1995, 171 ff.
15 Cic. Att. 15,14,15.
16 App. b. c. 4,32 ff.: Nach Appian wurde die Zahl von 1400 auf 400 reduziert und die Abgabenpflicht auf männliche Bürger, aber auch Nichtbürger ausgeweitet. Es betraf jeden, der einen Zensus über 100 000 Sesterzen hatte.
17 Cass. Dio 48,4,2.
18 App. b. c. 5,95; Plut. Ant. 35; Cass. Dio 48,54. Eine ausführliche Darstellung dieser Fälle findet sich bei Dettenhofer 1994, 133 ff.

4. Das Programm der Gracchen – eine neue Politik

1 Linke 2011, 57.
2 Vgl. Jehne 2013, 37: «Tatsächlich wurde der Senat offenbar seit der Gracchenzeit verstärkt als Partei wahrgenommen. Noch heute ist ja kaum nachvollziehbar, warum das Landverteilungsgesetz des Ti. Gracchus so erbitterten Widerstand hervorrief, daß die Situation immer weiter eskalierte. Die Verteidigung der Okkupa-

tion von ager publicus gegen einen Antrag, einen Teil davon an einfache Römer zu verpachten, damit sich diese eine bäuerliche Existenz schaffen konnten, und den anderen Teil den Okkupanten als Privatland zuzusprechen, war mit gemeinsinnigen Argumenten kaum zu rechtfertigen.»

3 Linke 2011, 63.
4 Grundsätzlich dazu Walter 2019, 184 ff.
5 Behrends 1980, 1988 und 2007; vgl. Wieacker 1963, 34, datiert die Entstehung der *bonae fidei iudicia* in die Mitte des 2. Jh. v. Chr.
6 Grundsätzlich für Rom zu dem Begriff des Gemeinwohls in seiner Beziehung zu Gemeinsinn Jehne/Lundgreen 2013, 13–15 und Jehne 2013, 23 ff. sowie Knopf 2013, 51 ff.

5. *Gewalt*

1 Hölkeskamp 2019, 1 ff. und Beck 2019, 31 ff.
2 Gell. NA 11,10.
3 Gell. NA 10,3.
4 Gell. NA 15,12.
5 Gell. NA 11,10.
6 Anders Ungern-Sternberg 1998, 617 ff., der die Ereignisse von 133 als Beginn markiert.
7 Plut. C. Gracchus 17 (3000) und Plut. Ti. Gracchus 19.
8 Osgood 2016, 215.
9 App. b. c. 1,33,148.
10 App. b. c. 1,33,148.
11 Maschek 2018a, 85 ff.
12 App. b. c. 1,33,146.
13 Osgood 2016, 213–230.

VII. Interpretationen

1 Polyb. 6,57,1 ff. Vgl. zur Mischverfassungstheorie Schubert 1995.
2 Vell. 2,1,1; Plin. n. h. 33,150; Tac. hist. 2,38; Flor. 1,33,1; 34,19. Dazu Bringmann 1977, 28 ff.
3 Mommsen, RG II, 68–84.
4 Heuß 1963, 175–316.
5 Rilinger 1982, 284 ff.
6 Cic. Sest. 96.
7 Walter 2017, 220.
8 Insb. Martin 1965 und Meier 1965.
9 Vgl. für diese Sicht etwa Bleicken 1968 und 1975, dazu Walter 2017, 220.
10 Von Burckhardt 1988 inventarisiert und besprochen; dazu Walter 2017, 220.

11 Lundgreen 2011, 294–301.
12 So der Ansatz von Lundgreen 2011, 294–301.
13 Darauf hat bereits Badian 1975 hingewiesen.
14 Rilinger 1982, 282.
15 Grundlegend dazu Meier 1966 und 2015; Hölkeskamp 2004.
16 Vgl. dazu bereits Brunts Rezension zu Meier 1966 in: JRS 58, 1968, 229–232.
17 Millar 1998; dagegen Jehne 1996.
18 Mouritsen 2017; vgl. Arena/Prag 2022, darin insb. Hölkeskamp 2022. Vgl. Steel 2013, Keaveney 2009, 1–10. Golden 2013 mit Überlegungen zu ‹Alternativen›.
19 Rilinger 1982, 291.
20 Eine Zusammenfassung bei Rilinger 1982, 290.
21 Hölkeskamp 2004, 45.
22 Meier 1980, 111 f.
23 Lehmann 1980.
24 Zu diesem Begriff Walter 2014.
25 Walter 2014, 104.
26 Cic. Phil. 1,18.
27 Walter 2014, 108.
28 Linke 2005, 17–42 zu konkreten Alternativentwürfen zur bestehenden Ordnung; vgl. auch Keaveney 2009, 1–10.
29 Vgl. Keaveney 2009, 3.
30 Behrends 2014; vgl. dazu die Rezension von Uwe Walter in sehepunkte 14 (2014), Nr. 9: http://www.sehepunkte.de/2014/09/25141.html (abgerufen 19. 2. 2023).

LITERATUR

Algra, Keimpe/Barnes, Jonathan/Mansfeld, Jaap/Schofield, Malcolm (Hrsg.), (1999): Cambridge History of Hellenistic Philosophy. Cambridge University Press, Cambridge.

Arena, Valentina/Prag, Jonathan (2022): A Companion to the Political Culture of the Roman Republic, Hoboken/Chichester.

Astin, Alan E. (1967): Scipio Aemilianus, Oxford.

Attolini, Ida/F. Cambi (1983), Ricognizione archeologica nell' Ager Cosanus e nella valle dell'Albegna. Rapporto preliminare, 1982–83, Archeologia medievale 10 (1983) 439–65, 495–506.

Badian, Ernest (1984): Foreign clientelae 264–70 B. C., Oxford.

Badian, Ernest (1975): Tiberius Gracchus and the Beginning of the Roman Revolution, ANRW I 1, Festschrift J. Vogt, Berlin, 668–731.

Barker, Graeme/J. Lloyd (1991), Roman Landscapes. Archaeological Survey in the Mediterranean Region, London 1991.

Bauman, Richard (1994): Women and Politics in Ancient Rome, London/New York.

Beck, Hans (2005): Züge in die Ewigkeit. Prozessionen durch das republikanische Rom, GFA 8, 73–104.

Beck, Hans (2019): Pecuniam inlargibo tibi. Wahlbestechung und Wahlniederlage in der mittleren römischen Republik. In: Hölkeskamp/Beck (2019), 31–53.

Beck, Hans/Walter, Uwe (2001): Die frühen römischen Historiker, Bd. I, Darmstadt.

Behrends, Okko (1976): Die Wissenschaftslehre im Zivilrecht des Q. Mucius Scaevola pontifex, Göttingen (Nachrichten der Akademie der Wissenschaften in Göttingen. Phil.-Hist. Kl., Nr. 7).

Behrends, Okko/Luig, Klaus/Wieacker, Franz (1980): Tiberius Gracchus und die Juristen seiner Zeit – die römische Jurisprudenz gegenüber der Staatskrise des Jahres 133 v. Chr. In: Das Profil des Juristen in der europäischen Tradition. Symposion aus Anlaß des 70. Geburtstags von Franz Wieacker. Hrsg. von Klaus Luig u. Detlef Liebs, Ebelsbach, 25–121.

Behrends, Okko (1988): Staatsrecht und Philosophie in der ausgehenden Republik – oder zur Bedeutung des Mottos »philosophari se velle, sed paucis«. In: Zeitschrift der Savigny-Stiftung für Rechtsgeschichte, Rom. Abt. 100, 458–484.

Behrends, Okko (1992): Bodenhoheit und privates Bodeneigentum im Grenzwesen Roms. In: Die römische Feldmeßkunst. Interdisziplinäre Beiträge zu ihrer Bedeutung für die Zivilisationsgeschichte Roms. Hrsg. von Okko Behrends u. Luigi Capogrossi Colognesi, Göttingen (Abhandlungen der Akademie der Wissenschaften in Göttingen. Phil.-Hist. Kl., 3. F., Bd. 193), 192–284.

Behrends, Okko (1993): Die bona fides im mandatum. Die vorklassischen Grundlagen des klassischen Konsensualvertrags. In: Ars boni et aequi. Festschrift für Wolfgang Waldstein zum 65. Geburtstag. Hrsg. von Martin Josef Schermaier u. Zoltán Végh, Stuttgart, 33–62.

Behrends, Okko (2007): Zum Beispiel der gute Glaube! Wie wirkt der »gute Glaube« oder das »Vertrauensprinzip« auf das Vertragsverhältnis und das Besitzrecht des Käufers? Ein Kontroversenbericht als Spiegel der Geschichte der römischen Rechtswissenschaft. In: Spuren des römischen Rechts. Festschrift für Bruno Huwiler zum 65. Geburtstag. Hrsg. von Pascal Pichonnaz [u. a.], Bern, 13–38.

Behrens, Okko (2014): Zur römischen Verfassung. Ausgewählte Schriften. Hrsg. v. M. Avenarius/C. Möller, Göttingen.

Beness, J. Lea/Hillard, T. W. (2001): The Theatricality of the Deaths of C. Gracchus and Friends, Classical Quarterly 51, 135–140.

Bernard, Seth/Damon, Cynthia/Grey, Campbell (2014): Rhetorics of Land and Power in the Polla Inscription (CIL I^2 638), Mnemosyne 67, 953–985.

Bernstein, Alvin H. (1978): Tiberius Sempronius Gracchus. Tradition and Apostasy, Ithaca/London.

Bleicken, Jochen (1968): Das Volkstribunat der klassischen Republik. Studien zu einer Entwicklung zwischen 287 u. 133 v. Chr., München.

Bleicken, Jochen (1975): Die Verfassung der Römischen Republik, Paderborn.

Boren, Henry Charles (1968): The Gracchi, New York.

Bourdieu, Pierre (1987): Die feinen Unterschiede. Kritik der gesellschaftlichen Urteilskraft, Frankfurt am Main.

Bringmann, Klaus (1977): Weltherrschaft und innere Krise Roms im Spiegel der Geschichtsschreibung des zweiten und ersten Jahrhunderts v. Chr., Antike und Abendland 23, 28–49.

Bringmann, Klaus (1985): Die Agrarreform des Tiberius Gracchus. Legende und Wirklichkeit, Stuttgart.

Brown, F. E. (1980): Cosa. The Making of a Roman Town, Michigan.

Brunt, Peter (1971): Italian Manpower, 225 B. C.–14 A. D., Oxford.

Brunt, Peter (2013): Studies in Stoicism, Oxford.

Bücher, Frank (2006): Verargumentierte Geschichte. Exempla Romana im politischen Diskurs der späten römischen Republik, Stuttgart.

Burckhardt, Leonhard Alexander (1988): Politische Strategien der Optimaten in der späten römischen Republik, Stuttgart.

Burckhardt, Leonhard/Ungern-Sternberg, Jürgen von (1994): Cornelia, Mutter der Gracchen. In: Dettenhofer, Maria, Reine Männersache? Frauen in Männerdomänen der antiken Welt, Köln/Wien, 97–132.

Capogrossi Colognesi, Luigi (2014): Law and Power in the Making of the Roman Commonwealth, Cambridge.

Carcopino, Jérôme (1967): Autour des Gracques. Études critiques, Paris.

Carlà-Uhink, Filippo (2021): The Impact of Roman Roads on Landscape and Space: The Case of Republican Italy, 69–91. In: Marietta Horster/Nikolas Hächler (Hrsgg.), The Impact of the Roman Empire on Landscapes, Leiden.

Chouquer, Gérard/Clavel-Lévêque, Marie/Favory, François (1982): Cadastres, occupation du sol et paysages agraires antiques, Annales (ESC) 37, 847–882 [= Chouquer (1982)].

Chouquer, Gérard/Clavel-Lévêque, Marie/Favory, François/Vallat, Jean-Pierre (1987): Structures agraires en Italie centro-méridionale. Cadastres et paysages ruraux, Paris/Rome, BEFAR [= Chouquer (1987)].

Chouquer, Gérard/Favory, François (1991): Les paysages de l'Antiquité: terres et cadastres de l'Occident romain, Paris [= Chouquer (1991)].

Chouquer, Gérard (2022): Les régimes de domanialité foncière dans le monde de l'Antiquité à nos jours: une proposition d'architecture juridique, prépublication de la MSHE Ledoux-Besançon.

Christ, Karl (2014): Krise und Untergang der römischen Republik, Darmstadt.

Coarelli, Filippo (1978): Le dernier siècle de la république romaine et l'époque augustéenne (Contr. trav.inst.hist.rom.Univ. Strasbourg, 1), Strasbourg.

Crawford, Michael H. (1996): Roman Statutes, Vol. I, Rom.

Cugusi, P. (1970): Epistolographi Latini minores: Aetatem anteciceronianam amplectens I /II, Padua.

Daubner, Frank (2006): Bellum Asiaticum. Der Krieg der Römer gegen Aristonikos von Pergamon und die Einrichtung der Provinz Asia, München.

David, Jean-Michel (2020): Die Regeln der Gewalt in den Volksversammlungen der Römischen Republik, Trivium 31. URL: http://journals. openedition.org/trivium/7188 (abgerufen 18. 2. 2023).

Dettenhofer, Maria (1994): Frauen in politischen Krisen. Zwischen Republik und Prinzipat. In: M. Dettenhofer (Hrsg.), Reine Männersache? Frauen in Männerdomänen der antiken Welt, Köln/Weimar/Wien, 133–157.

Dixon, Suzanne (1985): Polybius on Roman Women and Property, American Journal of Philology 106, 147–170.

Dixon, Suzanne (2007): Cornelia. Mother of the Gracchi. London/New York.

Dorandi, Tiziano (1999): Organization and Structure of the Philosophical Schools. In: Algra 1999, 31–62.

Drexler, Hans (1963): Polybios. Geschichte, Zürich/Stuttgart

Dyck, Andrew (1996): A Commentary on Cicero, De Officiis, University of Michigan Press.

Dyson, S. L. (1992): Society in Roman Italy, Baltimore/London.

Earl, Donald Charles (1963): Tiberius Gracchus. A Study in Politics, Brüssel.

Elster, Marianne (2003): Die Gesetze der mittleren Republik, Darmstadt.

Elster, Marianne (2020): Die Gesetze der späten römischen Republik. Von den Gracchen bis Sulla (133–80 v. Chr.), Göttingen (Studien zur Alten Geschichte 28).

Erdkamp, Paul (2000): Feeding Rome, or Feeding Mars? A Long-Term Approach to C. Gracchus' Lex frumentaria, Ancient Society 30, 53–70.

Erskine, Andrew (2011[2] [1990]): The Hellenistic Stoa. Political Thought and Action, London.

Favory F. (1980): Détection des cadastres antiques par filtrage optique: Gaule et Campanie, MEFRA 92, 347–386.

Ferguson, J. (1975): Utopias of the Classical World, Ithaca/New York.

Flach, Dieter (1990): Römische Agrargeschichte, München (Handbuch der Altertumswissenschaften 5,9).

Flaig, Egon (2003): Ritualisierte Politik. Zeichen, Gesten und Herrschaft im Alten Rom, Göttingen.

Flower, Harriett (2006): The Art of Forgetting. Disgrace and Oblivion in Roman Political Culture, Univ. of North Carolina Press.

Fraccaro, Plinio (1967): Studi sull'età dei Gracchi. La tradizione storica sulla rivoluzione Graccana, Rom.

Frederiksen, M. W. (1981): I cambiamenti delle strutture agrarie nella Tarda Repubblica. La Campania. In: Società romana e produzione schiavistica, a cura di A. Giardina & A. Schiavone, I, Bari, 265–287.

Frederiksen, M. W. (1970–71): The Contribution of Archaeology to the Agrarian Problem in the Gracchan Period, DArch 4–5, 330–357.

Fuks, Andrew (1962): The Spartan Citizen-body in mid-third Century B. C. and its Enlargement proposed by Agis IV, Athenaeum 40, 244–263.

Gabba, E./M. Pasquinucci (1979): Strutture agrarie e allevamento transumante nell'Italia romana, III–I sec. a.C., Pisa.

Gardner, Jane (1995): Frauen im antiken Rom, München.

Gargola, David (1995): Lands, Laws, and Gods. Magistrates and Ceremony in the Regulation of Public Lands in Republican Rome, University of North Carolina Press.

Garnsey, P./Rathbone, P. (1985): The Background to the Grain Law of Caius Gracchus, Journal of Roman Studies 75, 20–25.

Gehrke, Hans-Joachim/Schneider, Helmuth/Funke, Peter et al. (2019): Geschichte der Antike. Ein Studienbuch, Berlin.

Giardina, A. (1981): Allevamento e economia della selva in Italia meridionale. In: Società romana e produzione schiavistica, a cura di A. Giardina & A. Schiavone, I, Bari, 87–114.

Golden, Gregory K. (2013): Crisis Management during the Roman Republic. The Role of Political Institutions in Emergencies, Cambridge/New York.

Griese, Lennart (2019): Die Nutzung von Land nach römischem Recht. Ordnungsmodelle für die Kolonien und für die Provinz, Baden-Baden (Berliner Schriften zur Rechtsgeschichte 11).

Günther, Linda-Marie (1990): Cornelia und Ptolemaios VIII. Zur Historizität des Heiratsantrages (Plut. TG 1,3), Historia 39, 124–128.

Hadot, Ilsetraut (1970): Tradition stoïcienne et idées politiques au temps des Gracques. Revue des Études Latines 47, 133–79.

Häpke, Natalie (1915): C. Semproni Gracchi oratoris Romani fragmenta collecta et illustrata, München.

Heubner, Heinz (1962): Das Ende der Gracchen im Urteil Sallusts, Rheinisches Museum für Philologie 105, 276–281.

Heuß, Alfred (1960): Römische Geschichte, Darmstadt.

Heuß, Alfred (1963): Das Zeitalter der Revolution. In: Golo Mann/Alfred Heuss (Hrsg.), Propyläen Weltgeschichte, Bd. 4: Rom. Die römische Welt, Frankfurt am Main u. a., 175–316.

Hinrichs, Focke Tannen (1967): Der römische Straßenbau zur Zeit der Gracchen, Historia: Zeitschrift für Alte Geschichte 16, 162–176.

Hölkeskamp, Karl-Joachim (2004): Rekonstruktionen einer Republik. Die politische Kultur des antiken Rom und die Forschung der letzten Jahrzehnte, München.

Hölkeskamp, Karl-Joachim (2010): Von Romulus zu Augustus. Große Gestalten der römischen Republik, München.

Hölkeskamp, Karl-Joachim (2019): Verlierer in der ‹Konkurrenz unter Anwesenden›. Agonalität in der politischen Kultur der römischen Republik. In: Hölkeskamp/Beck (2019), 11–29.

Hölkeskamp, Karl-Joachim (2022): Political Culture: Career of a Concept. In: Arena/Prag (2022), 4–21.

Hölkeskamp, Karl-Joachim/Beck, Hans (2019): Verlierer und Aussteiger in der «Konkurrenz unter Anwesenden». Agonalität in der politischen Kultur des antiken Rom, Stuttgart.

Hölkeskamp, Karl-Joachim/Rüsen, Jörn/Stein-Hölkeskamp, Elke et al. (2003): Sinn (in) der Antike. Orientierungssysteme, Leitbilder und Wertkonzepte im Altertum, Mainz.

Hölkeskamp, Karl-Joachim/Müller-Luckner, Elisabeth (2009): Eine politische Kultur (in) der Krise? Die «letzte Generation» der römischen Republik, Berlin/New York.

Hölkeskamp, Karl-Joachim/Hoffmann-Salz, Julia/Kostopoulos, Katharina/Lentzsch, Simon (Hrsgg.) (2019): Die Grenzen des Prinzips. Die Infragestellung von Werten durch Regelverstöße in antiken Gesellschaften, Stuttgart.

Hoyos, Dexter (2012): A Companion to Roman Imperialism, Leiden.

Jehne, Martin (1989): Die Dictatur optima lege, Zeitschrift der Savigny-Stiftung für Rechtsgeschichte, Romanistische Abteilung 106, 557–572.

Jehne, Martin (1993): Geheime Abstimmung und Bindungswesen in der Römischen Republik. In: Historische Zeitschrift 257, 594–613.

Jehne, Martin (2013): Der römische Senat als Hüter des Gemeinsinns. In: Martin Jehne/Christoph Lundgreen (Hrsgg.), Gemeinsinn und Gemeinwohl in der römischen Antike, Stuttgart, 23–50.

Jehne, Martin (2016): Rezension zu Gregory K. Golden, Crisis Management during the Roman Republic. The Role of Political Institutions in Emergencies. In: Gnomon 88, 226–230.

Jehne, Martin (2018): Demokratie in Rom? Die Rolle des Volkes in der Politik der römischen Republik, Stuttgart.

Jehne, Martin/Lundgreen, Christoph (2013): Einleitung. In: Martin Jehne/Christoph Lundgreen (Hrsgg.), Gemeinsinn und Gemeinwohl in der römischen Antike, Stuttgart, 9–19.

Jessen, Ralph/Eisenberg, Christiane/Hölkeskamp, Karl-Joachim et al. (2014): Konkurrenz in der Geschichte. Praktiken – Werte – Institutionalisierungen, Frankfurt.

Johannowsky, W. (1961)/(1962): Scavi di Cales, BA, IV, 46, 258–267; IV, 47, 63–69.

Johannowsky, W. (1963): Scavi di Teano, BA, IV, 48, 132–165.

Johannsen, K. (1971): Die Lex agraria des Jahres 111 v. Chr., München.

Jones, G. D. B. (1980): Il travoliere romano. L'agricoltura romana attraverso l'aerofotografia e lo scavo, ArchClass XXXII, 85–107.

Kaser, Max (1942): Die Typen der römischen Bodenrechte, Zeitschrift der Savigny-Stiftung für Rechtsgeschichte, Romanische Abteilung 62, 1–81.

Kath, Roxana (2004): Nulla mentio pacis. Diss. Dresden.

Kath, Roxana (2010): Die Negation der Niederlage, Behemoth 3 (1), 75–100.

Kath, Roxana (2012): Krokodilstränen auf dem Forum? – Zur Rolle der Emotionen im politischen Alltag und in der Rhetoriktheorie der Römischen Republik. In: Felix Heidenreich, Gary Schaal, Politische Theorie und Emotionen, Schriftenreihe der Sektion Politische Theorie und Ideengeschichte in der DVPW | Studies in Political Theory, Band 23, Baden-Baden.

Keaveney, Arthur (2009): Crisis with Alternative – The Reformers of the Roman Republic. In: ders./Louise Earnshaw-Brown (Hrsg.), The Italians on the Land: Changing Perspective on Republican Italy Then and Now, Newcastle upon Tyne, 1–10.

Kennell, Nigel (2010): Spartans. A New History, Chichester.

Klee, M. (2010): Lebensadern des Imperiums. Straßen im Römischen Reich, Stuttgart.

Knopf, Fabian (2013): Gemeinsinn und Gemeinwohl in der politischen Rhetorik Ciceros und in den Geschichtswerken Sallusts. In: Martin Jehne/Christoph Lundgreen (Hrsgg.), Gemeinsinn und Gemeinwohl in der römischen Antike, Stuttgart, 51–72.

Kunkel, Wolfgang/Wittmann, R (1995): Staatsordnung und Staatspraxis der Römischen Republik II: Die Magistratur (HdbA X 3,2,2), München.

Lafon, X. (1980): A propos des villas de la zone de Sperlonga. Les origines et le développement de la villa maritima sur le littoral tyrrhénien à l'époque républicaine, MEFRA 98, 297–353.

Lahusen, Götz (1983): Untersuchungen zur Ehrenstatue in Rom. Literarische und epigraphische Zeugnisse (= Archaeologica Band 35), Rom.

Lamboglia, N. (1955): Esplorazioni archeologiche e storiche topografiche sui Monti di Sanremo. Ingaunia e Intemelia X, 1–3 (1955) 1–30.

Lapyrionok, Roman/Smorchkov, Andrey (2016): Die Krise des Jahres 129 v. Chr. Eine rechtlich-historische Rekonstruktion, Historia 65, 170–185.

Lauter, H. (1976): Die hellenistischen Theater der Samniten und Latiner in ihrer Beziehung zur Theaterarchitektur der Griechen. In: Paul Zanker: Hellenismus in Mittelitalien. (Abhandlungen der Akademie der Wissenschaften in Göttingen, 97 Bd. II) Göttingen, 413–430.

Lehmann, Gustav Adolf (1980): Politische Reformvorschläge in der Krise der späten römischen Republik: Cicero De legibus III und Sallusts Sendschreiben an Caesar, Meisenheim am Glan.

Libertini, Giacinto (2019): Liber coloniarum, Frattamaggiore (Istituto di Studi Atellani).

Liebs, Detlef (2003): Die Juristensippe der Marci Junii Bruti. In: Festschrift für Peter Schlechtriem zum 70. Geburtstag, hrsg. v. Ingeborg Schwenzer/Günter Hager, Tübingen, 107–117 (2008 durchgesehene Fassung: https://freidok.uni-freiburg.de/data/6082).

Liebs, Detlef (2002): Die vorklassischen juristischen Fachschriften, in: Werner Suerbaum (Hrsg.), Handbuch der lateinischen Literatur der Antike Bd. 1: Die archaische Literatur von den Anfängen bis Sullas Tod. Die vorliterarische Periode und die Zeit von 240 bis 78 v. Chr., München, 65–79 u. 560–574.

Ligt, Luuk de (2004): Roman rule and civic life: local and regional perspectives. Proceedings of the Fourth Workshop of the International Network Impact of Empire, Leiden.

Ligt, Luuk de/Northwood, Simon (2008): People, Land, and Politics. Demographic Developments and the Transformation of Roman Italy 300 BC–AD 14, Boston/Leiden.

Linke, Bernhard (2005): Die Römische Republik von den Gracchen bis Sulla, Darmstadt.

Linke, Bernhard (2011): Die unfassbare Republik. Idealstaatsvorstellungen der Römer. In: U. Niggemann/K. Ruffing (Hg.): Antike als Modell in Nordamerika Konstruktion und Verargumentierung, 1763–1809, München (Historische Zeitschrift Beihefte 55), 37–64.

Lintott, Andrew W. (1968): Violence in Republican Rome, Oxford.

Lundgreen, Christoph (2009): Geheim(nisvoll)e Abstimmung in Rom. Die leges tabellariae und ihre Konsequenzen für die Comitien und die res publica, in: Historia 58, 36–70.

Lundgreen, Christoph (2011): Regelkonflikte in der römischen Republik. Geltung und Gewichtung von Normen in politischen Entscheidungsprozessen, Stuttgart.

Lundgreen, Christoph (2014): Staatlichkeit in Rom? Diskurse und Praxis (in) der römischen Republik, Stuttgart.

Lundgreen, Christoph/Jehne, Martin (2013): Gemeinsinn und Gemeinwohl in der römischen Antike, Stuttgart.

Mann, Golo/Heuß, Alfred (1963): Propyläen Weltgeschichte: eine Universalgeschichte, Berlin.

Marshall, Peter (1977): Cornelius Nepos. Vitae cum fragmentis, Berlin/New York.

Martin, Jochen (1965): Die Popularen in der Geschichte der späten Republik, Freiburg.

Maschek, Dominik (2018a): Die römischen Bürgerkriege. Archäologie und Geschichte einer Krisenzeit, Darmstadt.

Maschek, Dominik (2018b): Not Census but Deductio, The Journal of Roman Studies 108, 27–52.

Meier, Christian (1956): s. v. ‹Praerogativa centuria›, RE Suppl. 8, 567–98.

Meier, Christian (1965): s. v. ‹Populares›, RE Suppl. 10, 549–61.

Meier, Christian (1966): Res publica amissa: Eine Studie zu Verfassung und Geschichte der späten römischen Republik, Frankfurt am Main.

Meier, Christian (1980): Die Ohnmacht des allmächtigen Dictators Caesar. Drei biographische Skizzen, Frankfurt am Main.

Meier, Christian (2015): Die Ordnung der Römischen Republik, Historische Zeitschrift 300, 593–697.

McKay, A. G. (1975): Houses, Villas and Palaces in the Roman World, London.

Meister, Klaus (1974): Die Aufhebung der Gracchischen Agrarreform, Historia 23, 86–97.

Millar, Fergus (1998): The Crowd in Rome in the Late Republic, Ann Arbor.

Molthagen, J. (1973): Die Durchführung der gracchischen Agrarreform, Historia 22, 423–458.

Mommsen, Theodor (2010): Römische Geschichte, Darmstadt.

Morstein Kallet-Marx, Robert (1996): Hegemony to Empire. The Development of the Roman Imperium in the East from 148 to 62 B. C., Berkeley/Los Angeles/Oxford.

Mouritsen, Henrik (1998): Italian Unification. A Study in Ancient and Modern Historiography, Bulletin of the Institute of Classical Studies Supplement 70, London.

Mouritsen, Henrik (2001): Plebs and Politics in the Late Roman Republic. Cambridge.

Mouritsen, Henrik (2006): Caius Gracchus and the «Cives Sine Suffragio», Historia 55, 418–425.

Mouritsen, Henrik (2008): The Gracchi, the Latins and the Italian Allies. In: Mouritsen, H., Peasants, Citizens and Soldiers. The Effects of Demographic Growth in Roman Republican Italy (202–88 BC), Leiden, 471–483.

Mouritsen, Henrik (2017): Politics in the Roman Republic, Cambridge.

Nicolet, Claude (1965): L'inspiration de Tiberius Gracchus. Revue des Études Anciennes 67, 142–58.

Nicolet, Claude (1964): Le de republica (VI, 12) et la dictature de Scipion, REL 42, 212–30.

Nicolet, Claude (1966): L'ordre equestre à l'epoque republicaine (312–43 av. J.-C.) I: Definitions juridiques et structures sociales, Paris, 69–73.

Nicolet, Claude (1967): Les Gracques ou crise agraire et revolution à Rome, Paris (= 1980).

Nollé, Johannes (1994): Frauen wie Omphale? Überlegungen zu ‹politischen› Ämtern von Frauen im kaiserzeitlichen Kleinasien. In: Maria Dettenhofer (Hrsg.), Reine

Männersache? Frauen in Männerdomänen der antiken Welt, Köln/Weimar/Wien, 229–259.

Osgood, Josiah (2016): The Topography of Roman Assassination, 133 BCE–222 CE. In: Werner Riess/G. G. Fagan (Eds.), The Topography of Violence in the Greco-Roman World, Ann Arbor, 209–230.

Pagano, Mario/C. Ferone (1981): Tracce di centuriazione e altri contributi su Sinuessa e Minturnae, RAAN LVI, 105–124.

Pellegrino, Angelo (1978): Iscrizione da Mondragone, MGR VI, 383.

Perrin, Bernadotte (1921): Plutarch's Lives, Cambridge, MA/London.

Pina Polo, Francisco/Jehne, Martin (2015): Foreign «clientelae» in the Roman Empire. A Reconsideration, Stuttgart.

Pina Polo, Francisco/Liess, Edda (1996): Contra arma verbis. Der Redner vor dem Volk in der späten römischen Republik, Stuttgart.

Pina Polo, Francisco (2017): The Tyranny of the Gracchi and the Concordia of the Optimates: an Ideological Construct. In: Costruire la memoria: uso e abuso della storia fra tarda Repubblica e primo Principato: Venezia, 14–15 gennaio 2016. (Monografie/Centro ricerche e documentazione sull'antichità classica; 41), 5–33.

Pohlenz, Max (1947): Die Stoa. Geschichte einer geistigen Bewegung, Göttingen.

Rich, John (2008): Lex Licinia, Lex Sempronia: B. G. Niebuhr and the Limitation of Landholding in the Roman Republic. In: de Ligt/Northwood 2008, 519–572.

Rilinger, Rolf (1982): Die Interpretation des Niedergangs der römischen Republik durch «Revolution» und «Krise ohne Alternative», Archiv für Kulturgeschichte 64, 279–306; Nachdruck in: Rilinger, R. (2007): Ordo und dignitas. Beiträge zur römischen Verfassungs- und Sozialgeschichte, Stuttgart, 123–150.

Rieger, Hermann (1991): Das Nachleben des Tiberius Gracchus in der lateinischen Literatur, Bonn.

Roselaar, Saskia T. (2010): Public land in the Roman republic. A social and economic history of «Ager publicus» in Italy, 396–89 BC, Leiden.

Roselaar, Saskia T. (2015): Processes of Cultural Change and Integration in the Roman World, Leiden.

Rossiter, J. J. (1978): Roman Farm Buildings in Italy, Oxford.

Ruepke, Jörg (1990): Domi Militiae. Die religiöse Konstruktion des Krieges in Rom, Stuttgart.

Santangelo, Federico (2007): A Survey of Recent Scholarship on the Age of the Gracchi (1985–2005). In: Topoi 15/2, 465–510.

Schäfer, Christoph (2023): Die Vernetzung der römischen Wirtschaft: Handel, Mobilität und Warenzirkulation. In: S. v. Reeden/K. Ruffing (Hrsgg.), Handbuch Antike Wirtschaft, Berlin/Boston 2023, 743–767.

Scheer, Tanja (2000): Forschungen über die Frau in der Antike, Ziele, Methoden, Perspektiven, Gymnasium 107, 143–172.

Schietinger, Georg-Philipp (2018): Die Lex Papiria de tribunis reficiendis. Anmerkungen zu einem Machtkampf zwischen Scipio Aemilianus und der gracchischen Ackerkommission, Tyche 33, 167–175.

Schneider, H.-Ch. (1982): Die Bedeutung der römischen Straßen für den Handel, MBAH I,1, 85–96.

Schnitzer, Carl Friedrich (1861): Plutarch. Werke, Bd. 49, Stuttgart.

Schropp, Jack (2020): Wahl, Amtsdauer und Vorgehen der gracchischen IIIviri agris iudicandis adsignandis, Chiron 50, 371–402.

Schubert, Charlotte (1995): Mischverfassung und Gleichgewichtssystem: Polybios und seine Vorgänger. In: Charlotte Schubert/Kai Brodersen (Hrsgg.), Rom und der griechische Osten, Festschrift für H. H. Schmitt, Stuttgart, 225–235.

Schubert, Charlotte (1996): Land und Raum in der römischen Republik: Die Kunst des Teilens, Darmstadt.

Schubert, Charlotte (2002): Texte aus dem Geschlechterdiskurs: Catos Rede gegen die Aufhebung des Oppischen Luxusgesetzes (Liv. 34,1,2–42,1), Sudhoffs Archiv 86, 93–104.

Schubert, Charlotte (2021): Isonomia. Entstehung und Geschichte, Berlin/New York 2021.

Scullard, Howard (1959 = 2011): From the Gracchi to Nero. A History of Rome from 133 B. C. to A. D. 68, London.

Sherwin-White, Adrian N. (1973^2): The Roman Citizenship, Oxford.

Sommer, Michael (2021): Schwarze Tage. Roms Kriege gegen Karthago, München.

Steel, Catherine (2013): The End of the Roman Republic, 146 to 44 BC. Conquest and Crisis (The Edinburgh History of Ancient Rome), Edinburgh.

Stevenson, Tom (2005): Readings of Scipio's Dictatorship in Cicero's «De Re Publica» (6.12), The Classical Quarterly 55, 140–152.

Stockton, D. L. (1979): The Gracchi, Oxford.

Temporini-Gräfin Vitzthum, Hildegard (1998): Frauen und Politik im antiken Rom. In: P. Kneissl/V. Losemann, Imperium Romanum. Studien zu Geschichte und Rezeption, Festschrift für Karl Christ, Stuttgart, 709–732.

Thommen, Lukas (1995): Les lieux de la plèbe et de ses tribuns dans la Rome républicaine, Klio 77, 358–370.

Thommen, Lukas (1989): Das Volkstribunat der späten römischen Republik, Stuttgart.

Thommen, Lukas (2003): Sparta. Verfassungs- und Sozialgeschichte einer griechischen Polis, Stuttgart/Weimar.

Torelli, Mario (1970–71): Contributo dell'archeologia alla storia sociale, 1, L'Etruria e l'Apulia, DArch 4–5, 431–442.

Torelli, Mario (1976): La situazione in Etruria. In: Paul Zanker (Hrsg.): Hellenismus in Mittelitalien. (Abhandlungen der Akademie der Wissenschaften in Göttingen, 97, Bd. I). Göttingen, 97–110.

Torelli, Mario (1978): La romanizzazione dei territori italici. Il contributo della documentazione archeologica, La cultura italica, Pisa, 75–89.

Toynbee, Arnold J. (1965): Hannibal's legacy I–II, London.

Uggeri, Giovanni (2001): Le divisioni agrarie di età graccana: un bilancio. In: S. Alessandi/F. Grelle (eds.), Dai Gracchi alla fine della Repubblica. Atti del V Convegno di studi sulla Puglia romana (Historie 2), Galatina, 31–60.

Ungern-Sternberg, Jürgen von (1970): Untersuchungen zum spätrepublikanischen Notstandsrecht. *Senatusconsultum ultimum* und *hostis*-Erklärung, München.

Ungern-Sternberg, Jürgen von (1998): Die Legitimitätskrise der römischen Republik, Historische Zeitschrift 266, 607–624.

Vallat, J. P. (1987): Les structures agraires de l'Italie républicaine, Annales (ESC) 42, 181–218.

Veh, Otto (1985–1987): Cassius Dio: Römische Geschichte. 5 Bände, Zürich.

Vesperini, Pierre (2013): s. v. Blossius of Cumae (Kyme), in: EAH: https://doi.org/10.1002/9781444338386.wbeah30495, 29. 08. 2023.

Virlouvet, C. (1985): Famines et émeutes à Rome des origines de la République à la mort de Néron, Rom (Collection de l'École française de Rome 87).

Virlouvet, C. (1987): La Topographie des distributions frumentaires avant la création de la porticus Minucia Frumentaria, in: L'Urbs. Espace urbain et histoire. ier siècle avant J.-C.-IIIe siècle après J.-C. (CEFR 98), Rom, 175–189.

Walter, Uwe (2019): Gewalteruption in der späten Republik. Unfall, stete Option oder Agens einer Dehnung von Regeln und Normen? In: Hölkeskamp et al. (2019), Stuttgart, 179–192.

Walter, Uwe (2017): Politische Ordnung in der römischen Republik, Berlin/Boston (= Enzyklopädie der griechisch-römischen Antike; Bd. 6).

Walter, Uwe (2014): Ordnungszersetzung: der Fall der späten römischen Republik. In: Frie, Ewald/Meier, Mischa, Aufruhr – Katastrophe – Konkurrenz – Zerfall, Tübingen, 83–116.

Wardle, David (2006): Cicero on Divination: De Divinatione Book 1. Translated with an Introduction and Historical Commentary. Oxford (Clarendon Ancient History Series).

White, K. D. (1967): Latifundia. In: Schneider, H., Zur Sozial- und Wirtschaftsgeschichte der späten römischen Republik, Darmstadt, 311–347.

Wieacker, Franz (1963): Zum Ursprung der bonae fidei iudicia, Zeitschrift der Savigny-Stiftung für Rechtsgeschichte, Romanische Abteilung, 80, 1–41.

Wiemer, Hans-Ulrich (2018): A Stoic Ethic for Roman Aristocrats' Panaitios› Doctrine of Behavior, its Context and its Addressees. In: Henning Börm/Nino Luraghi (Hrsgg.), The Polis in the Hellenistic World, Stuttgart, 229–258.

Winiarczyk, Marek (2011): Die hellenistischen Utopien, Berlin/New York.

Worthington, Ian (1989): The Death of Scipio Aemilianus, Hermes 117, 253–256.

Zahrnt, Michael (2000): Publius Cornelius Scipio Aemilianus – der intrigante Enkel. In: Karl-Joachim Hölkeskamp, Elke Stein-Hölkeskamp (Hrsgg.): Von Romulus zu Augustus. Große Gestalten der römischen Republik, München, 159–171.

Ziegler, Konrat (1954–1965): Plutarch. Große Griechen und Römer. 6 Bde., hrsg. v. Konrat Ziegler und Walter Wuhrmann, Zürich.

Zimmermann, Martin (2013): Gewalt. Die dunkle Seite der Antike, München (eBook).

ABBILDUNGSVERZEICHNIS

BILDNACHWEIS

Vorsatzkarten, Abb. 2: © Peter Palm, Berlin

Abb. 1: https://de.wikipedia.org/wiki/Gracchus#/media/Datei:Eugene_Guillaume_-_File:Eugene Guillaume – the Gracchi.jpg

Abb. 3, 18: © akg-images

Abb. 4: https://en.wikipedia.org/wiki/Scipio_Aemilianus#/media/File:Seleucid_prince_Massimo_Inv1049.jpg. Marie-Lan Nguyen (2009)

Abb. 5: Aus Iustus Lipsius, De Militia Romana, libri quinque: comentarius ad Polybium. Lugdunum, 1603, t. II. Abb. 22; https://www.numanciamultimedia.com/de/kapitel-1/Numantia-zwischen-Symbol-und-Geschichte/2

Abb. 6: Nach E. Gliozzo, Stamped bricks from the Ager cosanus (Orbetello, Grosseto): integrating archaeometry, archaeology, epigraphy and prosopography Journal of Archaeological Science 40 (2013) 1042–1058, Abb. 1, © Peter Palm, Berlin

Abb. 7: Nach C. Smith (Hg.), Encyclopedia of Global Archaeology, New York 2014, S. 2045, Abb. 1, Zeichnung von Giancarlo Moscara, © Peter Palm, Berlin.

Abb. 8: Nach Luftaufnahme Google Earth, © Peter Palm, Berlin

Abb. 9: Nach Jack W. G. Schropp, Wahl, Amtsdauer und Vorgehen der gracchischen III viri agris iudicandis adsignandis, Chiron: Mitteilungen der Kommission für Alte Geschichte und Epigraphik des Deutschen Archäologischen Instituts, 50 (2020). 371–402, S. 380, Abb.1; © Peter Palm, Berlin

Abb. 10, 11, 12, 15: © Projekt Digitales Forum Romanum (www.digitales-forum-romanum.de), Winckelmann-Institut der Humboldt-Universität zu Berlin, Leitung: Susanne Muth; 3D-Gestaltung: Dirk Mariaschk

Abb. 13: Aus F. Madricardo, Bassani, M., D'Acunto, G. *et al.* New evidence of a Roman road in the Venice Lagoon (Italy) based on high resolution seafloor reconstruction. *Sci Rep* 11, 13985 (2021). https://doi.org/10.1038/s41598-021-92939-w; Abb. 7b (gefertigt von Antonio Calandriello und Giuseppe D'Acunto)

Abb. 14: https://www.miti3000.eu/mann-napoli/1036-sala-cliii Bildvorlage freundlicherweise zur Verfügung gestellt von miti3000.it, Rodolfo Furneri/Foto: Giorgio Manusakis

Abb. 16: © akg-images/Album/Prisma

Abb. 17: http://ancientrome.ru/art/artworken/img.htm?id=6930 © 2015. Photo: Ilya Shurygin.

Abb. 19: https://en.wikipedia.org/wiki/Conspiracy_of_the_Equals#/media/File:Conjuration_des_égaux. JPEG File:Conjuration des égaux. JPEG; © gallica bnf.fr/Bibliothèque nationale de France

NAMEN- UND ORTSREGISTER

Nordsee
BRITANNIA
Rhein
ATLANTISCHER
OZEAN
German
BELGICA
LUGDUNENSIS
Loire
GALLIA
Räter
Lugdunum
Kallaiker
Kantabrer
AQUITANIA
GALLIA
CISALPINA
NARBONENSIS
Ebro
Ravenna
Numantia
Ariminum
Narbo
Massilia
Tajo
Tarraco
CORSICA
Elba
ITALIA
HISPANIA
ULTERIOR
CITERIOR
Roma
Misenum
Corduba
SARDINIA
Balearen
Nova Carthago
Tyrrhenisches
Meer
MITTELMEER
Hippo
Regius
Utica
SICILIA
Cirta
Carthago
Syrak
MAURETANIEN
AFRICA
AFRICA NOVA
Capsa
Leptis magna
0
200
400
600 km